Kohlhammer *Krankenhaus*

DKG-NT Band I

Tarif der Deutschen Krankenhausgesellschaft
für die Abrechnung erbrachter Leistungen und
für die Kostenerstattung vom Arzt an das Krankenhaus

zugleich

BG-T

vereinbarter Tarif für die Abrechnung
mit den gesetzlichen Unfallversicherungsträgern

Stand: 1. Januar 2005

30., aktualisierte Auflage

Herausgeber: Deutsche Krankenhausgesellschaft
Verlag W. Kohlhammer

Dieses Werk einschließlich aller seiner Teile ist urheberrechtlich geschützt. Jede Verwendung außerhalb der engen Grenzen des Urheberrechts ist ohne Zustimmung des Verlages unzulässig und strafbar. Das gilt insbesondere für Vervielfältigungen, Übersetzungen, Mikroverfilmungen und für die Einspeicherung und Verarbeitung in elektronischen Systemen.

Herausgeber: Deutsche Krankenhausgesellschaft

30., aktualisierte Auflage (inkl. CD-ROM)
Alle Rechte vorbehalten
© 2005 W. Kohlhammer Stuttgart
Umschlag: Data Images GmbH
Gesamtherstellung:
W. Kohlhammer Druckerei GmbH + Co. Stuttgart
Printed in Germany

ISBN 3-17-018895-X

An die Bezieher der 30. Auflage des DKG-NT Band I / BG-T

Die 30. Auflage des DKG-NT Band I / BG-T wird mit Wirkung zum 01.01.2005 herausgegeben und beinhaltet folgende Änderungen:

1. Neuaufnahme des Kapitels „C VIII – Zuschläge zu ambulanten Operations- und Anästhesieleistungen (BG-T)" sowie der Tarifziffern 192, 193, 194, 195, 528, 529 und 2016 (alle ausschließlich BG-T).
2. Die Leistungsbeschreibungen der Tarifziffern 55, 2189, 2190 und 2193 im BG-T wurden neu gefasst.
3. Bei den Tarifziffern 2062, 2118, 2122, 2156, 2210, 2339, 2354 und 2801 des BG-T wurden die Allgemeinen Kosten und die Sachkosten neu festgesetzt.
4. Im Kapitel O I wurde die Allgemeine Bestimmung Nr. 3 für den BG-T ergänzt.

Weitergehende Hinweise zur 30. Auflage des DKG-NT Band I / BG-T entnehmen Sie bitte der Erläuterung.

Im Januar 2005

Deutsche Krankenhausgesellschaft e. V.
Wegelystraße 3
10623 Berlin

Inhaltsverzeichnis

Vorwort V

Erläuterungen zu der ab 01. Januar 2005 geltenden 30. Auflage des DKG-NT Band I / BG-T IX

Wesentliche Anwendungsbereiche der Tarifwerke der DKG XI

A Allgemeine Tarifbestimmungen 1

B Grundleistungen und allgemeine Leistungen (DKG-NT Band I) 7
    I. Allgemeine Beratungen und Untersuchungen 11
    II. Zuschläge zu Beratungen und Untersuchungen nach den Nummern 1, 3, 4, 5, 6, 7 oder 8 15
    III. Spezielle Beratungen und Untersuchungen 17
    IV. Visiten, Konsiliartätigkeit, Besuche, Assistenz 23
    V. Zuschläge zu den Leistungen nach den Nummern 45 bis 62 27
    VI. Berichte, Briefe 29
    VII. Todesfeststellung 31

B Grundleistungen und allgemeine Leistungen (BG-T) 33
    I. Allgemeine Beratungen und Untersuchungen 37
    II. Leistungen unter besonderen Bedingungen 39
    III. Visiten, Konsiliartätigkeit, Besuche, Assistenz 41
    IV. Wegegeld und Reiseentschädigungen 47
    V. Todesfeststellung 49
    VI. Besondere Regelungen 51

C Nichtgebietsbezogene Sach- und Sonderleistungen 57
    I. Anlegen von Verbänden (DKG-NT Band I) 59
    I. Anlegen von Verbänden (BG-T) 65
    II. Blutentnahmen, Injektionen, Infiltrationen, Infusionen, Transfusionen, Implantationen, Abstrichentnahmen 69
    III. Punktionen 75
    IV. Kontrastmitteleinbringungen 77
    V. Impfungen und Testungen 81
    VI. Sonographische Leistungen 85
    VII. Intensivmedizinische und sonstige Leistungen 89
    VIII. Zuschläge zu ambulanten Operations- und Anästhesieleistungen (DKG-NT Band I) .. 91
    VIII. Zuschläge zu ambulanten Operations- und Anästhesieleistungen (BG-T) 97

D Anästhesieleistungen 105

E Physikalisch-medizinische Leistungen 111

F Innere Medizin, Kinderheilkunde, Dermatologie 129

G Neurologie, Psychiatrie und Psychotherapie 147

H Geburtshilfe und Gynäkologie 155

I Augenheilkunde 167

J Hals-, Nasen-, Ohrenheilkunde 181

K Urologie 197

L Chirurgie, Orthopädie 211
    I. Wundversorgung, Fremdkörperentfernung 215
    II. Extremitätenchirurgie 217

	III. Gelenkchirurgie	221
	IV. Gelenkluxationen	229
	V. Knochenchirurgie	233
	VI. Frakturbehandlung	237
	VII. Chirurgie der Körperoberfläche	241
	VIII. Neurochirurgie	245
	IX. Mund-, Kiefer- und Gesichtschirurgie	251
	X. Halschirurgie	257
	XI. Gefäßchirurgie	259
	XII. Thoraxchirurgie	263
	XIII. Herzchirurgie	267
	XIV. Ösophaguschirurgie/Abdominalchirurgie	271
	XV. Hernienchirurgie	277
	XVI. Orthopädisch-chirurgische konservative Leistungen	279

M Laboratoriumsuntersuchungen — 281
    I. Vorhalteleistungen in der eigenen, niedergelassenen Praxis — 287
    II. Basislabor — 291
    III. Untersuchungen von körpereigenen oder körperfremden Substanzen und körpereigenen Zellen — 301
    IV. Untersuchungen zum Nachweis und zur Charakterisierung von Krankheitserregern — 365

N Histologie, Zytologie und Zytogenetik — 395
    I. Histologie — 397
    II. Zytologie — 399
    III. Zytogenetik — 401

O Strahlendiagnostik, Nuklearmedizin, Magnetresonanztomographie und Strahlentherapie — 403
    I. Strahlendiagnostik — 405
    II. Nuklearmedizin — 427
    III. Magnetresonanztomographie — 445
    IV. Strahlentherapie — 447

P Sektionsleistungen — 455

R Analoge Bewertungen — 459

S Krankenhaussachleistungen, Obduktionen — 469
    I. Bäder, Massagen, Krankengymnastik und andere Heilbehandlungen — 471
    II. Arzneimittel, Sera, Blutersatzmittel, Blutkonserven, Blutspenden, Blutplasmen, therapeutische Hilfsmittel — 475
    III. Sonstige Leistungen, Obduktionen — 481

Anhang
    Abkommen zwischen der Deutschen Krankenhausgesellschaft und den Unfallversicherungsträgern — 483

Sachregister — 485

Sachregister (Labor) — 501

Erläuterungen zu der ab 01. Januar 2005 geltenden 30. Auflage des DKG-NT Band I / BG-T

Mit Wirkung ab 01.01.2005 wird die 30. Auflage des DKG-NT Band I / BG-T herausgegeben.

Diese beinhaltet gemäß den Beschlüssen des Ständigen Ausschusses BG-T vom 26.11.2004 folgende Änderungen:

1. Das Kapitel „C VIII – Zuschläge zu ambulanten Operations- und Anästhesieleistungen (BG-T)" (Gebührennummern 440 bis 449) sowie die Tarifziffern 192, 193, 194, 195, 528, 529 und 2016 wurden neu in den BG-T aufgenommen.
2. Die Leistungsbeschreibungen der Tarifziffern 55, 2189, 2190 und 2193 im BG-T wurden neu gefasst bzw. ergänzt.
3. Bei den Tarifziffern 2062, 2118, 2122, 2156, 2210, 2339, 2354 und 2801 des BG-T wurden die Allgemeinen Kosten und die Sachkosten neu festgesetzt.
4. Im Kapitel O I wurde die Allgemeine Bestimmung Nr. 3 für den BG-T entsprechend der UV-GOÄ ergänzt.

Des Weiteren sind nachfolgende Punkte zu berücksichtigen:

1. Die oben aufgeführten Änderungen im BG-T entfalten keine Wirkung auf das Tarifwerk DKG-NT Band I.
2. Die Vollkosten (Spalte 7) gelten nur für den DKG-NT Band I und setzen sich aus der Summe von Besonderen Kosten und dem Produkt aus Punktzahl und Punktwert zusammen. Dieser beträgt 8,589704 Cent. Ausnahme bilden hier die Laboratoriumsuntersuchungen nach Abschnitt M, die Leistung nach Nr. 437 sowie die Leistungen nach den Nrn. 73732 bis 74463. Für diese Leistungen gilt ein Punktwert i.H.v. 6,90244 Cent. Die Vielzahl an Nachkommastellen resultiert aus der Euro-Umstellung, die ohne Rundung vorgenommen wurde.
3. Die Leistungsbeschreibungen und Preise der Teile S I bis S III gelten unverändert weiter.
4. Als Übergangsregelung in den neuen Bundesländern sind die prozentualen Preisabschläge entsprechend der 6. GebAV weiterhin gültig.

- Besondere Kosten (Spalte 4): kein Abschlag
- Allgemeine Kosten (Spalte 5): Abschlag von 10 %
- Sachkosten (Spalte 6): Der Abschlag auf die Sachkosten (absoluter Betrag) ist gleich dem Abschlag auf die Allgemeinen Kosten (absoluter Betrag).
- Vollkosten (Spalte 7): Produkt aus Punktzahl und Punktwert abzüglich 10 % zuzüglich der Besonderen Kosten.
- Preise im Teil S I: Abschlag von 10 %
- Preise im Teil S II: Ansatz von Selbstkosten/vergleichbare Bezugspreise. Ein Abschlag wird nicht vorgenommen.
- Preise im Teil S III: Die Preise nach den Tarifnummern 9800 – 9902a wurden mit einem Abschlag von 10 % festgesetzt. Bei den Tarifnummern 9903 – 9910 wird kein Abschlag vorgenommen.

**Wesentliche Anwendungsbereiche der Tarifwerke der
Deutschen Krankenhausgesellschaft (DKG-NT Band I / BG-T und DKG-NT Band II):**

DKG-NT Band I / BG-T

– Liquidation erbrachter ambulanter Leistungen des Krankenhauses (Institutsleistungen) gegenüber Selbstzahlern.

– Abrechnung Besonderer Kosten (Spalte 4) bei ambulanter berufsgenossenschaftlicher Heilbehandlung und Nebenleistungen bei berufsgenossenschaftlicher Begutachtung.

– Liquidation konsiliarärztlicher Leistungen des Krankenhauses bei Leistungserbringung für stationäre Patienten anderer Krankenhäuser.

– Kostenerstattung vom Arzt an das Krankenhaus, wenn GOÄ Grundlage der Honorarberechnung durch den Arzt ist.

DKG-NT Band II

Kostenerstattung vom Arzt an das Krankenhaus, wenn der EBM die Grundlage der Honorarberechnung durch den Arzt ist, sofern der DKG-NT Band II als Kostenerstattungsgrundlage zwischen Arzt und Krankenhaus vereinbart ist.

Teil A

Allgemeine Tarifbestimmungen DKG-NT Band I BG-T

Allgemeine Tarifbestimmungen DKG-NT Band I

§ 1 Allgemeines

(1) Die Beträge in den Spalten 4 bis 6 sind für die jeweiligen Leistungen als Pauschalen zwischen den Vertragsparteien vereinbart.

(2) Leistungen, die Teil einer anderen Leistung sind, können nicht gesondert berechnet werden.

(3) Selbständige ärztliche Leistungen, die im Tarif nicht aufgenommen sind, können entsprechend einer nach Art, Kosten- und Zeitaufwand gleichwertigen Leistung des Tarifs berechnet werden, dabei ist die gleichwertige Leistung anzugeben.

§ 2 Besondere Kosten

(1) Soweit in diesem Tarif nichts anderes bestimmt ist, sind mit den Beträgen der Spalte 4 (Besondere Kosten) die Kosten für

– Anästhetika bei Leistungen des Teils D,

– Verbandmittel, Materialien, Gegenstände und Stoffe, die der Patient zur weiteren Verwendung behält oder die mit der einmaligen Anwendung verbraucht sind,

abgegolten.

(2) Weder in den Besonderen Kosten (Spalte 4) enthalten noch gesondert berechnungsfähig sind:

1. Kleinmaterialien wie Zellstoff, Mulltupfer, Schnellverbandmaterial, Verbandspray, Gewebeklebstoff auf Histoacrylbasis, Mullkompressen, Holzspatel, Holzstäbchen, Wattestäbchen, Gummifingerlinge,

2. Reagenzien und Narkosemittel zur Oberflächenanästhesie,

3. Desinfektions- und Reinigungsmittel,

4. Augen-, Ohren-, Nasentropfen, Puder, Salben und Arzneimittel zur sofortigen Anwendung, deren Aufwand je Mittel unter € 1,02 liegt

5. Folgende Einmalartikel: Einmalspritzen, Einmalkanülen, Einmalhandschuhe, Einmalharnblasenkatheter, Einmalskalpelle, Einmalproktoskope, Einmaldarmrohre, Einmalspekula.

(3) Nicht mit den Besonderen Kosten (Spalte 4) abgegolten und damit gesondert berechnungsfähig sind:

1. Arzneimittel (einschließlich Salben, Blutkonserven, Blutderivate, Blutersatzmittel, Sera u. ä.), wenn der Aufwand je Arzneimittel € 1,02 übersteigt,

2. Blutspenden,

3. Gummi-Elastikbinden, Gummistrümpfe u. ä.,

4. Knochennägel, Knochenschrauben, Knochenspäne, Stahlsehnendrähte, Gelenkschienen, Schienen bei Kieferbruchbehandlung, Gehbügel, Abrollsohlen, Gefäßprothesen, Endoprothesen, Dauerkanülen, Herzschrittmacher, Kunststoffprothesen, Kunststofflinsen, alloplastisches Material,

5. Einmalinfusionsbestecke, Einmalbiopsienadeln, Einmalkatheter (ausgenommen Einmalharnblasenkatheter), Einmalsaugdrainagen,

6. fotographische Aufnahmen, Vervielfältigungen,

7. Telefon-, Telefax- und Telegrammkosten sowie Versand- und Portokosten u. ä.,

8. Versand- und Portokosten können nur von demjenigen berechnet werden, dem die gesamten Kosten für Versandmaterial, Versandgefäße sowie für den Versand oder Transport entstanden sind. Kosten für Versandmaterial, für den Versand des Untersuchungsmaterials und die Übermittlung des Untersuchungsergebnisses innerhalb einer Laborgemeinschaft oder innerhalb eines Krankenhausgeländes sind nicht berechnungsfähig; dies gilt auch, wenn Material oder ein Teil davon unter Nutzung der Transportmittel oder des Versandweges oder der Versandgefäße einer Laborgemeinschaft einer Untersuchung einem zur Erbringung von Leistungen Beauftragten zugeleitet wird. Werden aus demselben Körpermaterial sowohl in einer Laborgemeinschaft als auch von einem Labor Leistungen aus den Abschnitten M oder N ausgeführt, so kann das Labor bei Benutzung desselben Transportweges Versandkosten nicht berechnen; dies gilt auch dann, wenn von einem anderen Fachgebiet Auftragsleistungen aus den Abschnitten M oder N erbracht werden. Für die Versendung der Rechnung dürfen Versand- oder Portokosten nicht berechnet werden.

9. Die bei der Anwendung radioaktiver Stoffe und deren Verbrauch entstandenen Kosten,
10. Die Kosten der inkorporierten Stoffe einschließlich Kontrastmittel, soweit in diesem Tarif nichts anderes bestimmt ist.
11. Wochenbettpackungen

§ 3 Allgemeine Kosten

(1) Soweit in diesem Tarif und in Absatz 2 nichts anderes bestimmt ist, sind mit den Beträgen der Spalte 5 (Allgemeine Kosten) die Kosten für Personal (mit Ausnahme des ärztlichen Dienstes einschließlich der Arztschreibkräfte), Räume, Einrichtungen, Materialien, sowie die durch die Anwendung von ärztlichen Geräten entstandenen Kosten abgegolten.

(2) Außerdem sind abgegolten:
1. Kleinmaterialien wie Zellstoff, Mulltupfer, Schnellverbandmaterial, Verbandspray, Gewebeklebstoff auf Histoacrylbasis, Mullkompressen, Holzspatel, Holzstäbchen, Wattestäbchen, Gummifingerlinge,
2. Reagenzien und Narkosemittel zur Oberflächenanästhesie,
3. Desinfektions- und Reinigungsmittel,
4. Augen-, Ohren-, Nasentropfen, Puder, Salben und geringwertige Arzneimittel zur sofortigen Anwendung sowie
5. Folgende Einmalartikel: Einmalspritzen, Einmalkanülen, Einmalhandschuhe, Einmalharnblasenkatheter, Einmalskalpelle, Einmalproktoskope, Einmaldarmrohre, Einmalspekula.

(3) Nicht abgegolten sind:
1. Die Besonderen Kosten nach § 2 und
2. Die Kosten des ärztlichen Dienstes einschließlich Arztschreibkräfte

§ 4 Sachkosten

(1) Soweit in diesem Tarif und den §§ 2 und 3 nichts anderes bestimmt ist, sind mit den Beträgen der Spalte 6 (Sachkosten) die Besonderen Kosten (Spalte 4) und die Allgemeinen Kosten (Spalte 5) abgegolten.

(2) Nicht abgegolten und daher gesondert berechnungsfähig sind die Kosten nach § 2 Abs. 3

§ 5 Krankenhaussachleistungen

Soweit in diesem Tarif nichts anderes bestimmt ist, sind mit den Beträgen in Spalte 3 des Teils S alle Kosten abgegolten.

§ 6 Vollkosten

(1) Die Beträge in Spalte 7 sind die pauschale Vergütung, wenn die jeweiligen Leistungen als Institutsleistung des Krankenhauses abgerechnet werden.

(2) Mit diesen Pauschalen nach Spalte 7 (Vollkosten) sind die Sachkosten nach Maßgabe des § 4 und die Kosten des ärztlichen Dienstes einschließlich Arztschreibkräfte abgegolten.

§ 7 Hebammenhilfe

Die Hebammenhilfe ist mit den Tarifsätzen nicht abgegolten.

Allgemeine Tarifbestimmungen BG-T

§ 1 Allgemeines

(1) Die Beträge in den Spalten 4 bis 6 sind für die jeweiligen Leistungen als Pauschalen zwischen den Vertragsparteien vereinbart.

(2) Leistungen, die Teil einer anderen Leistung sind, können nicht gesondert berechnet werden.

§ 2 Besondere Kosten

(1) Soweit in diesem Tarif nichts anderes bestimmt ist, sind mit den Beträgen der Spalte 4 (Besondere Kosten) die Kosten für

– Anästhetika bei Leistungen des Teils D,

– Verbandmittel, Materialien, Gegenstände und Stoffe, die der Patient zur weiteren Verwendung behält oder die mit der einmaligen Anwendung verbraucht sind,

abgegolten.

(2) Weder in den Besonderen Kosten (Spalte 4) enthalten noch gesondert berechnungsfähig sind:

1. Kleinmaterialien wie Zellstoff, Mulltupfer, Schnellverbandmaterial, Verbandspray, Gewebeklebstoff auf Histoacrylbasis, Mullkompressen, Holzspatel, Holzstäbchen, Wattestäbchen, Gummifingerlinge,

2. Reagenzien und Narkosemittel zur Oberflächenanästhesie,

3. Desinfektions- und Reinigungsmittel,

4. Augen-, Ohren-, Nasentropfen, Puder, Salben und Arzneimittel zur sofortigen Anwendung, deren Aufwand je Mittel unter € 1,02 liegt,

5. Folgende Einmalartikel: Einmalspritzen, Einmalkanülen, Einmalhandschuhe, Einmalharnblasenkatheter, Einmalskalpelle, Einmalproktoskope, Einmaldarmrohre, Einmalspekula.

(3) Nicht mit den Besonderen Kosten (Spalte 4) abgegolten und damit gesondert berechnungsfähig sind:

1. Arzneimittel (einschließlich Salben, Blutkonserven, Blutderivate, Blutersatzmittel, Sera u. ä.), wenn der Aufwand je Arzneimittel € 1,02 übersteigt,

2. Blutspenden,

3. Gummi-Elastikbinden, Gummistrümpfe u.ä.,

4. Knochennägel, Knochenschrauben, Knochenspäne, Stahlsehnendrähte, Gelenkschienen, Schienen bei Kieferbruchbehandlung, Gehbügel, Abrollsohlen, Gefäßprothesen, Endoprothesen, Dauerkanülen, Herzschrittmacher, Kunststoffprothesen, Kunststofflinsen, alloplastisches Material,

5. Einmalinfusionsbestecke, Einmalbiopsienadeln, Einmalkatheter (ausgenommen Einmalharnblasenkatheter), Einmalsaugdrainagen,

6. fotografische Aufnahmen, Vervielfältigungen,

7. Telefon-, Telefax- und Telegrammkosten sowie Versand- und Portokosten u. ä.,

8. Versand- und Portokosten können nur von demjenigen berechnet werden, dem die gesamten Kosten für Versandmaterial, Versandgefäße sowie für den Versand oder Transport entstanden sind. Kosten für Versandmaterial, für den Versand des Untersuchungsmaterials und die Übermittlung des Untersuchungsergebnisses innerhalb einer Laborgemeinschaft oder innerhalb eines Krankenhausgeländes sind nicht berechnungsfähig; dies gilt auch, wenn Material oder ein Teil davon unter Nutzung der Transportmittel oder des Versandweges oder der Versandgefäße einer Laborgemeinschaft zur Untersuchung einem zur Erbringung von Leistungen Beauftragten zugeleitet wird. Werden aus demselben Körpermaterial sowohl in einer Laborgemeinschaft als auch von einem Labor Leistungen aus den Abschnitten M oder N ausgeführt, so kann das Labor bei Benutzung desselben Transportweges Versandkosten nicht berechnen; dies gilt auch dann, wenn von einem anderen Fachgebiet Auftragsleistungen aus den Abschnitten M oder N erbracht werden. Für die Versendung der Rechnung dürfen Versand- oder Portokosten nicht berechnet werden.

9. Die bei der Anwendung radioaktiver Stoffe und deren Verbrauch entstandenen Kosten,

10. Die Kosten der inkorporierten Stoffe einschließlich Kontrastmittel, soweit in diesem Tarif nichts anderes bestimmt ist.

§ 3 Allgemeine Kosten

(1) Soweit in diesem Tarif und in Absatz 2 nichts anderes bestimmt ist, sind mit den Beträgen der Spalte 5 (Allgemeine Kosten) die Kosten für Personal (mit Ausnahme des ärztlichen Dienstes einschließlich der Arztschreibkräfte), Räume, Einrichtungen, Materialien, sowie die durch die Anwendung von ärztlichen Geräten entstandenen Kosten abgegolten.

(2) Außerdem sind abgegolten:

1. Kleinmaterialien wie Zellstoff, Mulltupfer, Schnellverbandmaterial, Verbandspray, Gewebeklebstoff auf Histoacrylbasis, Mullkompressen, Holzspatel, Holzstäbchen, Wattestäbchen, Gummifingerlinge,
2. Reagenzien und Narkosemittel zur Oberflächenanästhesie,
3. Desinfektions- und Reinigungsmittel,
4. Augen-, Ohren-, Nasentropfen, Puder, Salben und geringwertige Arzneimittel zur sofortigen Anwendung sowie
5. Folgende Einmalartikel: Einmalspritzen, Einmalkanülen, Einmalhandschuhe, Einmalharnblasenkatheter, Einmalskalpelle, Einmalproktoskope, Einmaldarmrohre, Einmalspekula.

(3) Nicht abgegolten sind:

1. Die Besonderen Kosten nach § 2 und
2. Die Kosten des ärztlichen Dienstes einschließlich Arztschreibkräfte

§ 4 Sachkosten

(1) Soweit in diesem Tarif und den §§ 2 und 3 nichts anderes bestimmt ist, sind mit den Beträgen der Spalte 6 (Sachkosten) die Besonderen Kosten (Spalte 4) und die Allgemeinen Kosten (Spalte 5) abgegolten.

(2) Nicht abgegolten und daher gesondert berechnungsfähig sind die Kosten nach § 2 Abs. 3.

§ 5 Krankenhaussachleistungen

Soweit in diesem Tarif nichts anderes bestimmt ist, sind mit den Beträgen in Spalte 3 des Teils S alle Kosten abgegolten.

Teil B

Grundleistungen und allgemeine Leistungen (DKG-NT Band I)

B Grundleistungen und allgemeine Leistungen (DKG-NT Band I)

BG-T Tarif-Nr.	DKG-NT Tarif-Nr.	Leistung	Punkte (nur DKG-NT I)	Besondere Kosten	Allgemeine Kosten	Sach-kosten	Vollkosten (nur DKG-NT I)
1a	1b	2	3	4	5	6	7
		Allgemeine Bestimmungen *1. Als Behandlungsfall gilt für die Behandlung derselben Erkrankung der Zeitraum eines Monats nach der jeweils ersten Inanspruchnahme des Arztes* *2. Die Leistungen nach den Nrn. 1 und/oder 5 sind neben Leistungen nach den Abschnitten C bis O im Behandlungsfall nur einmal berechnungsfähig.* *3. Die Leistungen nach den Nrn. 1, 3, 5, 6, 7 und/oder 8 können an demselben Tag nur dann mehr als einmal berechnet werden, wenn dies durch die Beschaffenheit des Krankheitsfalls geboten war. Bei mehrmaliger Berechnung ist die jeweilige Uhrzeit der Leistungserbringung in der Rechnung anzugeben. Bei den Leistungen nach den Nummern 1, 5, 6, 7 und/oder 8 ist eine mehrmalige Berechnung an demselben Tag auf Verlangen, bei der Leistung nach Nummer 3 generell zu begründen.* *4. Die Leistungen nach den Nummern 1, 3, 22, 30 und/oder 34 sind neben den Leistungen nach den Nummern 804 bis 812, 817, 835, 849, 861 bis 864, 870, 871, 886 sowie 887 nicht berechnungsfähig.* *5. Mehr als zwei Visiten an demselben Tag können nur berechnet werden, wenn sie durch die Beschaffenheit des Krankheitsfalls geboten waren. Bei der Berechnung von mehr als zwei Visiten an demselben Tag ist die jeweilige Uhrzeit der Visiten anzugeben. Auf Verlangen ist die mehr als zweimalige Berechnung einer Visite an demselben Tag zu begründen.* *Anstelle oder neben der Visite im Krankenhaus sind die Leistungen nach den Nummern 1, 3, 4, 5, 6, 7, 8 und/oder 15 nicht berechnungsfähig.* *6. Besuchsgebühren nach den Nummern 48, 50 und/oder 51 sind für Besuche von Krankenhaus- und Belegärzten im Krankenhaus nicht berechnungsfähig.* *7. Terminvereinbarungen sind nicht berechnungsfähig.*					

B Grundleistungen und allgemeine Leistungen (DKG-NT Band I)

BG-T Tarif-Nr.	DKG-NT Tarif-Nr.	Leistung	Punkte (nur DKG-NT I)	Besondere Kosten	Allgemeine Kosten	Sach-kosten	Vollkosten (nur DKG-NT I)
1a	1b	2	3	4	5	6	7
		8. Neben einer Leistung nach den Nummern 5, 6, 7 oder 8 sind die Leistungen nach den Nummern 600, 601, 1203, 1204, 1228, 1240, 1400, 1401 und 1414 nicht berechnungsfähig.					

B I Allgemeine Beratungen und Untersuchungen (DKG-NT Band I)

BG-T Tarif-Nr.	DKG-NT Tarif-Nr.	Leistung	Punkte (nur DKG-NT I)	Besondere Kosten	Allgemeine Kosten	Sachkosten	Vollkosten (nur DKG-NT I)
1a	1b	2	3	4	5	6	7
	1	Beratung - auch mittels Fernsprecher -	80		1,30 €	1,30 €	6,87 €
	2	Ausstellung von Wiederholungsrezepten und/oder Überweisungen und/oder Übermittlung von Befunden oder ärztlichen Anordnungen - auch mittels Fernsprecher - durch die Arzthelferin und/oder Messung von Körperzuständen (z. B. Blutdruck, Temperatur) ohne Beratung, bei einer Inanspruchnahme des Arztes	30		1,10 €	1,10 €	2,58 €
		Die Leistung nach Nummer 2 darf anläßlich einer Inanspruchnahme des Arztes nicht zusammen mit anderen Gebühren berechnet werden.					
	3	Eingehende, das gewöhnliche Maß übersteigende Beratung - auch mittels Fernsprecher - ..	150		1,30 €	1,30 €	12,88 €
		Die Leistung nach Nummer 3 (Dauer mindestens 10 Minuten) ist nur berechnungsfähig als einzige Leistung oder im Zusammenhang mit einer Untersuchung nach den Nummern 5, 6, 7, 8, 800 oder 801. Eine mehr als einmalige Berechnung im Behandlungsfall bedarf einer besonderen Begründung					
	4	Erhebung der Fremdanamnese über einen Kranken und/oder Unterweisung und Führung der Bezugsperson(en) - im Zusammenhang mit der Behandlung eines Kranken -	220		2,60 €	2,60 €	18,90 €
		Die Leistung nach Nummer 4 ist im Behandlungsfall nur einmal berechnungsfähig.					
		Die Leistung nach Nummer 4 ist neben den Leistungen nach den Nummern 30, 34, 801, 806, 807, 816, 817 und/oder 835 nicht berechnungsfähig.					
	5	Symptombezogene Untersuchung.	80		1,30 €	1,30 €	6,87 €
		Die Leistung nach Nummer 5 ist neben den Leistungen nach den Nummern 6 bis 8 nicht berechnungsfähig.					

B I   Allgemeine Beratungen und Untersuchungen (DKG-NT Band I)   **Nummer 6**

BG-T Tarif-Nr.	DKG-NT Tarif-Nr.	Leistung	Punkte (nur DKG-NT I)	Besondere Kosten	Allgemeine Kosten	Sach-kosten	Vollkosten (nur DKG-NT I)
1a	1b	2	3	4	5	6	7
	6	Vollständige körperliche Untersuchung mindestens eines der folgenden Organsysteme: alle Augenabschnitte, der gesamte HNO-Bereich, das stomatognathe System, die Nieren und ableitenden Harnwege (bei Männern auch gegebenenfalls einschließlich der männlichen Geschlechtsorgane) oder Untersuchung zur Erhebung eines vollständigen Gefäßstatus - gegebenenfalls einschließlich Dokumentation - . . . *Die vollständige körperliche Untersuchung eines Organsystems nach der Leistung nach Nummer 6 beinhaltet insbesondere:* *- bei den Augen: beidseitige Inspektion des äußeren Auges, beidseitige Untersuchung der vorderen und mittleren Augenabschnitte sowie des Augenhintergrunds;* *- bei dem HNO-Bereich: Inspektion der Nase, des Naseninnern, des Rachens, beider Ohren, beider äußeren Gehörgänge und beider Trommelfelle, Spiegelung des Kehlkopfs;* *- bei dem stomatognathen System: Inspektion der Mundhöhle, Inspektion und Palpation der Zunge und beider Kiefergelenke sowie vollständiger Zahnstatus;* *- bei den Nieren und ableitenden Harnwegen: Palpation der Nierenlager und des Unterbauchs, Inspektion der äußeren Genitale sowie Digitaluntersuchung des Enddarms, bei Männern zusätzlich Digitaluntersuchung der Prostata, Prüfung der Bruchpforten sowie Inspektion und Palpation der Hoden und Nebenhoden;* *- bei dem Gefäßstatus: Palpation und gegebenenfalls Auskultation der Arterien an beiden Handgelenken, Ellenbeugen, Achseln, Fußrücken, Sprunggelenken, Kniekehlen, Leisten sowie der tastbaren Arterien an Hals und Kopf, Inspektion und gegebenenfalls Palpation der oberflächlichen Bein- und Halsvenen.* *Die Leistung nach Nummer 6 ist neben den Leistungen nach den Nummern 5, 7 und/oder 8 nicht berechnungsfähig.*	100		2,40 €	2,40 €	8,59 €

B I Allgemeine Beratungen und Untersuchungen (DKG-NT Band I)   Nummern 7, 8

BG-T Tarif-Nr.	DKG-NT Tarif-Nr.	Leistung	Punkte (nur DKG-NT I)	Besondere Kosten	Allgemeine Kosten	Sachkosten	Vollkosten (nur DKG-NT I)
1a	1b	2	3	4	5	6	7
	7	Vollständige körperliche Untersuchung mindestens eines der folgenden Organsysteme: das gesamte Hautorgan, die Stütz- und Bewegungsorgane, alle Brustorgane, der gesamte weibliche Genitaltrakt (gegebenenfalls einschließlich Nieren und ableitende Harnwege) - gegebenenfalls einschließlich Dokumentation -	160		3,80 €	3,80 €	13,74 €
		Die vollständige körperliche Untersuchung eines Organsystems nach der Leistung nach Nummer 7 beinhaltet insbesondere:					
		- bei dem Hautorgan: Inspektion der gesamten Haut, Hautanhangsgebilde und sichtbaren Schleimhäute, gegebenenfalls einschließlich Prüfung des Dermographismus und Untersuchung mittels Glasspatel;					
		- bei den Stütz- und Bewegungsorganen: Inspektion, Palpation und orientierende Funktionsprüfung der Gelenke und der Wirbelsäule einschließlich Prüfung der Reflexe;					
		- bei den Brustorganen: Auskultation und Perkussion von Herz und Lunge sowie Blutdruckmessung;					
		- bei den Bauchorganen: Palpation, Perkussion und Auskultation der Bauchorgane einschließlich palpatorischer Prüfung der Bruchpforten und der Nierenlager;					
		- bei den weiblichen Genitaltrakt: bimanuelle Untersuchung der Gebärmutter und der Adnexe, Inspektion der äußeren Genitale, der Vagina und der Protio uteri, Digitaluntersuchung des Enddarms, gegebenenfalls Palpation der Nierenlager und des Unterbauchs.					
		Die Leistung nach Nummer 7 ist neben den Leistungen nach den Nummern 5, 6 und/oder 8 nicht berechnungsfähig.					
	8	Untersuchung zur Erhebung des Ganzkörperstatus, gegebenenfalls einschließlich Dokumentation.	260		2,60 €	2,60 €	22,33 €
		Der Ganzkörperstatus beinhaltet die Untersuchung der Haut, der sichtbaren Schleimhäute, der Brust- und Bauchorgane, der Stütz- und Bewegungsorgane sowie eine orientierende neurologische Untersuchung.					

B I Allgemeine Beratungen und Untersuchungen (DKG-NT Band I) — Nummern 11, 15

BG-T Tarif-Nr.	DKG-NT Tarif-Nr.	Leistung	Punkte (nur DKG-NT I)	Besondere Kosten	Allgemeine Kosten	Sach-kosten	Vollkosten (nur DKG-NT I)
1a	1b	2	3	4	5	6	7
		Die Leistung nach Nummer 8 ist neben den Leistungen nach den Nummern 5, 6, 7 und/oder 800 nicht berechnungsfähig.					
	11	Digitaluntersuchung des Mastdarms und/oder der Prostata	60		2,60 €	2,60 €	5,15 €
	15	Einleitung und Koordination flankierender therapeutischer und sozialer Maßnahmen während der kontinuierlichen ambulanten Betreuung eines chronisch Kranken.	300		1,30 €	1,30 €	25,77 €
		Die Leistung nach Nr. 15 darf nur einmal im Kalenderjahr berechnet werden.					
		Neben der Leistung nach Nr. 15 ist die Leistung nach Nr. 4 im Behandlungsfall nicht berechnungsfähig.					

B II Zuschläge zu Beratungen und Untersuchungen nach den Nummern 1, 3, 4, 5, 6, 7 oder 8 (DKG-NT Band I) **Nummern A – D**

BG-T Tarif-Nr.	DKG-NT Tarif-Nr.	Leistung	Punkte (nur DKG-NT I)	Besondere Kosten	Allgemeine Kosten	Sachkosten	Vollkosten (nur DKG-NT I)
1a	1b	2	3	4	5	6	7
		Allgemeine Bestimmungen					
		Die Zuschläge nach den Buchstaben A bis D sowie K 1 sind nur mit dem einfachen Gebührensatz berechnungsfähig. Sie dürfen unabhängig von der Anzahl und Kombination der erbrachten Leistungen je Inanspruchnahme des Arztes nur einmal berechnet werden. Neben den Zuschlägen nach den Buchstaben A bis D sowie K 1 dürfen Zuschläge nach den Buchstaben E bis J sowie K 2 nicht berechnet werden. Die Zuschläge nach den Buchstaben B bis D dürfen von Krankenhausärzten nicht berechnet werden, es sei denn, die Leistungen werden durch den liquidationsberechtigten Arzt oder seinen Vertreter nach § 4 Abs. 2 Satz 3 erbracht.					
		Die Zuschläge sind unmittelbar im Anschluß an die zugrundeliegende Leistung aufzuführen.					
	A	Zuschlag für außerhalb der Sprechstunde erbrachte Leistungen	70				6,01 €
		Der Zuschlag nach Buchstabe A ist neben den Zuschlägen nach den Buchstaben B, C und/oder D nicht berechnungsfähig.					
		Der Zuschlag nach Buchstabe A ist für Krankenhausärzte nicht berechnungsfähig.					
	B	Zuschlag für in der Zeit zwischen 20 und 22 Uhr oder 6 und 8 Uhr außerhalb der Sprechstunde erbrachte Leistungen	180				15,46 €
	C	Zuschlag für in der Zeit zwischen 22 und 6 Uhr erbrachte Leistungen	320				27,49 €
		Neben dem Zuschlag nach Buchstabe C ist der Zuschlag nach Buchstabe B nicht berechnungsfähig.					
	D	Zuschlag für an Samstagen, Sonn- oder Feiertagen erbrachte Leistungen	220				18,90 €
		Werden Leistungen innerhalb einer Sprechstunde an Samstagen erbracht, so ist der Zuschlag nach Buchstabe D nur mit dem halben Gebührensatz berechnungsfähig.					

B II Zuschläge zu Beratungen und Untersuchungen nach den Nummern 1, 3, 4, 5, 6, 7 oder 8 (DKG-NT Band I)　　　Nummer K 1

BG-T Tarif-Nr.	DKG-NT Tarif-Nr.	Leistung	Punkte (nur DKG-NT I)	Besondere Kosten	Allgemeine Kosten	Sach-kosten	Vollkosten (nur DKG-NT I)
1a	1b	2	3	4	5	6	7
	K 1	*Werden Leistungen an Samstagen, Sonn- oder Feiertagen zwischen 20 und 8 Uhr erbracht, ist neben dem Zuschlag nach Buchstabe D ein Zuschlag nach Buchstabe B oder C berechnungsfähig.* *Der Zuschlag nach Buchstabe D ist für Krankenhausärzte im Zusammenhang mit zwischen 8 und 20 Uhr erbrachten Leistungen nicht berechnungsfähig.* *Zuschlag zu Untersuchungen nach den Nummern 5, 6, 7 oder 8 bei Kindern bis zum vollendeten 4. Lebensjahr*	120				10,31 €

B III Spezielle Beratungen und Untersuchungen (DKG-NT Band I)

BG-T Tarif-Nr.	DKG-NT Tarif-Nr.	Leistung	Punkte (nur DKG-NT I)	Besondere Kosten	Allgemeine Kosten	Sach-kosten	Vollkosten (nur DKG-NT I)
1a	1b	2	3	4	5	6	7
	20	Beratungsgespräch in Gruppen von 4 bis 12 Teilnehmern im Rahmen der Behandlung von chronischen Krankheiten, je Teilnehmer und Sitzung (Dauer mindestens 50 Minuten)	120		2,30 €	2,30 €	10,31 €
		Neben der Leistung nach Nummer 20 sind die Leistungen nach den Nummern 847, 862, 864, 871 und/oder 887 nicht berechnungsfähig.					
	21	Eingehende humangenetische Beratung, je angefangene halbe Stunde und Sitzung	360		1,30 €	1,30 €	30,92 €
		Die Leistung nach Nummer 21 darf nur berechnet werden, wenn die Beratung in der Sitzung mindestens eine halbe Stunde dauert.					
		Die Leistung nach Nummer 21 ist innerhalb eines halben Jahres nach Beginn des Beratungsfalls nicht mehr als viermal berechnungsfähig.					
		Neben der Leistung nach Nummer 21 sind die Leistungen nach den Nummern 1, 3, 4, 22 und 34 nicht berechnungsfähig.					
	22	Eingehende Beratung einer Schwangeren im Konfliktfall über die Erhaltung oder den Abbruch der Schwangerschaft - auch einschließlich Beratung über soziale Hilfen, gegebenenfalls auch einschließlich Beurteilung über das Vorliegen einer Indikation für einen nicht rechtswidrigen Schwangerschaftsabbruch -	300		2,00 €	2,00 €	25,77 €
		Neben der Leistung nach Nummer 22 sind die Leistungen nach den Nummern 1, 3, 21 oder 34 nicht berechnungsfähig.					
	23	Erste Vorsorgeuntersuchung in der Schwangerschaft mit Bestimmung des Geburtstermins - einschließlich Erhebung der Anamnese und Anlegen des Mutterpasses sowie Beratung der Schwangeren über die Mutterschaftsvorsorge, einschließlich Hämoglobinbestimmung	300		10,20 €	10,20 €	25,77 €
		Neben der Leistung nach Nummer 23 sind die Leistungen nach den Nummern 1, 3, 5, 7 und/oder 3550 nicht berechnungsfähig.					
	24	Untersuchung im Schwangerschaftsverlauf - einschließlich Beratung und Bewertung der Befunde, gegebenenfalls auch im Hinblick auf die Schwangerschaftsrisiken -	200		2,60 €	2,60 €	17,18 €

BG-T Tarif-Nr.	DKG-NT Tarif-Nr.	Leistung	Punkte (nur DKG-NT I)	Besondere Kosten	Allgemeine Kosten	Sach-kosten	Vollkosten (nur DKG-NT I)
1a	1b	2	3	4	5	6	7
		Neben der Leistung nach Nummer 24 sind die Leistungen nach den Nummern 1, 3, 5 und/oder 7 nicht berechnungsfähig.					
	25	Neugeborenen-Erstuntersuchung - gegebenenfalls einschließlich Beratung der Bezugsperson(en) -	200		7,60 €	7,60 €	17,18 €
		Neben der Leistung nach Nummer 25 sind die Leistungen nach den Nummern 1, 3, 4, 5, 6, 7 und/oder 8 nicht berechnungsfähig.					
	26	Untersuchung zur Früherkennung von Krankheiten bei einem Kind bis zum vollendeten 14. Lebensjahr (Erhebung der Anamnese, Feststellung der Körpermaße, Untersuchung von Nervensystem, Sinnesorganen, Skelettsystem, Haut-, Brust-, Bauch- und Geschlechtsorganen) - gegebenenfalls einschließlich Beratung der Bezugsperson(en) -	450		10,40 €	10,40 €	38,65 €
		Die Leistung nach Nummer 26 ist ab dem vollendeten 2. Lebensjahr je Kalenderjahr höchstens einmal berechnungsfähig.					
		Neben der Leistung nach Nummer 26 sind die Leistungen nach den Nummern 1, 3, 4, 5, 6, 7 und/oder 8 nicht berechnungsfähig.					
	27	Untersuchung einer Frau zur Früherkennung von Krebserkrankungen der Brust, des Genitales, des Rektums und der Haut - einschließlich Erhebung der Anamnese, Abstrichentnahme zur zytologischen Untersuchung, Untersuchung auf Blut im Stuhl und Urinuntersuchung auf Eiweiß, Zucker und Erythrozyten, einschließlich Beratung -	320		11,80 €	11,80 €	27,49 €
		Mit der Gebühr sind die Kosten für Untersuchungsmaterialien abgegolten.					
		Neben der Leistung nach Nummer 27 sind die Leistungen nach den Nummern 1, 3, 5, 6, 7, 8, 297, 3500, 3511, 3650 und/oder 3652 nicht berechnungsfähig.					

B III   Spezielle Beratungen und Untersuchungen (DKG-NT Band I)　　　　　　　　　　　　　　　　**Nummern 28–30**

BG-T Tarif-Nr.	DKG-NT Tarif-Nr.	Leistung	Punkte (nur DKG-NT I)	Besondere Kosten	Allgemeine Kosten	Sach-kosten	Vollkosten (nur DKG-NT I)
1a	1b	2	3	4	5	6	7
	28	Untersuchung eines Mannes zur Früherkennung von Krebserkrankungen des Rektums, der Prostata, des äußeren Genitales und der Haut - einschließlich Erhebung der Anamnese, Urinuntersuchung auf Eiweiß, Zucker und Erythrozyten sowie Untersuchung auf Blut im Stuhl, einschließlich Beratung -	280		10,80 €	10,80 €	24,05 €
		Mit der Gebühr sind die Kosten für Untersuchungsmaterialien abgegolten.					
		Neben der Leistung nach Nummer 28 sind die Leistungen nach den Nummern 1, 3, 5, 6, 7, 8, 11, 3500, 3511, 3650 und/oder 3652 nicht berechnungsfähig.					
	29	Gesundheitsuntersuchung zur Früherkennung von Krankheiten bei einem Erwachsenen - einschließlich Untersuchung zur Erhebung des vollständigen Status (Ganzkörperstatus), Erörterung des individuellen Risikoprofils und verhaltensmedizinisch orientierter Beratung	440		3,00 €	3,00 €	37,79 €
		Neben der Leistung nach Nr. 29 sind die Leistungen nach den Nummern 1, 3, 5, 6, 7 und/oder 8 nicht berechnungsfähig.					
	30	Erhebung der homöopathischen Erstanamnese mit einer Mindestdauer von einer Stunde nach biographischen und homöopathisch-individuellen Gesichtspunkten mit schriftlicher Aufzeichnung zur Einleitung einer homöopathischen Behandlung - einschließlich homöopathischer Repertorisation und Gewichtung der charakteristischen psychischen, allgemeinen und lokalen Zeichen und Symptome des jeweiligen Krankheitsfalls, unter Berücksichtigung der Modalitäten, Alternanzen, Kausal- und Begleitsymptome, zur Auffindung des homöopathischen Einzelmittels, einschließlich Anwendung und Auswertung standardisierter Fragebogen -	900		20,00 €	20,00 €	77,31 €
		Dauert die Erhebung einer homöopathischen Erstanamnese bei einem Kind bis zum vollendeten 14. Lebensjahr weniger als eine Stunde, mindestens aber eine halbe Stunde, kann die Leistung nach Nummer 30 mit entsprechender Begründung mit der Hälfte der Gebühr berechnet werden.					
		Die Leistung nach Nummer 30 ist innerhalb von einem Jahr nur einmal berechnungsfähig.					

B III Spezielle Beratungen und Untersuchungen (DKG-NT Band I)   Nummern 31–33

BG-T Tarif-Nr.	DKG-NT Tarif-Nr.	Leistung	Punkte (nur DKG-NT I)	Besondere Kosten	Allgemeine Kosten	Sachkosten	Vollkosten (nur DKG-NT I)
1a	1b	2	3	4	5	6	7
		Neben der Leistung nach Nummer 30 sind die Leistungen nach den Nummern 1, 3 und/oder 34 nicht berechnungsfähig.					
	31	Homöopathische Folgeanamnese mit einer Mindestdauer von 30 Minuten unter laufender Behandlung nach den Regeln der Einzelmittelhomöopathie zur Beurteilung des Verlaufs und Feststellung des weiteren Vorgehens - einschließlich schriftlicher Aufzeichnungen -	450		10,00 €	10,00 €	38,65 €
		Die Leistung nach Nummer 31 ist innerhalb von sechs Monaten höchstens dreimal berechnungsfähig.					
		Neben der Leistung nach Nummer 31 sind die Leistungen nach den Nummern 1, 3, 4, 30 und/ oder 34 nicht berechnungsfähig.					
	32	Untersuchung nach §§ 32 bis 35 und 42 des Jugendarbeitsschutzgesetzes (Eingehende, das gewöhnliche Maß übersteigende Untersuchung - einschließlich einfacher Seh-, Hör- und Farbsinnprüfung -; Urinuntersuchung auf Eiweiß, Zucker und Erythrozyten; Beratung des Jugendlichen; schriftliche gutachtliche Äußerung; Mitteilung für die Personensorgeberechtigten; Bescheinigung für den Arbeitgeber	400		2,70 €	2,70 €	34,36 €
	33	Strukturierte Schulung einer Einzelperson mit einer Mindestdauer von 20 Minuten (bei Diabetes, Gestationsdiabetes oder Zustand nach Pankreatektomie) - einschließlich Evaluation zur Qualitätssicherung unter diabetologischen Gesichtspunkten zum Erlernen und Umsetzen des Behandlungsmanagements, einschließlich der Auswertung eines standardisierten Fragebogens -	300		3,60 €	3,60 €	25,77 €
		Die Leistung nach Nummer 33 ist innerhalb von einem Jahr höchstens dreimal berechnungsfähig.					
		Neben der Leistung nach Nummer 33 sind die Leistungen nach den Nummern 1, 3, 15, 20, 847, 862, 864, 871 und/oder 887 nicht berechnungsfähig.					

B III Spezielle Beratungen und Untersuchungen (DKG-NT Band I)

BG-T Tarif-Nr.	DKG-NT Tarif-Nr.	Leistung	Punkte (nur DKG-NT I)	Besondere Kosten	Allgemeine Kosten	Sach-kosten	Vollkosten (nur DKG-NT I)
1a	1b	2	3	4	5	6	7
	34	Erörterung (Dauer mindestens 20 Minuten) der Auswirkungen einer Krankheit auf die Lebensgestaltung in unmittelbarem Zusammenhang mit der Feststellung oder erheblichen Verschlimmerung einer nachhaltig lebensverändernden oder lebensbedrohenden Erkrankung - gegebenenfalls einschließlich Planung eines operativen Eingriffs und Abwägung seiner Konsequenzen und Risiken - gegebenenfalls einschließlich Beratung - gegebenenfalls unter Einbeziehung von Bezugspersonen - .... *Die Leistung nach Nummer 34 ist innerhalb von 6 Monaten höchstens zweimal berechnungsfähig.* *Neben der Leistung nach Nummer 34 sind die Leistungen nach den Nummern 1, 3, 4, 15 und/oder 30 nicht berechnungsfähig.*	300		3,60 €	3,60 €	25,77 €

BG-T Tarif-Nr.	DKG-NT Tarif-Nr.	Leistung	Punkte (nur DKG-NT I)	Besondere Kosten	Allgemeine Kosten	Sach-kosten	Vollkosten (nur DKG-NT I)
1a	1b	2	3	4	5	6	7
	45	Visite im Krankenhaus	70		1,50 €	1,50 €	6,01 €
		Die Leistung nach Nummer 45 ist neben anderen Leistungen des Abschnitts B nicht berechnungsfähig.					
		Werden zu einem anderen Zeitpunkt an demselben Tag andere Leistungen des Abschnitts B erbracht, so können diese mit Angabe der Uhrzeit für die Visite und die anderen Leistungen aus Abschnitt B berechnet werden.					
		Anstelle oder neben der Visite im Krankenhaus sind die Leistungen nach den Nummern 1, 3, 4, 5, 6, 7, 8, 15, 48, 50 und/oder 51 nicht berechnungsfähig.					
		Wird mehr als eine Visite an demselben Tag erbracht, kann für die über die erste Visite hinausgehenden Visiten nur die Leistung nach Nummer 46 berechnet werden.					
		Die Leistung nach Nummer 45 ist nur berechnungsfähig, wenn diese durch den liquidationsberechtigten Arzt des Krankenhauses oder dessen ständigen ärztlichen Vertreter persönlich erbracht wird.					
	46	Zweitvisite im Krankenhaus	50		1,30 €	1,30 €	4,29 €
		Die Leistung nach Nummer 46 ist neben anderen Leistungen des Abschnitts B nicht berechnungsfähig.					
		Werden zu einem anderen Zeitpunkt an demselben Tag andere Leistungen des Abschnitts B erbracht, so können diese mit Angabe der Uhrzeit für die Visite und die anderen Leistungen aus Abschnitt B berechnet werden.					
		Anstelle oder neben der Zweitvisite im Krankenhaus sind die Leistungen nach den Nummern 1, 3, 4, 5, 6, 7, 8, 15, 45, 48, 50 und/oder 51 nicht berechnungsfähig.					
		Mehr als zwei Visiten dürfen nur berechnet werden, wenn sie durch die Beschaffenheit des Krankheitsfalls geboten waren oder verlangt wurden. Wurde die Visite verlangt, muß dies in der Rechnung angegeben werden.					

B IV Visiten, Konsiliartätigkeit, Besuche, Assistenz (DKG-NT Band I)

BG-T Tarif-Nr.	DKG-NT Tarif-Nr.	Leistung	Punkte (nur DKG-NT I)	Besondere Kosten	Allgemeine Kosten	Sach-kosten	Vollkosten (nur DKG-NT I)
1a	1b	2	3	4	5	6	7
		Die Leistung nach Nummer 46 ist nur berechnungsfähig, wenn diese durch den liquidationsberechtigten Arzt des Krankenhauses oder dessen ständigen ärztlichen Vertreter persönlich erbracht wird.					
	48	Besuch eines Patienten auf einer Pflegestation (z. B. in Alten- oder Pflegeheimen) - bei regelmäßiger Tätigkeit des Arztes auf der Pflegestation zu vorher vereinbarten Zeiten -	120				10,31 €
		Die Leistung nach Nummer 48 ist neben den Leistungen nach den Nummern 1, 50, 51 und/oder 52 nicht berechnungsfähig.					
	50	Besuch, einschließlich Beratung und symptombezogene Untersuchung	320				27,49 €
		Die Leistung nach Nummer 50 darf anstelle oder neben einer Leistung nach den Nummern 45 oder 46 nicht berechnet werden.					
		Neben der Leistung nach Nummer 50 sind die Leistungen nach den Nummern 1, 5, 48 und/oder 52 nicht berechnungsfähig.					
	51	Besuch eines weiteren Kranken in derselben häuslichen Gemeinschaft in unmittelbarem zeitlichen Zusammenhang mit der Leistung nach Nummer 50 - einschließlich Beratung und symptombezogener Untersuchung -	250				21,47 €
		Die Leistung nach Nummer 51 darf anstelle oder neben einer Leistung nach den Nummern 45 oder 46 nicht berechnet werden.					
		Neben der Leistung nach Nummer 51 sind die Leistungen nach den Nummern 1, 5, 48 und/oder 52 nicht berechnungsfähig.					
	52	Aufsuchen eines Patienten außerhalb der Praxisräume oder des Krankenhauses durch nichtärztliches Personal im Auftrag des niedergelassenen Arztes (z. B. zur Durchführung von kapillaren oder venösen Blutentnahmen, Wundbehandlungen, Verbandswechsel, Katheterwechsel).	100				8,59 €

B IV Visiten, Konsiliartätigkeit, Besuche, Assistenz (DKG-NT Band I)

BG-T Tarif-Nr.	DKG-NT Tarif-Nr.	Leistung	Punkte (nur DKG-NT I)	Besondere Kosten	Allgemeine Kosten	Sach-kosten	Vollkosten (nur DKG-NT I)
1a	1b	2	3	4	5	6	7
		Die Pauschalgebühr nach Nummer 52 ist nur mit dem einfachen Gebührensatz berechnungsfähig. Sie ist nicht berechnungsfähig, wenn das nichtärztliche Personal den Arzt begleitet. Wegegeld ist daneben nicht berechnungsfähig.					
	55	Begleitung eines Patienten durch den behandelnden Arzt zur unmittelbar notwendigen stationären Behandlung - gegebenenfalls einschließlich organisatorischer Vorbereitung der Krankenhausaufnahme -	500		10,40 €	10,40 €	42,95 €
		Neben der Leistung nach Nummer 55 sind die Leistungen nach den Nummern 56, 60 und/oder 833 nicht berechnungsfähig.					
	56	Verweilen, ohne Unterbrechung und ohne Erbringung anderer ärztlicher Leistungen - wegen der Erkrankung erforderlich -, je angefangene halbe Stunde	180				15,46 €
		Die Verweilgebühr darf nur berechnet werden, wenn der Arzt nach der Beschaffenheit des Krankheitsfalls mindestens eine halbe Stunde verweilen muß und während dieser Zeit keine ärztliche(n) Leistung(en) erbringt. Im Zusammenhang mit dem Beistand bei einer Geburt darf die Verweilgebühr nur für ein nach Ablauf von zwei Stunden notwendiges weiteres Verweilen berechnet werden.					
	60	Konsiliarische Erörterung zwischen zwei oder mehr liquidationsberechtigten Ärzten, für jeden Arzt	120		1,30 €	1,30 €	10,31 €
		Die Leistung nach Nummer 60 darf nur berechnet werden, wenn sich der liquidierende Arzt zuvor oder in unmittelbarem zeitlichem Zusammenhang mit der konsiliarischen Erörterung persönlich mit dem Patienten und dessen Erkrankung befaßt hat.					
		Die Leistung nach Nummer 60 darf auch dann berechnet werden, wenn die Erörterung zwischen einem liquidationsberechtigten Arzt und dem ständigen persönlichen ärztlichen Vertreter eines anderen liquidationsberechtigten Arztes erfolgt.					

B IV Visiten, Konsiliartätigkeit, Besuche, Assistenz (DKG-NT Band I)

Nummern 61, 62

BG-T Tarif-Nr.	DKG-NT Tarif-Nr.	Leistung	Punkte (nur DKG-NT I)	Besondere Kosten	Allgemeine Kosten	Sach-kosten	Vollkosten (nur DKG-NT I)
1a	1b	2	3	4	5	6	7
		Die Leistung nach Nummer 60 ist nicht berechnungsfähig, wenn die Ärzte Mitglieder derselben Krankenhausabteilung oder derselben Gemeinschaftspraxis oder einer Praxisgemeinschaft von Ärzten gleicher oder ähnlicher Fachrichtung (z. B. praktischer Arzt und Allgemeinarzt, Internist und praktischer Arzt) sind. Sie ist nicht berechnungsfähig für routinemäßige Besprechungen (z. B. Röntgenbesprechung, Klinik- oder Abteilungskonferenz, Team- oder Mitarbeiterbesprechung, Patientenübergabe).					
	61	Beistand bei der ärztlichen Leistung eines anderen Arztes (Assistenz), je angefangene halbe Stunde..................	130		0,70 €	0,70 €	11,17 €
		Die Leistung nach Nummer 61 ist neben anderen Leistungen nicht berechnungsfähig.					
		Die Nummer 61 gilt nicht für Ärzte, die zur Ausführung einer Narkose hinzugezogen werden.					
		Die Leistung nach Nummer 61 darf nicht berechnet werden, wenn die Assistenz durch nicht liquidationsberechtigte Ärzte erfolgt.					
	62	Zuziehung eines Assistenten bei operativen belegärztlichen Leistungen oder bei ambulanter Operation durch niedergelassene Ärzte, je angefangene halbe Stunde	150		0,80 €	0,80 €	12,88 €
		Wird die Leistung nach Nummer 62 berechnet, kann der assistierende Arzt die Leistung nach Nummer 61 nicht berechnen.					

B V Zuschläge zu den Leistungen nach den Nummern 45 bis 62 (DKG-NT Band I)

BG-T Tarif-Nr.	DKG-NT Tarif-Nr.	Leistung	Punkte (nur DKG-NT I)	Besondere Kosten	Allgemeine Kosten	Sachkosten	Vollkosten (nur DKG-NT I)
1a	1b	2	3	4	5	6	7
		Allgemeine Bestimmungen					
		Die Zuschläge nach den Buchstaben E bis J sowie K 2 sind nur mit dem einfachen Gebührensatz berechnungsfähig. Abweichend hiervon sind die Zuschläge nach den Buchstaben E bis H neben der Leistung nach Nummer 51 nur mit dem halben Gebührensatz berechnungsfähig.					
		Im Zusammenhang mit Leistungen nach den Nummern 45 bis 55 und 60 dürfen die Zuschläge unabhängig von der Anzahl und Kombination der erbrachten Leistungen je Inanspruchnahme des Arztes nur einmal berechnet werden.					
		Neben den Zuschlägen nach den Buchstaben E bis J sowie K 2 dürfen die Zuschläge nach den Buchstaben A bis D sowie K 1 nicht berechnet werden.					
		Die Zuschläge sind in der Rechnung unmittelbar im Anschluß an die zugrundeliegende Leistung aufzuführen.					
	E	Zuschlag für dringend angeforderte und unverzüglich erfolgte Ausführung...............	160				13,74 €
		Der Zuschlag nach Buchstabe E ist neben Leistungen nach den Nummern 45 und/oder 46 nicht berechnungsfähig, es sei denn, die Visite wird durch einen Belegarzt durchgeführt. Der Zuschlag nach Buchstabe E ist neben Zuschlägen nach den Buchstaben F, G und/oder H nicht berechnungsfähig.					
	F	Zuschlag für in der Zeit von 20 bis 22 Uhr oder 6 bis 8 Uhr erbrachte Leistungen............	260				22,33 €
		Der Zuschlag nach Buchstabe F ist neben den Leistungen nach den Nummern 45, 46, 48 und 52 nicht berechnungsfähig.					
	G	Zuschlag für in der Zeit zwischen 22 und 6 Uhr erbrachte Leistungen.	450				38,65 €
		Der Zuschlag nach Buchstabe G ist neben den Leistungen nach den Nummern 45, 46, 48 und 52 nicht berechnungsfähig.					
		Neben dem Zuschlag nach Buchstabe G ist der Zuschlag nach Buchstabe F nicht berechnungsfähig.					

B V Zuschläge zu den Leistungen nach den Nummern 45 bis 62 (DKG-NT Band I)   **Nummern H – K 2**

BG-T Tarif-Nr.	DKG-NT Tarif-Nr.	Leistung	Punkte (nur DKG-NT I)	Besondere Kosten	Allgemeine Kosten	Sach-kosten	Vollkosten (nur DKG-NT I)
1a	1b	2	3	4	5	6	7
	H	Zuschlag für an Samstagen, Sonn- oder Feiertagen erbrachte Leistungen	340				**29,20 €**
		Werden Leistungen an Samstagen, Sonn- oder Feiertagen zwischen 20 und 8 Uhr erbracht, darf neben dem Zuschlag nach Buchstabe H ein Zuschlag nach Buchstabe F oder G berechnet werden.					
		Der Zuschlag nach Buchstabe H ist neben den Leistungen nach den Nummern 45, 46, 48 und 52 nicht berechnungsfähig.					
	J	Zuschlag zur Visite bei Vorhalten eines vom Belegarzt zu vergütenden ärztlichen Bereitschaftsdienstes, je Tag	80				**6,87 €**
	K 2	Zuschlag zu den Leistungen nach den Nummern 45, 46, 48, 50, 51, 55 oder 56 bei Kindern bis zum vollendeten 4. Lebensjahr	120				**10,31 €**

B VI Berichte, Briefe (DKG-NT Band I)

BG-T Tarif-Nr.	DKG-NT Tarif-Nr.	Leistung	Punkte (nur DKG-NT I)	Besondere Kosten	Allgemeine Kosten	Sach-kosten	Vollkosten (nur DKG-NT I)
1a	1b	2	3	4	5	6	7
	70	Kurze Bescheinigung oder kurzes Zeugnis, Arbeitsunfähigkeitsbescheinigung............	40		1,70	1,70	3,44
	75	Ausführlicher schriftlicher Krankheits- und Befundbericht (einschließlich Angaben zur Anamnese, zu dem(n) Befund(en), zur epikritischen Bewertung und gegebenenfalls zur Therapie... *Die Befundmitteilung oder der einfache Befundbericht ist mit der Gebühr für die zugrundeliegende Leistung abgegolten.*	130		1,90	1,90	11,17
	76	Schriftlicher Diätplan, individuell für den einzelnen Patienten aufgestellt.............	70		1,30	1,30	6,01
	77	Schriftliche, individuelle Planung und Leitung einer Kur mit diätetischen, balneologischen und/oder klimatherapeutischen Maßnahmen unter Einbeziehung gesundheitserzieherischer Aspekte *Die Leistung nach Nummer 77 ist für eine im zeitlichen Zusammenhang durchgeführte Kur unabhängig von deren Dauer nur einmal berechnungsfähig.*	150		1,30	1,30	12,88
	78	Behandlungsplan für die Chemotherapie und/oder schriftlicher Nachsorgeplan für einen tumorkranken Patienten, individuell für den einzelnen Patienten aufgestellt............	180		1,30	1,30	15,46
	80	Schriftliche gutachtliche Äußerung.........	300		1,30	1,30	25,77
	85	Schriftliche gutachtliche Äußerung mit einem das gewöhnliche Maß übersteigendem Aufwand - gegebenenfalls mit wissenschaftlicher Begründung -, je angefangene Stunde Arbeitszeit....	500		1,30	1,30	42,95
	90	Schriftliche Feststellung über das Vorliegen oder Nichtvorliegen einer Indikation für einen Schwangerschaftsabbruch...............	120		1,30	1,30	10,31
	95	Schreibgebühr, je angefangene DIN A 4-Seite..	60		3,50	3,50	5,15
	96	Schreibgebühr, je Kopie................	3		0,20	0,20	0,26

B VI Berichte, Briefe (DKG-NT Band I)

BG-T Tarif-Nr. 1a	DKG-NT Tarif-Nr. 1b	Leistung 2	Punkte (nur DKG-NT I) 3	Besondere Kosten 4	Allgemeine Kosten 5	Sach-kosten 6	Vollkosten (nur DKG-NT I) 7
		Die Schreibgebühren nach den Nummern 95 und 96 sind nur neben den Leistungen nach den Nummern 80, 85 und 90 und nur mit dem einfachen Gebührensatz berechnungsfähig.					

B VII Todesfeststellung (DKG-NT Band I)

BG-T Tarif-Nr.	DKG-NT Tarif-Nr.	Leistung	Punkte (nur DKG-NT I)	Besondere Kosten	Allgemeine Kosten	Sach-kosten	Vollkosten (nur DKG-NT I)
1a	1b	2	3	4	5	6	7
		Allgemeine Bestimmung					
		Begibt sich der Arzt zur Erbringung einer oder mehrerer Leistungen nach den Nummern 100 bis 107 außerhalb seiner Arbeitsstätte (Praxis oder Krankenhaus) oder seiner Wohnung, kann er für die zurückgelegte Wegstrecke Wegegeld nach § 8 berechnen.					
	100	Untersuchung eines Toten - einschließlich Feststellung des Todes und Ausstellung des Leichenschauscheines -	250				21,47 €
	102	Entnahme einer Körperflüssigkeit bei einem Toten	150		4,70 €	4,70 €	12,88 €
	104	Bulbusentnahme bei einem Toten	250		2,10 €	2,10 €	21,47 €
	105	Hornhautentnahme aus einem Auge bei einem Toten.	230		1,90 €	1,90 €	19,76 €
	107	Entnahme eines Herzschrittmachers bei einem Toten.	220		1,80 €	1,80 €	18,90 €

Teil B

Grundleistungen und allgemeine Leistungen (BG-T)

B Grundleistungen und allgemeine Leistungen (BG-T)

BG-T Tarif-Nr.	DKG-NT Tarif-Nr.	Leistung	Punkte (nur DKG-NT I)	Besondere Kosten	Allgemeine Kosten	Sach-kosten	Preis
1a	1b	2	3	4	5	6	7
		Allgemeine Bestimmungen					
		1. Als Behandlungsfall gilt die gesamte ambulante Versorgung, die von demselben Arzt nach der ersten Inanspruchnahme innerhalb von drei Monaten an demselben Patienten zu Lasten desselben gesetzlichen UV-Trägers vorgenommen worden ist. Stationäre belegärztliche Behandlung ist ein eigenständiger Behandlungsfall auch dann, wenn innerhalb der 3 Monate ambulante Behandlung durch den Belegarzt erfolgt.					
		2. Die Leistung nach Nr. 1 ist neben Leistungen nach den Abschnitten C bis O im Behandlungsfall nur einmal berechnungsfähig. Die Leistung nach Nr. 1 ist neben der Leistung nach Nr. 6 nicht berechnungsfähig.					
		3. Die Leistungen nach den Nrn. 1 bis 15 können an demselben Tag nur dann mehr als einmal berechnet werden, wenn dies durch die Beschaffenheit des Krankheitsfalls geboten war. Bei mehrmaliger Berechnung ist die jeweilige Uhrzeit der Leistungserbringung in der Rechnung anzugeben. Bei den Leistungen nach den Nummern 1 bis 5 und 11 bis 15 ist eine mehrmalige Berechnung an demselben Tag auf Verlangen, bei den Leistungen nach den Nummern 6 bis 10 generell zu begründen.					
		4. Die Leistung nach Nummer 1 ist neben den Leistungen nach den Nummern 804 bis 812, 817, 835, 849, 861 bis 864, 870, 871, 886 sowie 887 nicht berechnungsfähig.					
		5. Mehr als zwei Visiten an demselben Tag können nur berechnet werden, wenn sie durch die Beschaffenheit des Krankheitsfalls geboten waren. Bei der Berechnung von mehr als zwei Visiten an demselben Tag ist die jeweilige Uhrzeit der Visiten anzugeben. Auf Verlangen ist die mehr als zweimalige Berechnung einer Visite an demselben Tag zu begründen.					
		Anstelle oder neben der Visite im Krankenhaus sind die Leistungen nach den Nummern 11 bis 15 und/oder 18 nicht berechnungsfähig.					
		6. Besuchsgebühren nach den Nummern 48, 50 und/oder 51 sind für Besuche von Krankenhaus- und Belegärzten im Krankenhaus nicht berechnungsfähig.					

B Grundleistungen und allgemeine Leistungen (BG-T)

BG-T Tarif-Nr.	DKG-NT Tarif-Nr.	Leistung	Punkte (nur DKG-NT I)	Besondere Kosten	Allgemeine Kosten	Sach-kosten	Preis
1a	1b	2	3	4	5	6	7
		7. Terminvereinbarungen sind nicht berechnungsfähig.					
		8. Neben einer Leistung nach den Nummern 6 bis 10 sind die Leistungen nach den Nummern 600, 601, 1203, 1204, 1228, 1240, 1400, 1401 und 1414 nicht berechnungsfähig.					

B I Allgemeine Beratungen und Untersuchungen (BG-T) — Nummern 1–9

BG-T Tarif-Nr.	DKG-NT Tarif-Nr.	Leistung	Punkte (nur DKG-NT I)	Besondere Kosten	Allgemeine Kosten	Sach-kosten	Preis
1a	1b	2	3	4	5	6	7
1		Symptomzentrierte Untersuchung bei Unfallverletzungen oder bei Verdacht auf das Vorliegen einer Berufskrankheit			1,30 €	1,30 €	
2		Leistung nach Nummer 1, jedoch außerhalb der Sprechstunde			1,30 €	1,30 €	
		Die Leistung nach Nummer 2 ist nicht berechnungsfähig, wenn ein Patient zwar nach Ablauf der nagezeigten Sprechstundenzeit, jedoch während der noch andauernden Sprechstunde vom Arzt behandelt wird. Dies gilt auch für eine Bestellpraxis.					
3		Leistung nach Nummer 1, jedoch bei Nacht (zwischen 20 und 8 Uhr)			1,30 €	1,30 €	
4		Leistung nach Nummer 1, jedoch an Sonn-und Feiertagen			1,30 €	1,30 €	
5		Leistung nach Nummer 1, jedoch an Samstagen ab 12 Uhr			1,30 €	1,30 €	
6		Umfassende Untersuchung verbunden mit nach Umfang und Zeit besonderem differenzialdiagnostischen Aufwand und/oder Beteiligung mehrerer Organe einschl. Klärung oder Überprüfung des Zusammenhangs mit der Berufstätigkeit sowie der notwendigen Beratung			2,60 €	2,60 €	
		Die Leistung kann pro Behandlungsfall nicht mehr als dreimal abgerechnet werden					
7		Leistung nach Nummer 6, jedoch außerhalb der Sprechstunde			2,60 €	2,60 €	
		Die Leistung nach Nummer 7 ist nicht berechnungsfähig, wenn ein Patient zwar nach Ablauf der angezeigten Sprechstundenzeit, jedoch während der noch andauernden Sprechstunde vom Arzt behandelt wird. Dies gilt auch für eine Behandlung im Rahmen einer Bestellpraxis.					
8		Leistung nach Nummer 6, jedoch bei Nacht (zwischen 20 und 8 Uhr)			2,60 €	2,60 €	
9		Leistung nach Nummer 6, jedoch an Sonn-und Feiertagen			2,60 €	2,60 €	

B I   Allgemeine Beratungen und Untersuchungen (BG-T) **Nummern 10–19**

BG-T Tarif-Nr.	DKG-NT Tarif-Nr.	Leistung	Punkte (nur DKG-NT I)	Besondere Kosten	Allgemeine Kosten	Sach- kosten	Preis
1a	1b	2	3	4	5	6	7
10		Leistung nach Nummer 6, jedoch an Samstagen ab 12 Uhr....................			2,60 €	2,60 €	
11		Beratung - auch mittels Fernsprecher- als alleinige Leistung................			1,30 €	1,30 €	
12		Leistung nach Nummer 11, jedoch außerhalb der Sprechstunde................			1,30 €	1,30 €	
		Die Leistung nach Nr. 12 ist nicht berechnungsfähig, wenn ein Patient zwar nach Ablauf der angezeigten Sprechstundenzeit, jedoch während der noch andauernden Sprechstunde vom Arzt beraten wird. Dies gilt auch für eine Behandlung im Rahmen einer Bestellpraxis.					
13		Leistung nach Nr. 11, jedoch bei Nacht (zwischen 20 und 8 Uhr)			1,30 €	1,30 €	
14		Leistung nach Nr. 11, jedoch an Sonn- und Feiertagen			1,30 €	1,30 €	
15		Leistung nach Nr. 11, jedoch an Samstagen ab 12 Uhr....................			1,30 €	1,30 €	
16		Aushändigen von Wiederholungsrezepten und/oder Überweisungen und/oder Übermittlung von Befunden oder ärztlichen Anordnungen - auch mittels Fernsprecher- durch die Arzthelferin als alleinige Leistung			1,30 €	1,30 €	
18		Digitaluntersuchung des Mastdarms und/oder der Prostata			2,60 €	2,60 €	
19		Einleitung und Koordination flankierender therapeutischer und sozialer Maßnahmen während der kontinuierlichen ambulanten Betreuung eines chronisch Kranken...................			1,30 €	1,30 €	
		Die Leistung nach Nummer 19 darf nur einmal im Kalenderjahr berechnet werden.					

B II Leistungen unter besonderen Bedingungen (BG-T) — Nummern 20–33

BG-T Tarif-Nr.	DKG-NT Tarif-Nr.	Leistung	Punkte (nur DKG-NT I)	Besondere Kosten	Allgemeine Kosten	Sach-kosten	Preis
1a	1b	2	3	4	5	6	7
20		Beratungsgespräch in Gruppen von 4 bis 12 Teilnehmern im Rahmen der Behandlung von chronischen Krankheiten, je Teilnehmer und Sitzung (Dauer mindestens 50 Minuten)			2,30 €	2,30 €	
		Neben der Leistung nach Nummer 20 sind die Leistungen nach den Nummern 847, 862, 864, 871 und/oder 887 nicht berechnungsfähig.					
21		Eingehende humangenetische Beratung, je angefangene halbe Stunde und Sitzung			1,30 €	1,30 €	
		Die Leistung nach Nummer 21 darf nur berechnet werden, wenn die Beratung in der Sitzung mindestens eine halbe Stunde dauert.					
		Die Leistung nach Nummer 21 ist innerhalb eines halben Jahres nach Beginn des Beratungsfalls nicht mehr als viermal berechnungsfähig.					
		Neben der Leistung nach Nummer 21 sind die Leistungen nach den Nummern 1 bis 15 oder 22 nicht berechnungsfähig.					
22		Eingehende Beratung einer Schwangeren im Konfliktfall über die Erhaltung oder den Abbruch der Schwangerschaft - auch einschließlich Beratung über soziale Hilfen, gegebenenfalls auch einschließlich Beurteilung über das Vorliegen einer Indikation für einen nicht rechtswidrigen Schwangerschaftsabbruch -			2,00 €	2,00 €	
		Neben der Leistung nach Nummer 22 sind die Leistungen nach den Nummern 1 bis 15 oder 21 nicht berechnungsfähig.					
33		Strukturierte Schulung einer Einzelperson mit einer Mindestdauer von 20 Minuten (bei Diabetes, Gestationsdiabetes oder Zustand nach Pankreatektomie) - einschließlich Evaluation zur Qualitätssicherung unter diabetologischen Gesichtspunkten zum Erlernen und Umsetzen des Behandlungsmanagements, einschließlich der Auswertung eines standardisierten Fragebogens - ggf.auch für gleichwertig strukturierte Schulungsprogramme			3,60 €	3,60 €	
		Neben der Leistung nach Nummer 33 sind die Leistungen nach den Nummern 1 bis 15, 19, 20, 847, 862, 864, 871 und/oder 887 nicht berechnungsfähig.					

BG-T Tarif-Nr.	DKG-NT Tarif-Nr.	Leistung	Punkte (nur DKG-NT I)	Besondere Kosten	Allgemeine Kosten	Sach-kosten	Preis
1a	1b	2	3	4	5	6	7
45		Visite im Krankenhaus			1,50 €	1,50 €	
		Die Leistung nach Nummer 45 ist neben anderen Leistungen des Abschnitts B nicht berechnungsfähig.					
		Werden zu einem anderen Zeitpunkt an demselben Tag andere Leistungen des Abschnitts B erbracht, so können diese mit Angabe der Uhrzeit für die Visite und die anderen Leistungen aus Abschnitt B berechnet werden.					
		Anstelle oder neben der Visite im Krankenhaus sind die Leistungen nach den Nummern 1 bis 15, 19, 48, 50 und/oder 51 nicht berechnungsfähig.					
		Wird mehr als eine Visite an demselben Tag erbracht, kann für die über die erste Visite hinausgehenden Visiten nur die Leistung nach Nummer 46 berechnet werden.					
		Die Leistung nach Nummer 45 ist nur berechnungsfähig, wenn diese durch den liquidationsberechtigten Arzt des Krankenhauses oder dessen ständigen ärztlichen Vertreter persönlich erbracht wird. Sie ist auch berechnungsfähig, wenn diese vom Belegarzt erbracht wird.					
46		Zweitvisite im Krankenhaus			1,30 €	1,30 €	
		Die Leistung nach Nummer 46 ist neben anderen Leistungen des Abschnitts B nicht berechnungsfähig.					
		Werden zu einem anderen Zeitpunkt an demselben Tag andere Leistungen des Abschnitts B erbracht, so können diese mit Angabe der Uhrzeit für die Visite und die anderen Leistungen aus Abschnitt B berechnet werden.					
		Anstelle oder neben der Zweitvisite im Krankenhaus sind die Leistungen nach den Nummern 1 bis 15, 19, 45, 48, 50 und/oder 51 nicht berechnungsfähig.					
		Mehr als zwei Visiten dürfen nur berechnet werden, wenn sie durch die Beschaffenheit des Krankheitsfalls geboten waren oder verlangt wurden. Wurde die Visite verlangt, muß dies in der Rechnung angegeben werden.					

B III Visiten, Konsiliartätigkeit, Besuche, Assistenz (BG-T)

BG-T Tarif-Nr.	DKG-NT Tarif-Nr.	Leistung	Punkte (nur DKG-NT I)	Besondere Kosten	Allgemeine Kosten	Sach-kosten	Preis
1a	1b	2	3	4	5	6	7
		Die Leistung nach Nummer 46 ist nur berechnungsfähig, wenn diese durch den liquidationsberechtigten Arzt des Krankenhauses oder dessen ständigen ärztlichen Vertreter persönlich erbracht wird. Sie ist auch berechnungsfähig, wenn diese vom Belegarzt erbracht wird.					
47		Kostenersatz zur Visite, je Tag, bei Vorhalten eines vom Belegarzt zu vergütenden ärztlichen Bereitschaftsdienstes.................					
48		Besuch eines Patienten auf einer Pflegestation (z. B. in Alten- oder Pflegeheimen) - bei regelmäßiger Tätigkeit des Arztes auf der Pflegestation zu vorher vereinbarten Zeiten -............					
		Die Leistung nach Nummer 48 ist neben den Leistungen nach den Nummern 11 bis 15, 50, 51 und/oder 52 nicht berechnungsfähig.					
50		Besuch, einschließlich Beratung und symptombezogene Untersuchung...................					
50a		Leistung nach Nummer 50 (dringend angefordert und sofort ausgeführt oder wegen der Beschaffenheit der Krankheit gesondert notwendig).....					
50b		Leistung nach Nummer 50, jedoch aus der Sprechstunde heraus sofort ausgeführt......					
50c		Leistung nach Nummer 50, jedoch bei Nacht (bestellt und ausgeführt zwischen 20 und 22 Uhr oder 6 und 8 Uhr)..................					
50d		Leistung nach Nummer 50, jedoch bei Nacht (bestellt und ausgeführt zwischen 22 und 6 Uhr).					
50e		Leistung nach Nummer 50, jedoch an Samstagen ab 12 Uhr sowie an Sonn- und Feiertagen..					
		Die Leistungen nach Nummern 50 bis 50e dürfen anstelle oder neben einer Leistung nach Nummer 45 oder 46 nicht berechnet werden. Neben den Leistungen nach Nummern 50 bis 50e sind die Leistungen nach den Nummern 1 bis 5, 11 bis 15, 48 und/oder 52 nicht berechnungsfähig.					

B III Visiten, Konsiliartätigkeit, Besuche, Assistenz (BG-T) — Nummern 51–57

BG-T Tarif-Nr.	DKG-NT Tarif-Nr.	Leistung	Punkte (nur DKG-NT I)	Besondere Kosten	Allgemeine Kosten	Sach-kosten	Preis
1a	1b	2	3	4	5	6	7
51		Besuch eines weiteren Kranken in derselben häuslichen Gemeinschaft in unmittelbarem zeitlichen Zusammenhang mit der Leistung nach den Nummern 50 bis 50e - einschließlich Beratung und Untersuchung - .... *Die Leistung nach Nummer 51 darf anstelle oder neben einer Leistung nach den Nummern 45 oder 46 nicht berechnet werden.* *Neben der Leistung nach Nummer 51 sind die Leistungen nach den Nummern 1 bis 5, 11 bis 15, 48 und/oder 52 nicht berechnungsfähig.*					
52		Aufsuchen eines Patienten außerhalb der Praxisräume oder des Krankenhauses durch nichtärztliches Personal im Auftrag des niedergelassenen Arztes (z. B. zur Durchführung von kapillaren oder venösen Blutentnahmen, Wundbehandlungen, Verbandswechsel, Katheterwechsel)........................ *Wegegeld ist nicht berechnungsfähig. Die Gebühr ist nicht berechnungsfähig, wenn das nichtärztliche Personal den Arzt begleitet.*					
55		Begleitung eines Patienten durch den behandelnden Arzt zur unmittelbar notwendigen stationären Behandlung - gegebenenfalls einschließlich organisatorischer Vorbereitung der Krankenhausaufnahme - je angefangene halbe Stunde der Einsatzdauer .... *Neben der Leistung nach Nummer 55 sind die Leistungen nach den Nummern 56, 60 und/oder 833 nicht berechnungsfähig.*			10,40 €	10,40 €	
		Verweilen, ohne Unterbrechung und ohne Erbringung anderer ärztlicher Leistungen - wegen der Erkrankung erforderlich -, je angefangene halbe Stunde					
56		- am Tag					
57		- bei Nacht (zwischen 20 und 8 Uhr)					

B III Visiten, Konsiliartätigkeit, Besuche, Assistenz (BG-T)

BG-T Tarif-Nr.	DKG-NT Tarif-Nr.	Leistung	Punkte (nur DKG-NT I)	Besondere Kosten	Allgemeine Kosten	Sach-kosten	Preis
1a	1b	2	3	4	5	6	7
		Die Verweilgebühr darf nur berechnet werden, wenn der Arzt nach der Beschaffenheit des Krankheitsfalls mindestens eine halbe Stunde verweilen muss und während dieser Zeit keine ärztliche(n) Leistung(en) erbringt. Im Zusammenhang mit dem Beistand bei einer Geburt darf die Verweilgebühr nur für ein nach Ablauf von zwei Stunden notwendiges weiteres Verweilen berechnet werden.					
		Konsiliarische Erörterung zwischen zwei oder mehr liquidationsberechtigten Ärzten, für jeden Arzt					
60a		- am Tag			1,30 €	1,30 €	
60b		- bei Nacht zwischen 20 und 8 Uhr)			1,30 €	1,30 €	
		Die Leistung nach Nummer 60 darf nur berechnet werden, wenn sich der liquidierende Arzt zuvor oder in unmittelbarem zeitlichem Zusammenhang mit der konsiliarischen Erörterung persönlich mit dem Patienten und dessen Erkrankung befaßt hat.					
		Die Leistung nach Nummer 60 darf auch dann berechnet werden, wenn die Erörterung zwischen einem liquidationsberechtigten Arzt und dem ständigen persönlichen ärztlichen Vertreter eines anderen liquidationsberechtigten Arztes erfolgt.					
		Die Leistung nach Nummer 60 ist nicht berechnungsfähig, wenn die Ärzte Mitglieder derselben Krankenhausabteilung oder derselben Gemeinschaftspraxis oder einer Praxisgemeinschaft von Ärzten gleicher oder ähnlicher Fachrichtung (z. B. praktischer Arzt und Allgemeinarzt, Internist und praktischer Arzt) sind. Sie ist nicht berechnungsfähig für routinemäßige Besprechungen (z. B. Röntgenbesprechung, Klinik- oder Abteilungskonferenz, Team- oder Mitarbeiterbesprechung, Patientenübergabe).					

B III Visiten, Konsiliartätigkeit, Besuche, Assistenz (BG-T) **Nummern 61a–61c**

BG-T Tarif-Nr.	DKG-NT Tarif-Nr.	Leistung	Punkte (nur DKG-NT I)	Besondere Kosten	Allgemeine Kosten	Sach-kosten	Preis
1a	1b	2	3	4	5	6	7
		Beistand bei der ärztlichen Leistung eines anderen Arztes (Assistenz), die typischerweise ohne ärztliche Assistenz nicht erbracht werden kann, je angefangene halbe Stunde - die Leistungen sind anzugeben.					
61a		- am Tag			0,70 €	0,70 €	
61b		- bei Nacht (zwischen 20 und 22 Uhr und zwischen 6 und 8 Uhr)			0,70 €	0,70 €	
61c		- bei Nacht (zwischen 22 Uhr und 6 Uhr)			0,70 €	0,70 €	
		Die Leistungen nach Nummer 61 a-c sind neben anderen Leistungen nicht berechnungsfähig.					
		Die Nummern 61 a-c gelten nicht für Ärzte, die zur Ausführung einer Narkose hinzugezogen werden.					
		Die Leistungen nach Nummer 61 a-c dürfen nicht berechnet werden, wenn die Assistenz durch nicht liquidationsberechtigte Ärzte erfolgt.					

B IV   Wegegeld und Reiseentschädigungen (BG-T)   Nummern 71–84

BG-T Tarif-Nr.	DKG-NT Tarif-Nr.	Leistung	Punkte (nur DKG-NT I)	Besondere Kosten	Allgemeine Kosten	Sach-kosten	Preis
1a	1b	2	3	4	5	6	7
		Allgemeine Bestimmungen					
		1. Als Entschädigung für Besuche erhält der Arzt Wegegeld und Reiseentschädigung; hierdurch abgegolten sind die Zeitversäumnisse und die durch den Besuch bedingten Mehrkosten.					
		2. Der Arzt kann für jeden Besuch innerhalb eines begrenzten Radius um die Praxisstelle ein Wegegeld berechnen.					
		3. Bei Besuchen über eine Entfernung von mehr als 25 Kilometern zwischen Praxisstelle des Arztes und Besuchsstelle tritt an die Stelle des Wegegeldes eine Reiseentschädigung.					
		4. Erfolgt der Besuch von der Wohnung des Arztes aus, so tritt bei der Berechnung des Radius die Wohnung des Arztes an die Stelle der Praxisstelle.					
		Werden mehrere Patienten in der selben häuslichen Gemeinschaft oder in einem Heim, insbesondere in einem Alten- oder Pflegeheim besucht, darf der Arzt das Wegegeld bzw. die Reiseentschädigung unabhängig von der Anzahl der besuchten Patienten und deren Versichertenstatus insgesamt nur einmal anteilig berechnen.					
		Wegegeld					
71		bis zu zwei Kilometern					3,58 €
72		bei Nacht (zwischen 20 und 8 Uhr)					7,16 €
73		bis zu fünf Kilometern					6,65 €
74		bei Nacht (zwischen 20 und 8 Uhr)					10,23 €
81		bis zu zehn Kilometern					10,23 €
82		bei Nacht (zwischen 20 und 8 Uhr)					15,34 €
83		bis zu 25 Kilometer					15,34 €
84		bei Nacht (zwischen 20 und 8 Uhr)					25,56 €

B IV Wegegeld und Reiseentschädigungen (BG-T) — Nummern 86–91

BG-T Tarif-Nr.	DKG-NT Tarif-Nr.	Leistung	Punkte (nur DKG-NT I)	Besondere Kosten	Allgemeine Kosten	Sach-kosten	Preis
1a	1b	2	3	4	5	6	7
		Reiseentschädigung					
86		bei Benutzung des eigenen Kraftwagens je zurückgelegter Kilometer					0,26 €
87		bei Benutzung anderer Verkehrsmittel tatsächliche Aufwendungen					
88		bei Abwesenheit bis zu 8 Stunden					51,13 €
89		bei Abwesenheit von mehr als 8 Stunden je Tag .					102,26 €
91		für notwendige Übernachtungen Ersatz von Kosten					

B V Todesfeststellung (BG-T)

BG-T Tarif-Nr.	DKG-NT Tarif-Nr.	Leistung	Punkte (nur DKG-NT I)	Besondere Kosten	Allgemeine Kosten	Sach-kosten	Preis
1a	1b	2	3	4	5	6	7
		Allgemeine Bestimmung					
		Begibt sich der Arzt zur Erbringung einer oder mehrerer Leistungen nach den Nummern 100 bis 107 außerhalb seiner Arbeitsstätte (Praxis oder Krankenhaus) oder seiner Wohnung, kann er für die zurückgelegte Wegstrecke Wegegeld nach den Nummern 71 bis 74 oder 81 bis 84 berechnen.					
100		Untersuchung eines Toten - einschließlich Feststellung des Todes und Ausstellung des Leichenschauscheines -..................					
102		Entnahme einer Körperflüssigkeit bei einem Toten			4,70 €	4,70 €	
104		Bulbusentnahme bei einem Toten			2,10 €	2,10 €	
105		Hornhautentnahme aus dem Auge bei einem Toten...................			1,90 €	1,90 €	
107		Entnahme eines Herzschrittmachers bei einem Toten...............			1,80 €	1,80 €	

B VI Besondere Regelungen (BG-T)

BG-T Tarif-Nr.	DKG-NT Tarif-Nr.	Leistung	Punkte (nur DKG-NT I)	Besondere Kosten	Allgemeine Kosten	Sach-kosten	Preis
1a	1b	2	3	4	5	6	7
		Allgemeine Bestimmungen					
		1. Die Befundmitteilung oder der einfache Befundbericht ist mit der Gebühr für die zugrundeliegende Leistung abgegolten.					
		2. Für Berichte, die auf Verlangen des Trägers der gesetzlichen Unfallversicherung oder aufgrund von Regelungen des Vertrags Ärzte/Unfallversicherungsträger frei ohne Verwendung eines Vordrucks erstattet werden, bemisst sich die Gebühr entsprechend dem Aufwand, Zweck und Inhalt nach dem Gebührenrahmen der Nummern 110 bis 123.					
		3. Portoauslagen für angeforderte Berichte/Gutachten sind - soweit kein Freiumschlag beigefügt ist - dem Arzt zu erstatten.					
		4. Für die Übersendung von Krankengeschichten oder Auszüge (Fotokopien) daraus wird ungeachtet des Umfanges ein Pauschsatz von 12,37 €, zuzüglich Porto, vergütet. Sie müssem vom absendenden Arzt durchgesehen und ihre Richtigkeit muß von diesem bescheinigt werden.					
110		Vordruck F 1100 Auskunft Behandlung..................					8,04 €
111		Vordruck F 1102 Auskunft Kopfverletzung..............					14,85 €
112		Vordruck F 1108 Auskunft Verbrennung................					8,04 €
113		Vordruck F 1104 Auskunft Komplikationen Gliedmaßenverletzung					8,77 €
114		nicht besetzt..................					
115		Vordruck F 2100 Zwischenbericht bei besonderer Heilbehandlung..................					10,00 €
117		Vordruck F 1110 Auskunft Zweifel Arbeitsunfall/Ursachenzusammenhang..................					16,14 €

B VI Besondere Regelungen (BG-T)

BG-T Tarif-Nr.	DKG-NT Tarif-Nr.	Leistung	Punkte (nur DKG-NT I)	Besondere Kosten	Allgemeine Kosten	Sachkosten	Preis
1a	1b	2	3	4	5	6	7
118		nicht besetzt....................					
119		Vordruck F 1114 Ausführliche Auskunft					20,68 €
120		Vordruck F 1116 Ausführliche Auskunft, Augen					20,68 €
121		Vordruck F 2134 Ausführlicher Bericht, Knie					28,47 €
122		Vordruck F 2132 Ausführlicher Bericht, Kopfverletzung					17,66 €
123		Vordruck F 1120 Bericht neurologischer Befund...........					28,47 €
124		nicht besetzt....................					
125		Vordruck F 1050 Ärztliche Unfallmeldung					6,19 €
126		Vordruck F 1030 Augenarztbericht..................					12,39 €
127		Vordruck F 1040 Hals-Nasen-Ohrenarztbericht					12,39 €
128		nicht besetzt....................					
129		Vordruck F 6150 Bericht Haut BK 5101					20,68 €
130		Vordruck F 6050 Hautarztbericht...................					15,09 €
		Portoauslagen und Tests (§ 43 Vertrag Ärzte/ UV-Träger) werden gesondert vergütet.					
132		Arztvordruck F 1000 Durchgangsarztbericht................					15,09 €

B VI Besondere Regelungen (BG-T)

BG-T Tarif-Nr.	DKG-NT Tarif-Nr.	Leistung	Punkte (nur DKG-NT I)	Besondere Kosten	Allgemeine Kosten	Sach-kosten	Preis
1a	1b	2	3	4	5	6	7
134		Vordruck F 2106 Nachschaubericht..................					7,79 €
135		Vordruck F 1020 H-Arzt-Bericht....................					11,35 €
135a		Vordruck F 2108 Verlaufsbericht H-Arzt.............					7,79 €
136		Vordruck F 1002 Ergänzungsbericht Kopfverletzung..........					17,18 €
137		Vordruck F 1004 Ergänzungsbericht Knie................					17,18 €
138		Vordruck F 1006 Ergänzungsbericht Stromunfall...........					11,35 €
139		Vordruck F 1008 Ergänzungsbericht schwere Verbrennungen....					8,77 €
140		Vordruck F 1010 Handchirurgischer Erstbericht...........					15,09 €
141		Vordruck F 6000 Ärztliche Anzeige über eine Berufskrankheit (§ 44 Vertrag Ärzte/UV-Träger)............					15,22 €
142		Vordruck F 6120 Bericht Wirbelsäule BK 2108, 2109, 2110.....					16,14 €
143		Vordruck Bescheinigung zum Nachweis der Arbeitsunfähigkeit (§ 47 Vertrag Ärzte/UV-Träger).......					2,74 €
144		Vordruck Bescheinigung über Transportunfähigkeit (§ 38 Vertrag Ärzte/UV-Träger)................					3,81 €
145		Vordruck F 2900 Überweisungsvordruck ÜV (§§ 26, 39 Vertrag Ärzte/UV-Träger)......................					3,49 €

B VI Besondere Regelungen (BG-T)

BG-T Tarif-Nr.	DKG-NT Tarif-Nr.	Leistung	Punkte (nur DKG-NT I)	Besondere Kosten	Allgemeine Kosten	Sach-kosten	Preis
1a	1b	2	3	4	5	6	7
		Formulargutachten					
146		Vordruck A 4200 Erstes Rentengutachten...............					67,13 €
147		Vordruck A 4202 Erstes Rentengutachten Augen...........					67,13 €
148		Vordruck A 4500 Zweites Rentengutachten (Rente auf unbestimmte Zeit)........					58,82 €
149		Vordruck A 4510 Zweites Rentengutachten Augen (Rente auf unbestimmte Zeit)........					58,82 €
150		Vordruck 4510 Rentengutachten (Nachprüfung MdE)........					58,82 €
151		Vordruck A 4520 Zweites Rentengutachten Augen (Nachprüfung MdE)........					58,82 €
152		Vordruck A 4520 Rentengutachten (Rente nach Gesamtvergütung)........					58,82 €
153		Vordruck A 4550 Gutachten bei Abfindung...............					40,28 €
154		Vordruck A 5512 Gutachten erhöhte Witwen-/Witwerrente.....					40,28 €
155		Vordruck A 8200-2301 Gutachten BK 2301................. *Mit der Pauschgebühr sind alle Leistungen und Sachkosten abgegolten.* *Ausgenommen sind Röntgenleistungen und die Messung otoakustischer Emissionen.* *Werden dem Unfallversicherungsträger Sachkosten von einem Dritten in Rechnung gestellt, so sind diese von dem Gutachterhonorar abzusetzen.*					153,28 €

B VI Besondere Regelungen (BG-T)

BG-T Tarif-Nr.	DKG-NT Tarif-Nr.	Leistung	Punkte (nur DKG-NT I)	Besondere Kosten	Allgemeine Kosten	Sach-kosten	Preis
1a	1b	2	3	4	5	6	7
		Freie Gutachten					
160		Ohne Fragestellung zum ursächlichen Zusammenhang je nach Schwierigkeitsgrad und Umfang....					67,13 € - 154,67 €
161		Mit Fragestellung zum ursächlichen Zusammenhang je nach Schwierigkeitsgrad und Umfang ..					84,05 € - 236,16 €
		Zu den Höchstsätzen nach Nrn. 160, 161 gilt § 59 des Vertrages Ärzte/UV-Träger					
165		Eingehend begründetes wissenschaftliches Gutachten je nach Schwierigkeitsgrad und Umfang....					100,96 € - 317,58 €
		Darunter ist zu verstehen: Aufgrund der Vorgeschichte, der Angaben und des Befundes erstelltes und durch wissenschaftliche Äußerungen gestütztes und zugleich die wissenschaftlichen Erwägungen (notwendige Beziehung und Auswertung wiss. Literatur) erläuterndes ausführliches Gutachten.					
		Zum Höchstbetrag gilt § 59 des Vertrages Ärzte/ UV-Träger.					
190		Schreibgebühren für Arztvordrucke nach den Nummern 117 bis 124 und Gutachten nach den Nummern 146 bis 154, 155 (ausgenommen audiologischer Befundbogen), 160, 101, 165 je Seite....					3,50 €
191		je verlangte Kopie ...					0,17 €
192		Elektronische Übermittlung eines Arztberichts an den UV-Träger ...					0,35 €
193		Übersendung von vom absendenden Arzt durchgesehenen und in ihrer Richtigkeit von ihm bescheinigten Krankengeschichten oder Auszüge (Fotokopien) ungeachtet des Umfangs, zusätzlich Porto ...					12,37 €
194		Kopie und Versand von Tonschwellenaudiogrammen - auch beiderseits -, zuzüglich Porto .					2,66 €

B VI Besondere Regelungen (BG-T)   Nummer 195

BG-T Tarif-Nr.	DKG-NT Tarif-Nr.	Leistung	Punkte (nur DKG-NT I)	Besondere Kosten	Allgemeine Kosten	Sach-kosten	Preis
1a	1b	2	3	4	5	6	7
195		Übersendung angeforderter Röntgenaufnahmen (einschließlich Verpackung), zuzüglich Porto ...					**5,47 €**

Teil C

Nichtgebietsbezogene Sach- und Sonderleistungen

Teil C

Arbeitsmaterialien, Abbildungen
und Bemerkungen

C I   Anlegen von Verbänden (DKG-NT Band I)

BG-T Tarif-Nr.	DKG-NT Tarif-Nr.	Leistung	Punkte (nur DKG-NT I)	Besondere Kosten	Allgemeine Kosten	Sach- kosten	Vollkosten (nur DKG-NT I)
1a	1b	2	3	4	5	6	7
		Allgemeine Bestimmung					
		Wundverbände nach Nummer 200, die im Zusammenhang mit einer operativen Leistung (auch Ätzung, Fremdkörperentfernung), Punktion, Infusion, Transfusion oder Injektion durchgeführt werden, sind Bestandteil dieser Leistung					
	200	Verband - ausgenommen Schnell- und Sprühverbände, Augen-, Ohrenklappen oder Dreiecktücher -	45	1,36 €	2,10 €	3,46 €	5,23 €
	201a	Redressierender Klebeverband des Brustkorbs oder dachziegelförmiger Klebeverband - ausgenommen Nabelverband -	65	11,87 €	2,70 €	14,57 €	17,45 €
	201b	bei Verwendung von TAPE-Verbänden	65	21,87 €	2,70 €	24,57 €	27,45 €
	204	Zirkulärer Verband des Kopfes oder des Rumpfes (auch als Wundverband); stabilisierender Verband des Halses, des Schulter- oder Hüftgelenks oder einer Extremität über mindestens zwei große Gelenke; Schanz'scher Halskrawattenverband; Kompressionsverband -	95	7,46 €	2,90 €	10,36 €	15,62 €
	206	Tape-Verband eines kleinen Gelenks	70	6,42 €	3,20 €	9,62 €	12,43 €
	207a	Tape-Verband eines großen Gelenks	100	21,87 €	4,60 €	26,47 €	30,46 €
	207b	Zinkleimverband	100	15,77 €	4,60 €	20,37 €	24,36 €
	208	Stärke- oder Gipsfixation, zusätzlich zu einem Verband	30	2,73 €	1,20 €	3,93 €	5,31 €
	209	Großflächiges Auftragen von Externa (z. B. Salben, Cremes, Puder, Lotionen, Lösungen) zur Behandlung von Hautkrankheiten mindestens einer Körperregion (Extremität, Kopf, Brust, Bauch, Rücken), je Sitzung	150		3,30 €	3,30 €	12,88 €
	210	Kleiner Schienenverband - auch als Notverband bei Frakturen.	75	5,04 €	2,40 €	7,44 €	11,48 €
	211	Kleiner Schienenverband - bei Wiederanlegung derselben, gegebenenfalls auch veränderten Schiene -	60	1,78 €	1,50 €	3,28 €	6,93 €

C I Anlegen von Verbänden (DKG-NT Band I) — Nummern 212–230a

BG-T Tarif-Nr.	DKG-NT Tarif-Nr.	Leistung	Punkte (nur DKG-NT I)	Besondere Kosten	Allgemeine Kosten	Sach-kosten	Vollkosten (nur DKG-NT I)
1a	1b	2	3	4	5	6	7
	212	Schienenverband mit Einschluß von mindestens zwei großen Gelenken (Schulter-, Ellenbogen-, Hand-, Knie-, Fußgelenk) - auch als Notverband bei Frakturen -	160	10,61 €	5,80 €	16,41 €	24,35 €
	213	Schienenverband mit Einschluß von mindestens zwei großen Gelenken (Schulter-, Ellenbogen-, Hand-, Knie-, Fußgelenk) - bei Wiederanlegung derselben, gegebenenfalls auch veränderten Schiene	100	5,89 €	3,50 €	9,39 €	14,48 €
	214	Abduktionsschienenverband - auch mit Stärke- oder Gipsfixation -	240	30,27 €	6,90 €	37,17 €	50,89 €
	217	Streckverband	230	5,04 €	3,00 €	8,04 €	24,80 €
	218	Streckverband mit Nagel- oder Drahtextension	660	10,93 €	11,20 €	22,13 €	67,62 €
	225	Gipsfingerling	70	1,48 €	1,20 €	2,68 €	7,49 €
	227a	Gipshülse mit Gelenkschienen	300	7,46 €	5,70 €	13,16 €	33,23 €
	227b	Gipshülse mit Gelenkschienen, bei Verwendung von Kunststoff	300	20,92 €	5,70 €	26,62 €	46,69 €
	228a	Gipsschienenverband am Unterarm	190	7,67 €	4,90 €	12,57 €	23,99 €
	228b	Gipsschienenverband am Unterarm, bei Verwendung von Kunststoff	190	20,60 €	4,90 €	25,50 €	36,92 €
	228c	Gipsschienenverband am Unterschenkel oder Gipspantoffel	190	19,97 €	4,90 €	24,87 €	36,29 €
	228d	Gipsschienenverband am Unterschenkel oder Gipspantoffel, bei Verwendung von Kunststoff	190	31,01 €	4,90 €	35,91 €	47,33 €
	229	Gipsschienenverband - bei Wiederanlegung derselben, gegebenenfalls auch veränderten Schiene -	130	3,36 €	2,30 €	5,66 €	14,53 €
	230	Zirkulärer Gipsverband - gegebenenfalls als Gipstutor -					
	230a	Finger- und Zehengipsverband einschl. Hand- oder Fußgelenk	300	7,67 €	4,80 €	12,47 €	33,44 €

C I Anlegen von Verbänden (DKG-NT Band I)

Nummern 230b – 236b

BG-T Tarif-Nr.	DKG-NT Tarif-Nr.	Leistung	Punkte (nur DKG-NT I)	Besondere Kosten	Allgemeine Kosten	Sach-kosten	Vollkosten (nur DKG-NT I)
1a	1b	2	3	4	5	6	7
	230b	Finger- und Zehengipsverband einschl. Hand- oder Fußgelenk, bei Verwendung von Kunststoff	300	20,60 €	4,80 €	25,40 €	46,37 €
	230c	Unterarmgips einschl. Hand	300	8,30 €	4,80 €	13,10 €	34,07 €
	230d	Unterarmgips einschl. Hand, bei Verwendung von Kunststoff.	300	17,45 €	4,80 €	22,25 €	43,22 €
	230e	Gipsverband für Unterschenkel mit Fuß	300	15,45 €	4,80 €	20,25 €	41,22 €
	230f	Gipsverband für Unterschenkel mit Fuß, bei Verwendung von Kunststoff.	300	94,18 €	4,80 €	98,98 €	119,95 €
	230g	Gipstutor	300	21,97 €	4,80 €	26,77 €	47,74 €
	230h	Gipstutor, bei Verwendung von Kunststoff	300	62,86 €	4,80 €	67,66 €	88,63 €
	231	Zirkulärer Gehgipsverband des Unterschenkels .					
	231a	Zirkulärer Gehgipsverband für Unterschenkel mit Fuß	360	27,22 €	5,30 €	32,52 €	58,14 €
	231b	Zirkulärer Gehgipsverband für Unterschenkel mit Fuß, bei Verwendung von Kunststoff	360	122,14 €	5,30 €	127,44 €	153,06 €
	232a	Zirkulärer Gipsverband mit Einschluß von mindestens zwei großen Gelenken (Schulter-, Ellenbogen-, Hand-, Knie-, Sprunggelenk).	430	12,72 €	5,10 €	17,82 €	49,66 €
	232b	Zirkulärer Gipsverband mit Einschluß von mindestens zwei großen Gelenken (Schulter-, Ellenbogen-, Hand-, Knie-, Sprunggelenk), bei Verwendung von Kunststoff.	430	37,73 €	5,10 €	42,83 €	74,67 €
	235a	Zirkulärer Gipsverband des Halses einschließlich Kopfstütze - auch mit Schultergürtel	750	31,01 €	6,80 €	37,81 €	95,43 €
	235b	Zirkulärer Gipsverband des Halses einschließlich Kopfstütze - auch mit Schultergürtel, bei Verwendung von Kunststoff.	750	111,73 €	6,80 €	118,53 €	176,15 €
	236a	Zirkulärer Gipsverband des Rumpfes	940	39,94 €	22,30 €	62,24 €	120,68 €
	236b	Zirkulärer Gipsverband des Rumpfes, bei Verwendung von Kunststoff.	940	133,38 €	22,30 €	155,68 €	214,12 €

C I Anlegen von Verbänden (DKG-NT Band I) — Nummern 237–246

BG-T Tarif-Nr.	DKG-NT Tarif-Nr.	Leistung	Punkte (nur DKG-NT I)	Besondere Kosten	Allgemeine Kosten	Sachkosten	Vollkosten (nur DKG-NT I)
1a	1b	2	3	4	5	6	7
	237	Gips- oder Gipsschienenverband mit Einschluß von mindestens zwei großen Gelenken (Schulter-, Ellenbogen-, Hand-, Knie-, Fußgelenk)....					
	237a	Gipsverband für den ganzen Arm...........	370	**12,19 €**	5,20 €	17,39 €	43,97 €
	237b	Gipsverband für den ganzen Arm, bei Verwendung von Kunststoff....................	370	**37,21 €**	5,20 €	42,41 €	68,99 €
	237c	Gips für das ganze Bein............	370	**24,59 €**	5,20 €	29,79 €	56,37 €
	237d	Gips für das ganze Bein, bei Verwendung von Kunststoff...........	370	**135,17 €**	5,20 €	140,37 €	166,95 €
	237e	Großer Gipsschienenverband............	370	**11,46 €**	5,20 €	16,66 €	43,24 €
	237f	Großer Gipsschienenverband, bei Verwendung von Kunststoff (Arm)............	370	**26,39 €**	5,20 €	31,59 €	58,17 €
	237g	Großer Gipsschienenverband, bei Verwendung von Kunststoff (Bein)............	370	**41,09 €**	5,20 €	46,29 €	72,87 €
	238	Gips- oder Gipsschienenverband mit Einschluß von mindestens zwei großen Gelenken (Schulter-, Ellenbogen-, Hand-, Knie-, Fußgelenk) - bei Wiederanlegung derselben gegebenenfalls auch veränderten Schiene -............	200	**5,47 €**	3,50 €	8,97 €	22,65 €
	239a	Gipsverband für Arm mit Schulter oder Bein mit Beckengürtel............	750	**63,39 €**	6,80 €	70,19 €	127,81 €
	239b	Gipsverband für Arm mit Schulter oder Bein mit Beckengürtel, bei Verwendung von Kunststoff..	750	**172,91 €**	6,80 €	179,71 €	237,33 €
	240a	Gipsbett oder Nachtschale für den Rumpf.....	940	**95,75 €**	22,30 €	118,05 €	176,49 €
	240b	Gipsbett oder Nachtschale für den Rumpf, bei Verwendung von Kunststoff............	940	**295,26 €**	22,30 €	317,56 €	376,00 €
	245	Quengelverband zusätzlich zum jeweiligen Gipsverband....................	110	**3,99 €**	1,30 €	5,29 €	13,44 €
	246	Abnahme des zirkulären Gipsverbandes......	150		1,90 €	1,90 €	12,88 €

C I Anlegen von Verbänden (DKG-NT Band I)   Nummern 247–247c

BG-T Tarif-Nr.	DKG-NT Tarif-Nr.	Leistung	Punkte (nur DKG-NT I)	Besondere Kosten	Allgemeine Kosten	Sach-kosten	Vollkosten (nur DKG-NT I)
1a	1b	2	3	4	5	6	7
	247	Fensterung, Spaltung, Schieneneinsetzung, Anlegung eines Gehbügels oder einer Abrollsohle bei einem nicht an demselben Tage angelegten Gipsverband.					
	247a	Fensterung, Spaltung, bei einem nicht an demselben Tage angelegten Gipsverband.	110	**1,89 €**	2,80 €	4,69 €	11,34 €
	247b	Schieneneinsetzung, Anlegung eines Gehbügels oder einer Abrollsohle bei einem nicht an demselben Tage angelegten Gipsverband.	110	**11,77 €**	2,80 €	14,57 €	21,22 €
	247c	bei Verwendung von Kunststoff	110	**27,96 €**	2,80 €	30,76 €	37,41 €

C I Anlegen von Verbänden (BG-T)

BG-T Tarif-Nr.	DKG-NT Tarif-Nr.	Leistung	Punkte (nur DKG-NT I)	Besondere Kosten	Allgemeine Kosten	Sach-kosten	Vollkosten (nur DKG-NT I)
1a	1b	2	3	4	5	6	7
		Allgemeine Bestimmung *Wundverbände nach Nummer 200, die im Zusammenhang mit einer operativen Leistung (auch Ätzung, Fremdkörperentfernung), Punktion, Infusion, Transfusion oder Injektion durchgeführt werden, sind Bestandteil dieser Leistung. Als operative Leistungen in diesem Sinne gelten auch die Leistungen nach den Nummern 2000 bis 2005.*					
200		Verband - ausgenommen Schnell- und Sprühverbände, Augen-, Ohrenklappen oder Dreiecktücher -		1,36 €	2,50 €	3,86 €	
201a		Redressierender Klebeverband des Brustkorbs oder dachziegelförmiger Klebeverband - ausgenommen Nabelverband -		11,87 €	2,60 €	14,47 €	
201b		bei Verwendung von TAPE-Verbänden		21,87 €	2,60 €	24,47 €	
202		Schanz'scher Halskrawattenverband		6,20 €	2,90 €	9,10 €	
203a		Kompressionsverband / auch Schaumstoffkompressionsverband		5,99 €	2,90 €	8,89 €	
203b		Zinkleimverband		15,77 €	2,90 €	18,67 €	
204		Zirkulärer Verband des Kopfes, der Schulter oder Hüftgelenks oder des Rumpfes		7,46 €	2,90 €	10,36 €	
205		Rucksack- oder Désault-Verband		7,88 €	2,90 €	10,78 €	
208		Tape-Verband an Fingern oder Zehen........		6,42 €	3,70 €	10,12 €	
209		Tape-Verband an großen Gelenken oder an Weichteilen der Gliedmaßen		21,87 €	6,90 €	28,77 €	
210		Kleiner Schienenverband - auch als Notverband bei Frakturen............		5,04 €	2,60 €	7,64 €	
211		Kleiner Schienenverband - bei Wiederanlegung derselben, gegebenenfalls auch veränderten Schiene -		1,78 €	1,60 €	3,38 €	

C I Anlegen von Verbänden (BG-T)

Nummern 212–230d

BG-T Tarif-Nr.	DKG-NT Tarif-Nr.	Leistung	Punkte (nur DKG-NT I)	Besondere Kosten	Allgemeine Kosten	Sach-kosten	Vollkosten (nur DKG-NT I)
1a	1b	2	3	4	5	6	7
212		Schienenverband mit Einschluss von mindestens zwei großen Gelenken (Schulter-, Ellenbogen-, Hand-, Knie-, Fußgelenk) - auch als Notverband bei Frakturen -		10,61 €	5,80 €	16,41 €	
213		Schienenverband mit Einschluss von mindestens zwei großen Gelenken (Schulter-, Ellenbogen-, Hand-, Knie-, Fußgelenk) - bei Wiederanlegung derselben, gegebenenfalls auch veränderten Schiene		5,89 €	4,90 €	10,79 €	
214		Abduktionsschienenverband.............		30,27 €	6,90 €	37,17 €	
217		Streckverband		5,04 €	2,90 €	7,94 €	
218		Streckverband mit Nagel- oder Drahtextension .		10,93 €	11,30 €	22,23 €	
226a		Gipshülse.....................		7,46 €	2,90 €	10,36 €	
226b		bei Verwendung von Kunststoff...........		20,92 €	2,90 €	23,82 €	
228a		Gipsschienenverband am Unterarm........		7,67 €	4,90 €	12,57 €	
228b		Gipsschienenverband am Unterarm, bei Verwendung von Kunststoff................		20,60 €	4,90 €	25,50 €	
228c		Gipsschienenverband am Unterschenkel oder Gipspantoffel		19,97 €	4,90 €	24,87 €	
228d		Gipsschienenverband am Unterschenkel oder Gipspantoffel, bei Verwendung von Kunststoff . .		31,01 €	4,90 €	35,91 €	
229		Gipsschienenverband - bei Wiederanlegung derselben nicht neu hergerichteten Schiene ...		3,36 €	2,40 €	5,76 €	
230a		Zirkulärer Finger- und Zehengipsverband einschl. Hand- oder Fußgelenk		7,67 €	4,90 €	12,57 €	
230b		bei Verwendung von Kunststoff...........		20,60 €	4,90 €	25,50 €	
230c		Zirkulärer Unterarmgips einschließlich Hand ...		8,30 €	4,90 €	13,20 €	
230d		bei Verwendung von Kunststoff...........		17,45 €	4,90 €	22,35 €	

C I Anlegen von Verbänden (BG-T)

Nummern 230e–237e

BG-T Tarif-Nr.	DKG-NT Tarif-Nr.	Leistung	Punkte (nur DKG-NT I)	Besondere Kosten	Allgemeine Kosten	Sach-kosten	Vollkosten (nur DKG-NT I)
1a	1b	2	3	4	5	6	7
230e		Zirkulärer Gipsverband Unterschenkel einschließlich Fuß		15,35 €	4,90 €	20,25 €	
230f		bei Verwendung von Kunststoff		94,18 €	4,90 €	99,08 €	
230g		Zirkluärer Gipstutor		21,97 €	4,90 €	26,87 €	
230h		bei Verwendung von Kunststoff		62,86 €	4,90 €	67,76 €	
231a		Zirkulärer Gehgipsverband für Unterschenkel mit Fuß		27,22 €	5,30 €	32,52 €	
231b		Zirkulärer Gehgipsverband für Unterschenkel mit Fuß, bei Verwendung von Kunststoff		122,14 €	5,30 €	127,44 €	
231c		Zirkulärer Gehgipsverband für das ganze Bein . .		36,37 €	5,30 €	41,67 €	
231d		bei Verwendung von Kunststoff		162,61 €	5,30 €	167,91 €	
235a		Zirkulärer Gipsverband des Halses einschließlich Kopfstütze - auch mit Schultergürtel		29,01 €	6,90 €	35,91 €	
235b		Zirkulärer Gipsverband des Halses einschließlich Kopfstütze - auch mit Schultergürtel, bei Verwendung von Kunststoff		111,73 €	6,90 €	118,63 €	
236a		Zirkulärer Gipsverband des Rumpfes		39,94 €	22,50 €	62,44 €	
236b		Zirkulärer Gipsverband des Rumpfes, bei Verwendung von Kunststoff		133,38 €	22,50 €	155,88 €	
237a		Zirkulärer Gipsverband für den ganzen Arm* . . .		12,19 €	5,30 €	17,49 €	
		*Bei diesen Verbänden handelt es sich um zirkuläre Gips- bzw. Kunststoffverbände, deren Abnahme nach Nr. 246 berechnet werden kann.					
237b		bei Verwendung von Kunststoff*		37,21 €	5,30 €	42,51 €	
237c		Zirkulärer Gipsverband für das ganze Bein*		24,59 €	5,30 €	29,89 €	
237d		bei Verwendung von Kunststoff*		135,17 €	5,30 €	140,47 €	
237e		Großer Gipsschienenverband		11,46 €	5,30 €	16,76 €	

C I   Anlegen von Verbänden (BG-T)

BG-T Tarif-Nr.	DKG-NT Tarif-Nr.	Leistung	Punkte (nur DKG-NT I)	Besondere Kosten	Allgemeine Kosten	Sach-kosten	Vollkosten (nur DKG-NT I)
1a	1b	2	3	4	5	6	7
237f		bei Verwendung von Kunststoff (Arm)		26,39 €	5,30 €	31,69 €	
237g		bei Verwendung von Kunststoff (Bein)		41,09 €	5,30 €	46,39 €	
238		Gips- oder Gipsschienenverband mit Einschluss von mindestens zwei großen Gelenken (Schulter-, Ellenbogen-, Hand-, Knie-, Fußgelenk) - bei Wiederanlegung derselben nicht neu hergerichteten Schiene		5,47 €	5,30 €	10,77 €	
239a		Gipsverband für Arm mit Schulter oder Bein mit Beckengürtel*		63,39 €	6,90 €	70,29 €	
239b		bei Verwendung von Kunststoff*		172,91 €	6,90 €	179,81 €	
240a		Gipsbett oder Nachtschale für den Rumpf		95,75 €	22,50 €	118,25 €	
240b		bei Verwendung von Kunststoff		295,26 €	22,50 €	317,76 €	
245		Quengelverband zusätzlich zum jeweiligen Gipsverband		3,99 €	1,30 €	5,29 €	
246		Abnahme des zirkulären Gipsverbandes			1,90 €	1,90 €	
247a		Fensterung, Spaltung, Kürzung oder wesentliche Änderung bei einem nicht an demselben Tage angelegten Gipsverband		1,89 €	2,90 €	4,79 €	
247b		Schieneneinsetzung, Anlegung eines Gehbügels oder einer Abrollsohle bei einem nicht an demselben Tage angelegten Gipsverband		11,77 €	2,90 €	14,67 €	
247c		bei Verwendung von Kunststoff		27,96 €	2,90 €	30,86 €	

C II   Blutentnahmen, Injektionen, Infiltrationen, Infusionen, Transfusionen, Implantationen, Abstrichentnahmen — Nummern 250–255

BG-T Tarif-Nr.	DKG-NT Tarif-Nr.	Leistung	Punkte (nur DKG-NT I)	Besondere Kosten	Allgemeine Kosten	Sach-kosten	Vollkosten (nur DKG-NT I)
1a	1b	2	3	4	5	6	7
		Allgemeine Bestimmungen					
		Die Leistungen nach den Nummern 252 bis 258 und 261 sind nicht mehrfach berechnungsfähig, wenn anstelle einer Mischung mehrere Arzneimittel bei liegender Kanüle im zeitlichen Zusammenhang nacheinander verabreicht werden.					
		Die Leistungen nach den Nummern 270, 273 bis 281, 283, 286 sowie 287 können jeweils nur einmal je Behandlungstag berechnet werden. Die Leistungen nach den Nummern 271 oder 272 sind je Gefäßzugang einmal, insgesamt jedoch nicht mehr als zweimal je Behandlungstag berechnungsfähig. Die zweimalige Berechnung der Leistungen nach den Nummern 271 oder 272 setzt gesonderte Punktionen verschiedener Blutgefäße voraus.					
		Gegebenenfalls erforderliche Gefäßpunktionen sind Bestandteil der Leistungen nach den Nummern 270 bis 287 und mit den Gebühren abgegolten.					
		Die Leistungen nach den Nummern 271 bis 276 sind nicht nebeneinander berechnungsfähig.					
250	250	Blutentnahme mittels Spritze, Kanüle oder Katheter aus der Vene.................	40		1,70 €	1,70 €	3,44 €
250a	250a	Kapillarblutentnahme bei Kindern bis zum vollendeten 8. Lebensjahr.................	40		1,70 €	1,70 €	3,44 €
251	251	Blutentnahme mittels Spritze oder Kanüle aus der Arterie............................	60		2,60 €	2,60 €	5,15 €
251a		Blutentnahme zum Zwecke der Alkoholbestimmung................................			2,60 €	2,60 €	
		Befundbericht, Kosten der Koller-Venüle und Versandkosten sind mit der Gebühr abgegolten.					
252	252	Injektion, subkutan, submukös, intrakutan oder intramuskulär........................	40		1,60 €	1,60 €	3,44 €
253	253	Injektion, intravenös....................	70		1,70 €	1,70 €	6,01 €
254	254	Injektion, intraarteriell...................	80		2,00 €	2,00 €	6,87 €
255	255	Injektion, intraartikulär oder perineural........	95		3,00 €	3,00 €	8,16 €

C II Blutentnahmen, Injektionen, Infiltrationen, Infusionen, Transfusionen, Implantationen, Abstrichentnahmen — Nummern 256–265a

BG-T Tarif-Nr.	DKG-NT Tarif-Nr.	Leistung	Punkte (nur DKG-NT I)	Besondere Kosten	Allgemeine Kosten	Sach-kosten	Vollkosten (nur DKG-NT I)
1a	1b	2	3	4	5	6	7
256	256	Injektion in den Periduralraum	185		5,30 €	5,30 €	15,89 €
257	257	Injektion in den Subarachnoidalraum	400		5,20 €	5,20 €	34,36 €
258	258	Injektion intraaortal oder intrakardial - ausgenommen bei liegendem Aorten- oder Herzkatheter.	180		5,10 €	5,10 €	15,46 €
259	259	Legen eines Periduralkatheters - in Verbindung mit der Anlage eines subkutanen Medikamentenreservoirs -.	600		12,60 €	12,60 €	51,54 €
260	260	Legen eines arteriellen Katheters oder eines zentralen Venenkatheters - einschließlich Fixation -. . . . . *Die Leistung nach Nummer 260 ist neben Leistungen nach den Nummern 355 bis 361, 626 bis 632 und/oder 648 nicht berechnungsfähig.*	200		4,20 €	4,20 €	17,18 €
261	261	Einbringung von Arzneimitteln in einen parenteralen Katheter . . . . *Die Leistung nach Nummer 261 ist im Zusammenhang mit einer Anästhesie/Narkose nicht berechnungsfähig für die Einbringung von Anästhetika, Anästhesieadjuvantien und Anästhesieantidoten* *Wird die Leistung nach Nummer 261 im Zusammenhang mit einer Anästhesie/Narkose berechnet, ist das Medikament in der Rechnung anzugeben.*	30		1,00 €	1,00 €	2,58 €
262	262	Transfemorale Blutentnahme mittels Katheter aus dem Bereich der Nierenvene(n)	450		13,00 €	13,00 €	38,65 €
263	263	Subkutane Hyposensiblisierungsbehandlung (Desensibilisierung), je Sitzung.	90		3,20 €	3,20 €	7,73 €
264	264	Injektions- und/oder Infiltrationsbehandlung der Prostata, je Sitzung	120		3,20 €	3,20 €	10,31 €
265	265	Auffüllung eines subkutanen Medikamentenreservoirs oder Spülung eines Ports, je Sitzung . . .	60		2,50 €	2,50 €	5,15 €
265a	265a	Auffüllung eines Hautexpanders, je Sitzung	90		2,80 €	2,80 €	7,73 €

C II Blutentnahmen, Injektionen, Infiltrationen, Infusionen, Transfusionen, Implantationen, Abstrichentnahmen   Nummern 266–274

BG-T Tarif-Nr.	DKG-NT Tarif-Nr.	Leistung	Punkte (nur DKG-NT I)	Besondere Kosten	Allgemeine Kosten	Sachkosten	Vollkosten (nur DKG-NT I)
1a	1b	2	3	4	5	6	7
266	266	Intrakutane Reiztherapie (Quaddelbehandlung), je Sitzung	60		2,40 €	2,40 €	5,15 €
267	267	Medikamentöse Infiltrationsbehandlung im Bereich einer Körperregion, auch paravertrebrale oder perineurale oder perikapsuläre oder retrobulbäre Injektion und/oder Infiltration, je Sitzung.	80		2,80 €	2,80 €	6,87 €
268	268	Medikamentöse Infiltrationsbehandlung im Bereich mehrerer Körperregionen (auch eine Körperregion beidseitig), je Sitzung	130		4,90 €	4,90 €	11,17 €
269	269	Akupunktur (Nadelstich-Technik) zur Behandlung von Schmerzen, je Sitzung	200		4,90 €	4,90 €	17,18 €
269a	269a	Akupunktur (Nadelstich-Technik) mit einer Mindestdauer von 20 Minuten zur Behandlung von Schmerzen, je Sitzung	350		4,90 €	4,90 €	30,06 €
270	270	Infusion, subkutan	80		3,00 €	3,00 €	6,87 €
271	271	Infusion, intravenös, bis zu 30 Minuten Dauer ..	120		3,00 €	3,00 €	10,31 €
272	272	Infusion, intravenös, von mehr als 30 Minuten Dauer	180		3,80 €	3,80 €	15,46 €
273	273	Infusion, intravenös - gegebenenfalls mittels Nabelvenenkatheter oder in die Kopfvene - bei einem Kind bis zum vollendeten 4. Lebensjahr ...	180		3,80 €	3,80 €	15,46 €
		Die Leistungen nach den Nummern 271, 272 und 273 sind im Zusammenhang mit einer Anästhesie/Narkose nicht berechnungsfähig für die Einbringung von Anästhetika, Anästhesieadjuvantien und Anästhesieantidoten.					
		Werden die Leistungen nach den Nummern 271, 272 oder 273 im Zusammenhang mit einer Anästhesie/Narkose berechnet, ist das Medikament in der Rechnung anzugeben.					
274	274	Dauertropfinfusion, intravenös, von mehr als 6 Stunden Dauer - gegebenenfalls einschließlich Infusionsplan und Bilanzierung -	320		9,70 €	9,70 €	27,49 €
		Neben der Leistung nach Nummer 274 sind die Leistungen nach den Nummern 271 bis 273, 275 und/oder 276 nicht berechnungsfähig.					

C II   Blutentnahmen, Injektionen, Infiltrationen, Infusionen, Transfusionen, Implantationen, Abstrichentnahmen   Nummern 275–282

BG-T Tarif-Nr.	DKG-NT Tarif-Nr.	Leistung	Punkte (nur DKG-NT I)	Besondere Kosten	Allgemeine Kosten	Sach-kosten	Vollkosten (nur DKG-NT I)
1a	1b	2	3	4	5	6	7
275	275	Dauertropfinfusion von Zytostatika, von mehr als 90 Minuten Dauer..................	360		10,90 €	10,90 €	30,92 €
276	276	Dauertropfinfusion von Zytostatika, von mehr als 6 Stunden Dauer...................	540		16,00 €	16,00 €	46,38 €
277	277	Infusion, intraarteriell, bis zu 30 Minuten Dauer..	180		4,90 €	4,90 €	15,46 €
278	278	Infusion, intraarteriell, von mehr als 30 Minuten Dauer............................	240		5,10 €	5,10 €	20,62 €
279	279	Infusion in das Knochenmark..............	180		3,40 €	3,40 €	15,46 €
280	280	Transfusion der ersten Blutkonserve (auch Frischblut) oder des ersten Blutbestandteilpräparats - einschließlich Identitätssicherung im AB0-System (bedside-test) und Dokumentation der Konserven- bzw. Chargen-Nummer -..... *Die Infusion von Albumin oder von Präparaten, die als einzigen Blutbestandteil Albumin enthalten, ist nicht nach der Leistung nach Nummer 280 berechnungsfähig.*	330		9,10 €	9,10 €	28,35 €
281	281	Transfusion der ersten Blutkonserve (auch Frischblut) oder des ersten Blutbestandteilpräparats bei einem Neugeborenen - einschließlich Nabelvenenkatheterismus, Identitätssicherung im AB0-System (bedside-test) und Dokumentation der Konserven- bzw. Chargen-Nummer -... *Die Infusion von Albumin oder von Präparaten, die als einzigen Blutbestandteil Albumin enthalten, ist nicht nach der Leistung nach Nummer 281 berechnungsfähig.*	450		17,60 €	17,60 €	38,65 €
282	282	Transfusion jeder weiteren Blutkonserve (auch Frischblut) oder jedes weiteren Blutbestandteilpräparats im Anschluß an die Leistungen nach den Nummern 280 oder 281 - einschließlich Identitätssicherung im AB0-System (bedside-test) und Dokumentation der Konserven- bzw. Chargen-Nummer -.................. *Die Infusion von Albumin oder von Präparaten, die als einzigen Blutbestandteil Albumin enthalten, ist nicht nach der Leistung nach Nummer 282 berechnungsfähig.*	150		5,90 €	5,90 €	12,88 €

C II Blutentnahmen, Injektionen, Infiltrationen, Infusionen, Transfusionen, Implantationen, Abstrichentnahmen — Nummern 283–291

BG-T Tarif-Nr.	DKG-NT Tarif-Nr.	Leistung	Punkte (nur DKG-NT I)	Besondere Kosten	Allgemeine Kosten	Sach-kosten	Vollkosten (nur DKG-NT I)
1a	1b	2	3	4	5	6	7
283	283	Infusion in die Aorta bei einem Neugeborenen mittels transumbilikalem Aortenkatheter - einschließlich der Anlage des Katheters -	500		14,80 €	14,80 €	42,95 €
284	284	Eigenbluteinspritzung - einschließlich Blutentnahme..................................	90		2,80 €	2,80 €	7,73 €
285	285	Aderlaß aus der Vene oder Arterie mit Entnahme von mindestens 200 Milliliter Blut - gegebenenfalls einschließlich Verband -	110		2,90 €	2,90 €	9,45 €
286	286	Reinfusion der ersten Einheit (mindestens 200 Milliliter) Eigenblut oder Eigenplasma - einschließlich Identitätssicherung im AB0-System (bedside-test) -	220		6,10 €	6,10 €	18,90 €
286a	286a	Reinfusion jeder weiteren Einheit (mindestens 200 Milliliter) Eigenblut oder Eigenplasma im Anschluß an die Leistung nach Nummer 286 - einschließlich Identitätssicherung im AB0-System (bedside-test) -	100		2,80 €	2,80 €	8,59 €
287	287	Blutaustauschtransfusion (z. B. bei schwerster Intoxikation)	800		18,00 €	18,00 €	68,72 €
288	288	Präoperative Entnahme einer Einheit Eigenblut (mindestens 400 Milliliter) zur späteren Retransfusion bei Aufbewahrung als Vollblutkonserve - gegebenenfalls einschließlich Konservierung - ..	230		6,10 €	6,10 €	19,76 €
289	289	Präoperative Entnahme einer Einheit Eigenblut (mindestens 400 Milliliter) zur späteren Retransfusion einschließlich Auftrennung des Patientenblutes in ein Erythrozytenkonzentrat und eine Frischplasmakonserve, Versetzen des Erythrozytenkonzentrats mit additiver Lösung und anschließender Aufbewahrung bei + 2 °C bis + 6 °C sowie Schockgefrieren des Frischplasmas und anschließender Aufbewahrung bei - 30 °C oder darunter -	350		9,30 €	9,30 €	30,06 €
290	290	Infiltration gewebehärtender Mittel	120		4,00 €	4,00 €	10,31 €
291	291	Implantation von Hormonpreßlingen	70		2,70 €	2,70 €	6,01 €

C II Blutentnahmen, Injektionen, Infiltrationen, Infusionen, Transfusionen, Implantationen, Abstrichentnahmen

BG-T Tarif-Nr.	DKG-NT Tarif-Nr.	Leistung	Punkte (nur DKG-NT I)	Besondere Kosten	Allgemeine Kosten	Sach-kosten	Vollkosten (nur DKG-NT I)
1a	1b	2	3	4	5	6	7
297	297	Entnahme und Aufbereitung von Abstrichmaterial zur zytologischen Untersuchung - gegebenenfalls einschließlich Fixierung - .... *Mit der Gebühr sind die Kosten abgegolten*	45		2,10 €	2,10 €	3,87 €
298	298	Entnahme und gegebenenfalls Aufbereitung von Abstrichmaterial zur mikrobiologischen Untersuchung - gegebenenfalls einschließlich Fixierung -	40		1,80 €	1,80 €	3,44 €

C III Punktionen

BG-T Tarif-Nr.	DKG-NT Tarif-Nr.	Leistung	Punkte (nur DKG-NT I)	Besondere Kosten	Allgemeine Kosten	Sach-kosten	Vollkosten (nur DKG-NT I)
1a	1b	2	3	4	5	6	7
		Allgemeine Bestimmung *Zum Inhalt der Leistungen der Punktionen gehören die damit im Zusammenhang stehenden Injektionen, Instillationen, Spülungen sowie Entnahmen z. B. von Blut, Liquor, Gewebe.*					
300	300	Punktion eines Gelenks	120		4,30 €	4,30 €	10,31 €
301	301	Punktion eines Ellenbogen-, Knie- oder Wirbelgelenks	160		4,60 €	4,60 €	13,74 €
302	302	Punktion eines Schulter- oder Hüftgelenks	250		5,70 €	5,70 €	21,47 €
303	303	Punktion einer Drüse, eines Schleimbeutels, Ganglions, Seroms, Hygroms, Hämatoms oder Abszesses oder oberflächiger Körperteile	80		2,00 €	2,00 €	6,87 €
304	304	Punktion der Augenhöhle	160		4,60 €	4,60 €	13,74 €
305	305	Punktion der Liquorräume (Subokzipital- oder Lumbalpunktion)	350		9,00 €	9,00 €	30,06 €
305a	305a	Punktion der Liquorräume durch die Fontanelle .	250		7,90 €	7,90 €	21,47 €
306	306	Punktion der Lunge - auch Abszeß- oder Kavernenpunktion in der Lunge - oder Punktion des Gehirns bei vorhandener Trepanationsöffnung . .	500		7,40 €	7,40 €	42,95 €
307	307	Punktion des Pleuraraums oder der Bauchhöhle	250		4,80 €	4,80 €	21,47 €
308	308	Gewebeentnahme aus der Pleura - gegebenenfalls einschließlich Punktion	350		5,40 €	5,40 €	30,06 €
310	310	Punktion des Herzbeutels	350		9,00 €	9,00 €	30,06 €
311	311	Punktion des Knochenmarks - auch Sternalpunktion -	200		5,40 €	5,40 €	17,18 €
312	312	Knochenstanze - gegebenenfalls einschließlich Entnahme von Knochenmark -	300		5,50 €	5,50 €	25,77 €
314	314	Punktion der Mamma oder Punktion eines Lymphknotens	120		4,60 €	4,60 €	10,31 €

BG-T Tarif-Nr.	DKG-NT Tarif-Nr.	Leistung	Punkte (nur DKG-NT I)	Besondere Kosten	Allgemeine Kosten	Sach-kosten	Vollkosten (nur DKG-NT I)
1a	1b	2	3	4	5	6	7
315	315	Punktion eines Organs (z. B. Leber, Milz, Niere, Hoden).................	250		5,10 €	5,10 €	21,47 €
316	316	Punktion des Douglasraums	250		5,70 €	5,70 €	21,47 €
317	317	Punktion eines Adnextumors - auch einschließlich Douglaspunktion -.................	350		7,60 €	7,60 €	30,06 €
318	318	Punktion der Harnblase oder eines Wasserbruchs.................	120		4,80 €	4,80 €	10,31 €
319	319	Punktion der Prostata oder Punktion der Schilddrüse.................	200		5,50 €	5,50 €	17,18 €
321	321	Untersuchung von natürlichen Gängen oder Fisteln mittels Sonde oder Einführung eines Fistelkatheters - gegebenenfalls einschließlich anschließender Injektion oder Instillation -........	50		2,20 €	2,20 €	4,29 €

C IV Kontrastmitteleinbringungen — Nummern 340–353

BG-T Tarif-Nr.	DKG-NT Tarif-Nr.	Leistung	Punkte (nur DKG-NT I)	Besondere Kosten	Allgemeine Kosten	Sach-kosten	Vollkosten (nur DKG-NT I)
1a	1b	2	3	4	5	6	7
		Allgemeine Bestimmungen *Die zur Einbringung des Kontrastmittels erforderlichen Maßnahmen wie Sondierungen, Injektionen, Punktionen, Gefäßkatheterismus oder Probeinjektionen und gegebenenfalls anschließende Wundnähte und Entfernung(en) des Kontrastmittels sind Bestandteile der Leistungen und nicht gesondert berechnungsfähig. Dies gilt auch für gegebenenfalls notwendige Durchleuchtungen zur Kontrolle der Lage eines Katheters oder einer Punktionsnadel.*					
340	340	Einbringung des Kontrastmittels in die zerebralen und spinalen Liquorräume	400		7,40 €	7,40 €	34,36 €
344	344	Intravenöse Einbringung des Kontrastmittels mittels Injektion oder Infusion bis zu 10 Minuten Dauer	100		2,70 €	2,70 €	8,59 €
345	345	Intravenöse Einbringung des Kontrastmittels mittels Injektion oder Infusion von mehr als 10 Minuten Dauer	130		2,70 €	2,70 €	11,17 €
346	346	Intravenöse Einbringung des Kontrastmittels mittels Hochdruckinjektion	300		8,50 €	8,50 €	25,77 €
347	347	Ergänzung für jede weitere intravenöse Kontrastmitteleinbringung mittels Hochdruckinjektion bei bestehendem Zugang - im Zusammenhang mit der Leistung nach Nummer 346 -	150		5,80 €	5,80 €	12,88 €
350	350	Intraarterielle Einbringung des Kontrastmittels ..	150		4,20 €	4,20 €	12,88 €
351	351	Einbringung des Kontrastmittels zur Angiographie von Gehirnarterien, je Halsschlagader .... *Die Leistung nach Nummer 351 ist je Sitzung nicht mehr als zweimal berechnungsfähig.*	500		6,40 €	6,40 €	42,95 €
	353	Einbringung des Kontrastmittels mittels intraaterieller Hochdruckinjektionen zur selektiven Arteriographie (z. B. Nierenarterie), einschließlich Röntgenkontrolle und ggf. einschließlich fortlaufender EKG-Kontrolle .... *Die Leistung nach Nummer 353 ist je Sitzung nicht mehr als zweimal berechenbar*			6,40 €	6,40 €	

C IV Kontrastmitteleinbringungen

Nummern 355–357

BG-T Tarif-Nr.	DKG-NT Tarif-Nr.	Leistung	Punkte (nur DKG-NT I)	Besondere Kosten	Allgemeine Kosten	Sach-kosten	Vollkosten (nur DKG-NT I)
1a	1b	2	3	4	5	6	7
355	355	Herzkatheter-Einbringung(en) und anschließende intrakardiale bzw. intraarterielle Einbringung(en) des Kontrastmittels mittels Hochdruckinjektion zur Darstellung des Herzens und der herznahen Gefäße (Aorta ascendens, Aorta pulmonalis) - einschließlich Röntgenkontrolle und fortlaufender EKG-Kontrolle -, je Sitzung	600		26,70 €	26,70 €	51,54 €
		Die Leistung nach Nummer 355 ist neben den Leistungen nach den Nummern 626 und/oder 627 nicht berechnungsfähig.					
		Wird die Leistung nach Nummer 355 im zeitlichen Zusammenhang mit der Leistung nach Nummer 360 erbracht, ist die Leistung nach Nummer 355 nur mit dem einfachen Gebührensatz berechnungsfähig.					
355a		Leistung nach Nummer 355, jedoch im zeitlichen Zusammenhang mit der Leistung nach Nummer 360.			26,70 €	26,70 €	
356	356	Zuschlag zu der Leistung nach Nummer 355 bei Herzkatheter-Einbringung(en) zur Untersuchung sowohl des linken als auch des rechten Herzens über jeweils gesonderte Gefäßzugänge während einer Sitzung.	400		17,80 €	17,80 €	34,36 €
		Die Leistung nach Nummer 356 ist neben den Leistungen nach den Nummern 626 und/oder 627 nicht berechnungsfähig.					
		Wird die Leistung nach Nummer 356 im zeitlichen Zusammenhang mit der Leistung nach Nummer 360 erbracht, ist die Leistung nach Nummer 356 nur mit dem einfachen Gebührensatz berechnungsfähig.					
356a		Leistung nach Nummer 356, jedoch im zeitlichen Zusammenhang mit der Leistung nach Nummer 360.			17,80 €	17,80 €	
357	357	Intraarterielle Einbringung(en) des Kontrastmittels über einen Katheter mittels Hochdruckinjektion zur Übersichtsangiographie der Brust- und/oder Bauchaorta - einschließlich Röntgenkontrolle und gegebenenfalls einschließlich fortlaufender EKG-Kontrolle -, je Sitzung	500		14,40 €	14,40 €	42,95 €

C IV Kontrastmitteleinbringungen

Nummern 357a – 373

BG-T Tarif-Nr.	DKG-NT Tarif-Nr.	Leistung	Punkte (nur DKG-NT I)	Besondere Kosten	Allgemeine Kosten	Sach-kosten	Vollkosten (nur DKG-NT I)
1a	1b	2	3	4	5	6	7
		Wird die Leistung nach Nummer 357 im Zusammenhang mit der Leistung nach Nummer 351 erbracht, ist die Leistung nach der Nummer 357 nur mit dem einfachen Gebührensatz berechnungsfähig.					
357a		Leistung nach Nummer 357, jedoch im Zusammenhang mit der Leistung nach Nummer 351 . .					
360	360	Herzkatheter-Einbringung(en) und anschließende intraarterielle Einbringung(en) des Kontrastmittels nach selektiver arterieller Katheterplazierung zur selektiven Koronarangiographie einschließlich Röntgenkontrolle und fortlaufender EKG-Kontrolle -, je Sitzung	1.000		28,80 €	28,80 €	85,90 €
		Die Leistung nach Nummer 360 kann je Sitzung nur einmal berechnet werden.					
		Die Leistung nach Nummer 360 ist neben den Leistungen nach den Nummern 626 und/oder 627 nicht berechnungsfähig.					
361	361	Intraarterielle Einbringung(en) des Kontrastmittels nach erneuter Einbringung eines Herzkatheters zur Sondierung eines weiteren Gefäßes - im Anschluß an die Leistung nach Nummer 360 -. .	600		17,30 €	17,30 €	51,54 €
		Die Leistung nach Nummer 361 ist je Sitzung nicht mehr als zweimal berechnungsfähig.					
365	365	Einbringung des Kontrastmittels zur Lymphographie, je Extremität	400		11,60 €	11,60 €	34,36 €
368	368	Einbringung des Kontrastmittels zur Bronchographie	400		11,60 €	11,60 €	34,36 €
370	370	Einbringung des Kontrastmittels zur Darstellung natürlicher, künstlicher oder krankhaft entstandener Gänge, Gangsysteme, Hohlräume oder Fisteln - gegebenenfalls intraoperativ -	200		5,80 €	5,80 €	17,18 €
372	372	Einbringung des . Kontrastmittels in einen Zwischenwirbelraum	280		8,10 €	8,10 €	24,05 €
373	373	Einbringung des Kontrastmittels in ein Gelenk . .	250		7,20 €	7,20 €	21,47 €

C IV Kontrastmitteleinbringungen

BG-T Tarif-Nr.	DKG-NT Tarif-Nr.	Leistung	Punkte (nur DKG-NT I)	Besondere Kosten	Allgemeine Kosten	Sach-kosten	Vollkosten (nur DKG-NT I)
1a	1b	2	3	4	5	6	7
374	374	Einbringung des Kontrastmittels in den Dünndarm mittels im Dünndarm endender Sonde . . .	150		**4,40 €**	**4,40 €**	**12,88 €**

C V Impfungen und Testungen

BG-T Tarif-Nr.	DKG-NT Tarif-Nr.	Leistung	Punkte (nur DKG-NT I)	Besondere Kosten	Allgemeine Kosten	Sach-kosten	Vollkosten (nur DKG-NT I)
1a	1b	2	3	4	5	6	7
x		*Allgemeine Bestimmungen* *1. Als Behandlungsfall gilt für die Behandlung derselben Erkrankung der Zeitraum eines Monats nach der jeweils ersten Inanspruchnahme des Arztes* *2. Erforderliche Nachbeobachtungen am Tag der Impfung oder Testung sind in den Leistungsansätzen enthalten und nicht gesondert berechnungsfähig.* *3. Neben den Leistungen nach den Nummern 376 bis 378 sind die Leistungen nach den Nummern 1 und 2 und die gegebenenfalls erforderliche Eintragung in den Impfpaß nicht berechnungsfähig.* *4. Mit den Gebühren für die Leistungen nach den Nummern 380 bis 382, 385 bis 391 sowie 395 und 396 sind die Kosten abgegolten.* *5. Mit den Gebühren für die Leistungen nach den Nummern 393, 394, 397 und 398 sind die Kosten für serienmäßig lieferbare Testmittel abgegolten.* *NUR BG-T:* *6. Für die Anfertigung und Übersendung von Kopien der Hauttestprotokolle wird ein Betrag in Höhe von 2,66 €, zzgl. Porto, erstattet.*					
375	375	Schutzimpfung (intramuskulär, subkutan) - gegebenenfalls einschließlich Eintragung in den Impfpaß -	80		1,70 €	1,70 €	6,87 €
376	376	Schutzimpfung (oral) - einschließlich beratendem Gespräch -	80		1,70 €	1,70 €	6,87 €
377	377	Zusatzinjektion bei Parallelimpfung	50		1,70 €	1,70 €	4,29 €
378	378	Simultanimpfung (gleichzeitige passive und aktive Impfung gegen Wundstarrkrampf)	120		3,80 €	3,80 €	10,31 €
380	380	Epikutantest, je Test (1. bis 30. Test je Behandlungsfall).............	30		1,40 €	1,40 €	2,58 €
381	381	Epikutantest, je Test (31. bis 50. Test je Behandlungsfall).............	20		0,90 €	0,90 €	1,72 €

C V Impfungen und Testungen

BG-T Tarif-Nr.	DKG-NT Tarif-Nr.	Leistung	Punkte (nur DKG-NT I)	Besondere Kosten	Allgemeine Kosten	Sach-kosten	Vollkosten (nur DKG-NT I)
1a	1b	2	3	4	5	6	7
382	382	Epikutantest, je Test (51. bis 100. Test je Behandlungsfall).........................	15		0,70 €	0,70 €	1,29 €
		Mehr als 100 Epikutantests sind je Behandlungsfall nicht berechnungsfähig.					
383	383	Kutane Testung (z. B. von Pirquet, Moro)......	30		0,80 €	0,80 €	2,58 €
384	384	Tuberkulinstempeltest, Mendel-Mantoux-Test oder Stempeltest mit mehreren Antigenen (sog. Batterietests)............................	40		0,90 €	0,90 €	3,44 €
385	385	Pricktest, je Test (1. bis 20. Test je Behandlungsfall).................................	45		1,40 €	1,40 €	3,87 €
386	386	Pricktest, je Test (21. bis 40. Test je Behandlungsfall).................................	30		0,90 €	0,90 €	2,58 €
387	387	Pricktest, je Test (41. bis 80. Test je Behandlungsfall).................................	20		0,60 €	0,60 €	1,72 €
		Mehr als 80 Pricktests sind je Behandlungsfall nicht berechnungsfähig.					
388	388	Reib-, Scratch- oder Skarifikationstest, je Test (bis zu 10 Tests je Behandlungsfall).........	35		1,30 €	1,30 €	3,01 €
389	389	Reib-, Scratch- oder Skarifikationstest, jeder weitere Test............................	25		1,00 €	1,00 €	2,15 €
390	390	Intrakutantest, je Test (1. bis 20. Test je Behandlungsfall)............................	60		1,40 €	1,40 €	5,15 €
391	391	Intrakutantest, jeder weitere Test..........	40		0,90 €	0,90 €	3,44 €
		Mehr als 80 Intrakutantests sind je Behandlungsfall nicht berechnungsfähig.					
393	393	Beidseitiger nasaler oder konjunktivaler Provokationstest zur Ermittlung eines oder mehrerer auslösender Allergene mit Einzel- oder Gruppenextrakt, je Test........................	100		3,70 €	3,70 €	8,59 €
394	394	Höchstwert für Leistungen nach Nummer 393, je Tag................................	300		13,60 €	13,60 €	25,77 €

C V   Impfungen und Testungen

BG-T Tarif-Nr.	DKG-NT Tarif-Nr.	Leistung	Punkte (nur DKG-NT I)	Besondere Kosten	Allgemeine Kosten	Sachkosten	Vollkosten (nur DKG-NT I)
1a	1b	2	3	4	5	6	7
395	395	Nasaler Schleimhautprovokationstest (auch beidseitig) mit mindestens dreimaliger apparativer Registrierung zur Ermittlung eines oder mehrerer auslösender Allergene mit Einzel- oder Gruppenextrakt, je Test	280		10,50 €	10,50 €	24,05 €
396	396	Höchstwert für Leistungen nach Nummer 395, je Tag................	560		20,90 €	20,90 €	48,10 €
397	397	Bronchialer Provokationstest zur Ermittlung eines oder mehrerer auslösender Allergene mit Einzel- oder Gruppenextrakt mit apparativer Registrierung, je Test	380		9,10 €	9,10 €	32,64 €
398	398	Höchstwert für Leistungen nach Nummer 397, je Tag................	760		18,00 €	18,00 €	65,28 €
399	399	Oraler Provokationstest, auch Expositionstest bei Nahrungsmittel- oder Medikamentenallergien - einschließlich Überwachung zur Erkennung von Schockreaktionen	200		7,50 €	7,50 €	17,18 €

C VI   Sonographische Leistungen

BG-T Tarif-Nr.	DKG-NT Tarif-Nr.	Leistung	Punkte (nur DKG-NT I)	Besondere Kosten	Allgemeine Kosten	Sach-kosten	Vollkosten (nur DKG-NT I)
1a	1b	2	3	4	5	6	7
	x	*Allgemeine Bestimmungen* *NUR DKG-NT:* *1. Die Zuschläge nach den Nummern 401 sowie 404 bis 406 sind nur mit dem einfachen Gebührensatz berechnungsfähig."* *2. Die Zuschläge bzw. Leistungen nach den Nummern 401 bis 418 sowie 422 bis 424 sind je Sitzung jeweils nur einmal berechnungsfähig.* *3. Die Zuschläge bzw. Leistungen nach den Nummern 410 bis 418 sind nicht nebeneinander berechnungsfähig.* *4. Die Leistungen nach den Nummern 422 bis 424 sind nicht nebeneinander berechnungsfähig.* *5. Mit den Gebühren für die Zuschläge bzw. Leistungen nach den Nummern 401 bis 424 ist die erforderliche Bilddokumentation abgegolten.* *6. Als Organe im Sinne der Leistungen nach den Nummern 410 und 420 gelten neben den anatomisch definierten Organen auch der Darm, Gelenke als Funktionseinheiten sowie Muskelgruppen, Lymphknoten und/oder Gefäße einer Körperregion.* *Als Organ gilt die jeweils untersuchte Körperregion unabhängig davon, ob nur Gefäße oder nur Lymphknoten oder Gefäße und Lymphknoten bzw. Weichteile untersucht werden.* *Die Darstellung des Darms gilt als eine Organuntersuchung unabhängig davon, ob der gesamte Darm, mehrere Darmabschnitte oder nur ein einziger Darmabschnitt untersucht werden.* *7. Die sonographische Untersuchung eines Organs erfordert die Differenzierung der Organstrukturen in mindestens zwei Ebenen und schließt gegebenenfalls die Untersuchung unterschiedlicher Funktionszustände und die mit der gezielten Organuntersuchung verbundene Darstellung von Nachbarorganen mit ein.*					
401	401	Zuschlag zu den sonographischen Leistungen nach den Nummern 410 bis 418 bei zusätzlicher Anwendung des Duplex-Verfahrens - gegebenenfalls einschließlich Farbcodierung -	400		18,40 €	18,40 €	34,36 €

C VI Sonographische Leistungen

BG-T Tarif-Nr.	DKG-NT Tarif-Nr.	Leistung	Punkte (nur DKG-NT I)	Besondere Kosten	Allgemeine Kosten	Sach-kosten	Vollkosten (nur DKG-NT I)
1a	1b	2	3	4	5	6	7
		Der Zuschlag nach Nummer 401 ist neben den Leistungen nach den Nummern 406, 422 bis 424, 644, 645, 649 und/oder 1754 nicht berechnungsfähig.					
402	402	Zuschlag zu den sonographischen Leistungen bei transösophagealer Untersuchung	250		11,50 €	11,50 €	21,47 €
		Der Zuschlag nach Nummer 402 ist neben den Leistungen nach den Nummern 403 sowie 676 bis 692 nicht berechnungsfähig.					
403	403	Zuschlag zu den sonographischen Leistungen bei transkavitärer Untersuchung	150		6,90 €	6,90 €	12,88 €
		Der Zuschlag nach Nummer 403 ist neben den Leistungen nach den Nummern 402 sowie 676 bis 692 nicht berechnungsfähig.					
404	404	Zuschlag zu Doppler-sonographischen Leistungen bei zusätzlicher Frequenzspektrumanalyse - einschließlich graphischer oder Bilddokumentation	250		11,50 €	11,50 €	21,47 €
		Der Zuschlag nach Nummer 404 ist neben den Leistungen nach den Nummern 422, 423, 644, 645, 649 und/oder 1754 nicht berechnungsfähig.					
405	405	Zuschlag zu den Leistungen nach den Nummern 415 oder 424 - bei zusätzlicher Untersuchung mit cw-Doppler -	200		9,20 €	9,20 €	17,18 €
406	406	Zuschlag zu der Leistung nach Nummer 424 - bei zusätzlicher Farbkodierung -	200		9,20 €	9,20 €	17,18 €
408	408	Transluminale Sonographie von einem oder mehreren Blutgefäß(en) nach Einbringung eines Gefäßkatheters, je Sitzung	200		9,20 €	9,20 €	17,18 €
410	410	Ultraschalluntersuchung eines Organs	200		6,50 €	6,50 €	17,18 €
		Das untersuchte Organ ist in der Rechnung anzugeben.					
412	412	Ultraschalluntersuchung des Schädels bei einem Säugling oder Kleinkind bis zum vollendeten 2. Lebensjahr.	280		9,10 €	9,10 €	24,05 €

C VI Sonographische Leistungen

BG-T Tarif-Nr.	DKG-NT Tarif-Nr.	Leistung	Punkte (nur DKG-NT I)	Besondere Kosten	Allgemeine Kosten	Sach-kosten	Vollkosten (nur DKG-NT I)
1a	1b	2	3	4	5	6	7
413	413	Ultraschalluntersuchung der Hüftgelenke bei einem Säugling oder Kleinkind bis zum vollendeten 2. Lebensjahr.	280		9,10 €	9,10 €	24,05 €
	415	Ultraschalluntersuchung im Rahmen der Mutterschaftsvorsorge - gegebenenfalls einschließlich Biometrie und Beurteilung der Organentwicklung -.	300		9,80 €	9,80 €	25,77 €
417	417	Ultraschalluntersuchung der Schilddrüse	210		6,90 €	6,90 €	18,04 €
418	418	Ultraschalluntersuchung einer Brustdrüse - gegebenenfalls einschließlich der regionalen Lymphknoten -.	210		6,90 €	6,90 €	18,04 €
420	420	Ultraschalluntersuchung von bis zu drei weiteren Organen im Anschluß an eine der Leistungen nach den Nummern 410 bis 418, je Organ . . . . *Die untersuchten Organe sind in der Rechnung anzugeben.* *Die Leistung nach Nummer 420 kann je Sitzung höchstens dreimal berechnet werden.*	80		2,60 €	2,60 €	6,87 €
422	422	Eindimensionale echokardiographische Untersuchung mittels Time-Motion-Diagramm, mit Bilddokumentation - gegebenenfalls einschließlich gleichzeitiger EKG-Kontrolle -.	200		8,30 €	8,30 €	17,18 €
423	423	Zweidimensionale echokardiographische Untersuchung mittels Real-Time-Verfahren (B-Mode), mit Bilddokumentation - einschließlich der Leistung nach Nummer 422 -.	500		20,70 €	20,70 €	42,95 €
424	424	Zweidimensionale Doppler-echokardiographische Untersuchung mit Bilddokumentation - einschließlich der Leistung nach Nummer 423 - (Duplex-Verfahren).	700		28,90 €	28,90 €	60,13 €

C VII Intensivmedizinische und sonstige Leistungen

Nummern 427–435

BG-T Tarif-Nr.	DKG-NT Tarif-Nr.	Leistung	Punkte (nur DKG-NT I)	Besondere Kosten	Allgemeine Kosten	Sach-kosten	Vollkosten (nur DKG-NT I)
1a	1b	2	3	4	5	6	7
427	427	Assistierte und/oder kontrollierte apparative Beatmung durch Saug-Druck-Verfahren bei vitaler Indikation, bis zu 12 Stunden Dauer	150		2,40 €	2,40 €	12,88 €
428	428	Assistierte und/oder kontrollierte apparative Beatmung durch Saug-Druck-Verfahren bei vitaler Indikation, bei mehr als 12 Stunden Dauer, je Tag	220		3,50 €	3,50 €	18,90 €
		Neben den Leistungen nach den Nummern 427 und 428 sind die Leistungen nach den Nummern 462, 463 und/oder 501 nicht berechnungsfähig.					
429	429	Wiederbelebungsversuch - einschließlich künstlicher Beatmung und extrathorakaler indirekter Herzmassage, gegebenenfalls einschließlich Intubation -	400	2,21 €	3,20 €	5,41 €	36,57 €
430	430	Extra- oder intrathorakale Elektro-Defibrillation und/oder -Stimulation des Herzens	400		15,30 €	15,30 €	34,36 €
		Die Leistung nach Nummer 430 ist auch bei mehrfacher Verabfolgung von Stromstößen in engem zeitlichem Zusammenhang zur Erreichung der Defibrillation nur einmal berechnungsfähig.					
431	431	Elektrokardioskopie im Notfall	100		4,60 €	4,60 €	8,59 €
433	433	Ausspülung des Magens - auch mit Sondierung der Speiseröhre und des Magens und/oder Spülung des Duodenums -	140		6,40 €	6,40 €	12,03 €
	435	Stationäre intensivmedizinische Überwachung und Behandlung eines Patienten auf einer dafür eingerichteten gesonderten Betteneinheit eines Krankenhauses mit spezieller Personal- und Geräteausstattung - einschließlich aller im Rahmen der Intensivbehandlung erbrachten Leistungen, soweit deren Berechnungsfähigkeit nachfolgend ausgeschlossen ist -, bis zu 24 Stunden Dauer . .	900		41,40 €	41,40 €	77,31 €

C VII Intensivmedizinische und sonstige Leistungen

BG-T Tarif-Nr.	DKG-NT Tarif-Nr.	Leistung	Punkte (nur DKG-NT I)	Besondere Kosten	Allgemeine Kosten	Sachkosten	Vollkosten (nur DKG-NT I)
1a	1b	2	3	4	5	6	7
	437	*Neben der Leistung nach Nummer 435 sind für die Dauer der stationären intensivmedizinischen Überwachung und Behandlung Leistungen nach den Abschnitten C III und M sowie die Leistungen nach den Nummern 1 bis 56, 61 bis 96, 200 bis 211, 247, 250 bis 268, 270 bis 286 a, 288 bis 298, 401 bis 424, 427 bis 433, 483 bis 485, 488 bis 490, 500, 501, 505, 600 bis 609, 634 bis 648, 650 bis 657, 659 bis 661, 665 bis 672, 1529 bis 1532, 1728 bis 1733 und 3055 nicht berechnungsfähig.* *Diese Leistungen dürfen auch nicht anstelle der Leistung nach Nummer 435 berechnet werden.* *Teilleistungen sind auch dann mit der Gebühr abgegolten, wenn sie von verschiedenen Ärzten erbracht werden. Die Leistung nach Nummer 60 kann nur von dem Arzt berechnet werden, der die Leistung nach Nummer 435 nicht berechnet.* *Mit der Gebühr für die Leistung nach Nummer 435 sind Leistungen zur Untersuchung und/oder Behandlung von Störungen der Vitalfunktionen, der zugrundeliegenden Erkrankung und/oder sonstiger Erkrankungen abgegolten.* Laboratoriumsuntersuchungen im Rahmen einer Intensivbehandlung nach Nummer 435, bis zu 24 Stunden Dauer . . . . *Neben der Leistung nach Nummer 437 sind Leistungen nach Abschnitt M - mit Ausnahme von Leistungen nach den Abschnitten M III 13 (Blutgruppenmerkmale, HLA-System) und M IV (Untersuchungen zum Nachweis und zur Charakterisierung von Krankheitserregern) - nicht berechnungsfähig.*	500		15,30 €	15,30 €	34,51 €

C VIII Zuschläge zu ambulanten Operations- und Anästhesieleistungen (DKG-NT Band I)

BG-T Tarif-Nr.	DKG-NT Tarif-Nr.	Leistung	Punkte (nur DKG-NT I)	Besondere Kosten	Allgemeine Kosten	Sach-kosten	Vollkosten (nur DKG-NT I)
1a	1b	2	3	4	5	6	7
		Allgemeine Bestimmungen					
		1. Bei ambulanter Durchführung von Operations- und Anästhesieleistungen in der Praxis niedergelassener Ärzte oder in Krankenhäusern können für die erforderliche Bereitstellung von Operationseinrichtungen und Einrichtungen zur Vor- und Nachsorge (z. B. Kosten für Operations- oder Aufwachräume oder Gebühren bzw. Kosten für wiederverwendbare Operationsmaterialien bzw. -geräte) Zuschläge berechnet werden. Für die Anwendung eines Operationsmikroskops oder eines Lasers, im Zusammenhang mit einer ambulanten operativen Leistung können Zuschläge berechnet werden, wenn die Anwendung eines Operationsmikroskops oder eines Lasers in der Leistungsbeschreibung der Gebührennummer für die operative Leistung nicht beinhaltet ist.					
		2. Die Zuschläge nach den Nummern 440 bis 449 sind nur mit dem einfachen Gebührensatz berechnungsfähig.					
		3. Die Zuschläge nach den Nummern 440, 441, 442, 443, 444 und 445 sind operativen Leistungen					
		- nach den Nummern 679, 695, 700, 701, 765 in Abschnitt F,					
		- nach den Nummern 1011, 1014, 1041, 1043 bis 1045, 1048, 1052, 1055, 1056, 1060, 1085, 1086, 1089, 1097 bis 1099, 1104, 1111 bis 1113, 1120 bis 1122, 1125, 1126, 1129, 1131, 1135 bis 1137, 1140, 1141, 1145, 1155, 1156, 1159, 1160 in Abschnitt H,					
		- nach den Nummern 1283 bis 1285, 1292, 1299, 1301, 1302, 1304 bis 1306, 1310, 1311, 1321, 1326, 1330 bis 1333, 1341, 1345, 1346, 1348 bis 1361, 1365, 1366, 1367, 1369 bis 1371, 1374, 1375, 1377, 1382, 1384, 1386 in Abschnitt I,					
		- nach den Nummern 1428, 1438, 1441, 1445 bis 1448, 1455, 1457, 1467 bis 1472, 1485, 1486, 1493, 1497, 1513, 1519, 1520, 1527, 1528, 1534, 1535, 1576, 1586, 1588, 1595, 1597, 1598, 1601, 1610 bis 1614, 1622, 1628, 1635 bis 1637 in Abschnitt J,					

C VIII Zuschläge zu ambulanten Operations- und Anästhesieleistungen (DKG-NT Band I)

BG-T Tarif-Nr.	DKG-NT Tarif-Nr.	Leistung	Punkte (nur DKG-NT I)	Besondere Kosten	Allgemeine Kosten	Sach-kosten	Vollkosten (nur DKG-NT I)
1a	1b	2	3	4	5	6	7
		- nach den Nummern 1713, 1738, 1740, 1741, 1753, 1755, 1756, 1760, 1761, 1763 bis 1769, 1782, 1797, 1800, 1802, 1815, 1816, 1827, 1851 in Abschnitt K,					
		- oder nach den Nummern 2010, 2040, 2041, 2042 bis 2045, 2050 bis 2052, 2062, 2064 bis 2067, 2070, 2072 bis 2076, 2080 bis 2084, 2087 bis 2089, 2091, 2092, 2100 bis 2102, 2105, 2106, 2110 bis 2112, 2117 bis 2122, 2130, 2131, 2133 bis 2137, 2140, 2141, 2156 bis 2158, 2170 bis 2172, 2189 bis 2191, 2193, 2210, 2213, 2216, 2219, 2220, 2223 bis 2225, 2230, 2235, 2250, 2253, 2254, 2256, 2257, 2260, 2263, 2268, 2269, 2273, 2279, 2281 bis 2283, 2291, 2293 bis 2297, 2325, 2339, 2340, 2344, 2345, 2347 bis 2350, 2354 bis 2356, 2380 bis 2386, 2390, 2392 bis 2394, 2396, 2397, 2402, 2404, 2405, 2407, 2408, 2410 bis 2412, 2414 bis 2421, 2427, 2430 bis 2432, 2440 bis 2442, 2454, 2540, 2541, 2570, 2580, 2581, 2583, 2584, 2586 bis 2589, 2597, 2598, 2620, 2621, 2625, 2627, 2640, 2642, 2650, 2651, 2655 bis 2658, 2660, 2670, 2671, 2675 bis 2677, 2682, 2687, 2688, 2690, 2692 bis 2695, 2698, 2699, 2701, 2705, 2706, 2710, 2711, 2730, 2732, 2751 bis 2754, 2800, 2801, 2803, 2809, 2823, 2881 bis 2883, 2887, 2890, 2891, 2895 bis 2897, 2950 bis 2952, 2970, 2990 bis 2993, 3095 bis 3097, 3120, 3156, 3173, 3200, 3208, 3219 bis 3224, 3237, 3240, 3241, 3283 bis 3286, 3300 in Abschnitt L,					
		zuzuordnen.					
		Die Zuschläge nach den Nummern 446 und 447 sind anästhesiologischen Leistungen des Abschnitts D zuzuordnen.					
		Die Zuschläge nach den Nummern 448 und 449 dürfen nur im Zusammenhang mit einer an einen Zuschlag nach den Nummern 442 bis 445 gebundenen ambulanten Operation und mit einer an einen Zuschlag nach den Nummern 446 bis 447 gebundenen Anästhesie bzw. Narkose berechnet werden.					
		Die Zuschläge sind in der Rechnung unmittelbar im Anschluß an die zugeordnete operative bzw. anästhesiologische Leistung aufzuführen.					

C VIII Zuschläge zu ambulanten Operations- und Anästhesieleistungen (DKG-NT Band I)   Nummern 440, 441

BG-T Tarif-Nr.	DKG-NT Tarif-Nr.	Leistung	Punkte (nur DKG-NT I)	Besondere Kosten	Allgemeine Kosten	Sach-kosten	Vollkosten (nur DKG-NT I)
1a	1b	2	3	4	5	6	7
		4. Maßgeblich für den Ansatz eines Zuschlags nach den Nummern 442 bis 445 sowie 446 oder 447 ist die erbrachte Operations- bzw. Anästhesieleistung mit der höchsten Punktzahl. Eine Zuordnung des Zuschlags nach den Nummern 442 bis 445 sowie 446 bis 447 zu der Summe der jeweils ambulant erbrachten einzelnen Operations- bzw. Anästhesieleistungen ist nicht möglich.					
		5. Die Leistungen nach den Nummern 448 und 449 sind im Zusammenhang mit derselben Operation nur von einem der an dem Eingriff beteiligten Ärzte und nur entweder neben den Leistungen nach den Nummmern 442 bis 445 oder den Leistungen nach den Nummern 446 bis 447 berechnungsfähig. Neben den Leistungen nach den Nummern 448 oder 449 darf die Leistung nach Nummer 56 nicht berechnet werden.					
		6. Die Zuschläge nach den Nummern 442 bis 449 sind nicht berechnungsfähig, wenn der Patient an demselben Tag wegen derselben Erkrankung in stationäre Krankenhausbehandlung aufgenommen wird; das gilt nicht, wenn die stationäre Behandlung wegen unvorhersehbarer Komplikationen während oder nach der ambulanten Operation notwendig und entsprechend begründet wird.					
	440	Zuschlag für die Anwendung eines Elektronenmikroskops bei ambulanten operativen Leistungen. *Der Zuschlag nach Nummer 440 ist je Behandlungstag nur einmal berechnungsfähig.*	400		18,40 €	18,40 €	34,36 €
	441	Zuschlag für die Anwendung eines Lasers bei ambulanten operativen Leistungen. . . . . *Der Zuschlag beträgt 100 v.H. des einfachen Gebührensatzes der betreffenden Leistung, jedoch nicht mehr als 67,49 €. Der Sachkostenanteil ist analog der Nummer 5298 zu ermitteln.* *Der Zuschlag nach Nummer 441 ist je Behandlungstag nur einmal berechnungsfähig.*					

C VIII Zuschläge zu ambulanten Operations- und Anästhesieleistungen (DKG-NT Band I) — Nummern 442–446

BG-T Tarif-Nr.	DKG-NT Tarif-Nr.	Leistung	Punkte (nur DKG-NT I)	Besondere Kosten	Allgemeine Kosten	Sach-kosten	Vollkosten (nur DKG-NT I)
1a	1b	2	3	4	5	6	7
	442	Zuschlag bei ambulanter Durchführung von operativen Leistungen, die mit Punktzahlen von 250 bis 499 Punkten bewertet sind	400		18,40 €	18,40 €	34,36 €
		Der Zuschlag nach Nummer 442 ist je Behandlungstag nur einmal berechnungsfähig. Der Zuschlag nach Nummer 442 ist neben den Zuschlägen nach den Nummern 443 bis 445 nicht berechnungsfähig.					
	443	Zuschlag bei ambulanter Durchführung von operativen Leistungen, die mit Punktzahlen von 500 bis 799 Punkten bewertet sind	750		34,50 €	34,50 €	64,42 €
		Der Zuschlag nach Nummer 443 ist je Behandlungstag nur einmal berechnungsfähig. Der Zuschlag nach Nummer 443 ist neben den Zuschlägen nach den Nummern 442, 444 und/oder 445 nicht berechnungsfähig.					
	444	Zuschlag bei ambulanter Durchführung von operativen Leistungen, die mit Punktzahlen von 800 bis 1199 Punkten bewertet sind	1.300		59,80 €	59,80 €	111,67 €
		Der Zuschlag nach Nummer 444 ist je Behandlungstag nur einmal berechnungsfähig. Der Zuschlag nach Nummer 444 ist neben den Zuschlägen nach den Nummern 442, 443 und/oder 445 nicht berechnungsfähig.					
	445	Zuschlag bei ambulanter Durchführung von operativen Leistungen, die mit Punktzahlen von 1200 und mehr Punkten bewertet sind	2.200		96,20 €	96,20 €	188,97 €
		Der Zuschlag nach Nummer 445 ist je Behandlungstag nur einmal berechnungsfähig. Der Zuschlag nach Nummer 445 ist neben den Zuschlägen nach den Nummern 442 bis 444 nicht berechnungsfähig.					
	446	Zuschlag bei ambulanter Durchführung von Anästhesieleistungen, die mit Punktzahlen von 200 bis 399 Punkten bewertet sind	300		13,80 €	13,80 €	25,77 €
		Der Zuschlag nach Nummer 446 ist je Behandlungstag nur einmal berechnungsfähig. Der Zuschlag nach Nummer 446 ist neben dem Zuschlag nach Nummer 447 nicht berechnungsfähig.					

C VIII Zuschläge zu ambulanten Operations- und Anästhesieleistungen (DKG-NT Band I)

BG-T Tarif-Nr.	DKG-NT Tarif-Nr.	Leistung	Punkte (nur DKG-NT I)	Besondere Kosten	Allgemeine Kosten	Sach- kosten	Vollkosten (nur DKG-NT I)
1a	1b	2	3	4	5	6	7
	447	Zuschlag bei ambulanter Durchführung von Anästhesieleistungen, die mit 400 und mehr Punkten bewertet sind.	650		29,90 €	29,90 €	55,83 €
		Der Zuschlag nach Nummer 447 ist je Behandlungstag nur einmal berechnungsfähig. Der Zuschlag nach Nummer 447 ist neben dem Zuschlag nach Nummer 446 nicht berechnungsfähig.					
	448	Beobachtung und Betreuung eines Kranken über mehr als zwei Stunden während der Aufwach- und/oder Erholungszeit bis zum Eintritt der Transportfähigkeit nach zuschlagsberechtigten ambulanten operativen Leistungen bei Durchführung unter zuschlagsberechtigten ambulanten Anästhesien bzw. Narkosen.	600		24,10 €	24,10 €	51,54 €
		Der Zuschlag nach Nummer 448 ist je Behandlungstag nur einmal berechnungsfähig. Der Zuschlag nach Nummer 448 ist neben den Leistungen nach den Nummern 1 bis 8 und 56 sowie dem Zuschlag nach Nummer 449 nicht berechnungsfähig.					
	449	Beobachtung und Betreuung eines Kranken über mehr als vier Stunden während der Aufwach- und/oder Erholungszeit bis zum Eintritt der Transportfähigkeit nach zuschlagsberechtigten ambulanten operativen Leistungen bei Durchführung unter zuschlagsberechtigten ambulanten Anästhesien bzw. Narkosen.	900		36,20 €	36,20 €	77,31 €
		Der Zuschlag nach Nummer 449 ist je Behandlungstag nur einmal berechnungsfähig. Der Zuschlag nach Nummer 449 ist neben den Leistungen nach den Nummern 1 bis 8 und 56 sowie dem Zuschlag nach Nummer 448 nicht berechnungsfähig.					

C VIII Zuschläge zu ambulanten Operations- und Anästhesieleistungen (BG-T)

BG-T Tarif-Nr.	DKG-NT Tarif-Nr.	Leistung	Punkte (nur DKG-NT I)	Besondere Kosten	Allgemeine Kosten	Sach-kosten	Vollkosten (nur DKG-NT I)
1a	1b	2	3	4	5	6	7
		Allgemeine Bestimmungen					
		1. Grundsätze Ambulantes Operieren in der gesetzlichen Unfallversicherung (GUV).					
		1.1. Anwendung des Kataloges ambulant durchführbarer Operationen und stationsersetzender Eingriffe.					
		Zur Entscheidung, ob eine Operation unter ambulanten oder stationären Bedingungen durchzuführen ist, wird der „Katalog ambulant durchführbarer Operationen und stationsersetzender Eingriffe" nach Anlage 1 des Vertrages nach § 115b Abs. 1 SGB V - Ambulantes Operieren und stationsersetzende Eingriffe im Krankenhaus - (Stand: 01.01.2004) für Versicherte der gesetzlichen Unfallversicherung entsprechend zugrunde gelegt.					
		1.2. Vorrang der ambulanten Leistungserbringung.					
		*Die in dem Katalog mit * gekennzeichneten Leistungen sollen im Regelfall ambulant erbracht werden. Wird die Leistung stationär erbracht, ist dies gesondert zu begründen. Die Entscheidung obliegt dem Durchgangsarzt, dem H-Arzt, dem Handchirurgen nach § 37 Abs. 3 des Vertrages Ärzte/UVTr. nach Art oder Schwere der Verletzung bzw. dem entsprechenden Facharzt bei Augen- und/oder HNO-Verletzungen und ggf. dem nach § 25 des Vertrages Ärzte/UVTr. hinzugezogenen Facharzt auf seinem Fachgebiet. Die Besonderheiten des Verletzungsartenverfahrens (siehe Pkt. 1.4) sind zu beachten. Eine stationäre Leistungserbringung kann insbesondere in Betracht kommen, wenn die in Anlage 2 zum Vertrag nach § 115b Abs. 1 SGB V (Stand: 01.01.2004) genannten „Allgemeinen Tatbestände" erfüllt sind. Bei der Entscheidung ist darüber hinaus die Gesamtkonstellation der Verletzungsfolgen und deren Auswirkungen auf die individuelle Situation und den Gesundheitszustand des Patienten zu berücksichtigen.*					
		1.3. Anwendung des Vertrages Ärzte/UV-Träger.					
		Die allgemeinen und besonderen Regelungen für die Heilbehandlung bei Arbeitsunfällen nach dem Vertrag Ärzte/UV-Träger, insbesondere über Vorstellungspflichten beim Durchgangs-					

C VIII Zuschläge zu ambulanten Operations- und Anästhesieleistungen (BG-T)

BG-T Tarif-Nr.	DKG-NT Tarif-Nr.	Leistung	Punkte (nur DKG-NT I)	Besondere Kosten	Allgemeine Kosten	Sach-kosten	Vollkosten (nur DKG-NT I)
1a	1b	2	3	4	5	6	7
		arzt, die Hinzuziehung anderer Ärzte durch den Durchgangsarzt oder H-Arzt sowie Unterstützungs- und Berichtspflichten, bleiben unberührt.					
		1.4. Besonderheiten des Verletzungsartenverfahrens.					
		Handelt es sich um eine Verletzung des Verletzungsartenverzeichnisses, hat der behandelnde Arzt dafür zu sorgen, dass der Patient unverzüglich in ein von den Landesverbänden der gewerblichen Berufsgenossenschaften am Verletzungsartenverfahren beteiligtes Krankenhaus überwiesen wird. Der an diesem Krankenhaus tätige Durchgangsarzt entscheidet nach Art oder Schwere der Verletzung, ob eine stationäre oder ambulante Behandlung erforderlich ist. Er kann die Behandlung ambulant durchführen oder einen anderen qualifizierten Arzt mit der ambulanten Behandlung beauftragen. Eine Überweisung in ein beteiligtes Krankenhaus ist in den Fällen der Ziffer 8 des Verletzungsartenverzeichnisses dann nicht erforderlich, wenn es sich bei dem behandelnden Arzt um einen Handchirurgen handelt, der zur Behandlung Unfallverletzter von einem Landesverband der gewerblichen Berufsgenossenschaften zugelassen ist (§ 37 Vertrag Ärzte/UV-Träger).					
		1.5. Berechtigung zur Durchführung ambulanter Operations- und Anästhesieleistungen.					
		Zur Durchführung ambulanter Operations- und Anästhesieleistungen in der GUV berechtigt sind in Praxis niedergelassene oder an Krankenhäusern tätige Durchgangsärzte und H-Ärzte bzw. Augen- und HNO-Ärzte und Handchirurgen nach § 37 Abs. 3 des Vertrages Ärzte/UVTr. bei Verletzungen auf dem jeweiligen Fachgebiet und Ärzte für Anästhesie, wenn sie hierzu von der zuständigen Kassenärztlichen Vereinigung zugelassen sind und/oder die Erklärungen nach § 3 der „Vereinbarung von Qualitätssicherungsmaßnahmen bei ambulanten Operationen und bei sonstigen stationsersetzenden Leistungen gemäß § 15 des Vertrages nach § 115b Abs. 1 SGB V" (Stand 01.01.2004) abgegeben haben, die fachlichen und räumlich-apparativen Voraussetzungen erfüllen und die notwendigen Pflichten anerkennen.					

C VIII   Zuschläge zu ambulanten Operations- und Anästhesieleistungen (BG-T)

BG-T Tarif-Nr.	DKG-NT Tarif-Nr.	Leistung	Punkte (nur DKG-NT I)	Besondere Kosten	Allgemeine Kosten	Sachkosten	Vollkosten (nur DKG-NT I)
1a	1b	2	3	4	5	6	7
		Durchgangs- und H-Ärzte sind berechtigt, Arbeitsunfallverletzte an Ärzte, die zum ambulanten Operieren in der vertragsärztlichen Versorgung berechtigt sind, zur ambulanten Leistungserbringung zu überweisen (§§ 25 und 34 Vertrag Ärzte/UV-Träger). In Zweifelsfällen ist die Erfüllung der Anforderungen gegenüber dem zuständigen Landesverband der gewerblichen Berufsgenossenschaften nachzuweisen. Der Landesverband kann verlangen, dass der Arzt/das Krankenhaus die abgegebenen Erklärungen zur Einsichtnahme zur Verfügung stellt. Der Arzt/das Krankenhaus ermöglicht dem Landesverband, jederzeit die Erfüllung der Anforderungen zu überprüfen. *2. Bei ambulanter Durchführung von Operations- und Anästhesieleistungen in der Praxis niedergelassener Ärzte oder in Krankenhäusern können für die erforderliche Bereitstellung von Operationseinrichtungen und Einrichtungen zur Vor- und Nachsorge (z.B. Kosten für Operations- und Aufwachräume oder Gebühren bzw. Kosten für wieder verwendbare Operationsmaterialien bzw. -geräte) Zuschläge berechnet werden. Für die Anwendung eines Operationsmikroskops oder eines Lasers im Zusammenhang mit einer ambulanten operativen Leistung können Zuschläge dann berechnet werden, wenn die Anwendung eines Operationsmikroskops oder eines Lasers in der Leistungsbeschreibung der Gebührennummer für die operative Leistung nicht beinhaltet ist.* *3. Die Leistungen nach den Nummern 448 und 449 dürfen nur im Zusammenhang mit einer an einen Zuschlag nach Nummern 442 bis 445 gebundenen ambulanten Operation und mit einer an einen Zuschlag nach Nummern 446 bis 447 gebundenen Anästhesie bzw. Narkose berechnet werden. Die Leistungen sind in der Rechnung unmittelbar im Anschluss an die zugeordnete operative bzw. anästhesiologische Leistung aufzuführen.* *4. Maßgeblich für den Ansatz eines Zuschlags nach den Nummern 442 bis 445 sowie 446 oder 447 ist die erbrachte Operations- bzw. Anästhesieleistung mit der höchsten Bewertung.* *5. Die Leistungen nach den Nummern 448 und 449 sind im Zusammenhang mit derselben*					

C VIII Zuschläge zu ambulanten Operations- und Anästhesieleistungen (BG-T) — Nummern 440–442

BG-T Tarif-Nr.	DKG-NT Tarif-Nr.	Leistung	Punkte (nur DKG-NT I)	Besondere Kosten	Allgemeine Kosten	Sach-kosten	Vollkosten (nur DKG-NT I)
1a	1b	2	3	4	5	6	7
		Operation nur von einem der an dem Eingriff beteiligten Ärzte und nur entweder neben den Leistungen nach den Nummern 442 bis 445 oder den Leistungen nach den Nummern 446 bis 447 berechnungsfähig. Neben den Leistungen nach den Nummern 448 oder 449 darf die Leistung nach Nummern 56 und 57 nicht berechnet werden. *6. Die Zuschläge/Leistungen nach den Nummern 442 bis 449 sind nicht berechnungsfähig, wenn der Patient an demselben Tag wegen derselben Erkrankung in stationäre Krankenhausbehandlung aufgenommen wird; das gilt nicht, wenn die stationäre Behandlung wegen unvorhersehbarer Komplikationen während oder nach der ambulanten Operation notwendig und entsprechend begründet wird.*					
440		Zuschlag für die Anwendung eines Operationsmikroskops bei ambulanten operativen Leistungen ..... *Der Zuschlag nach Nummer 440 ist je Behandlungstag nur einmal berechnungsfähig.*			individuell zu vereinbaren	individuell zu vereinbaren	
441		Zuschlag für die Anwendung eines Lasers bei ambulanten operativen Leistungen, je Sitzung .. *Der Zuschlag nach Nr. 441 ist je Behandlungstag nur einmal berechnungsfähig.*			individuell zu vereinbaren	individuell zu vereinbaren	
442		Zuschlag bei ambulanter Durchführung von operativen Leistungen nach den Gebühren-Nrn. 695, 1011, 1014, 1044, 1085, 1086, 1089, 1097, 1098, 1112, 1113, 1131, 1140, 1292, 1301, 1321, 1356, 1357, 1377, 1428, 1438, 1441, 1445, 1457, 1467, 1468, 1493, 1513, 1527, 1534, 1576, 1586, 1713, 1740, 1741, 1755, 1767, 1816, 2010, 2062, 2065, 2066, 2072, 2080, 2084, 2100, 2122, 2158, 2170, 2250, 2256, 2293, 2295, 2347, 2380, 2381, 2402, 2405, 2430, 2431, 2441, 2660, 2671, 2694, 2800, 2890, 3120, 3220, 3237. .... *Der Zuschlag nach Nr. 442 ist je Behandlungstag nur einmal berechnungsfähig. Der Zuschlag nach Nr. 442 ist neben den Zuschlägen nach den Nummern 443 bis 445 nicht berechnungsfähig.*			individuell zu vereinbaren	individuell zu vereinbaren	

C VIII Zuschläge zu ambulanten Operations- und Anästhesieleistungen (BG-T)

Nummern 443–445

BG-T Tarif-Nr.	DKG-NT Tarif-Nr.	Leistung	Punkte (nur DKG-NT I)	Besondere Kosten	Allgemeine Kosten	Sach-kosten	Vollkosten (nur DKG-NT I)
1a	1b	2	3	4	5	6	7
443		Zuschlag bei ambulanter Durchführung von operativen Leistungen nach den Gebühren-Nrn. 1043, 1052, 1099, 1104, 1111, 1120, 1122, 1129, 1135, 1141, 1283, 1299, 1305, 1330, 1331, 1333, 1359, 1446, 1455, 1519, 1528, 1535, 1588, 1622, 1628, 1635, 1738, 1761, 1765, 1802, 2040, 2041, 2045, 2051, 2052, 2073, 2092, 2101, 2105, 2110, 2118, 2120, 2130, 2156, 2210, 2253, 2254, 2279, 2339, 2348, 2382, 2384, 2386, 2393, 2397, 2404, 2410, 2421, 2580, 2650, 2651, 2656, 2657, 2670, 2730, 2751, 2801, 3300 . . . . *Der Zuschlag nach Nr. 443 ist je Behandlungs-tag nur einmal berechnungsfähig. Der Zuschlag nach Nr. 443 ist neben den Zuschlägen nach den Nummern 442, 444 und/oder 445 nicht be-rechnungsfähig.*			individuell zu vereinbaren	individuell zu vereinbaren	
444		Zuschlag bei ambulanter Durchführung von operativen Leistungen nach den Gebühren-Nrn. 700, 701, 1041, 1045, 1055, 1060, 1121, 1125, 1155, 1156, 1284, 1302, 1304, 1306, 1311, 1332, 1348, 1353, 1355, 1358, 1360, 1365, 1366, 1384, 1485, 1497, 1597, 1612, 1636, 1756, 1815, 2064, 2074, 2075, 2076, 2081, 2087, 2088, 2091, 2106, 2111, 2134, 2140, 2213, 2273, 2296, 2297, 2349, 2355, 2383, 2392, 2392a, 2396, 2417, 2418, 2420, 2440, 2442, 2583, 2655, 2675, 2881, 3096, 3241, 3283 . . . . *Der Zuschlag nach Nr. 444 ist je Behandlungs-tag nur einmal berechnungsfähig. Der Zuschlag nach Nr. 444 ist neben den Zuschlägen nach den Nummern 442, 443 und/oder 445 nicht be-rechnungsfähig.*			individuell zu vereinbaren	individuell zu vereinbaren	
445		Zuschlag bei ambulanter Durchführung von operativen Leistungen nach den Gebühren-Nrn. 1048, 1056, 1126, 1137, 1145, 1159, 1160, 1285, 1346, 1349, 1350, 1351, 1352, 1354, 1361, 1367, 1374, 1375, 1382, 1383, 1447, 1448, 1471, 1595, 1611, 1613, 1614, 1625, 1626, 1637, 1638, 1766, 1768, 1769, 1800, 1827, 1851, 2043, 2044, 2067, 2070, 2082, 2083, 2089, 2112, 2117, 2119, 2121, 2135, 2189, 2190, 2191, 2193, 2260, 2263, 2268, 2269, 2281, 2282, 2354, 2356, 2385, 2390, 2394, 2419, 2570, 2584, 2586, 2587, 2588,					

C VIII Zuschläge zu ambulanten Operations- und Anästhesieleistungen (BG-T)

Nummern 446–449

BG-T Tarif-Nr.	DKG-NT Tarif-Nr.	Leistung	Punkte (nur DKG-NT I)	Besondere Kosten	Allgemeine Kosten	Sachkosten	Vollkosten (nur DKG-NT I)
1a	1b	2	3	4	5	6	7
		2589, 2682, 2687, 2695, 2699, 2701, 2823, 2882, 2883, 2895, 2896, 2897, 3095, 3097, 3284, 3285........ *Der Zuschlag nach Nr. 445 ist je Behandlungstag nur einmal berechnungsfähig. Der Zuschlag nach Nr. 445 ist neben den Zuschlägen nach den Nummern 442 bis 444 nicht berechnungsfähig.*			individuell zu vereinbaren	individuell zu vereinbaren	
446		Zuschlag bei ambulanter Durchführung von Anästhesieleistungen nach den Nummern 453, 469, 476, 478, 480, 497, 498 im Zusammenhang mit ambulanten Operationen......... *Der Zuschlag nach Nr. 446 ist je Behandlungstag nur einmal berechnungsfähig. Der Zuschlag nach Nummer 446 ist neben dem Zuschlag nach Nummer 447 nicht berechnungsfähig.*			individuell zu vereinbaren	individuell zu vereinbaren	
447		Zuschlag bei ambulanter Durchführung von Anästhesieleistungen nach den Nummern 460, 462, 470, 471, 472, 473, 474, 481 im Zusammenhang mit ambulanten Operationen....... *Der Zuschlag nach Nr. 447 ist je Behandlungstag nur einmal berechnungsfähig. Der Zuschlag nach Nummer 447 ist neben dem Zuschlag nach Nummer 446 nicht berechnungsfähig.*			individuell zu vereinbaren	individuell zu vereinbaren	
448		Beobachtung und Betreuung eines Kranken über mehr als zwei Stunden während der Aufwach- und/oder Erholungszeit bis zum Eintritt der Transportfähigkeit nach zuschlagsberechtigten ambulanten operativen Leistungen bei Durchführung unter zuschlagsberechtigten ambulanten Anästhesien bzw. Narkosen........ *Die Leistung nach Nummer 448 ist je Behandlungstag nur einmal berechnungsfähig. Die Leistung nach Nr. 448 ist neben Leistungen nach Nummern 1 bis 10, 56 und 57 sowie der Leistung nach Nummer 449 nicht berechnungsfähig.*			individuell zu vereinbaren	individuell zu vereinbaren	
449		Beobachtung und Betreuung eines Kranken über mehr als vier Stunden während der Aufwach- und/oder Erholungszeit bis zum Eintritt der Transportfähigkeit nach zuschlagsberechtigten ambulanten operativen Leistungen bei					

C VIII Zuschläge zu ambulanten Operations- und Anästhesieleistungen (BG-T) — **Nummer 449**

BG-T Tarif-Nr.	DKG-NT Tarif-Nr.	Leistung	Punkte (nur DKG-NT I)	Besondere Kosten	Allgemeine Kosten	Sach-kosten	Vollkosten (nur DKG-NT I)
1a	1b	2	3	4	5	6	7
		Durchführung unter zuschlagsberechtigten ambulanten Anästhesien bzw. Narkosen........			individuell zu vereinbaren	individuell zu vereinbaren	
		Die Leistung nach Nummer 449 ist je Behandlungstag nur einmal berechnungsfähig. Die Leistung nach Nr 449 ist neben Leistungen nach Nummern 1 bis 10, 56 und 57 sowie der Leistung nach Nummer 448 nicht berechnungsfähig.					

# Teil D

Anästhesieleistungen

D Anästhesieleistungen

BG-T Tarif-Nr.	DKG-NT Tarif-Nr.	Leistung	Punkte (nur DKG-NT I)	Besondere Kosten	Allgemeine Kosten	Sach-kosten	Vollkosten (nur DKG-NT I)
1a	1b	2	3	4	5	6	7
		Allgemeine Bestimmungen *Bei der Anwendung mehrerer Narkose- oder Anästhesieverfahren nebeneinander ist nur die jeweils höchstbewertete dieser Leistungen berechnungsfähig; eine erforderliche Prämedikation ist Bestandteil dieser Leistung."* *Als Narkosedauer gilt die Dauer von 10 Minuten vor Operationsbeginn bis 10 Minuten nach Operationsende.*					
450	450	Rauschnarkose - auch mit Lachgas -	76	1,48 €	2,60 €	4,08 €	8,01 €
451	451	Intravenöse Kurznarkose	121	4,94 €	2,90 €	7,84 €	15,33 €
452	452	Intravenöse Narkose (mehrmalige Verabreichung des Narkotikums)............	190	4,94 €	3,80 €	8,74 €	21,26 €
453	453	Vollnarkose..................	210	15,35 €	4,90 €	20,25 €	33,39 €
460	460	Kombinationsnarkose mit Maske, Gerät - auch Insufflationsnarkose -, bis zu einer Stunde.....	404	15,35 €	6,90 €	22,25 €	50,05 €
461	461	Kombinationsnarkose mit Maske, Gerät - auch Insufflationsnarkose -, jede weitere angefangene halbe Stunde	202	5,57 €	4,90 €	10,47 €	22,92 €
462	462	Kombinationsnarkose mit endotrachealer Intubation, bis zu einer Stunde	510	10,19 €	9,20 €	19,39 €	54,00 €
463	463	Kombinationsnarkose mit endotrachealer Intubation, jede weitere angefangene halbe Stunde .	348	5,57 €	4,90 €	10,47 €	35,46 €
469	469	Kaudalanästhesie	250	6,83 €	2,60 €	9,43 €	28,30 €
470	470	Einleitung und Überwachung einer einzeitigen subarachnoidalen Spinalanästhesie (Lumbalanästhesie) oder einzeitigen periduralen (epiduralen) Anästhesie, bis zu einer Stunde Dauer	400	2,73 €	3,80 €	6,53 €	37,09 €
471	471	Einleitung und Überwachung einer einzeitigen subarachnoidalen Spinalanästhesie (Lumbalanästhesie) oder einzeitigen periduralen (epiduralen) Anästhesie, bis zu zwei Stunden Dauer	600	5,47 €	5,80 €	11,27 €	57,01 €

D Anästhesieleistungen

Nummern 472–484

BG-T Tarif-Nr.	DKG-NT Tarif-Nr.	Leistung	Punkte (nur DKG-NT I)	Besondere Kosten	Allgemeine Kosten	Sach-kosten	Vollkosten (nur DKG-NT I)
1a	1b	2	3	4	5	6	7
472	472	Einleitung und Überwachung einer einzeitigen subarachnoidalen Spinalanästhesie (Lumbalanästhesie) oder einzeitigen periduralen (epiduralen) Anästhesie, bei mehr als zwei Stunden Dauer	800	5,47 €	7,70 €	13,17 €	74,19 €
473	473	Einleitung und Überwachung einer kontinuierlichen subarachnoidalen Spinalanästhesie (Lumbalanästhesie) oder periduralen (epiduralen) Anästhesie mit Katheter, bis zu fünf Stunden Dauer	600	9,98 €	5,80 €	15,78 €	61,52 €
474	474	Einleitung und Überwachung einer kontinuierlichen subarachnoidalen Spinalanästhesie (Lumbalanästhesie) oder periduralen (epiduralen) Anästhesie mit Katheter, bei mehr als fünf Stunden Dauer	900	16,61 €	8,70 €	25,31 €	93,92 €
475	475	Überwachung einer kontinuierlichen subarachnoidalen Spinalanästhesie (Lumbalanästhesie) oder periduralen (epiduralen) Anästhesie mit Katheter, zusätzlich zur Leistung nach Nr. 474 für den zweiten und jeden weiteren Tag, je Tag	450	20,07 €	8,70 €	28,77 €	58,72 €
476	476	Einleitung und Überwachung einer supraklavikulären oder axillären Armplexus-oder Paravertebralanästhesie, bis zu einer Stunde Dauer	380	6,83 €	3,80 €	10,63 €	39,47 €
477	477	Überwachung einer supraklavikulären oder axillären Armplexus- oder Paravertebralanästhesie, jede weitere angefangene Stunde	190	2,00 €	3,80 €	5,80 €	18,32 €
478	478	Intravenöse Anästhesie einer Extremität, bis zu einer Stunde Dauer	230	6,83 €	1,90 €	8,73 €	26,59 €
479	479	Intravenöse Anästhesie einer Extremität, jede weitere angefangene Stunde.	115	2,21 €	1,90 €	4,11 €	12,09 €
480	480	Kontrollierte Blutdrucksenkung während der Narkose.	222		3,60 €	3,60 €	19,07 €
481	481	Kontrollierte Hypothermie während der Narkose.	475		6,90 €	6,90 €	40,80 €
483	483	Lokalanästhesie der tieferen Nasenabschnitte - ggf. einschl. des Rachens -, auch beidseitig . . .	46		2,20 €	2,20 €	3,95 €
484	484	Lokalanästhesie des Kehlkopfes	46		2,20 €	2,20 €	3,95 €

D Anästhesieleistungen

Nummern 485–498

BG-T Tarif-Nr.	DKG-NT Tarif-Nr.	Leistung	Punkte (nur DKG-NT I)	Besondere Kosten	Allgemeine Kosten	Sach-kosten	Vollkosten (nur DKG-NT I)
1a	1b	2	3	4	5	6	7
485	485	Lokalanästhesie des Trommelfells und/oder der Paukenhöhle...............	46		2,20 €	2,20 €	3,95 €
488	488	Lokalanästhesie der Harnröhre und/oder Harnblase.................	46		2,20 €	2,20 €	3,95 €
489	489	Lokalanästhesie des Bronchialgebietes - ggf. einschl. des Kehlkopfes und des Rachens - ...	145		4,00 €	4,00 €	12,46 €
490	490	Infiltrationsanästhesie kleiner Bezirke........	61	1,48 €	2,00 €	3,48 €	6,72 €
491	491	Infiltrationsanästhesie großer Bezirke - auch Parazervikal-Anästhesie -..................	121	2,94 €	3,80 €	6,74 €	13,33 €
493	493	Leitungsanästhesie, perineural - auch nach Oberst -.................	61	2,31 €	1,90 €	4,21 €	7,55 €
494	494	Leitungsanästhesie, endoneural - auch Pudendus-Anästhesie -................	121	2,94 €	3,80 €	6,74 €	13,33 €
495	495	Leitungsanästhesie, retrobulbär...........	121	2,94 €	3,80 €	6,74 €	13,33 €
496		Drei-in-eins-Block, Knie- oder Fußblock......		6,62 €	3,80 €	10,42 €	
497	497	Blockade des Truncus sympathicus (lumbaler Grenzstrang oder Ganglion stellatum) mittels Anästhetika.................	220		3,10 €	3,10 €	18,90 €
498	498	Blockade des Truncus sympathicus (thorakaler Grenzstrang oder Plexus solaris) mittels Anästhetika.................	300		2,60 €	2,60 €	25,77 €

Teil E

Physikalisch-medizinische Leistungen

Dieser Teil ist nur nachrichtlich aufgeführt. Werden Leistungen der Nummern 500 bis 569 als Krankenhaussachleistungen abgegeben, findet Teil S I Anwendung. Wenn diese Leistungen vom Arzt selbst ausgeführt werden, erfolgt die Abrechnung nach GOÄ bzw. UV-GOÄ.

E Physikalisch-medizinische Leistungen

BG-T Tarif-Nr.	DKG-NT Tarif-Nr.	Leistung	Punkte (nur DKG-NT I)	Besondere Kosten	Allgemeine Kosten	Sach-kosten	Vollkosten (nur DKG-NT I)
1a	1b	2	3	4	5	6	7
		Allgemeine Bestimmungen *In den Leistungen des Abschnittes E sind alle Kosten enthalten mit Ausnahme der für Inhalationen sowie für Fotochemotherapie erforderlichen Arzneimittel.*					

E I Inhalationen

BG-T Tarif-Nr.	DKG-NT Tarif-Nr.	Leistung	Punkte (nur DKG-NT I)	Besondere Kosten	Allgemeine Kosten	Sach-kosten	Vollkosten (nur DKG-NT I)
1a	1b	2	3	4	5	6	7
500	500	Inhalationstherapie - auch mittels Ultraschallvernebelung -	38				
501	501	Inhalationstherapie mit intermittierender Überdruckbeatmung (z. B. Bird-Respirator)	86				

E II Krankengymnastik und Übungsbehandlungen

Nummern 505–518

BG-T Tarif-Nr.	DKG-NT Tarif-Nr.	Leistung	Punkte (nur DKG-NT I)	Besondere Kosten	Allgemeine Kosten	Sach-kosten	Vollkosten (nur DKG-NT I)
1a	1b	2	3	4	5	6	7
505	505	Atmungsbehandlung - einschl. aller unterstützender Maßnahmen -..................	85				
506	506	Krankengymnastische Ganzbehandlung (Einzelbehandlung) - einschließlich der erforderlichen Massage(n)........................	120				
507	507	Krankengymnastische Teilbehandlung (Einzelbehandlung) - einschließlich der erforderlichen Massage(n)........................	80				
508	508	Krankengymnastische Ganzbehandlung als Einzelbehandlung im Bewegungsbad..........	110				
509	509	Krankengymnastik in Gruppen (orthopädisches Turnen) - auch im Bewegungsbad -, bei mehr als drei bis acht Teilnehmern, je Teilnehmer....	38				
510	510	Übungsbehandlung mit oder ohne Anwendung medikomechanischer Apparate, je Sitzung....	70				
		Neben der Leistung nach Nummer 510 ist die Leistung nach Nummer 521 nicht berechnungsfähig.					
514	514	Extensionsbehandlung kombiniert mit Wärmetherapie und Massage mittels Gerät.........	105				
515	515	Extensionsbehandlung (z. B. Glissonschlinge)..	38				
516	516	Extensionsbehandlung mit Schrägbrett, Extensionstisch, Perlgerät..................	65				
518	518	Prothesengebrauchsschulung des Patienten - gegebenenfalls einschließlich seiner Betreuungsperson - auch Fremdkraftprothesenschulung, Mindestdauer 20 Minuten, je Sitzung....	120				

E III Massagen   Nummern 520–527

BG-T Tarif-Nr.	DKG-NT Tarif-Nr.	Leistung	Punkte (nur DKG-NT I)	Besondere Kosten	Allgemeine Kosten	Sach-kosten	Vollkosten (nur DKG-NT I)
1a	1b	2	3	4	5	6	7
520	**520**	Teilmassage (Massage einzelner Körperteile) …	45				
521	**521**	Großmassage (Massage beider Beine, beider Arme, einer Körperseite, des Schultergürtels, eines Armes und eines Beines, des Rückens und eines Armes, beider Füße, beider Hände, beider Knie, beider Schultergelenke und ähnliche Massagen mehrerer Körperteile), je Sitzung ……	65				
523	**523**	Massage im extramuskulären Bereich wie Bindegewebsmassage, Periostmassage, manuelle Lymphdrainage) ……………	65				
525	**525**	Intermittierende apparative Kompressionstherapie an einer Extremität, je Sitzung……….	35				
526	**526**	Intermittierende apparative Kompressionstherapie an mehreren Extremitäten, je Sitzung……	55				
527	**527**	Unterwasserdruckmassage (Wanneninhalt mindestens 400 Liter, Leistung der Apparatur mindestens 4 bar)…………………	94				

E IV Hydrotherapie und Packungen

Nummern 528–533

BG-T Tarif-Nr.	DKG-NT Tarif-Nr.	Leistung	Punkte (nur DKG-NT I)	Besondere Kosten	Allgemeine Kosten	Sach-kosten	Vollkosten (nur DKG-NT I)
1a	1b	2	3	4	5	6	7
528		Warmpackung oder Teilbäder eines oder mehrerer Körperabschnitte mit Paraffinen bzw. Paraffin-Peloid-Gemischen (Behandlungszeit 20 Minuten)					
529		Warmpackung mit natürlichen Peloiden (Moor, Fango, Schlick, Pelose), Teilpackung, ein Körperabschnitt (Arm, Bein, Schulter, Nacken), auch Fangokneten (Behandlungszeit 20 Minuten)					
530	530	Kalt- oder Heißpackung des Rumpfes oder heiße Rolle, je Sitzung	35				
531	531	Leitung eines ansteigenden Teilbades	46				
532	532	Leitung eines ansteigenden Vollbades (Überwärmungsbad)	76				
533	533	Subaquales Darmbad	150				

E V   Wärmebehandlung

BG-T Tarif-Nr.	DKG-NT Tarif-Nr.	Leistung	Punkte (nur DKG-NT I)	Besondere Kosten	Allgemeine Kosten	Sach-kosten	Vollkosten (nur DKG-NT I)
1a	1b	2	3	4	5	6	7
535	535	Heißluftbehandlung eines Körperteiles (z. B. Kopf oder Arm)........................	33				
536	536	Heißluftbehandlung mehrerer Körperteile (z. B. Rumpf oder Beine).....................	51				
538	538	Infrarotbehandlung, je Sitzung.............	40				
539	539	Ultraschallbehandlung....................	44				

E VI Elektrotherapie

BG-T Tarif-Nr.	DKG-NT Tarif-Nr.	Leistung	Punkte (nur DKG-NT I)	Besondere Kosten	Allgemeine Kosten	Sach-kosten	Vollkosten (nur DKG-NT I)
1a	1b	2	3	4	5	6	7
548	548	Kurzwellen-, Mikrowellenbehandlung (Anwendung hochfrequenter Ströme)	37				
549	549	Kurzwellen-, Mikrowellenbehandlung (Anwendung hochfrequenter Ströme) bei Behandlung verschiedener Körperregionen in einer Sitzung. .	55				
551	551	Reizstrombehandlung (Anwendung niederfrequenter Ströme) - auch bei wechselweiser Anwendung verschiedener Impuls- oder Stromformen und ggf. unter Anwendung von Saugelektroden -	48				
		Wird Reizstrombehandlung nach Nummer 551 gleichzeitig neben einer Leistung nach den Nummern 535, 536, 538, 539, 548, 549, 552 oder 747 an demselben Körperteil oder an denselben Körperteilen verabreicht, so ist nur die höherbewertete Leistung berechnungfähig; dies gilt auch bei Verwendung eines Apparatesystems an mehreren Körperteilen.					
552	552	Iontophorese	44				
553	553	Vierzellenbad	46				
554	554	Hydroelektrisches Vollbad (Kataphoretisches Bad, Stanger-Bad)	91				
555	555	Gezielte Niederfrequenzbehandlung bei spastischen und/oder schlaffen Lähmungen, je Sitzung	120				
558	558	Apparative isokinetische Muskelfunktionstherapie, je Sitzung	120				

E VII Lichttherapie

BG-T Tarif-Nr.	DKG-NT Tarif-Nr.	Leistung	Punkte (nur DKG-NT I)	Besondere Kosten	Allgemeine Kosten	Sach-kosten	Vollkosten (nur DKG-NT I)
1a	1b	2	3	4	5	6	7
560	560	Behandlung mit Ultraviolettlicht in einer Sitzung	31				
		Werden mehrere Kranke gleichzeitig mit Ultraviolettlicht behandelt, so darf die Nummer 560 nur einmal berechnet werden.					
561	561	Reizbehandlung eines umschriebenen Hautbezirkes mit Ultraviolettlicht.	31				
562	562	Reizbehandlung mehrerer umschriebener Hautbezirke mit Ultraviolettlicht in einer Sitzung.	46				
		Die Leistungen nach den Nummern 538, 560, 561 und 562 sind nicht nebeneinander berechnungsfähig.					
563	563	Quarzlampendruckbestrahlung eines Feldes . . .	46				
564	564	Quarzlampendruckbestrahlung mehrerer Felder in einer Sitzung	91				
565	565	Photo-Chemotherapie, je Sitzung	120				
566	566	Phototherapie eines Neugeborenen, je Tag	500				
567	567	Phototherapie mit selektivem UV-Spektrum, je Sitzung	91				
569	569	Photo-Patch-Test (belichteter Läppchentest), bis zu drei Tests je Sitzung, je Test	30				

Teil F

Innere Medizin, Kinderheilkunde, Dermatologie

F Innere Medizin, Kinderheilkunde, Dermatologie

BG-T Tarif-Nr.	DKG-NT Tarif-Nr.	Leistung	Punkte (nur DKG-NT I)	Besondere Kosten	Allgemeine Kosten	Sach-kosten	Vollkosten (nur DKG-NT I)
1a	1b	2	3	4	5	6	7
600	600	Herzfunktionsprüfung nach Schellong einschl. graphischer Darstellung	73		1,30 €	1,30 €	6,27 €
601	601	Hyperventilationsprüfung	44		2,00 €	2,00 €	3,78 €
602	602	Oxymetrische Untersuchung(en) (Bestimmung der prozentualen Sauerstoffsättigung im Blut) - ggf. einschl. Bestimmung(en) nach Belastung - .	152		7,00 €	7,00 €	13,06 €
603	603	Bestimmung des Atemwegwiderstandes (Resistance) nach der Oszillationsmethode oder der Verschlußdruckmethode - ggf. einschließlich fortlaufender Registrierung - . . . . *Neben der Leistung nach Nummer 603 ist die Leistung nach Nummer 608 nicht berechnungsfähig.*	90		4,20 €	4,20 €	7,73 €
604	604	Bestimmung des Atemwegwiderstandes (Resistance) nach der Oszillationsmethode oder der Verschlußdruckmethode vor und nach Applikation pharmakodynamisch wirksamer Substanzen - ggf. einschl. Phasenwinkelbestimmung und gegebenenfalls einschließlich fortlaufender Registrierung - . . . . *Mit der Gebühr sind die Kosten abgegolten.* *Neben der Leistung nach der Nummer 604 sind die Leistungen nach den Nummern 603 und 608 nicht berechnungsfähig.*	160		7,40 €	7,40 €	13,74 €
605	605	Ruhespirographische Untersuchung (im geschlossenen oder offenen System) mit fortlaufend registrierenden Methoden	242		11,20 €	11,20 €	20,79 €
605a	605a	Darstellung der Flußvolumenkurve bei spirographischen Untersuchungen - einschließlich graphischer Registrierung und Dokumentation - . . .	140		6,40 €	6,40 €	12,03 €
606	606	Spiroergometrische Untersuchung - einschl. vorausgegangener Ruhespirographie und ggf. einschl. Oxymetrie -	379		17,50 €	17,50 €	32,55 €
607	607	Residualvolumenbestimmung (Fremdgasmethode)	242		11,20 €	11,20 €	20,79 €

F Innere Medizin, Kinderheilkunde, Dermatologie

Nummern 608–616

BG-T Tarif-Nr. 1a	DKG-NT Tarif-Nr. 1b	Leistung 2	Punkte (nur DKG-NT I) 3	Besondere Kosten 4	Allgemeine Kosten 5	Sach- kosten 6	Vollkosten (nur DKG-NT I) 7
608	608	Ruhespirographische Teiluntersuchung (z. B. Bestimmung des Atemgrenzwertes, Atemstoß-test), insgesamt............................	76		3,50 €	3,50 €	6,53 €
609	609	Bestimmung der absoluten und relativen Sekundenkapazität vor und nach Inhalation pharmakodynamisch wirksamer Substanzen......... *Mit der Gebühr sind die Kosten abgegolten.*	182		8,40 €	8,40 €	15,63 €
610	610	Ganzkörperplethysmographische Untersuchung (Bestimmung des intrathorakalen Gasvolumens und des Atemwegwiderstandes) - ggf. mit Bestimmung der Lungendurchblutung -........ *Neben der Leistung nach Nummer 610 sind die Leistungen nach den Nummern 605 und 608 nicht berechnungsfähig.*	605		28,00 €	28,00 €	51,97 €
611	611	Bestimmung der Lungendehnbarkeit (Compliance) - einschl. Einführung des Ösophagus-Katheters -......	605		28,00 €	28,00 €	51,97 €
612	612	Ganzkörperplethysmographische Bestimmung der absoluten und relativen Sekundenkapazität und des Atemwegwiderstandes vor und nach Applikation pharmakodynamisch wirksamer Substanzen............... *Mit der Gebühr sind die Kosten abgegolten.* *Neben der Leistung nach Nummer 612 sind die Leistungen nach den Nummern 605, 608, 609 und 610 nicht berechnungsfähig.*	757		35,00 €	35,00 €	65,02 €
614	614	Transkutane Messung(en) des Sauerstoffpartialdrucks...............	150		6,90 €	6,90 €	12,88 €
615	615	Untersuchung der CO-Diffusionskapazität mittels Ein-Atemzugmethode (single-breath).....	227		10,50 €	10,50 €	19,50 €
616	616	Untersuchung der CO-Diffusionskapazität als fortlaufende Bestimmung (steady state) in Ruhe oder unter Belastung................ *Neben der Leistung nach Nummer 616 ist die Leistung nach Nummer 615 nicht berechnungsfähig.*	303		14,00 €	14,00 €	26,03 €

F Innere Medizin, Kinderheilkunde, Dermatologie

BG-T Tarif-Nr.	DKG-NT Tarif-Nr.	Leistung	Punkte (nur DKG-NT I)	Besondere Kosten	Allgemeine Kosten	Sach-kosten	Vollkosten (nur DKG-NT I)
1a	1b	2	3	4	5	6	7
	617	Gasanalyse in der Exstirpationsluft mittels kontinuierlicher Bestimmung mehrerer Gase	341		15,80 €	15,80 €	29,29 €
618		H2-Atemtest (z. B. Laktosetoleranztest), einschließlich Verabreichung der Testsubstanz, Probeentnahmen und Messungen der H2-Konzentration, einschließlich Kosten.			15,80 €	15,80 €	
620	620	Rheographische Untersuchung der Extremitäten . . . . *Mit der Gebühr sind die Kosten abgegolten.*	152		7,00 €	7,00 €	13,06 €
621	621	Mechanisch-oszillographische Untersuchung (Gesenius-Keller)	127		5,90 €	5,90 €	10,91 €
622	622	Akrale infraton-oszillographische Untersuchung .	182		8,40 €	8,40 €	15,63 €
623	623	Temperaturmessung(en) an der Hautoberfläche, z.B. der Brustdrüse, mittels Flüssig-Kristall-Thermographie (Plattenthermographie) einschl. der notwendigen Aufnahmen . . . . *Die Leistung nach Nummer 623 zur Temperaturmessung an der Hautoberfläche der Brustdrüse ist nur beim Vorliegen eines abklärungsbedürftigen mammographischen Röntgenbefundes berechnungsfähig.*	140		6,50 €	6,50 €	12,03 €
624	624	Thermographische Untersuchung mittels elektronischer Infrarotmessung mit Schwarzweiß-Wiedergabe und Farbthermogramm einschließlich der notwendigen Aufnahmen, je Sitzung . . . *Neben der Leistung nach Nummer 624 ist die Leistung nach Nummer 623 nicht berechnungsfähig.*	330		15,20 €	15,20 €	28,35 €
626	626	Rechtsherzkatheterismus - einschließlich Druckmessungen und oxymetrischer Untersuchungen sowie fortlaufender EKG- und Röntgenkontrolle - . . . . *Die Leistung nach Nummer 626 ist je Sitzung nur einmal berechnungsfähig.* *Neben der Leistung nach Nummer 626 sind die Leistungen nach den Nummern 355, 356, 360, 361, 602, 648, 650, 651, 3710 und 5295 nicht berechnungsfähig.*	1.000		33,80 €	33,80 €	85,90 €

BG-T Tarif-Nr.	DKG-NT Tarif-Nr.	Leistung	Punkte (nur DKG-NT I)	Besondere Kosten	Allgemeine Kosten	Sach-kosten	Vollkosten (nur DKG-NT I)
1a	1b	2	3	4	5	6	7
627	627	Linksherzkatheterismus - einschließlich Druckmessungen und oxymetrischer Untersuchungen sowie fortlaufender EKG- und Röntgenkontrolle -	1.500		40,50 €	40,50 €	128,85 €
		Die Leistung nach Nummer 627 ist je Sitzung nur einmal berechnungsfähig.					
		Neben der Leistung nach Nummer 627 sind die Leistungen nach den Nummern 355, 356, 360, 361, 602, 648, 650, 651, 3710 und 5295 nicht berechnungsfähig.					
628	628	Herzkatheterismus mit Druckmessungen und oxymetrischen Untersuchungen - einschließlich fortlaufender EKG- und Röntgenkontrolle - im zeitlichen Zusammenhang mit Leistungen nach den Nummern 355 und/oder 360	800		36,80 €	36,80 €	68,72 €
		Die Leistung nach Nummer 628 ist je Sitzung nur einmal berechnungsfähig.					
		Neben der Leistung nach Nummer 628 sind die Leistungen nach den Nummern 602, 648, 650, 651, 3710 und 5295 nicht berechnungsfähig.					
629	629	Transseptaler Linksherzkatheterismus - einschließlich Druckmessungen und oxymetrischer Untersuchungen sowie fortlaufender EKG- und Röntgenkontrolle	2.000		92,00 €	92,00 €	171,79 €
		Die Leistung nach Nummer 629 ist je Sitzung nur einmal berechnungsfähig.					
		Neben der Leistung nach Nummer 629 sind die Leistungen nach den Nummern 355, 356, 602, 648, 650, 651, 3710 und 5295 nicht berechnungsfähig.					
630	630	Mikro-Herzkatheterismus unter Verwendung eines Einschwemmkatheters - einschließlich Druckmessungen nebst fortlaufender EKG-Kontrolle -	908		42,00 €	42,00 €	77,99 €
		Die Kosten für den Einschwemmkatheter sind mit der Gebühr abgegolten.					
		Neben der Leistung nach Nummer 630 sind die Leistungen nach den Nummern 355, 356, 360, 361, 602, 648, 650, 651, 3710 und 5295 nicht berechnungsfähig.					

BG-T Tarif-Nr.	DKG-NT Tarif-Nr.	Leistung	Punkte (nur DKG-NT I)	Besondere Kosten	Allgemeine Kosten	Sach-kosten	Vollkosten (nur DKG-NT I)
1a	1b	2	3	4	5	6	7
631	631	Anlegung eines transvenösen temporären Schrittmachers - einschl. Venenpunktion, Elektrodeneinführung, Röntgendurchleuchtung des Brustkorbs und fortlaufender EKG-Kontrolle - . .	1.110		51,30 €	51,30 €	95,35 €
632	632	Mikro-Herzkatheterismus unter Verwendung eines Einschwemmkatheters - einschließlich Druckmessungen und oxymetrischer Untersuchungen nebst fortlaufender EKG-Kontrolle, ggf. auch unter Röntgen-Kontrolle -	1.210		55,90 €	55,90 €	103,94 €
		Die Kosten für den Einschwemmkatheter sind mit der Gebühr abgegolten.					
		Neben der Leistung nach Nummer 632 sind die Leistungen nach den Nummern 355, 356, 360, 361, 602, 648, 650, 651, 3710 und 5295 nicht berechnungsfähig.					
634	634	Lichtreflex-Rheographie	120		5,60 €	5,60 €	10,31 €
635	635	Photoelektrische Volumenpulsschreibung an mindestens vier Punkten.	227		10,50 €	10,50 €	19,50 €
636	636	Photoelektrische Volumenpulsschreibung mit Kontrolle des reaktiven Verhaltens der peripheren Arterien nach Belastung (z. B. mit Temperaturreizen)	379		17,50 €	17,50 €	32,55 €
637	637	Pulswellenlaufzeitbestimmung - gegebenenfalls einschließlich einer elektrokardiographischen Kontrollableitung -	227		10,50 €	10,50 €	19,50 €
638	638	Punktuelle Arterien- und/oder Venenpulsschreibung	121		5,60 €	5,60 €	10,39 €
639	639	Prüfung der spontanen und reaktiven Vasomotorik (photoplethysmographische Registrierung der Blutfüllung und photoplethysmographische Simultanregistrierung der Füllungsschwankungen peripherer Arterien an mindestens vier peripheren Gefäßabschnitten sowie gleichzeitige Registrierung des Volumenpulsbandes)	454		21,00 €	21,00 €	39,00 €
640	640	Phlebodynamometrie.	650		30,00 €	30,00 €	55,83 €
641	641	Venenverschluß-plethysmographische Untersuchung	413		19,10 €	19,10 €	35,48 €

F Innere Medizin, Kinderheilkunde, Dermatologie

BG-T Tarif-Nr. 1a	DKG-NT Tarif-Nr. 1b	Leistung 2	Punkte (nur DKG-NT I) 3	Besondere Kosten 4	Allgemeine Kosten 5	Sach-kosten 6	Vollkosten (nur DKG-NT I) 7
642	642	Venenverschluß-plethysmographische Untersuchung mit reaktiver Hyperämiebelastung......	554		25,60 €	25,60 €	47,59 €
643	643	Periphere Arterien- bzw. Venendruck- und/oder Strömungsmessung..................	120		5,60 €	5,60 €	10,31 €
644	644	Untersuchung der Strömungsverhältnisse in den Extremitätenarterien bzw. -venen mit direktionaler Ultraschall-Doppler-Technik - einschließlich graphischer Registrierung -..........	180		8,40 €	8,40 €	15,46 €
645	645	Untersuchung der Strömungsverhältnisse in den hirnversorgenden Arterien und den Periorbitalarterien mit direktionaler Ultraschall-Doppler-Technik - einschließlich graphischer Registrierung -..	650		30,40 €	30,40 €	55,83 €
646	646	Hypoxietest (Simultanregistrierung des Atemvolumens und des Gasaustausches, der Arterialisation sowie der peripheren Vasomotorik mit gasanalytischen und photoelektrischen Verfahren)...........	605		28,00 €	28,00 €	51,97 €
647	647	Kardiologische und/oder hepatologische Kreislaufzeitmessung(en) mittels Indikatorverdünnungsmethoden - einschließlich Kurvenschreibung an verschiedenen Körperstellen mit Auswertung und einschließlich Applikation der Testsubstanz -...........	220		10,10 €	10,10 €	18,90 €
648	648	Messung(en) des zentralen Venen- oder Arteriendrucks, auch unter Belastung, - einschl. Venen- oder Arterienpunktion, Kathetereinführung(en) und gegebenenfalls Röntgenkontrolle -....	605		28,00 €	28,00 €	51,97 €
649	649	Transkranielle, Doppler-sonographische Untersuchung - einschließlich graphischer Registrierung......	650		29,90 €	29,90 €	55,83 €
650	650	Elektrokardiographische Untersuchung zur Feststellung einer Rhythmusstörung und/oder zur Verlaufskontrolle, gegebenenfalls als Notfall-EKG..........	152		7,00 €	7,00 €	13,06 €
651	651	Elektrokardiographische Untersuchung in Ruhe auch gegebenenfalls nach Belastung - mit Extremitäten- und Brustwandableitungen (mindestens neun Ableitungen) -..............	253		11,70 €	11,70 €	21,73 €

F Innere Medizin, Kinderheilkunde, Dermatologie

Nummern 652–665

BG-T Tarif-Nr.	DKG-NT Tarif-Nr.	Leistung	Punkte (nur DKG-NT I)	Besondere Kosten	Allgemeine Kosten	Sach-kosten	Vollkosten (nur DKG-NT I)
1a	1b	2	3	4	5	6	7
652	652	Elektrokardiographische Untersuchung unter fortschreibender Registrierung (mindestens neun Ableitungen) in Ruhe und bei physikalisch definerter und reproduzierbarer Belastung (Ergometrie) gegebenenfalls auch Belastungsänderung -	445		20,60 €	20,60 €	38,22 €
653	653	Elektrokardiographische Untersuchung auf telemetrischem Wege . . . . *Die Leistungen nach den Nummern 650 bis 653 sind nicht nebeneinander berechnungsfähig.*	253		11,70 €	11,70 €	21,73 €
654	654	Langzeitblutdruckmessung von mindestens 18 Stunden Dauer - einschließlich Aufzeichnung und Auswertung -	150		6,90 €	6,90 €	12,88 €
655	655	Elektrokardiographische Untersuchung mittels Ösophagusableitung - einschließlich Einführen der Elektrode - zusätzlich zu den Nummern 651 oder 652	152		7,00 €	7,00 €	13,06 €
656	656	Elektrokardiographische Untersuchung mittels intrakavitärer Ableitung am Hisschen Bündel einschließlich Röntgenkontrolle	1.820		84,10 €	84,10 €	156,33 €
657	657	Vektorkardiographische Untersuchung	253		11,70 €	11,70 €	21,73 €
659	659	Elektrokardiographische Untersuchung über mindestens 18 Stunden (Langzeit-EKG) - gegebenenfalls einschließlich gleichzeitiger Registrierung von Puls und Atmung -, mit Auswertung . .	400		18,40 €	18,40 €	34,36 €
660	660	Phonokardiographische Untersuchung mit mindestens zwei verschiedenen Ableitpunkten in mehreren Frequenzbereichen - einschließlich einer elektrokardiographischen Kontrollableitung sowie gegebenenfalls mit Karotispulskurve und/oder apexkardiographischer Untersuchung	303		14,00 €	14,00 €	26,03 €
661	661	Impulsanalyse und EKG zur Überwachung eines implantierten Schrittmachers - gegebenenfalls mit Magnettest -	530		24,50 €	24,50 €	45,53 €
665	665	Grundumsatzbestimmung mittels Stoffwechselapparatur ohne Kohlensäurebestimmung	121		5,60 €	5,60 €	10,39 €

F Innere Medizin, Kinderheilkunde, Dermatologie

BG-T Tarif-Nr.	DKG-NT Tarif-Nr.	Leistung	Punkte (nur DKG-NT I)	Besondere Kosten	Allgemeine Kosten	Sach-kosten	Vollkosten (nur DKG-NT I)
1a	1b	2	3	4	5	6	7
666	666	Grundumsatzbestimmung mittels Stoffwechselapparatur mit Kohlensäurebestimmung	227		10,50 €	10,50 €	19,50 €
669	669	Ultraschallechographie des Gehirns (Echoenzephalographie)...........................	212		9,80 €	9,80 €	18,21 €
670	670	Einführung einer Magenverweilsonde zur enteralen Ernährung oder zur Druckentlastung	120		5,50 €	5,50 €	10,31 €
671	671	Fraktionierte Aushebung des Magensaftes - auch nach Probefrühstück oder Probemahlzeit -	120		5,50 €	5,50 €	10,31 €
672	672	Aushebung des Duodenalsaftes - auch mit Gallenreflex oder Duodenalspülung, gegebenenfalls fraktioniert -............................	120		5,50 €	5,50 €	10,31 €
674	674	Anlage eines Pneumothorax - gegebenenfalls einschließlich Röntgendurchleuchtungen vor und nach der Füllung -.......................	370		17,10 €	17,10 €	31,78 €
675	675	Pneumothoraxfüllung - gegebenenfalls einschließlich Röntgendurchleuchtungen vor und nach der Füllung -...........................	275		12,70 €	12,70 €	23,62 €
676	676	Magenuntersuchung unter Sichtkontrolle (Gastroskopie) mittels endogastral anzuwendender Kamera einschließlich Aufnahmen .... *Mit der Gebühr sind die Kosten abgegolten.*	800		46,10 €	46,10 €	68,72 €
677	677	Bronchoskopie oder Thorakoskopie.........	600		13,70 €	13,70 €	51,54 €
678	678	Bronchoskopie mit zusätzlichem operativem Eingriff (wie Probeexzision, Katheterbiopsie, periphere Lungenbiopsie, Segmentsondierungen) - gegebenenfalls einschließlich Lavage -......	900		17,40 €	17,40 €	77,31 €
679	679	Mediastinoskopie - gegebenenfalls einschließlich Skalenoskopie und/oder Probeexzision und/oder Probepunktion -.....................	1.100	5,47 €	26,20 €	31,67 €	99,96 €
680	680	Ösophagoskopie - gegebenenfalls einschließlich Probeexzision und/oder Probepunktion -	550		17,40 €	17,40 €	47,24 €

F Innere Medizin, Kinderheilkunde, Dermatologie

BG-T Tarif-Nr.	DKG-NT Tarif-Nr.	Leistung	Punkte (nur DKG-NT I)	Besondere Kosten	Allgemeine Kosten	Sachkosten	Vollkosten (nur DKG-NT I)
1a	1b	2	3	4	5	6	7
681	681	Ösophagoskopie mit zusätzlichem operativem Eingriff (z. B. Fremdkörperentfernung) - gegebenenfalls einschließlich Probeexzision und/oder Probepunktion -.................	825		33,70 €	33,70 €	70,87 €
682	682	Gastroskopie unter Einsatz vollflexibler optischer Instrumente - gegebenenfalls einschließlich Probeexzision und/oder Probepunktion -........	850		13,80 €	13,80 €	73,01 €
683	683	Gastroskopie einschließlich Ösophagoskopie unter Einsatz vollflexibler optischer Instrumente - gegebenenfalls einschließlich Probeexzision und/oder Probepunktion -............	1.000		32,30 €	32,30 €	85,90 €
684	684	Bulboskopie - gegebenenfalls einschließlich Ösophago- und Gastroskopie, Probeexzision und/oder Probepunktion -............	1.200		32,30 €	32,30 €	103,08 €
685	685	Duodeno-/Jejunoskopie - gegebenenfalls einschließlich einer vorausgegangenen Ösophago-/ Gastro-/ Bulboskopie, Probeexzision und/oder Probepunktion -............	1.350		32,30 €	32,30 €	115,96 €
686	686	Duodenoskopie mit Sondierung der Papilla Vateri zwecks Einbringung von Kontrastmittel und/oder Entnahme von Sekret - gegebenenfalls einschließlich Probeexzision und/oder Probepunktion -............	1.500		32,30 €	32,30 €	128,85 €
687	687	Hohe Koloskopie bis zum Coecum - gegebenenfalls einschließlich Probeexzision und/oder Probepunktion -............	1.500		32,30 €	32,30 €	128,85 €
688	688	Partielle Koloskopie - gegebenenfalls einschließlich Rektoskopie, Probeexzision und/oder Probepunktion -............	900		32,30 €	32,30 €	77,31 €
689	689	Sigmoidoskopie unter Einsatz voll flexibler optischer Instrumente - einschließlich Rektoskopie, sowie gegebenenfalls einschließlich Probeexzision und/oder Probepunktion -............	700		8,20 €	8,20 €	60,13 €
690	690	Rektoskopie - gegebenenfalls einschließlich Probeexzision und/oder Probepunktion -.....	350		8,20 €	8,20 €	30,06 €

F Innere Medizin, Kinderheilkunde, Dermatologie

BG-T Tarif-Nr.	DKG-NT Tarif-Nr.	Leistung	Punkte (nur DKG-NT I)	Besondere Kosten	Allgemeine Kosten	Sach- kosten	Vollkosten (nur DKG-NT I)
1a	1b	2	3	4	5	6	7
691	691	Ösophago-/ Gastro-/ Bulboskopie mit nachfolgender Sklerosierung von Ösophagusvarizen - gegebenenfalls einschließlich Probeexzision und/oder Probepunktion.	1.400		32,30 €	32,30 €	120,26 €
692	692	Duodenoskopie mit Sondierung der Papilla Vateri zwecks Einbringung von Kontrastmittel und/oder Entnahme von Sekret - gegebenenfalls einschließlich Probeexzision und/oder Probepunktion - mit Papillotomie (Hochfrequenzelektroschlinge) und Steinentfernung	1.900		38,00 €	38,00 €	163,20 €
692a	692a	Plazierung einer Drainage in den Gallen- oder Pankreasgang - zusätzlich zu einer Leistung nach den Nummern 685, 686 oder 692 -	400		5,60 €	5,60 €	34,36 €
693	693	Langzeit-pH-metrie des Ösophagus - einschließlich Sondeneinführung -	300		4,00 €	4,00 €	25,77 €
694	694	Manometrische Untersuchung des Ösophagus .	500		6,00 €	6,00 €	42,95 €
695	695	Entfernung eines oder mehrerer Polypen oder Schlingenbiopsie mittels Hochfrequenzelektroschlinge - gegebenenfalls einschließlich Probeexzision und/oder Probepunktion - zusätzlich zu den Nummern 682 bis 685 und 687 bis 689 -	400		5,80 €	5,80 €	34,36 €
696	696	Entfernung eines oder mehrerer Polypen oder Schlingenbiopsie mittels Hochfrequenzelektroschlinge - gegebenenfalls einschließlich Probeexzision und/oder Probepunktion - zusätzlich zu Nummer 690	200		5,80 €	5,80 €	17,18 €
697	697	Saugbiopsie des Dünndarms - gegebenenfalls einschließlich Röntgenkontrolle, Probeexzision und/oder Probepunktion -.	400		6,20 €	6,20 €	34,36 €
698	698	Kryochirurgischer Eingriff im Enddarmbereich . .	200		9,70 €	9,70 €	17,18 €
699	699	Infrarotkoagulation im Enddarmbereich, je Sitzung	120		5,80 €	5,80 €	10,31 €
700	700	Laparoskopie (mit Anlegen eines Pneumoperitoneums) oder Nephroskopie - gegebenenfalls einschließlich Probeexzision und/oder Probepunktion -.	800	2,73 €	11,30 €	14,03 €	71,45 €

F Innere Medizin, Kinderheilkunde, Dermatologie

BG-T Tarif-Nr.	DKG-NT Tarif-Nr.	Leistung	Punkte (nur DKG-NT I)	Besondere Kosten	Allgemeine Kosten	Sach-kosten	Vollkosten (nur DKG-NT I)
1a	1b	2	3	4	5	6	7
701	701	Laparoskopie (mit Anlegen eines Pneumoperitoneums) mit intraabdominalem Eingriff - gegebenenfalls einschließlich Probeexzision und/oder Probepunktion -	1.050	4,21 €	13,70 €	17,91 €	94,40 €
703	703	Ballonsondentamponade bei blutenden Ösophagus- und/oder Fundusvarizen	500		15,80 €	15,80 €	42,95 €
705	705	Proktoskopie	152		3,60 €	3,60 €	13,06 €
706	706	Licht- oder Laserkoagulation(en) zur Beseitigung von Stenosen oder zur Blutstillung bei endoskopischen Eingriffen, je Sitzung.............	600		8,80 €	8,80 €	51,54 €
714	714	Neurokinesiologische Diagnostik nach Vojta (Lagereflexe) sowie Prüfung des zerebellaren Gleichgewichtes und der Statomotorik	180		6,20 €	6,20 €	15,46 €
715	715	Prüfung der kindlichen Entwicklung bezüglich der Grobmotorik, der Feinmotorik, der Sprache und des sozialen Verhaltens nach standardisierten Skalen mit Dokumentation des entsprechenden Entwicklungsstandes	220		1,30 €	1,30 €	18,90 €
		Neben der Leistung nach Nr. 715 sind die Leistungen nach den Nummern 8 und 26 nicht berechnungsfähig.					
716	716	Prüfung der funktionellen Entwicklung bei einem Säugling oder Kleinkind (z. B. Bewegungs- und Wahrnehmungsvermögen) nach standardisierten Methoden mit Dokumentation des entsprechenden Entwicklungsstandes, je Untersuchungsgang	69		1,30 €	1,30 €	5,93 €
717	717	Prüfung der funktionellen Entwicklung bei einem Kleinkind (z. B. Sprechvermögen, Sprachverständnis, Sozialverhalten) nach standardisierten Methoden mit Dokumentation des entsprechenden Entwicklungsstandes, je Untersuchungsgang	110		1,30 €	1,30 €	9,45 €
718	718	Höchstwert bei den Untersuchungen nach den Nrn. 716 und 717, auch bei deren Nebeneinanderberechnung	251		5,90 €	5,90 €	21,56 €
		Bei der Berechnung des Höchstwertes sind die Arten der Untersuchungen anzugeben.					

F Innere Medizin, Kinderheilkunde, Dermatologie

BG-T Tarif-Nr.	DKG-NT Tarif-Nr.	Leistung	Punkte (nur DKG-NT I)	Besondere Kosten	Allgemeine Kosten	Sach-kosten	Vollkosten (nur DKG-NT I)
1a	1b	2	3	4	5	6	7
719	719	Funktionelle Entwicklungstherapie bei Ausfallerscheinungen in der Motorik, im Sprachbereich und/oder Sozialverhalten, als Einzelbehandlung, Dauer mindestens 45 Minuten............	251		5,90 €	5,90 €	21,56 €
725	725	Systematische sensomotorische Entwicklungs- und Übungsbehandlung von Ausfallerscheinungen am Zentralnervensystem als zeitaufwendige Einzelbehandlung - gegebenenfalls einschließlich individueller Beratung der Betreuungsperson - Dauer mindestens 45 Minuten........	300		13,90 €	13,90 €	25,77 €
		Neben der Leistung nach Nummer 725 sind die Leistungen nach den Nummern 505 bis 527, 535 bis 555, 719, 806, 846, 847, 849, 1559 und 1560 nicht berechnungsfähig.					
726	726	Systematische sensomotorische Behandlung von zentralbedingten Sprachstörungen - einschließlich aller dazugehörender psychotherapeutischer, atemgymnastischer, physikalischer und sedierender Maßnahmen sowie gegebenenfalls auch Dämmerschlaf - als zeitaufwendige Einzelbehandlung, Dauer mindestens 45 Minuten...............................	300		13,90 €	13,90 €	25,77 €
		Neben der Leistung nach Nummer 726 sind die Leistungen nach den Nummern 719, 849, 1559 und 1560 nicht berechnungsfähig.					
		Die Leistung nach Nummer 726 ist neben der Leistung nach Nummer 725 an demselben Tage nur berechnungsfähig, wenn beide Behandlungen zeitlich getrennt voneinander mit einer Dauer von jeweils mindestens 45 Minuten erbracht werden.					
740	740	Kryotherapie der Haut.................	71		1,50 €	1,50 €	6,10 €
741	741	Verschorfung mit heißer Luft oder heißen Dämpfen, je Sitzung......................	76		1,50 €	1,50 €	6,53 €
742	742	Epilation von Haaren im Gesicht durch Elektrokoagulation bei generalisiertem krankhaftem Haarwuchs infolge Endokrinopathie (z. B. Hirsutismus), je Sitzung.................	165		2,00 €	2,00 €	14,17 €
743	743	Schleifen und Schmirgeln und/oder Fräsen von Bezirken der Haut oder der Nägel, je Sitzung...	75		1,30 €	1,30 €	6,44 €

F Innere Medizin, Kinderheilkunde, Dermatologie

BG-T Tarif-Nr.	DKG-NT Tarif-Nr.	Leistung	Punkte (nur DKG-NT I)	Besondere Kosten	Allgemeine Kosten	Sach-kosten	Vollkosten (nur DKG-NT I)
1a	1b	2	3	4	5	6	7
744	744	Stanzen der Haut, je Sitzung	80		1,70 €	1,70 €	6,87 €
745	745	Auskratzen von Wundgranulationen oder Entfernung von jeweils bis zu drei Warzen mit dem scharfen Löffel	46		2,70 €	2,70 €	3,95 €
746	746	Elektrolyse oder Kauterisation, als selbständige Leistung	46		1,90 €	1,90 €	3,95 €
747	747	Setzen von Schröpfköpfen, Blutegeln oder Anwendung von Saugapparaten, je Sitzung	44		1,70 €	1,70 €	3,78 €
748	748	Hautdrainage	76		2,60 €	2,60 €	6,53 €
750	750	Auflichtmikroskopie der Haut (Dermatoskopie), je Sitzung	120		4,90 €	4,90 €	10,31 €
752	752	Bestimmung des Elektrolytgehalts im Schweiß durch Widerstandsmessung - einschließlich Stimulation der Schweißsekretion -	150		2,30 €	2,30 €	12,88 €
755	755	Hochtouriges Schleifen von Bezirken der Haut bei schweren Entstellungen durch Naevi, narbigen Restzuständen nach Akne vulgaris und ähnlichen Indikationen, je Sitzung	240		4,40 €	4,40 €	20,62 €
756	756	Chemochirurgische Behandlung spitzer Kondylome, auch in mehreren Sitzungen	121		4,90 €	4,90 €	10,39 €
757	757	Chemochirurgische Behandlung einer Präkanzerose - gegebenenfalls in mehreren Sitzungen	150		5,20 €	5,20 €	12,88 €
758	758	Sticheln, bzw. Öffnen und Ausquetschen von Aknepusteln, je Sitzung	75		1,90 €	1,90 €	6,44 €
759	759	Bestimmung der Alkalineutralisationszeit	76		3,50 €	3,50 €	6,53 €
760	760	Alkaliresistenzbestimmung (Tropfmethode)	121		5,60 €	5,60 €	10,39 €
761	761	UV-Erythemschwellenwertbestimmung (einschließlich Nachschau)	76		1,60 €	1,60 €	6,53 €
762	762	Entleerung des Lymphödems an Arm oder Bein durch Abwicklung mit Gummischlauch	130		5,80 €	5,80 €	11,17 €

F Innere Medizin, Kinderheilkunde, Dermatologie

BG-T Tarif-Nr.	DKG-NT Tarif-Nr.	Leistung	Punkte (nur DKG-NT I)	Besondere Kosten	Allgemeine Kosten	Sach-kosten	Vollkosten (nur DKG-NT I)
1a	1b	2	3	4	5	6	7
763	763	Spaltung oberflächlich gelegener Venen an einer Extremität oder von Hämorrhoidalknoten mit Thrombus-Expressionen - gegebenenfalls einschließlich Naht -....................	148	5,47 €	4,90 €	10,37 €	18,18 €
764	764	Verödung (Sklerosierung) von Krampfadern oder Hämorrhoidalknoten, je Sitzung...........	190		6,00 €	6,00 €	16,32 €
765	765	Operative Entfernung hypotropher zircumanaler Hautfalten (Marisquen)..................	280	5,47 €	5,80 €	11,27 €	29,52 €
766	766	Ligaturbehandlung von Hämorrhoiden einschließlich Proktoskopie, je Sitzung.........	225		7,80 €	7,80 €	19,33 €
768	768	Ätzung im Enddarmbereich als selbständige Leistung..................................	50		1,90 €	1,90 €	4,29 €
770	770	Ausräumung des Mastdarms mit der Hand....	140		3,90 €	3,90 €	12,03 €
780	780	Apparative Dehnung (Sprengung) eines Kardiospasmus............................	242		5,80 €	5,80 €	20,79 €
781	781	Bougierung der Speiseröhre, je Sitzung	76		2,40 €	2,40 €	6,53 €
784	784	Erstanlegen einer externen Medikamentenpumpe - einschließlich Einstellung sowie Beratung und Schulung des Patienten - gegebenenfalls in mehreren Sitzungen -.................	275		9,60 €	9,60 €	23,62 €
785	785	Anlage und Überwachung einer Peritonealdialyse, einschließlich der ersten Spülung	330		11,60 €	11,60 €	28,35 €
786	786	Peritonealdialyse bei liegendem Katheter einschließlich Überwachung, jede (weitere) Spülung....................................	55		2,60 €	2,60 €	4,72 €
790	790	Ärztliche Betreuung bei Hämodialyse als Training des Patienten und gegebenenfalls seines Dialysepartners zur Vorbereitung auf Heim- oder Limited-Care-Dialysen, auch als Hämofiltration, je Dialyse...................	500		9,70 €	9,70 €	42,95 €
791	791	Ärztliche Betreuung eines Patienten bei Hämodialyse oder Limited-Care-Dialyse, auch als Hämofiltration, je Dialyse.....................	320		6,30 €	6,30 €	27,49 €

F Innere Medizin, Kinderheilkunde, Dermatologie

BG-T Tarif-Nr.	DKG-NT Tarif-Nr.	Leistung	Punkte (nur DKG-NT I)	Besondere Kosten	Allgemeine Kosten	Sach-kosten	Vollkosten (nur DKG-NT I)
1a	1b	2	3	4	5	6	7
792	792	Ärztliche Betreuung eines Patienten bei Hämodialyse als Zentrums- oder Praxisdialyse (auch als Feriendialyse) - auch als Hämofiltration oder bei Plasmapharese -, je Dialyse bzw. Sitzung...	440		8,60 €	8,60 €	37,79 €
793	793	Ärztliche Betreuung eines Patienten bei kontinuierlicher ambulanter Peritonealdialyse (CAPD), je Tag...	115		2,40 €	2,40 €	9,88 €
		Der Leistungsinhalt der Nummern 790 bis 793 umfaßt insbesondere die ständige Bereitschaft von Arzt und ggf. Dialysehilfspersonal, die regelmäßigen Beratungen und Untersuchungen des Patienten, die Anfertigung und Auswertung der Dialyseprotokolle sowie die regelmäßigen Besuche bei Heimdialyse-Patienten mit Gerätekontrollen im Abstand von mindestens drei Monaten.					
		Bei der Zentrums- und Praxisdialyse ist daüber hinaus die ständige Anwesenheit des Arztes während der Dialyse erforderlich.					
		Leistungen nach den Abschnitten B und C (mit Ausnahme der Leistung nach Nummer 50 in Verbindung mit einem Zuschlag nach den Buchstaben E, F, G und/oder H) sowie die Leistungen nach den Nummern 3550, 3555, 3557, 3558, 3562.H1, 3565.H1, 3574, 3580.H1, 3584.H1, 3585.H1, 3587.H1, 3592.H1, 3594.H1, 3595.H1, 3620, 3680, 3761 und 4381, die in ursächlichem Zusammenhang mit der Dialysebehandlung erbracht werden, sind nicht gesondert berechnungsfähig. Dies gilt auch für Auftragsleistungen.					
	796	Ergometrische Funktionsprüfung mittels Fahrrad- oder Laufbandergometer (physikalische definierte und reproduzierbare Belastungsstufen), einschließlich Dokumentation............			7,00 €	7,00 €	

Teil G

Neurologie, Psychiatrie und Psychotherapie

G Neurologie, Psychiatrie und Psychotherapie

Nummern 800–812

BG-T Tarif-Nr.	DKG-NT Tarif-Nr.	Leistung	Punkte (nur DKG-NT I)	Besondere Kosten	Allgemeine Kosten	Sach-kosten	Vollkosten (nur DKG-NT I)
1a	1b	2	3	4	5	6	7
800	800	Eingehende neurologische Untersuchung, gegebenenfalls einschließlich der Untersuchung des Augenhintergrundes	195		3,60 €	3,60 €	16,75 €
		Neben der Leistung nach Nummer 800 sind die Leistungen nach den Nummern 8, 26, 825, 826, 830 und 1400 nicht berechnungsfähig.					
801	801	Eingehende psychiatrische Untersuchung - gegebenenfalls unter Einschaltung der Bezugs- und/oder Kontaktperson -	250		3,60 €	3,60 €	21,47 €
		Neben der Leistung nach Nummer 801 sind die Leistungen nach den Nummern 4, 8, 715 bis 718, 825, 826, 830 und 1400 nicht berechnungsfähig.					
804	804	Psychiatrische Behandlung durch eingehendes therapeutisches Gespräch - auch mit gezielter Exploration -	150		2,60 €	2,60 €	12,88 €
806	806	Psychiatrische Behandlung durch gezielte Exploration und eingehendes therapeutisches Gespräch, auch in akuter Konfliktsituation - gegebenenfalls unter Einschluß eines eingehenden situationsregulierenden Kontaktgesprächs mit Dritten - Mindestdauer 20 Minuten	250		3,60 €	3,60 €	21,47 €
807	807	Erhebung einer biographischen psychiatrischen Anamnese bei Kindern oder Jugendlichen unter Einschaltung der Bezugs- und Kontaktpersonen mit schriftlicher Aufzeichnung, auch in mehreren Sitzungen........	400		3,60 €	3,60 €	34,36 €
		Die Leistung nach Nummer 807 ist im Krankheitsfall nur einmal berechnungsfähig.					
808	808	Einleitung oder Verlängerung der tiefenpsychologisch fundierten oder der analytischen Psychotherapie - einschließlich Antrag auf Feststellung der Leistungspflicht im Rahmen des Gutachterverfahrens, gegebenenfalls einschließlich Besprechung mit dem nichtärztlichen Psychotherapeuten.................	400		1,40 €	1,40 €	34,36 €
812	812	Psychiatrische Notfallbehandlung bei Suizidversuch und anderer psychischer Dekompensation durch sofortige Intervention und eingehendes therapeutisches Gespräch	500		3,60 €	3,60 €	42,95 €

G Neurologie, Psychiatrie und Psychotherapie

BG-T Tarif-Nr.	DKG-NT Tarif-Nr.	Leistung	Punkte (nur DKG-NT I)	Besondere Kosten	Allgemeine Kosten	Sach-kosten	Vollkosten (nur DKG-NT I)
1a	1b	2	3	4	5	6	7
816	816	Neuropsychiatrische Behandlung eines Anfallkranken mit Kontrolle der Anfallaufzeichnung - gegebenenfalls mit medikamentöser Ein- und Umstellung und auch mit Einschaltung der Kontaktperson -	180		2,60 €	2,60 €	15,46 €
817	817	Eingehende psychiatrische Beratung der Bezugsperson psychisch gestörter Kinder oder Jugendlicher anhand erhobener Befunde und Erläuterung geplanter therapeutischer Maßnahmen....	180		2,60 €	2,60 €	15,46 €
825	825	Genaue Geruchs- und/oder Geschmacksprüfung zur Differenzierung von Störungen der Hirnnerven, als selbständige Leistung	83		1,30 €	1,30 €	7,13 €
826	826	Gezielte neurologische Gleichgewichts- und Koordinationsprüfung - gegebenenfalls einschließlich kalorisch-otologischer Prüfung -......... *Neben der Leistung nach Nr. 826 ist die Leistung nach Nr. 1412 nicht berechnungsfähig.*	99		1,30 €	1,30 €	8,50 €
827	827	Elektroenzephalographische Untersuchung - auch mit Standardprovokationen -..........	605		28,00 €	28,00 €	51,97 €
827a	827a	Langzeit-elektroenzephalographische Untersuchung von mindestens 18 Stunden Dauer - einschließlich Aufzeichnung und Auswertung -....	950		43,70 €	43,70 €	81,60 €
828	828	Messung visuell, akustisch oder somatosensorisch evozierter Hirnpotentiale (VEP, AEP, SSP)..	605		28,00 €	28,00 €	51,97 €
829	829	Sensible Elektroneurographie mit Oberflächenelektroden - gegebenenfalls einschließlich Bestimmung der Rheobase und der Chronaxie - ..	160		7,40 €	7,40 €	13,74 €
830	830	Eingehende Prüfung auf Aphasie, Apraxie, Alexie, Agraphie, Agnosie und Körperschemastörungen.....	80		1,30 €	1,30 €	6,87 €
831	831	Vegetative Funktionsdiagnostik - auch unter Anwendung pharmakologischer Testmethoden (z. B. Minor) einschließlich Wärmeanwendung und/oder Injektionen -	80		2,60 €	2,60 €	6,87 €

G Neurologie, Psychiatrie und Psychotherapie

BG-T Tarif-Nr.	DKG-NT Tarif-Nr.	Leistung	Punkte (nur DKG-NT I)	Besondere Kosten	Allgemeine Kosten	Sach-kosten	Vollkosten (nur DKG-NT I)
1a	1b	2	3	4	5	6	7
832	832	Befunderhebung am Nervensystem durch Faradisation und/oder Galvanisation..........	158		5,90 €	5,90 €	13,57 €
833	833	Begleitung eines psychisch Kranken bei Überführung in die Klinik - einschließlich Ausstellung der notwendigen Bescheinigungen - .... *Verweilgebühren sind nach Ablauf einer halben Stunde zusätzlich berechnungsfähig.*	285		5,90 €	5,90 €	24,48 €
835	835	Einmalige, nicht im zeitlichen Zusammenhang mit einer eingehenden Untersuchung durchgeführte Erhebung der Fremdanamnese über einen psychisch Kranken oder über ein verhaltensgestörtes Kind......	64		1,30 €	1,30 €	5,50 €
836	836	Intravenöse Konvulsionstherapie	190		5,90 €	5,90 €	16,32 €
837	837	Elektrische Konvulsionstherapie...........	273		6,40 €	6,40 €	23,45 €
838	838	Elektromyographische Untersuchung zur Feststellung peripherer Funktionsstörungen der Nerven und Muskeln......	550		25,40 €	25,40 €	47,24 €
839	839	Elektromyographische Untersuchung zur Feststellung peripherer Funktionsstörungen der Nerven und Muskeln mit Untersuchung der Nervenleitgeschwindigkeit	700		32,40 €	32,40 €	60,13 €
840	840	Sensible Elektroneurographie mit Nadelelektroden - gegebenenfalls einschließlich Bestimmung der Rheobase und der Chronaxie -	700		32,40 €	32,40 €	60,13 €
842	842	Apparative isokinetische Muskelfunktionsdiagnostik..... *Die Leistung nach Nummer 842 ist im Behandlungsfall nur einmal berechnungsfähig.*	500		23,00 €	23,00 €	42,95 €
845	845	Behandlung einer Einzelperson durch Hypnose .	150		2,60 €	2,60 €	12,88 €
846	846	Übende Verfahren (z. B. autogenes Training) in Einzelbehandlung, Dauer mindestens 20 Minuten......	150		2,60 €	2,60 €	12,88 €

G Neurologie, Psychiatrie und Psychotherapie

Nummern 847–860

BG-T Tarif-Nr.	DKG-NT Tarif-Nr.	Leistung	Punkte (nur DKG-NT I)	Besondere Kosten	Allgemeine Kosten	Sach-kosten	Vollkosten (nur DKG-NT I)
1a	1b	2	3	4	5	6	7
847	847	Übende Verfahren (z. B. autogenes Training) in Gruppenbehandlung mit höchstens zwölf Teilnehmern, Dauer mindestens 20 Minuten, je Teilnehmer	45		1,10 €	1,10 €	3,87 €
849	849	Psychotherapeutische Behandlung bei psychoreaktiven, psychosomatischen oder neurotischen Störungen, Dauer mindestens 20 Minuten	230		3,60 €	3,60 €	19,76 €
855	855	Anwendung und Auswertung projektiver Testverfahren (wie Rorschach-Test, TAT) mit schriftlicher Aufzeichnung, insgesamt	722		22,50 €	22,50 €	62,02 €
856	856	Anwendung und Auswertung standardisierter Intelligenz- und Entwicklungstests (Staffeltests oder HAWIE(K), IST/Amthauer, Bühler-Hetzer, Binet-Simon, Kramer) mit schriftlicher Aufzeichnung, insgesamt	361		11,30 €	11,30 €	31,01 €
		Neben der Leistung nach Nummer 856 sind die Leistungen nach den Nummern 715 bis 718 nicht berechnungsfähig.					
857	857	Anwendung und Auswertung orientierender Testuntersuchungen (z.B Fragebogentest nach Eysenck, MPQ oder MPI, Raven-Test, Sceno-Test, Wartegg-Zeichentest, Haus-Baum-Mensch, mit Ausnahme des sog. Lüscher-Tests), insgesamt	116		3,60 €	3,60 €	9,96 €
		Neben der Leistung nach Nr. 857 sind die Leistungen nach den Nrn. 716 und 717 nicht berechnungsfähig.					
860	860	Erhebung einer biographischen Anamnese unter neurosenpsychologischen Gesichtspunkten mit schriftlicher Aufzeichnung zur Einleitung und Indikationsstellung bei tiefenpsychologisch fundierter und analytischer Psychotherapie, auch in mehreren Sitzungen	920		20,50 €	20,50 €	79,03 €
		Die Leistung nach Nr. 860 ist im Behandlungsfall nur einmal berechnungsfähig.					
		Neben der Leistung nach Nr. 860 sind die Leistungen nach den Nummern 807 und 835 nicht berechnungsfähig.					

G Neurologie, Psychiatrie und Psychotherapie

Nummern 861–886

BG-T Tarif-Nr.	DKG-NT Tarif-Nr.	Leistung	Punkte (nur DKG-NT I)	Besondere Kosten	Allgemeine Kosten	Sach-kosten	Vollkosten (nur DKG-NT I)
1a	1b	2	3	4	5	6	7
861	861	Tiefenpsychologisch fundierte Psychotherapie, Einzelbehandlung, Dauer mindestens 50 Minuten	690		8,80 €	8,80 €	59,27 €
862	862	Tiefenpsychologisch fundierte Psychotherapie, Gruppenbehandlung mit einer Teilnehmerzahl von höchstens acht Personen, Dauer mindestens 100 Minuten, je Teilnehmer	345		4,60 €	4,60 €	29,63 €
863	863	Analytische Psychotherapie, Einzelbehandlung, Dauer mindestens 50 Minuten	690		8,80 €	8,80 €	59,27 €
864	864	Analytische Psychotherapie, Gruppenbehandlung mit einer Teilnehmerzahl von höchstens acht Personen, Dauer mindestens 100 Minuten, je Teilnehmer	345		4,60 €	4,60 €	29,63 €
865	865	Besprechung mit einem nichtärztlichen Psychotherapeuten über die Fortsetzung der Behandlung	345		2,60 €	2,60 €	29,63 €
870	870	Verhaltenstherapie, Einzelbehandlung, Dauer mindestens 50 Minuten - gegebenenfalls Unterteilung in zwei Einheiten von jeweils mindestens 25 Minuten -	750		9,60 €	9,60 €	64,42 €
871	871	Verhaltenstherapie, Gruppenbehandlung mit einer Teilnehmerzahl von höchstens acht Personen, Dauer mindestens 50 Minuten, je Teilnehmer	150		2,00 €	2,00 €	12,88 €
		Bei einer Sitzungsdauer von mindestens 100 Minuten kann die Leistung nach Nummer 871 zweimal berechnet werden.					
885	885	Eingehende psychiatrische Untersuchung bei Kindern oder Jugendlichen unter auch mehrfacher Einschaltung der Bezugs- und/oder Kontaktperson(en) unter Berücksichtigung familienmedizinischer und entwicklungspsychologischer Bezüge	500		6,20 €	6,20 €	42,95 €
886	886	Psychiatrische Behandlung bei Kindern und/oder Jugendlichen unter Einschaltung der Bezugs- und/oder Kontaktperson(en) unter Berücksichtigung familienmedizinischer und entwicklungspsychologischer Bezüge, Dauer mindestens 40 Minuten	700		8,80 €	8,80 €	60,13 €

G Neurologie, Psychiatrie und Psychotherapie

BG-T Tarif-Nr.	DKG-NT Tarif-Nr.	Leistung	Punkte (nur DKG-NT I)	Besondere Kosten	Allgemeine Kosten	Sach-kosten	Vollkosten (nur DKG-NT I)
1a	1b	2	3	4	5	6	7
887	**887**	Psychiatrische Behandlung in Gruppen bei Kindern und/oder Jugendlichen, Dauer mindestens 60 Minuten, bei einer Teilnehmerzahl von höchstens zehn Personen, je Teilnehmer	200		2,40 €	2,40 €	17,18 €

Teil H

Geburtshilfe und Gynäkologie

H   Geburtshilfe und Gynäkologie

BG-T Tarif-Nr.	DKG-NT Tarif-Nr.	Leistung	Punkte (nur DKG-NT I)	Besondere Kosten	Allgemeine Kosten	Sach-kosten	Vollkosten (nur DKG-NT I)
1a	1b	2	3	4	5	6	7
		Allgemeine Bestimmungen					
		Werden mehrere Eingriffe in der Bauchhöhle in zeitlichem Zusammenhang durchgeführt, die jeweils in der Leistung auch die Eröffnung der Bauchhöhle enthalten, so darf diese nur einmal berechnet werden; die Vergütungssätze der weiteren Eingriffe sind deshalb um den Vergütungssatz nach Nummer 3135 zu kürzen.					
1001	1001	Tokographische Untersuchung	120		5,60 €	5,60 €	10,31 €
1002	1002	Externe kardiotokographische Untersuchung . .	200		9,30 €	9,30 €	17,18 €
1003	1003	Interne kardiotokographische Untersuchung - gegebenenfalls einschließlich einer im zeitlichen Zusammenhang des Geburtsvorganges vorausgegangenen externen Kardiotokographie -	379		17,50 €	17,50 €	32,55 €
		Neben den Leistungen nach den Nummern 1002 und 1003 ist die Leistung nach Nummer 1001 nicht berechnungsfähig.					
1010	1010	Amnioskopie.	148		3,60 €	3,60 €	12,71 €
1011	1011	Amniozentese - einschließlich Fruchtwasserentnahme -	266		5,40 €	5,40 €	22,85 €
1012	1012	Blutentnahme beim Fetus.	74		2,60 €	2,60 €	6,36 €
1013	1013	Blutentnahme beim Fetus - einschließlich pH-Messung(en) im Blut -	178		7,60 €	7,60 €	15,29 €
1014	1014	Blutentnahme beim Fetus mittels Amnioskopie - einschließlich pH-Messung(en) im Blut -	296		8,00 €	8,00 €	25,43 €
1020	1020	Erweiterung des Gebärmutterhalses durch Dehnung im Zusammenhang mit einer Geburt - gegebenenfalls einschließlich Eipollösung -	148		5,40 €	5,40 €	12,71 €
1021	1021	Beistand von mindestens zwei Stunden Dauer bei einer Geburt, die auf natürlichem Wege nicht beendet werden kann, ausschließlich Kunsthilfe.	266		2,60 €	2,60 €	22,85 €

H Geburtshilfe und Gynäkologie

Nummern 1022–1041

BG-T Tarif-Nr.	DKG-NT Tarif-Nr.	Leistung	Punkte (nur DKG-NT I)	Besondere Kosten	Allgemeine Kosten	Sach-kosten	Vollkosten (nur DKG-NT I)
1a	1b	2	3	4	5	6	7
1022	1022	Beistand bei einer Geburt, auch Risikogeburt, regelwidriger Kindslage, Mehrlingsgeburt, ausschließlich Kunsthilfe, sofern der Arzt die Geburt auf natürlichem Wege bis zur Beendigung geleitet hat..................................	1.300		3,60 €	3,60 €	111,67 €
1025	1025	Entbindung durch Manualextraktion am Beckenende.......................	554		19,80 €	19,80 €	47,59 €
1026	1026	Entbindung durch Vakuumextraktion........	832		25,80 €	25,80 €	71,47 €
1027	1027	Entbindung durch Zange.............	832		24,20 €	24,20 €	71,47 €
1028	1028	Äußere Wendung.................	370		4,90 €	4,90 €	31,78 €
1029	1029	Innere oder kombinierte Wendung - auch mit Extraktion -.......................	1.110		25,10 €	25,10 €	95,35 €
1030	1030	Entbindung bei vorliegendem Mutterkuchen, zusätzlich.........................	370		5,90 €	5,90 €	31,78 €
		Neben den Leistungen nach den Nummern 1025 bis 1030 kann jeweils eine Leistung nach der Nummer 1021 oder 1022 zusätzlich berechnet werden.					
1031	1031	Entbindung durch Perforation oder Embryotomie, mit Extraktion...............	1.950		48,20 €	48,20 €	167,50 €
1032	1032	Schnittentbindung von der Scheide oder von den Bauchdecken aus................	2.310	46,78 €	33,80 €	80,58 €	245,20 €
1035	1035	Operation der Uterusruptur ohne Uterusexstirpation.........................	2.030	46,78 €	38,20 €	84,98 €	221,15 €
1036	1036	Operation der Uterusruptur mit Uterusexstirpation.........................	2.770	46,78 €	38,20 €	84,98 €	284,71 €
1040	1040	Reanimation eines asphyktischen Neugeborenen durch apparative Beatmung - auch mit Intubation und gegebenenfalls einschließlich extrathorakaler indirekter Herzmassage -.........	350		5,50 €	5,50 €	30,06 €
1041	1041	Entfernung der Nachgeburt oder von Resten durch inneren Eingriff mit oder ohne Kürettement.............................	824		18,60 €	18,60 €	70,78 €

H Geburtshilfe und Gynäkologie

BG-T Tarif-Nr.	DKG-NT Tarif-Nr.	Leistung	Punkte (nur DKG-NT I)	Besondere Kosten	Allgemeine Kosten	Sach-kosten	Vollkosten (nur DKG-NT I)
1a	1b	2	3	4	5	6	7
1042	1042	Behandlung einer Blutung nach der Geburt durch innere Eingriffe..................	554		18,60 €	18,60 €	47,59 €
1043	1043	Naht des Gebährmutterhalses - einschließlich der vorangegangenen Erweiterung durch Schnitt oder Naht eines frischen Mutterhalsrisses.....	620	15,66 €	14,70 €	30,36 €	68,92 €
1044	1044	Naht der weichen Geburtswege - auch nach vorangegangener künstlicher Erweiterung - und/oder Naht eines Dammrisses I. oder II. Grades und/oder Naht eines Scheidenrisses	420	15,66 €	14,20 €	29,86 €	51,74 €
		Neben der Leistung nach Nummer 1044 ist die Leistung nach Nummer 1096 nicht berechnungsfähig.					
1045	1045	Naht eines vollkommenen Dammrisses (III. Grades).....	924	23,33 €	19,20 €	42,53 €	102,70 €
		Neben der Leistung nach Nummer 1045 ist die Leistung nach Nummer 1044 nicht berechnungsfähig.					
1048	1048	Operation einer Extrauterinschwangerschaft ...	2.310	31,11 €	42,50 €	73,61 €	229,53 €
1049	1049	Aufrichtung der eingeklemmten Gebärmutter einer Schwangeren - auch mit Einlage eines Ringes -.....	296		3,50 €	3,50 €	25,43 €
1050	1050	Instrumentale Einleitung einer Geburt oder Fehlgeburt, als selbständige Leistung...........	296		15,80 €	15,80 €	25,43 €
1051	1051	Beistand bei einer Fehlgeburt ohne operative Hilfe.....	185		2,70 €	2,70 €	15,89 €
1052	1052	Beistand bei einer Fehlgeburt und deren Beendigung durch inneren Eingriff.............	739		13,70 €	13,70 €	63,48 €
1055	1055	Abbruch einer Schwangerschaft bis einschließlich 12. Schwangerschaftswoche - gegebenenfalls einschließlich Erweiterung des Gebärmutterhalskanals.............	800		15,80 €	15,80 €	68,72 €
1056	1056	Abbruch einer Schwangerschaft ab der 13. Schwangerschaftswoche - gegebenenfalls einschließlich Erweiterung des Gebärmutterhalskanals -.....	1.200		38,20 €	38,20 €	103,08 €

H Geburtshilfe und Gynäkologie

Nummern 1060–1086

BG-T Tarif-Nr.	DKG-NT Tarif-Nr.	Leistung	Punkte (nur DKG-NT I)	Besondere Kosten	Allgemeine Kosten	Sach-kosten	Vollkosten (nur DKG-NT I)
1a	1b	2	3	4	5	6	7
		Neben den Leistungen nach den Nummern 1055 und 1056 ist die intravaginale oder intrazervikale Applikation von Prostaglandin-Gel nicht gesondert berechnungsfähig.					
1060	1060	Ausräumung einer Blasenmole oder einer missed abortion	924		15,80 €	15,80 €	79,37 €
1061	1061	Abtragung eines Hymens oder Eröffnung eines Hämatokolpos	185		6,40 €	6,40 €	15,89 €
1062	1062	Vaginoskopie bei einer Virgo	178		4,30 €	4,30 €	15,29 €
1063	1063	Vaginoskopie bei einem Kind bis zum vollendeten 10. Lebensjahr	240		4,30 €	4,30 €	20,62 €
1070	1070	Kolposkopie	73		2,30 €	2,30 €	6,27 €
1075	1075	Vaginale Behandlung - auch einschließlich Einbringung von Arzneimitteln in die Gebärmutter, Ätzung des Gebärmutterhalses und/oder Behandlung von Portioerosionen	45		1,90 €	1,90 €	3,87 €
1080	1080	Entfernung eines Fremdkörpers aus der Scheide eines Kindes	106		4,30 €	4,30 €	9,11 €
1081	1081	Ausstopfung der Scheide zur Blutstillung, als selbständige Leistung	59		4,60 €	4,60 €	5,07 €
1082	1082	Ausstopfung der Gebärmutter - gegebenenfalls einschließlich Scheide - zur Blutstillung, als selbständige Leistung	178		6,90 €	6,90 €	15,29 €
1083	1083	Kauterisation an der Portio und/oder der Zervix, als selbständige Leistung	70		2,40 €	2,40 €	6,01 €
1084	1084	Thermokoagulation an der Portio und/oder der Zervix, als selbständige Leistung	118		6,20 €	6,20 €	10,14 €
1085	1085	Kyrochirurgischer Eingriff im Vaginalbereich, als selbständige Leistung	296		6,20 €	6,20 €	25,43 €
1086	1086	Konisation der Portio	296		12,40 €	12,40 €	25,43 €

H Geburtshilfe und Gynäkologie

BG-T Tarif-Nr.	DKG-NT Tarif-Nr.	Leistung	Punkte (nur DKG-NT I)	Besondere Kosten	Allgemeine Kosten	Sach-kosten	Vollkosten (nur DKG-NT I)
1a	1b	2	3	4	5	6	7
1087	1087	Einlegen und Wechseln eines Ringes oder Anlegen eines Portio-Adapters	55		1,90 €	1,90 €	4,72 €
1088	1088	Lageverbesserung der Gebärmutter mit Einlegen eines Ringes................	93		4,60 €	4,60 €	7,99 €
1089	1089	Operative Entfernung eines eingewachsenen Ringes aus der Scheide	463		11,30 €	11,30 €	39,77 €
1090	1090	Einlegen oder Wechseln eines Okklusivpessars .	52		1,90 €	1,90 €	4,47 €
1091	1091	Einlegen oder Wechseln eines Intrauterinpessars............	106		1,90 €	1,90 €	9,11 €
1092	1092	Entfernung eines Intrauterinpessars	52		1,90 €	1,90 €	4,47 €
1095	1095	Operative Reposition der umgestülpten Gebärmutter............	2.310	31,11 €	38,20 €	69,31 €	229,53 €
1096	1096	Erweiterung des Gebärmutterhalses durch Dehnung............	148		5,40 €	5,40 €	12,71 €
1097	1097	Erweiterung des Gebärmutterhalses durch Schnitt - gegebenenfalls einschließlich Naht - ..	296	7,78 €	9,20 €	16,98 €	33,21 €
1098	1098	Durchtrennung oder Sprengung eines stenosierenden Narbenstranges der Scheide	296	7,78 €	9,20 €	16,98 €	33,21 €
1099	1099	Operative Behandlung der Hämato- oder Pyometra............	647	7,78 €	9,20 €	16,98 €	63,36 €
1102	1102	Entfernung eines oder mehrerer Polypen und/oder Abrasio aus dem Gebärmutterhals oder dem Muttermund	148		8,50 €	8,50 €	12,71 €
1103	1103	Probeexzision aus dem Gebärmutterhals und/oder dem Muttermund und/oder der Vaginalwand - gegebenenfalls einschließlich Abrasio und auch einschließlich Entfernung eines oder mehrerer Polypen -	185		8,50 €	8,50 €	15,89 €

H Geburtshilfe und Gynäkologie

BG-T Tarif-Nr.	DKG-NT Tarif-Nr.	Leistung	Punkte (nur DKG-NT I)	Besondere Kosten	Allgemeine Kosten	Sach-kosten	Vollkosten (nur DKG-NT I)
1a	1b	2	3	4	5	6	7
1104	1104	Ausschabung und/oder Absaugung der Gebärmutterhöhle, einschließlich Ausschabung des Gebärmutterhalses - gegebenenfalls auch mit Probeexzision aus Gebärmutterhals und/oder Muttermund und/oder Vaginalwand sowie gegebenenfalls einschließlich Entfernung eines oder mehrerer Polypen..............	647	7,46 €	9,20 €	16,66 €	63,04 €
1105	1105	Gewinnung von Zellmaterial aus der Gebärmutterhöhle und Aufbereitung zur zytologischen Untersuchung - einschließlich Kosten -.........	180		8,30 €	8,30 €	15,46 €
1110	1110	Hysteroskopie...............	444		4,30 €	4,30 €	38,14 €
1111	1111	Hysteroskopie mit zusätzlichem(n) operativem(n) Eingriff(en)................	739	7,78 €	5,80 €	13,58 €	71,26 €
1112	1112	Tubendurchblasung...............	296		7,10 €	7,10 €	25,43 €
1113	1113	Tubendurchblasung mit Druckschreibung.....	420		8,30 €	8,30 €	36,08 €
1114	1114	Insemination - auch einschließlich Konservierung und Aufbereitung des Samens -........	370		12,10 €	12,10 €	31,78 €
1120	1120	Operation eines alten unvollkommenen Dammrisses - auch einschließlich Naht von Einrissen der Vulva und/oder Vagina -...............	647	11,77 €	23,60 €	35,37 €	67,35 €
1121	1121	Operation eines alten vollkommenen Dammrisses...............	1.660	23,33 €	32,70 €	56,03 €	165,92 €
		Neben der Leistung nach Nummer 1121 ist die Leistung nach Nummer 1126 nicht berechnungsfähig.					
1122	1122	Operation eines alten Gebärmutterhalsrisses...	739	7,78 €	22,00 €	29,78 €	71,26 €
1123	1123	Plastische Operation bei teilweisem Verschluß der Scheide...............	2.770	23,33 €	35,60 €	58,93 €	261,26 €
1123a	1123a	Plastische Operation zur Öffnung der Scheide bei anogenitaler Fehlbildung im Kindesalter....	2.270	23,33 €	35,60 €	58,93 €	218,32 €
1124	1124	Plastische Operation bei gänzlichem Fehlen der Scheide...............	3.700	23,33 €	46,10 €	69,43 €	341,15 €

H Geburtshilfe und Gynäkologie

Nummern 1125–1141

BG-T Tarif-Nr.	DKG-NT Tarif-Nr.	Leistung	Punkte (nur DKG-NT I)	Besondere Kosten	Allgemeine Kosten	Sach-kosten	Vollkosten (nur DKG-NT I)
1a	1b	2	3	4	5	6	7
1125	1125	Vordere Scheidenplastik..................	924	15,66 €	33,80 €	49,46 €	95,03 €
1126	1126	Hintere Scheidenplastik mit Beckenbodenplastik............................	1.290	15,66 €	39,30 €	54,96 €	126,47 €
1127	1127	Vordere und hintere Scheidenplastik mit Beckenbodenplastik......................	1.660	23,33 €	44,90 €	68,23 €	165,92 €
1128	1128	Scheiden- und Portioplastik - gegebenenfalls auch mit Zervixamputation mit Elevation des Uterus auf vaginalem Wege (z. B. Manchester-Fothergill, Interposition), auch mit Beckenbodenplastik..............................	2.220	31,11 €	48,30 €	79,41 €	221,80 €
1129	1129	Plastische Operation am Gebärmutterhals (I) und/oder operative Korrektur einer Isthmusinsuffizienz des Uterus (z. B. nach Shirodkar) (II) ..	739	15,66 €	24,80 €	40,46 €	79,14 €
1131	1131	Operative Entfernung eines Stützbandes oder einer Metallnaht nach Isthmusinsuffizienzoperation.................................	379	3,68 €	9,20 €	12,88 €	36,23 €
1135	1135	Zervixamputation........................	554	7,78 €	17,10 €	24,88 €	55,37 €
1136	1136	Vordere und/oder hintere Kolpozöliotomie (I) - auch Eröffnung eines Douglas-Abszesses (II) - als selbständige Leistung..................	379	3,68 €	4,90 €	8,58 €	36,23 €
1137	1137	Vaginale Myomenukleation................	1.290	31,11 €	29,10 €	60,21 €	141,92 €
1138	1138	Vaginale oder abdominale Totalexstirpation des Uterus ohne Adnexentfernung.............	2.770	38,89 €	49,50 €	88,39 €	276,82 €
1139	1139	Vaginale oder abdominale Totalexstirpation des Uterus mit Adnexentfernung...............	3.330	46,78 €	72,80 €	119,58 €	332,82 €
1140	1140	Operative Behandlung einer konservativ unstillbaren Nachblutung nach vaginaler Uterusoperation.................................	333	3,68 €	9,20 €	12,88 €	32,28 €
1141	1141	Operation im Vaginal- oder Vulvabereich (z. B. Exstirpation von Vaginalzysten oder Bartholinischen Zysten oder eines Scheidenseptums) ...	554	11,77 €	20,30 €	32,07 €	59,36 €

H Geburtshilfe und Gynäkologie

BG-T Tarif-Nr.	DKG-NT Tarif-Nr.	Leistung	Punkte (nur DKG-NT I)	Besondere Kosten	Allgemeine Kosten	Sach-kosten	Vollkosten (nur DKG-NT I)
1a	1b	2	3	4	5	6	7
1145	1145	Ovarektomie, Ovariotomie, Salpingektomie, Salpingotomie, Salpingolyse und/oder Neoostomie durch vaginale oder abdominale Eröffnung der Bauchhöhle, einseitig..................	1.660	38,89 €	34,80 €	73,69 €	181,48 €
1146	1146	Ovarektomie, Ovariotomie, Salpingektomie, Salpingotomie, Salpingolyse und/oder Neoostomie durch vaginale oder abdominale Eröffnung der Bauchhöhle, beidseitig..................	2.220	46,78 €	38,20 €	84,98 €	237,47 €
1147	1147	Antefixierende Operation des Uterus mit Eröffnung der Bauchhöhle..................	1.480	38,89 €	37,10 €	75,99 €	166,02 €
1148	1148	Plastische Operation bei Tubensterilität (z. B. Implantation, Anastomose), einseitig..........	2.500	54,34 €	48,30 €	102,64 €	269,08 €
1149	1149	Plastische Operation bei Tubensterilität (z. B. Implantation, Anastomose), beidseitig.........	3.500	54,34 €	73,00 €	127,34 €	354,98 €
1155	1155	Pelviskopie mit Anlegen eines druckkontrollierten Pneumoperitoneums und Anlegen eines Portioadapters - gegebenenfalls einschließlich Probeexzision und/oder Probepunktion -.....	800	3,68 €	13,70 €	17,38 €	72,40 €
1156	1156	Pelviskopie mit Anlegen eines druckkontrollierten Pneumoperitoneums und Anlegen eines Portioadapters einschließlich Durchführung intraabdominaler Eingriffe - gegebenenfalls einschließlich Probeexzision und/oder Probepunktion -..................	1.050	31,11 €	28,30 €	59,41 €	121,30 €
1158	1158	Kuldoskopie - auch mit operativen Eingriffen -..	739	7,78 €	20,30 €	28,08 €	71,26 €
1159	1159	Abtragung großer Geschwülste der äußeren Geschlechtsteile - auch Vulvektomie -..........	1.660	23,33 €	28,30 €	51,63 €	165,92 €
1160	1160	Operative Beseitigung von Uterusmißbildungen (z. B. Uterus bicornis, Uterus subseptus)......	2.770	23,33 €	75,40 €	98,73 €	261,26 €
1161	1161	Uterusamputation, supravaginal	1.480	31,11 €	49,50 €	80,61 €	158,24 €
1162	1162	Abdominale Myomenukleation.............	1.850	31,11 €	50,00 €	81,11 €	190,02 €

H Geburtshilfe und Gynäkologie

BG-T Tarif-Nr.	DKG-NT Tarif-Nr.	Leistung	Punkte (nur DKG-NT I)	Besondere Kosten	Allgemeine Kosten	Sach-kosten	Vollkosten (nur DKG-NT I)
1a	1b	2	3	4	5	6	7
1163	1163	Fisteloperation an den Geschlechtsteilen - gegebenenfalls einschließlich der Harnblase und/oder Operation einer Darmscheiden- oder Darmharnröhrenfistel auch mit hinterer Scheidenplastik und Beckenbodenplastik -........	2.770	46,78 €	38,20 €	84,98 €	284,71 €
1165	1165	Radikaloperation des Scheiden- und Vulva-Krebses....................	3.140	46,78 €	50,40 €	97,18 €	316,50 €
1166	1166	Radikaloperation des Zervixkrebses, vaginal oder abdominal, mit Entfernung der regionären Lymphknoten..................	4.620	62,22 €	64,90 €	127,12 €	459,06 €
1167	1167	Radikaloperation des Zervixkrebses, abdominal, mit Entfernung der Lymphstromgebiete, auch paraaortal..................	4.900	62,22 €	75,40 €	137,62 €	483,12 €
1168	1168	Exenteration des kleinen Beckens..........	5.900	62,22 €	75,40 €	137,62 €	569,01 €

Teil I

Augenheilkunde

Augenheilkunde

BG-T Tarif-Nr.	DKG-NT Tarif-Nr.	Leistung	Punkte (nur DKG-NT I)	Besondere Kosten	Allgemeine Kosten	Sach- kosten	Vollkosten (nur DKG-NT I)
1a	1b	2	3	4	5	6	7
1200	1200	Subjektive Refraktionsbestimmung mit sphärischen Gläsern..................	59		2,60 €	2,60 €	5,07 €
1201	1201	Subjektive Refraktionsbestimmung mit sphärisch-zylindrischen Gläsern...............	89		2,60 €	2,60 €	7,64 €
1202	1202	Objektive Refraktionsbestimmung mittels Skiaskopie oder Anwendung eines Refraktometers..	74		3,60 €	3,60 €	6,36 €
1203	1203	Messung der Maximal- oder Gebrauchsakkomodation mittels Akkommodometer oder Optometer..................	60		3,60 €	3,60 €	5,15 €
1204	1204	Messung der Hornhautkrümmungsradien.....	45		2,60 €	2,60 €	3,87 €
1207	1207	Prüfung von Mehrstärken- oder Prismenbrillen mit Bestimmung der Fern- und Nahpunkte bei subjektiver Brillenunverträglichkeit..........	70		3,20 €	3,20 €	6,01 €
1209	1209	Nachweis der Tränensekretionsmenge (z. B. Schirmer-Test).................... *Mit der Gebühr sind die Kosten abgegolten*	20		1,00 €	1,00 €	1,72 €
1210	1210	Erstanpassung und Auswahl der Kontaktlinse (Haftschale) für ein Auge zum Zwecke der Verordnung - einschließlich objektiver Refraktionsbestimmung, Messung der Hornhautradien und der Spaltlampenmikroskopie -............	228		8,80 €	8,80 €	19,58 €
1211	1211	Erstanpassung und Auswahl der Kontaktlinsen (Haftschalen) für beide Augen zum Zwecke der Verordnung - einschließlich objektiver Refraktionsbestimmung, Messung der Hornhautradien und der Spaltlampenmikroskopie -............	300		12,20 €	12,20 €	25,77 €
1212	1212	Prüfung auf Sitz der verordneten Kontaktlinse (Haftschale) für ein Auge und gegebenenfalls Anpassung einer anderen Kontaktlinse (Haftschale) einschließlich objektiver Refraktionsbestimmung, Messung der Hornhautradien und der Spaltlampenmikroskopie -............	132		6,70 €	6,70 €	11,34 €

I Augenheilkunde

BG-T Tarif-Nr.	DKG-NT Tarif-Nr.	Leistung	Punkte (nur DKG-NT I)	Besondere Kosten	Allgemeine Kosten	Sach-kosten	Vollkosten (nur DKG-NT I)
1a	1b	2	3	4	5	6	7
1213	1213	Prüfung auf Sitz und Funktion der verordneten Kontaktlinsen (Haftschalen) für beide Augen und gegebenenfalls Anpassung anderer Kontaktlinsen (Haftschalen) einschließlich objektiver Refraktionsbestimmung, Messung der Hornhautradien und der Spaltlampenmikroskopie...........	198		9,60 €	9,60 €	17,01 €
		Neben den Leistungen nach den Nummern 1210 bis 1213 sind die Leistungen nach den Nummern 5 und/oder 6 nicht berechnungsfähig.					
		Wurden harte Kontaktlinsen (Haftschalen) nicht vertragen und müssen deshalb weiche Kontaktlinsen angepaßt werden, sind die Leistungen nach den Nummern 1210 bis 1211 nicht erneut, sondern lediglich die Leistungen nach der Nummer 1212 oder 1213 berechnungsfähig					
1215	1215	Bestimmung von Fernrohrbrillen oder Lupenbrillen, je Sitzung.............	121		4,90 €	4,90 €	10,39 €
1216	1216	Untersuchung auf Heterophorie bzw. Strabismus - gegebenenfalls einschließlich qualitativer Untersuchung des binokularen Sehaktes.....	91		3,60 €	3,60 €	7,82 €
1217	1217	Qualitative und quantitative Untersuchung des binokularen Sehaktes..............	242		6,90 €	6,90 €	20,79 €
		Neben der Leistung nach Nummer 1217 sind die Leistungen nach den Nummern 5 und/oder 6 nicht berechnungsfähig.					
1218	1218	Differenzierende Analyse und graphische Darstellung des Bewegungsablaufs beider Augen bei Augenmuskelstörungen, mindestens 36 Blickrichtungen pro Auge.................	700		13,70 €	13,70 €	60,13 €
1225	1225	Kampimetrie (z. B. Bjerrum) - auch Perimetrie nach Förster -................	121		4,10 €	4,10 €	10,39 €
1226	1226	Projektionsperimetrie mit Marken verschiedener Reizwerte................	182		3,60 €	3,60 €	15,63 €
1227	1227	Quantitativ abgestufte (statische) Profilperimetrie	248		6,60 €	6,60 €	21,30 €
1228	1228	Farbsinnprüfung mit Pigmentproben (z. B. Farbtafeln)................	61		1,30 €	1,30 €	5,24 €

Augenheilkunde

BG-T Tarif-Nr.	DKG-NT Tarif-Nr.	Leistung	Punkte (nur DKG-NT I)	Besondere Kosten	Allgemeine Kosten	Sach-kosten	Vollkosten (nur DKG-NT I)
1a	1b	2	3	4	5	6	7
1229	1229	Farbsinnprüfung mit Anomaloskop..........	182		3,60 €	3,60 €	15,63 €
1233	1233	Vollständige Untersuchung des zeitlichen Ablaufs der Adaption..................... *Neben der Leistung nach Nr. 1233 ist die Leistung nach Nr. 1234 nicht berechnungsfähig.*	484		11,30 €	11,30 €	41,57 €
1234	1234	Untersuchung des Dämmerungssehens ohne Blendung........................	91		2,40 €	2,40 €	7,82 €
1235	1235	Untersuchung des Dämmerungssehens während der Blendung.................	91		2,40 €	2,40 €	7,82 €
1236	1236	Untersuchung des Dämmerungssehens nach der Blendung (Readaption).............	91		2,40 €	2,40 €	7,82 €
1237	1237	Elektroretinographische Untersuchung (ERG) und/oder elektrookulographische Untersuchung (EOG)...........................	600		27,70 €	27,70 €	51,54 €
1240	1240	Spaltlampenmikroskopie der vorderen und mittleren Augenabschnitte - gegebenenfalls einschließlich der binokularen Untersuchung des hinteren Poles (z. B. Hruby-Linse) -........	74		2,60 €	2,60 €	6,36 €
1241	1241	Gonioskopie........................	152		4,90 €	4,90 €	13,06 €
1242	1242	Binokulare Untersuchung des Augenhintergrundes einschließlich der äußeren Peripherie (z. B. Dreispiegelkontaktglas, Schaepens) - gegebenenfalls einschließlich der Spaltlampenmikroskopie der vorderen und mittleren Augenabschnitte und/oder diasklerale Durchleuchtung........	152		4,90 €	4,90 €	13,06 €
1243	1243	Diasklerale Durchleuchtung...............	61		2,60 €	2,60 €	5,24 €
1244	1244	Exophtalmometrie.....................	50		3,60 €	3,60 €	4,29 €
1248	1248	Fluoreszenzuntersuchung der terminalen Strombahn am Augenhintergrund - einschließlich Applikation des Teststoffes -...............	242		9,70 €	9,70 €	20,79 €

I Augenheilkunde

Nummern 1249–1263

BG-T Tarif-Nr.	DKG-NT Tarif-Nr.	Leistung	Punkte (nur DKG-NT I)	Besondere Kosten	Allgemeine Kosten	Sach-kosten	Vollkosten (nur DKG-NT I)
1a	1b	2	3	4	5	6	7
1249	1249	Fluoreszenzangiographische Untersuchung der terminalen Strombahn am Augenhintergrund - einschließlich Aufnahmen und Applikation des Teststoffes - . . . . *Mit den Gebühren für die Leistungen nach den Nummern 1248 und 1249 sind die Kosten abgegolten.*	484		22,30 €	22,30 €	41,57 €
1250	1250	Lokalisation eines Fremdkörpers nach Comberg oder Vogt.	273		6,90 €	6,90 €	23,45 €
1251	1251	Lokalisation einer Netzhautveränderung als Voraussetzung für einen gezielten intraokularen Eingriff.	273		6,90 €	6,90 €	23,45 €
1252	1252	Fotographische Verlaufskontrolle intraokularer Veränderungen mittels Spaltlampenfotographie .	100		3,50 €	3,50 €	8,59 €
1253	1253	Fotographische Verlaufskontrolle von Veränderungen des Augenhintergrunds mittels Fundusfotographie.	150		5,20 €	5,20 €	12,88 €
1255	1255	Tonometrische Untersuchung mit Anwendung des Impressionstonometers	70		1,30 €	1,30 €	6,01 €
1256	1256	Tonometrische Untersuchung mit Anwendung des Applanationstonometers.	100		2,60 €	2,60 €	8,59 €
1257	1257	Tonometrische Untersuchung (mehrfach in zeitlichem Zusammenhang zur Anfertigung tonometrischer Kurven, mindestens vier Messungen) - auch fortlaufende Tonometrie zur Ermittlung des Abflußwiderstandes -	242		7,60 €	7,60 €	20,79 €
1259	1259	Pupillographie.	242		11,20 €	11,20 €	20,79 €
1260	1260	Elektromyographie der äußeren Augenmuskeln .	560		25,90 €	25,90 €	48,10 €
1262	1262	Ophtalmodynamometrie - gegebenenfalls einschließlich Tonometrie -, erste Messung	242		7,60 €	7,60 €	20,79 €
1263	1263	Ophtalmodynamometrie - gegebenenfalls einschließlich Tonometrie -, jede weitere Messung .	152		6,40 €	6,40 €	13,06 €

I Augenheilkunde

Nummern 1268–1282

BG-T Tarif-Nr.	DKG-NT Tarif-Nr.	Leistung	Punkte (nur DKG-NT I)	Besondere Kosten	Allgemeine Kosten	Sach-kosten	Vollkosten (nur DKG-NT I)
1a	1b	2	3	4	5	6	7
1268	1268	Aktive Behandlung der Schwachsichtigkeit (Pleoptik) mittels Spezial-Ophtalmoskop, Mindestdauer 20 Minuten	152		10,40 €	10,40 €	13,06 €
1269	1269	Behandlung der gestörten Binokularfunktion (Orthoptik) mit Geräten nach dem Prinzip des Haploskops (z. B. Synoptophor, Amblyoskop), Mindestdauer 20 Minuten	152		10,40 €	10,40 €	13,06 €
1270	1270	Unterstützende oder ergänzende pleoptische oder orthoptische Behandlung an optischen Zusatz- oder Übungsgeräten, Mindestdauer 20 Minuten	54		3,60 €	3,60 €	4,64 €
1271	1271	Auswahl und Einprobieren eines künstlichen Auges	46		1,30 €	1,30 €	3,95 €
1275	1275	Entfernung von oberflächlichen Fremdkörpern von der Bindehaut und/oder der Hornhaut	37		1,30 €	1,30 €	3,18 €
1276	1276	Instrumentelle Entfernung von Fremdkörpern von der Hornhautoberfläche, aus der Lederhaut und/oder von eingebrannten Fremdkörpern aus der Bindehaut und/oder der Hornhaut	74		1,90 €	1,90 €	6,36 €
1277	1277	Entfernung von eisenhaltigen eingebrannten Fremdkörpern aus der Hornhaut mit Ausfräsen des Rostringes	152		3,60 €	3,60 €	13,06 €
1278	1278	Entfernung von eingespießten Fremdkörpern aus der Hornhaut mittels Präparation	278		5,40 €	5,40 €	23,88 €
1279	1279	Entfernung von Korneoskleralfäden	100		4,00 €	4,00 €	8,59 €
1280	1280	Entfernung von eisenhaltigen Fremdkörpern aus dem Augeninnern mit Hilfe des Magneten - einschließlich Eröffnung des Augapfels -	1.290	5,47 €	22,50 €	27,97 €	116,28 €
1281	1281	Entfernung von nichtmagnetischen Fremdkörpern oder einer Geschwulst aus dem Augeninnern	2.220	7,46 €	41,50 €	48,96 €	198,15 €
1282	1282	Entfernung einer Geschwulst oder von Kalkinfarkten aus den Lidern eines Auges oder aus der Augapfelbindehaut	152		6,00 €	6,00 €	13,06 €

Augenheilkunde

BG-T Tarif-Nr.	DKG-NT Tarif-Nr.	Leistung	Punkte (nur DKG-NT I)	Besondere Kosten	Allgemeine Kosten	Sach-kosten	Vollkosten (nur DKG-NT I)
1a	1b	2	3	4	5	6	7
1283	1283	Entfernung von Fremdkörpern oder einer Geschwulst aus der Augenhöhle ohne Resektion der Orbitalwand und ohne Muskelablösung....	554	5,47 €	9,20 €	14,67 €	53,06 €
1284	1284	Entfernung von Fremdkörpern oder einer Geschwulst aus der Augenhöhle ohne Resektion der Orbitalwand mit Muskelablösung	924	7,46 €	11,30 €	18,76 €	86,83 €
1285	1285	Entfernung von Fremdkörpern oder einer Geschwulst aus der Augenhöhle mit Resektion der Orbitalwand............	1.480	7,78 €	17,10 €	24,88 €	134,91 €
1290	1290	Vorbereitende operative Maßnahmen zur Rekonstruktion einer Orbita unter Verwendung örtlichen Materials, ausgenommen das knöcherne Gerüst....	1.500	7,78 €	17,10 €	24,88 €	136,63 €
1291	1291	Wiederherstellung an der knöchernen Augenhöhle (z. B. nach Fraktur)............	1.850	7,78 €	17,10 €	24,88 €	166,69 €
1292	1292	Operation der Augenhöhlen- oder Tränensackphlegmone....	278	5,47 €	4,90 €	10,37 €	29,35 €
1293	1293	Dehnung, Durchspülung, Sondierung, Salbenfüllung oder Kaustik der Tränenwege, auch beidseitig............	74		1,80 €	1,80 €	6,36 €
1294	1294	Sondierung des Tränennasengangs bei Säuglingen und Kleinkindern, auch beidseitig........	130		1,80 €	1,80 €	11,17 €
1297	1297	Operation des evertierten Tränenpünktchens...	152	5,47 €	1,30 €	6,77 €	18,53 €
1298	1298	Spaltung von Strikturen des Tränennasenkanals.	132		1,70 €	1,70 €	11,34 €
1299	1299	Tränensackexstirpation............	554	5,47 €	11,30 €	16,77 €	53,06 €
1300	1300	Tränensackexstirpation zur Wiederherstellung des Tränenabflusses zur Nase mit Knochenfestsetzung....	1.220	5,47 €	17,10 €	22,57 €	110,26 €
1301	1301	Exstirpation oder Verödung der Tränendrüse...	463	5,47 €	8,00 €	13,47 €	45,24 €
1302	1302	Plastische Korrektur der verengten oder erweiterten Lidspalte oder des Epikanthus........	924	5,47 €	5,80 €	11,27 €	84,84 €

Augenheilkunde

Nummern 1303–1325

BG-T Tarif-Nr.	DKG-NT Tarif-Nr.	Leistung	Punkte (nur DKG-NT I)	Besondere Kosten	Allgemeine Kosten	Sach- kosten	Vollkosten (nur DKG-NT I)
1a	1b	2	3	4	5	6	7
1303	1303	Vorübergehende Spaltung der verengten Lidspalte	230		1,30 €	1,30 €	19,76 €
1304	1304	Plastische Korrektur des Ektropiums oder Entropiums, der Trichiasis oder Distichiasis	924	7,46 €	6,90 €	14,36 €	86,83 €
1305	1305	Operation der Lidsenkung (Ptosis)	739	5,47 €	14,70 €	20,17 €	68,95 €
1306	1306	Operation der Lidsenkung (Ptosis) mit direkter Lidheberverkürzung	1.110	7,46 €	14,70 €	22,16 €	102,81 €
1310	1310	Augenlidplastik mittels freien Hauttransplantates	1.480	7,78 €	14,70 €	22,48 €	134,91 €
1311	1311	Augenlidplastik mittels Hautlappenverschiebung aus der Umgebung	1.110	7,46 €	20,30 €	27,76 €	102,81 €
1312	1312	Augenlidplastik mittels Hautlappenverschiebung aus der Umgebung und freier Transplantation . .	1.850	7,78 €	20,30 €	28,08 €	166,69 €
	1313	Abreiben, Skarifizieren oder chemische Ätzung der Bindehaut, auch beidseitig	30		1,30 €	1,30 €	2,58 €
	1318	Ausrollen und Ausquetschen der Übergangsfalte	74		2,60 €	2,60 €	6,36 €
1319	1319	Plastische Wiederherstellung des Bindehautsackes durch Transplantation von Lippenschleimhaut und/oder Bindehaut bei erhaltenem Augapfel - einschließlich Entnahme des Transplantates, auch Maßnahmen am Lidknorpel - . .	1.850	15,66 €	20,30 €	35,96 €	174,57 €
1320	1320	Einspritzung unter die Bindehaut	52		1,30 €	1,30 €	4,47 €
1321	1321	Operation des Flügelfells	296	5,47 €	6,90 €	12,37 €	30,90 €
1322	1322	Operation des Flügelfells mit lamellierender Keratoplastik	1.660	7,46 €	37,10 €	44,56 €	150,05 €
1323	1323	Elektrolytische Epilation von Wimpernhaaren, je Sitzung	67		1,90 €	1,90 €	5,76 €
1325	1325	Naht einer Bindehaut- oder nicht perforierenden Hornhaut- oder nicht perforierenden Lederhautwunde	230	5,47 €	8,20 €	13,67 €	25,23 €

Augenheilkunde

Nummern 1326–1347

BG-T Tarif-Nr. 1a	DKG-NT Tarif-Nr. 1b	Leistung 2	Punkte (nur DKG-NT I) 3	Besondere Kosten 4	Allgemeine Kosten 5	Sach-kosten 6	Vollkosten (nur DKG-NT I) 7
1326	1326	Direkte Naht einer perforierenden Hornhaut- oder Lederhautwunde - auch mit Reposition oder Abtragung der Regenbogenhaut und gegebenenfalls mit Bindehautdeckung -.......	1.110	7,46 €	22,50 €	29,96 €	102,81 €
1327	1327	Wiederherstellungsoperation bei perforierender Hornhaut- oder Lederhautverletzung mit Versorgung von Regenbogenhaut und Linse	1.850	7,46 €	20,30 €	27,76 €	166,37 €
1328	1328	Wiederherstellungsoperation bei schwerverletztem Augapfel, Zerschneidung von Hornhaut und Lederhaut, Beteiligung der Iris, der Linse, des Glaskörpers und der Netzhaut............	3.230	14,82 €	50,40 €	65,22 €	292,27 €
1330	1330	Korrektur einer Schielstellung durch Eingriff an einem geraden Augenmuskel............	739	7,46 €	33,80 €	41,26 €	70,94 €
1331	1331	Korrektur einer Schielstellung durch Eingriff an jedem weiteren geraden Augenmuskel zusätzlich zu Nummer 1330........	554	4,21 €	11,30 €	15,51 €	51,80 €
1332	1332	Korrektur einer Schielstellung durch Eingriff an einem schrägen Augenmuskel............	1.110	7,46 €	33,80 €	41,26 €	102,81 €
1333	1333	Korrektur einer Schielstellung durch Eingriff an jedem weiteren schrägen Augenmuskel zusätzlich zu Nummer 1332........	739	4,10 €	11,30 €	15,40 €	67,58 €
1338	1338	Chemische Ätzung der Hornhaut..........	56		1,30 €	1,30 €	4,81 €
1339	1339	Abschabung der Hornhaut.............	148		2,60 €	2,60 €	12,71 €
1340	1340	Thermo- oder Kryotherapie von Hornhauterkrankungen (z. B. Herpes ulcus) mit Epithelentfernung..........	185		3,60 €	3,60 €	15,89 €
1341	1341	Tätowierung der Hornhaut	333		4,30 €	4,30 €	28,60 €
1345	1345	Hornhautplastik.................	1.660	7,46 €	37,10 €	44,56 €	150,05 €
1346	1346	Hornhauttransplantation.............	2.770	7,46 €	53,70 €	61,16 €	245,39 €
1347	1347	Einpflanzung einer optischen Kunststoffprothese in die Hornhaut (Keratoprothesis)..........	3.030	7,46 €	53,70 €	61,16 €	267,73 €

Augenheilkunde

Nummern 1348–1362

BG-T Tarif-Nr.	DKG-NT Tarif-Nr.	Leistung	Punkte (nur DKG-NT I)	Besondere Kosten	Allgemeine Kosten	Sach-kosten	Vollkosten (nur DKG-NT I)
1a	1b	2	3	4	5	6	7
1348	1348	Diszission der klaren oder getrübten Linse oder des Nachstars..........	832	5,47 €	13,70 €	19,17 €	76,94 €
1349	1349	Operation des weichen Stars (Saug-Spül-Vorgang) - gegebenenfalls mit Extraktion zurückgebliebener Linsenteile -........	1.850	6,10 €	33,80 €	39,90 €	165,01 €
1350	1350	Staroperation - gegebenenfalls mit Iridektomie - einschließlich Nahttechnik........	2.370	5,47 €	33,80 €	39,27 €	209,05 €
1351	1351	Staroperation mit Iridektomie und Einpflanzung einer intraokularen Kunststofflinse........	2.770	7,78 €	55,50 €	63,28 €	245,71 €
1352	1352	Einpflanzung einer intraokularen Linse als selbständige Leistung........	1.800	7,78 €	37,10 €	44,88 €	162,39 €
1353	1353	Extraktion einer eingepflanzten Linse........	832	7,78 €	20,30 €	28,08 €	79,25 €
1354	1354	Extraktion der luxierten Linse.........	2.220	7,78 €	41,50 €	49,28 €	198,47 €
1355	1355	Partielle oder totale Extraktion des Nachstars..	1.110	7,78 €	20,30 €	28,08 €	103,13 €
1356	1356	Eröffnung (Parazentese), Spülung oder Wiederherstellung der Augenvorderkammer, als selbständige Leistung........	370	5,47 €	8,00 €	13,47 €	37,25 €
1357	1357	Hintere Sklerotomie........	370	5,47 €	8,00 €	13,47 €	37,25 €
1358	1358	Zyklodialyse, Iridektomie........	1.000	5,47 €	28,30 €	33,77 €	91,37 €
1359	1359	Zyklodiathermie-Operation oder Kryo-Zyklothermie-Operation........	500	5,47 €	15,00 €	20,47 €	48,42 €
1360	1360	Laseroperation am Trabekelwerk des Auges bei Glaukom (Lasertrabekuloplastik)........	1.000		33,00 €	33,00 €	85,90 €
1361	1361	Fistelbildende Operation und Eingriff an den kammerwasserabführenden Wegen bei Glaukom.	1.850	5,47 €	33,80 €	39,27 €	164,38 €
1362	1362	Kombinierte Operation des Grauen Stars und bei Glaukom........	3.030	7,46 €	53,70 €	61,16 €	267,73 €

Augenheilkunde

BG-T Tarif-Nr.	DKG-NT Tarif-Nr.	Leistung	Punkte (nur DKG-NT I)	Besondere Kosten	Allgemeine Kosten	Sach-kosten	Vollkosten (nur DKG-NT I)
1a	1b	2	3	4	5	6	7
1365	1365	Lichtkoagulation zur Verhinderung einer Netzhautablösung und/oder Netzhautblutung, je Sitzung.	924		39,50 €	39,50 €	79,37 €
1366	1366	Vorbeugende Operation zur Verhinderung einer Netzhautablösung oder operativer Eingriff bei vaskulären Netzhauterkrankungen.	1.110	5,47 €	18,00 €	23,47 €	100,82 €
1367	1367	Operation einer Netzhautablösung mit eindellenden Maßnahmen.	2.220	5,47 €	39,50 €	44,97 €	196,16 €
1368	1368	Operation einer Netzhautablösung mit eindellenden Maßnahmen und Glaskörperchirurgie.	3.030	5,47 €	39,50 €	44,97 €	265,74 €
1369	1369	Koagulation oder Lichtkaustik eines Netz- oder Aderhauttumors.	1.850		39,50 €	39,50 €	158,91 €
1370	1370	Operative Entfernung des Augapfels.	924	7,46 €	17,10 €	24,56 €	86,83 €
1371	1371	Operative Entfernung des Augapfels mit Einsetzung einer Plombe.	1.290	7,78 €	22,50 €	30,28 €	118,59 €
1372	1372	Widerherstellung eines prothesenfähigen Bindehautsackes mittels Transplantation.	1.850	7,78 €	39,50 €	47,28 €	166,69 €
1373	1373	Operative Ausräumung der Augenhöhle	1.110	7,46 €	19,30 €	26,76 €	102,81 €
1374	1374	Extrakapsuläre Operation des Grauen Stars mittels gesteuertem Saug-Spül-Verfahrens oder Linsenkernverflüssigung (Phakoemulsifikation) - gegebenenfalls einschließlich Iridektomie -. . . .	3.050	5,47 €	10,50 €	15,97 €	267,46 €
1375	1375	Extrakapsuläre Operation des Grauen Stars mittels gesteuertem Saug-Spül-Verfahrens oder Linsenkernverflüssigung (Phakoemulsifikation) - gegebenenfalls einschließlich Iridektomie - mit Implantation einer intraokulären Linse.	3.500	7,78 €	12,00 €	19,78 €	308,42 €
1376	1376	Rekonstruktion eines abgerissenen Tränenröhrchens	1.480	7,78 €	27,80 €	35,58 €	134,91 €
1377	1377	Entfernung einer Silikon-/Silastik-/Rutheniumplombe	280	5,47 €	4,90 €	10,37 €	29,52 €
1380	1380	Operative Entfernung eines Iristumors	2.000	7,46 €	41,50 €	48,96 €	179,25 €

Augenheilkunde

BG-T Tarif-Nr.	DKG-NT Tarif-Nr.	Leistung	Punkte (nur DKG-NT I)	Besondere Kosten	Allgemeine Kosten	Sach-kosten	Vollkosten (nur DKG-NT I)
1a	1b	2	3	4	5	6	7
1381	1381	Operative Entfernung eines Iris-Ziliar-Aderhauttumors (Zyklektomie)	2.770	7,46 €	41,50 €	48,96 €	245,39 €
1382	1382	Goniotrepanation oder Trabekulektomie oder Trabekulotomie bei Glaukom	2.500	7,46 €	41,50 €	48,96 €	222,20 €
1383	1383	Vitrektomie, Glaskörperstrangdurchtrennung, als selbständige Leistung	2.500	7,46 €	41,50 €	48,96 €	222,20 €
1384	1384	Vordere Vitrektomie (Glaskörperentfernung aus der Augenvorderkammer), als selbständige Leistung	830	7,78 €	20,30 €	28,08 €	79,07 €
1386	1386	Aufnähen einer Rutheniumplombe auf die Lederhaut	1.290	7,78 €	22,50 €	30,28 €	118,59 €

Teil J

Hals-, Nasen-, Ohrenheilkunde

J Hals-, Nasen-, Ohrenheilkunde

BG-T Tarif-Nr.	DKG-NT Tarif-Nr.	Leistung	Punkte (nur DKG-NT I)	Besondere Kosten	Allgemeine Kosten	Sachkosten	Vollkosten (nur DKG-NT I)
1a	1b	2	3	4	5	6	7
1400	1400	Genaue Hörprüfung mit Einschluß des Tongehörs (Umgangs-Flüstersprache, Luft- und Knochenleitung)	76		1,30 €	1,30 €	6,53 €
1401	1401	Hörprüfung mittels einfacher audiologischer Testverfahren (mindestens fünf Frequenzen) ...	60		1,30 €	1,30 €	5,15 €
1403	1403	Tonschwellenaudiometrische Untersuchung - auch beidseitig - (Bestimmung der Hörschwelle mit 8 - 12 Prüffrequenzen oder mittels kontinuierlicher Frequenzänderung im Hauptfrequenzbereich des menschlichen Gehörs, in Luft- und Knochenleitung, auch mit Vertäubung) - auch mit Bestimmung der Intensitätsbreite und gegebenenfalls einschließlich überschwelliger audiometrischer Untersuchung -	158		7,30 €	7,30 €	13,57 €
1404	1404	Sprachaudiometrische Untersuchung, auch beidseitig, (Ermittlung des Hörverlustes für Sprache und des Diskriminationsverlustes nach DIN-Norm, getrennt für das rechte und das linke Ohr über Kopfhörer, erforderlichenfalls auch über Knochenleitung, gegebenenfalls einschließlich Prüfung des beidohrigen Satzverständnisses über Lautsprecher)	158		7,30 €	7,30 €	13,57 €
		Neben den Leistungen nach den Nummer 1403 und 1404 sind die Leistungen nach den Nummern 1400 und 1401 nicht berechnungsfähig.					
1405	1405	Sprachaudiometrische Untersuchung zur Kontrolle angepaßter Hörgeräte im freien Schallfeld .	63		2,90 €	2,90 €	5,41 €
1406	1406	Kinderaudiometrie (in der Regel bis zur Vollendung des 7. Lebensjahres) zur Ermittlung des Schwellengehörs (Knochen- und Luftleitung) mit Hilfe von bedingten und/oder Orientierungsreflexen - gegebenenfalls einschließlich überschwelliger audiometrischer Untersuchung, auch Messungen zur Hörgeräteanpassung -	182		8,40 €	8,40 €	15,63 €
		Neben der Leistung nach Nummer 1406 sind die Leistungen nach den Nummern 1400, 1401, 1403 und 1404 nicht berechnungsfähig.					
1407	1407	Impedanzmessung am Trommelfell und/oder an den Binnenohrmuskeln (z. B. Stapedius-Lautheitstest u.ä.), auch beidseitig	182		8,40 €	8,40 €	15,63 €

J Hals-, Nasen-, Ohrenheilkunde

BG-T Tarif-Nr.	DKG-NT Tarif-Nr.	Leistung	Punkte (nur DKG-NT I)	Besondere Kosten	Allgemeine Kosten	Sach-kosten	Vollkosten (nur DKG-NT I)
1a	1b	2	3	4	5	6	7
1408	1408	Audioelektroenzephalographische Untersuchung	888		41,00 €	41,00 €	76,28 €
1409	1409	Messung otoakustischer Emissionen	400		18,40 €	18,40 €	34,36 €
		Die Leistung nach Nummer 1409 ist neben den Leistungen nach den Nummern 827 bis 829 nicht berechnungsfähig.					
1412	1412	Experimentelle Prüfung des statischen Gleichgewichts (Drehversuch, kalorische Prüfung und Lagenystagmus)	91		1,30 €	1,30 €	7,82 €
1413	1413	Elektronystagmographische Untersuchung	265		12,30 €	12,30 €	22,76 €
1414	1414	Diaphanoskopie der Nebenhöhlen der Nase . . .	42		1,30 €	1,30 €	3,61 €
1415	1415	Binokularmikroskopische Untersuchung des Trommelfells und/oder der Paukenhöhle zwecks diagnostischer Abklärung, als selbständige Leistung.	91		1,30 €	1,30 €	7,82 €
1416	1416	Stroboskopische Untersuchung der Stimmbänder	121		2,90 €	2,90 €	10,39 €
1417	1417	Rhinomanometrische Untersuchung	100		1,90 €	1,90 €	8,59 €
1418	1418	Endoskopische Untersuchung der Nasenhaupthöhlen und/oder des Nasenrachenraums - gegebenenfalls einschließlich der Stimmbänder -. .	180		3,70 €	3,70 €	15,46 €
		Neben der Leistung nach Nummer 1418 ist die Leistung nach Nummer 1466 nicht berechnungsfähig.					
1425	1425	Ausstopfung der Nase von vorn, als selbständige Leistung.	50		1,90 €	1,90 €	4,29 €
1426	1426	Ausstopfung der Nase von vorn und hinten, als selbständige Leistung	100		3,40 €	3,40 €	8,59 €
1427	1427	Entfernung von Fremdkörpern aus dem Naseninnern, als selbständige Leistung	95		2,40 €	2,40 €	8,16 €
1428	1428	Operativer Eingriff zur Entfernung festsitzender Fremdkörper aus der Nase	370	7,78 €	2,40 €	10,18 €	39,56 €
1429	1429	Kauterisation im Naseninnern, je Sitzung.	76		2,60 €	2,60 €	6,53 €

J Hals-, Nasen-, Ohrenheilkunde — Nummern 1430–1448

BG-T Tarif-Nr.	DKG-NT Tarif-Nr.	Leistung	Punkte (nur DKG-NT I)	Besondere Kosten	Allgemeine Kosten	Sach-kosten	Vollkosten (nur DKG-NT I)
1a	1b	2	3	4	5	6	7
1430	1430	Operativer Eingriff in der Nase, wie Muschelquetschung, Kaltkaustik der Muscheln, Synechielösung und/oder Probeexzision	119	7,78 €	3,80 €	11,58 €	18,00 €
1435	1435	Stillung von Nasenbluten mittels Ätzung und/oder Tamponade und/oder Kauterisation, auch beidseitig	91		4,00 €	4,00 €	7,82 €
1436	1436	Gezielte Anbringung von Ätzmitteln im hinteren Nasenraum unter Spiegelbeleuchtung oder Ätzung des Seitenstranges, auch beidseitig	36		1,90 €	1,90 €	3,09 €
1438	1438	Teilweise oder vollständige Abtragung einer Nasenmuschel	370		8,30 €	8,30 €	31,78 €
1439	1439	Teilweise oder vollständige Abtragung von Auswüchsen der Nasenscheidewand einer Seite...	370		8,30 €	8,30 €	31,78 €
1440	1440	Operative Entfernung einzelner Nasenpolypen oder anderer Neubildungen einer Nasenseite...	130		6,00 €	6,00 €	11,17 €
1441	1441	Operative Entfernung mehrerer Nasenpolypen oder schwieriger zu operierender Neubildungen einer Nasenseite, auch in mehreren Sitzungen..	296	7,78 €	6,90 €	14,68 €	33,21 €
1445	1445	Submuköse Resektion an der Nasenscheidewand	463		10,40 €	10,40 €	39,77 €
1446	1446	Submuköse Resektion an der Nasenscheidewand mit Resektion der ausgedehnten knöchernen Leiste	739	7,78 €	13,70 €	21,48 €	71,26 €
1447	1447	Plastische Korrektur am Nasenseptum und an den Weichteilen zur funktionellen Wiederherstellung der Nasenatmung - gegebenenfalls einschließlich der Leistungen nach den Nummern 1439, 1445, 1446 und 1456 -, auch in mehreren Sitzungen........................	1.660	15,66 €	70,80 €	86,46 €	158,25 €
1448	1448	Plastische Korrektur am Nasenseptum und an den Weichteilen und am knöchernen Nasengerüst zur funktionellen Wiederherstellung der Nasenatmung - gegebenenfalls einschließlich der Leistungen nach den Nummern 1439, 1445, 1446 und 1456 -, auch in mehreren Sitzungen..	2.370	15,66 €	97,50 €	113,16 €	219,24 €

J Hals-, Nasen-, Ohrenheilkunde

BG-T Tarif-Nr.	DKG-NT Tarif-Nr.	Leistung	Punkte (nur DKG-NT I)	Besondere Kosten	Allgemeine Kosten	Sach- kosten	Vollkosten (nur DKG-NT I)
1a	1b	2	3	4	5	6	7
1449	1449	Plastische Operation bei rekonstruierender Teilplastik der äußeren Nase, auch in mehreren Sitzungen	3.700	23,33 €	141,40 €	164,73 €	341,15 €
1450	1450	Rekonstruierende Totalplastik der äußeren Nase, auch in mehreren Sitzungen	7.400	31,11 €	265,50 €	296,61 €	666,75 €
1452	1452	Unfangreiche Teilentfernung der äußeren Nase .	800	11,77 €	13,70 €	25,47 €	80,49 €
1453	1453	Operative Entfernung der gesamten Nase	1.110	23,33 €	22,60 €	45,93 €	118,68 €
1455	1455	Plastische Operation zum Verschluß einer Nasenscheidewandperforation	550	7,78 €	15,00 €	22,78 €	55,02 €
1456	1456	Operative Verschmälerung des Nasensteges . . .	232		8,30 €	8,30 €	19,93 €
1457	1457	Operative Korrektur eines Nasenflügels	370		14,00 €	14,00 €	31,78 €
1458	1458	Beseitigung eines knöchernen Choanenverschlusses	1.290	15,66 €	22,50 €	38,16 €	126,47 €
1459	1459	Eröffnung eines Abszesses der Nasenscheidewand	74		4,00 €	4,00 €	6,36 €
1465	1465	Punktion einer Kieferhöhle - gegebenenfalls einschließlich Spülung und/oder Instillation von Medikamenten -	119		3,60 €	3,60 €	10,22 €
1466	1466	Endoskopische Untersuchung der Kieferhöhle (Antroskopie) - gegebenenfalls einschließlich der Leistung nach Nummer 1465	178		5,40 €	5,40 €	15,29 €
1467	1467	Operative Eröffnung einer Kieferhöhle vom Mundvorhof aus - einschließlich Fensterung - . .	407		10,10 €	10,10 €	34,96 €
1468	1468	Operative Eröffnung einer Kieferhöhle von der Nase aus	296		9,00 €	9,00 €	25,43 €
1469	1469	Keilbeinhöhlenoperation oder Ausräumung der Siebbeinzellen von der Nase aus	554		14,70 €	14,70 €	47,59 €

J Hals-, Nasen-, Ohrenheilkunde

Nummern 1470–1492

BG-T Tarif-Nr.	DKG-NT Tarif-Nr.	Leistung	Punkte (nur DKG-NT I)	Besondere Kosten	Allgemeine Kosten	Sach-kosten	Vollkosten (nur DKG-NT I)
1a	1b	2	3	4	5	6	7
1470	1470	Keilbeinhöhlenoperation oder Ausräumung der Siebbeinzellen von der Nase aus - einschließlich teilweiser oder vollständiger Abtragung einer Nasenmuschel oder von Auswüchsen aus der Nasenscheidewand -..................	739	7,78 €	17,10 €	24,88 €	71,26 €
1471	1471	Operative Eröffnung der Stirnhöhle - gegebenenfalls auch der Siebbeinzellen - vom Naseninnern aus....	1.480	11,77 €	28,30 €	40,07 €	138,90 €
1472	1472	Anbohrung der Stirnhöhle von außen........	222		8,30 €	8,30 €	19,07 €
1473	1473	Plastische Rekonstruktion der Stirnhöhlenvorderwand, auch in mehreren Sitzungen........ *Neben der Leistung nach Nummer 1473 ist die Leistung nach Nummer 1485 nicht berechnungsfähig.*	2.220	15,66 €	44,90 €	60,56 €	206,35 €
1478	1478	Sondierung und/oder Bougierung der Stirnhöhle vom Naseninnern aus - gegebenenfalls einschließlich Spülung und/oder Instillation von Arzneimitteln -.................	178		5,40 €	5,40 €	15,29 €
1479	1479	Ausspülung der Kiefer-, Keilbein-, Stirnhöhle von der natürlichen oder künstlichen Öffnung aus, auch einschließlich Instillation von Arzneimitteln -	59		1,90 €	1,90 €	5,07 €
1480	1480	Absaugen der Nebenhöhlen...............	45		1,90 €	1,90 €	3,87 €
1485	1485	Operative Eröffnung und Ausräumung der Stirnhöhle oder der Kieferhöhle oder der Siebbeinzellen von außen...................	924	15,66 €	22,50 €	38,16 €	95,03 €
1486	1486	Radikaloperation der Kieferhöhle..........	1.110	15,66 €	28,30 €	43,96 €	111,01 €
1487	1487	Radikaloperation einer Stirnhöhle einschließlich der Siebbeinzellen von außen............	1.480	15,66 €	33,80 €	49,46 €	142,79 €
1488	1488	Radikaloperation sämtlicher Nebenhöhlen einer Seite..............................	1.850	15,66 €	44,90 €	60,56 €	174,57 €
1492	1492	Osteoplastische Operation zur Verengung der Nase bei Ozaena......................	1.290	15,66 €	28,30 €	43,96 €	126,47 €

J Hals-, Nasen-, Ohrenheilkunde

BG-T Tarif-Nr.	DKG-NT Tarif-Nr.	Leistung	Punkte (nur DKG-NT I)	Besondere Kosten	Allgemeine Kosten	Sach-kosten	Vollkosten (nur DKG-NT I)
1a	1b	2	3	4	5	6	7
1493	1493	Entfernung der vergrößerten Rachenmandel (Adenotomie)	296		10,50 €	10,50 €	25,43 €
1495	1495	Entfernung eines Nasenrachenfibroms	1.110	7,78 €	31,40 €	39,18 €	103,13 €
1496	1496	Eröffnung des Türkensattels vom Naseninnern aus	2.220	15,66 €	44,90 €	60,56 €	206,35 €
1497	1497	Tränensackoperation vom Naseninnern aus ...	1.110	7,78 €	28,30 €	36,08 €	103,13 €
1498	1498	Konservative Behandlung der Gaumenmandeln (z. B. Schlitzung, Saugung)	44		1,90 €	1,90 €	3,78 €
1499	1499	Ausschälung und Resektion einer Gaumenmandel mit der Kapsel (Tonsillektomie)	463		12,60 €	12,60 €	39,77 €
1500	1500	Ausschälung und Resektion beider Gaumenmandeln mit den Kapseln (Tonsillektomie)	739		18,50 €	18,50 €	63,48 €
1501	1501	Operative Behandlung einer konservativ unstillbaren Nachblutung nach Tonsillektomie	333	7,78 €	6,90 €	14,68 €	36,38 €
1505	1505	Eröffnung eines peritonsillären Abszesses	148		5,40 €	5,40 €	12,71 €
1506	1506	Eröffnung eines retropharyngealen Abszesses ..	185		5,40 €	5,40 €	15,89 €
1507	1507	Wiedereröffnung eines peritonsillären Abszesses	56		2,70 €	2,70 €	4,81 €
1508	1508	Entfernung von eingespießten Fremdkörpern aus dem Rachen oder Mund.............	93		3,00 €	3,00 €	7,99 €
1509	1509	Operative Behandlung einer Mundbodenphlegmone.............................	463		17,20 €	17,20 €	39,77 €
1510	1510	Schlitzung des Parotis- oder Submandibularis-Ausführungsganges - gegebenenfalls einschließlich Entfernung von Stenosen	190		5,40 €	5,40 €	16,32 €
1511	1511	Eröffnung eines Zungenabszesses	185		5,00 €	5,00 €	15,89 €
1512	1512	Teilweise Entfernung der Zunge - gegebenenfalls einschließlich Unterbindung der Arteria lingualis -	1.110	15,66 €	20,30 €	35,96 €	111,01 €

J Hals-, Nasen-, Ohrenheilkunde

BG-T Tarif-Nr.	DKG-NT Tarif-Nr.	Leistung	Punkte (nur DKG-NT I)	Besondere Kosten	Allgemeine Kosten	Sach-kosten	Vollkosten (nur DKG-NT I)
1a	1b	2	3	4	5	6	7
1513	1513	Keilexzision aus der Zunge	370	7,78 €	9,20 €	16,98 €	39,56 €
1514	1514	Entfernung der Zunge mit Unterbindung der Arteriae linguales	2.220	23,33 €	47,10 €	70,43 €	214,02 €
1518	1518	Operation einer Speichelfistel	739	7,78 €	12,50 €	20,28 €	71,26 €
1519	1519	Operative Entfernung von Speichelstein(en)	554	7,78 €	12,50 €	20,28 €	55,37 €
1520	1520	Exstirpation der Unterkiefer- und/oder Unterzungenspeicheldrüse(n)	900	7,78 €	22,50 €	30,28 €	85,09 €
1521	1521	Speicheldrüsentumorexstirpation einschließlich Ausräumung des regionären Lymphstromgebietes.	1.850	15,66 €	29,10 €	44,76 €	174,57 €
1522	1522	Parotisexstirpation mit Präparation des Nervus facialis - gegebenenfalls einschließlich Ausräumung des regionären Lymphstromgebietes -	2.000	23,33 €	33,80 €	57,13 €	195,12 €
1525	1525	Einbringung von Ätzmitteln unter Spiegelbeleuchtung	46		1,70 €	1,70 €	3,95 €
1526	1526	Chemische Ätzung im Kehlkopf	76		3,10 €	3,10 €	6,53 €
1527	1527	Galvanokaustik oder Elektrolyse oder Kürettement im Kehlkopf	370		2,90 €	2,90 €	31,78 €
1528	1528	Fremdkörperentfernung aus dem Kehlkopf	554		9,50 €	9,50 €	47,59 €
1529	1529	Intubation oder Einführung von Dehnungsinstrumenten in den Kehlkopf, als selbständige Leistung	152		5,20 €	5,20 €	13,06 €
1530	1530	Untersuchung des Kehlkopfes mit dem Laryngoskop	182		6,00 €	6,00 €	15,63 €
1532	1532	Endobronchiale Behandlung mit weichem Rohr	182		6,00 €	6,00 €	15,63 €
1533	1533	Schwebe- oder Stützlaryngoskopie, jeweils als selbständige Leistung	500		19,90 €	19,90 €	42,95 €
1534	1534	Probeexzision aus dem Kehlkopf	463		8,70 €	8,70 €	39,77 €

J Hals-, Nasen-, Ohrenheilkunde

BG-T Tarif-Nr.	DKG-NT Tarif-Nr.	Leistung	Punkte (nur DKG-NT I)	Besondere Kosten	Allgemeine Kosten	Sach-kosten	Vollkosten (nur DKG-NT I)
1a	1b	2	3	4	5	6	7
1535	1535	Entfernung von Polypen oder anderen Geschwülsten aus dem Kehlkopf.............	647		12,00 €	12,00 €	55,58 €
1540	1540	Endolaryngeale Resektion oder frontolaterale Teilresektion eines Stimmbandes...........	1.850	15,66 €	35,90 €	51,56 €	174,57 €
1541	1541	Operative Beseitigung einer Stenose im Glottisbereich.............................	1.390	7,78 €	21,90 €	29,68 €	127,18 €
1542	1542	Kehlkopfplastik mit Stimmbandverlagerung....	1.850	15,66 €	35,90 €	51,56 €	174,57 €
1543	1543	Teilweise Entfernung des Kehlkopfes........	1.650	23,33 €	33,80 €	57,13 €	165,06 €
1544	1544	Teilweise Entfernung des Kehlkopfes - einschließlich Zungenbeinresektion und Pharynxplastik -....	1.850	23,33 €	35,90 €	59,23 €	182,24 €
1545	1545	Totalexstirpation des Kehlkopfes...........	2.220	23,33 €	43,90 €	67,23 €	214,02 €
1546	1546	Totalexstirpation des Kehlkopfes - einschließlich Ausräumung des regionären Lymphstromgebietes und gegebenenfalls von benachbarten Organen -	3.700	38,89 €	78,80 €	117,69 €	356,71 €
1547	1547	Kehlkopfstenosenoperation mit Thyreochondrotomie - einschließlich plastischer Versorgung und gegebenenfalls Verlagerung eines Aryknorpels -	2.770	31,11 €	75,40 €	106,51 €	269,04 €
1548	1548	Einführung einer Silastikendoprothese im Larynxbereich..........................	2.060	31,11 €	43,90 €	75,01 €	208,06 €
1549	1549	Fensterung des Schildknorpels zur Spickung mit Radionukliden.....................	1.200	23,33 €	45,30 €	68,63 €	126,41 €
1550	1550	Spickung des Kehlkopfes mit Radionukliden bei vorhandener Fensterung des Schildknorpels...	300		10,50 €	10,50 €	25,77 €
1551	1551	Operative Versorgung einer Trümmerverletzung des Kehlkopfes und/oder der Trachea - gegebenenfalls mit Haut- und/oder Schleimhautplastik, auch mit Sternotomie -	3.000	46,78 €	75,40 €	122,18 €	304,47 €

J Hals-, Nasen-, Ohrenheilkunde

BG-T Tarif-Nr.	DKG-NT Tarif-Nr.	Leistung	Punkte (nur DKG-NT I)	Besondere Kosten	Allgemeine Kosten	Sach-kosten	Vollkosten (nur DKG-NT I)
1a	1b	2	3	4	5	6	7
1555	1555	Untersuchung der Sprache nach standardisierten Verfahren (Prüfung der Sprachentwicklung, der Artikulation, der Satzstruktur, des Sprachverständnisses, der zentralen Sprachverarbeitung und des Redeflusses)..............	119		2,90 €	2,90 €	10,22 €
		Neben der Leistung nach Nummer 1555 sind die Leistungen nach den Nummern 715 und 717 nicht berechnungsfähig.					
1556	1556	Untersuchung der Stimme nach standardisierten Verfahren (Prüfung der Atmung, des Stimmklanges, des Stimmeinsatzes, der Tonhaltedauer, des Stimmumfanges und der Sprachstimmlage, gegebenenfalls auch mit Prüfung der Stimme nach Belastung)..............	119		2,90 €	2,90 €	10,22 €
1557	1557	Elektroglottographische Untersuchung.......	106		5,30 €	5,30 €	9,11 €
1558	1558	Stimmtherapie bei Kehlkopflosen (Speiseröhrenersatzstimme oder elektronische Ersatzstimme), je Sitzung..............	148		3,20 €	3,20 €	12,71 €
1559	1559	Sprachübungsbehandlung - einschließlich aller dazu gehörender Maßnahmen (z. B. Artikulationsübung, Ausbildung fehlender Laute, Satzstrukturübung, Redeflußübung, gegebenenfalls auch mit Atemtherapie und physikalischen Maßnahmen) -, als Einzelbehandlung, Dauer mindestens 30 Minuten..............	207		3,60 €	3,60 €	17,78 €
1560	1560	Stimmübungsbehandlung - einschließlich aller dazu gehörender Maßnahmen (z. B. Stimmeinsatz, Stimmhalteübungen und -entspannungsübungen, gegebenenfalls auch mit Atemtherapie und physikalischen Maßnahmen) -, als Einzelbehandlung, Dauer mindestens 30 Minuten..............	207		3,60 €	3,60 €	17,78 €
1565	1565	Entfernung von obturierenden Ohrenschmalzpfröpfen, auch beidseitig..............	45		1,30 €	1,30 €	3,87 €
1566	1566	Ausspülung des Kuppelraumes..............	45		1,30 €	1,30 €	3,87 €
1567	1567	Spaltung von Furunkeln im äußeren Gehörgang.	74		3,20 €	3,20 €	6,36 €

J Hals-, Nasen-, Ohrenheilkunde

BG-T Tarif-Nr.	DKG-NT Tarif-Nr.	Leistung	Punkte (nur DKG-NT I)	Besondere Kosten	Allgemeine Kosten	Sachkosten	Vollkosten (nur DKG-NT I)
1a	1b	2	3	4	5	6	7
1568	1568	Operation im äußeren Gehörgang (z. B. Entfernung gutartiger Hautneubildungen)	185		4,30 €	4,30 €	15,89 €
1569	1569	Entfernung eines nichtfestsitzenden Fremdkörpers aus dem Gehörgang oder der Paukenhöhle . .	74		2,60 €	2,60 €	6,36 €
1570	1570	Entfernung eines festsitzenden Fremdkörpers aus dem Gehörgang oder der Paukenhöhle . . .	148		3,60 €	3,60 €	12,71 €
1575	1575	Inzision des Trommelfells (Parazentese).	130		3,60 €	3,60 €	11,17 €
1576	1576	Anlage einer Paukenhöhlendauerdrainage (Inzision des Trommelfells mit Entleerung der Paukenhöhle und Einlegen eines Verweilröhrchens) .	320		11,30 €	11,30 €	27,49 €
1577	1577	Einsetzen oder Auswechseln einer Trommelfellprothese oder Wiedereinlegen eines Verweilröhrchens	45		1,70 €	1,70 €	3,87 €
1578	1578	Gezielte chemische Ätzung im Gehörgang unter Spiegelbeleuchtung, auch beidseitig	40		1,70 €	1,70 €	3,44 €
1579	1579	Chemische Ätzung in der Paukenhöhle - gegebenenfalls einschließlich der Ätzung im Gehörgang -	70		3,10 €	3,10 €	6,01 €
1580	1580	Galvanokaustik im Gehörgang oder in der Paukenhöhle	89		2,90 €	2,90 €	7,64 €
1585	1585	Entfernung einzelner Granulationen vom Trommelfell und/oder aus der Paukenhöhle unter Anwendung des scharfen Löffels oder ähnliche kleinere Eingriffe	130		4,30 €	4,30 €	11,17 €
1586	1586	Entfernung eines oder mehrerer größerer Polypen oder ähnlicher Gebilde aus dem Gehörgang oder der Paukenhöhle, auch in mehreren Sitzungen	296		8,30 €	8,30 €	25,43 €
1588	1588	Hammer-Amboß-Extraktion oder ähnliche schwierige Eingriffe am Mittelohr vom Gehörgang aus (z. B. operative Deckung eines Trommelfelldefektes)	554	7,78 €	13,70 €	21,48 €	55,37 €

J Hals-, Nasen-, Ohrenheilkunde

BG-T Tarif-Nr.	DKG-NT Tarif-Nr.	Leistung	Punkte (nur DKG-NT I)	Besondere Kosten	Allgemeine Kosten	Sachkosten	Vollkosten (nur DKG-NT I)
1a	1b	2	3	4	5	6	7
1589	1589	Dosierte luftdruck-kontrollierte Insufflation der Eustachischen Röhre unter Verwendung eines manometerbestückten Druckkompressors	30		1,30 €	1,30 €	2,58 €
1590	1590	Katheterismus der Ohrtrompete - auch mit Bougierung und/oder Einbringung von Arzneimitteln und gegebenenfalls einschließlich Luftdusche -, auch beidseitig	74		2,80 €	2,80 €	6,36 €
1591	1591	Vibrationsmassage des Trommelfells oder Anwendung der Drucksonde, auch beidseitig	40		1,30 €	1,30 €	3,44 €
1595	1595	Operative Beseitigung einer Stenose im äußeren Gehörgang............................	1.850	7,78 €	35,90 €	43,68 €	166,69 €
1596	1596	Plastische Herstellung des äußeren Gehörganges bei Atresie	1.480	7,78 €	30,70 €	38,48 €	134,91 €
1597	1597	Operative Eröffnung des Warzenfortsatzes	1.110		31,80 €	31,80 €	95,35 €
1598	1598	Aufmeißelung des Warzenfortsatzes mit Freilegung sämtlicher Mittelohrräume (Radikaloperation)............................	1.660	7,78 €	33,80 €	41,58 €	150,37 €
1600	1600	Eröffnung der Schädelhöhle mit Operation einer Sinus- oder Bulbusthrombose, des Labyrinthes oder eines Hirnabszesses - gegebenenfalls mit Aufmeißelung des Warzenfortsatzes und Freilegung sämtlicher Mittelohrräume.............	2.770	15,66 €	56,10 €	71,76 €	253,59 €
1601	1601	Operation eines gutartigen Mittelohrtumors, auch Cholesteatom - gegebenenfalls einschließlich der Leistung nach Nummer 1597 oder 1598 -	1.660	15,66 €	33,80 €	49,46 €	158,25 €
1602	1602	Operation eines destruktiv wachsenden Mittelohrtumors - gegebenenfalls einschließlich der Leistungen nach Nummer 1597, Nummer 1598 oder Nummer 1600.................	2.770	15,66 €	56,10 €	71,76 €	253,59 €
1610	1610	Tympanoplastik mit Interposition, zusätzlich zu den Leistungen nach den Nummern 1598, 1600 bis 1602................................	1.480	7,78 €	22,50 €	30,28 €	134,91 €
1611	1611	Myringoplastik vom Gehörgang aus	1.480	7,78 €	22,50 €	30,28 €	134,91 €

BG-T Tarif-Nr.	DKG-NT Tarif-Nr.	Leistung	Punkte (nur DKG-NT I)	Besondere Kosten	Allgemeine Kosten	Sach-kosten	Vollkosten (nur DKG-NT I)
1a	1b	2	3	4	5	6	7
1612	1612	Eröffnung der Paukenhöhle durch temporäre Trommelfellaufklappung, als selbständige Leistung....................	1.110		26,00 €	26,00 €	95,35 €
1613	1613	Tympanoplastik mit Interposition, als selbständige Leistung................	2.350	7,78 €	44,20 €	51,98 €	209,64 €
1614	1614	Tympanoplastik - einschließlich Interposition und Aufbau der Gehörknöchelchenkette -........	3.140	7,78 €	56,10 €	63,88 €	277,50 €
1620	1620	Fensterungsoperation - einschließlich Eröffnung des Warzenfortsatzes -................	2.350	7,78 €	53,70 €	61,48 €	209,64 €
1621	1621	Plastische Rekonstruktion der hinteren Gehörgangswand, als selbständige Leistung.......	1.110	7,78 €	22,50 €	30,28 €	103,13 €
1622	1622	Plastische Rekonstruktion der hinteren Gehörgangswand im Zusammenhang mit anderen Operationen................	700	7,78 €	18,70 €	26,48 €	67,91 €
1623	1623	Otoskleroseoperation vom Gehörgang aus (Fußplattenresektion) - gegebenenfalls einschließlich Interposition -	2.350	7,78 €	44,20 €	51,98 €	209,64 €
1624	1624	Dekompression des Saccus endolymphaticus oder des Innenohres mit Eröffnung des Sacculus..................	2.350	7,78 €	44,20 €	51,98 €	209,64 €
1625	1625	Fazialisdekompression, als selbständige Leistung....................	2.220	7,78 €	44,20 €	51,98 €	198,47 €
1626	1626	Fazialisdekompression, im Zusammenhang mit anderen operativen Leistungen..........	1.330	7,78 €	18,70 €	26,48 €	122,02 €
1628	1628	Plastischer Verschluß einer retroaurikulären Öffnung oder einer Kieferhöhlenfistel..........	739	7,78 €	11,30 €	19,08 €	71,26 €
1629	1629	Extraduraler oder transtympanaler operativer Eingriff im Bereich des inneren Gehörganges...	3.700	7,78 €	78,80 €	86,58 €	325,60 €
1635	1635	Operative Korrektur eines abstehenden Ohres (z. B. durch einfache Ohrmuschelanlegeplastik mit Knorpelexzision).................	739	7,78 €	17,10 €	24,88 €	71,26 €
1636	1636	Plastische Operation zur Korrektur der Ohrmuschelform.................	887	7,78 €	32,90 €	40,68 €	83,97 €

J Hals-, Nasen-, Ohrenheilkunde

BG-T Tarif-Nr.	DKG-NT Tarif-Nr.	Leistung	Punkte (nur DKG-NT I)	Besondere Kosten	Allgemeine Kosten	Sach-kosten	Vollkosten (nur DKG-NT I)
1a	1b	2	3	4	5	6	7
1637	1637	Plastische Operation zur Korrektur von Form, Größe und Stellung der Ohrmuschel.	1.400	7,78 €	44,20 €	51,98 €	128,04 €
1638	1638	Plastische Operation zum Aufbau einer Ohrmuschel bei Aplasie oder Ohrmuschelverlust, auch in mehreren Sitzungen	4.500	31,11 €	141,40 €	172,51 €	417,65 €
1639	1639	Unterbindung der Vena jugularis	554	7,78 €	11,30 €	19,08 €	55,37 €

Teil K

Urologie

K Urologie

BG-T Tarif-Nr.	DKG-NT Tarif-Nr.	Leistung	Punkte (nur DKG-NT I)	Besondere Kosten	Allgemeine Kosten	Sach-kosten	Vollkosten (nur DKG-NT I)
1a	1b	2	3	4	5	6	7
		Allgemeine Bestimmungen					
		Werden mehrere Eingriffe in der Brust- oder Bauchhöhle in zeitlichem Zusammenhang durchgeführt, die jeweils in der Leistung die Eröffnung dieser Körperhöhlen enthalten, so darf diese nur einmal berechnet werden; die Vergütungssätze der weiteren Eingriffe sind deshalb um den Vergütungssatz nach Nummer 2990 oder 3135 zu kürzen.					
1700	1700	Spülung der männlichen Harnröhre und/oder Instillation von Arzneimitteln....	45		1,60 €	1,60 €	3,87 €
1701	1701	Dehnung der männlichen Harnröhre - auch einschließlich Spülung und/oder Instillation von Arzneimitteln -, je Sitzung....	74		2,90 €	2,90 €	6,36 €
1702	1702	Dehnung der männlichen Harnröhre mit filiformen Bougies und/oder Bougies mit Leitsonde - auch einschließlich Spülung und/oder Instillation von Arzneimitteln -, erste Sitzung....	178		6,50 €	6,50 €	15,29 €
1703	1703	Unblutige Fremdkörperentfernung aus der männlichen Harnröhre....	148		6,50 €	6,50 €	12,71 €
1704	1704	Operative Fremdkörperentfernung aus der männlichen Harnröhre....	554	11,77 €	15,90 €	27,67 €	59,36 €
1708	1708	Kalibrierung der männlichen Harnröhre......	75		2,90 €	2,90 €	6,44 €
1709	1709	Kalibrierung der weiblichen Harnröhre	60		2,00 €	2,00 €	5,15 €
1710	1710	Dehnung der weiblichen Harnröhre - auch einschließlich Spülung und/oder Instillation von Arzneimitteln -, je Sitzung....	59		2,00 €	2,00 €	5,07 €
1711	1711	Unblutige Fremdkörperentfernung aus der weiblichen Harnröhre....	74		2,90 €	2,90 €	6,36 €
1712	1712	Endoskopie der Harnröhre (Urethroskopie)	119		6,50 €	6,50 €	10,22 €
1713	1713	Endoskopie der Harnröhre (Urethroskopie) mit operativem Eingriff (z. B. Papillomkoagulation, Erstbougierung und/oder Spaltung einer Striktur)....	296		14,60 €	14,60 €	25,43 €

K Urologie   Nummern 1714–1732

BG-T Tarif-Nr.	DKG-NT Tarif-Nr.	Leistung	Punkte (nur DKG-NT I)	Besondere Kosten	Allgemeine Kosten	Sach-kosten	Vollkosten (nur DKG-NT I)
1a	1b	2	3	4	5	6	7
1714	1714	Entfernung einer oder mehrerer Geschwülste an der Harnröhrenmündung	230	7,78 €	10,50 €	18,28 €	27,54 €
1715	1715	Spaltung einer Harnröhrenstriktur nach Otis ...	300		10,30 €	10,30 €	25,77 €
1720	1720	Anlegen einer Harnröhrenfistel am Damm	554	15,66 €	20,30 €	35,96 €	63,25 €
1721	1721	Verschluß einer Harnröhrenfistel durch Naht ...	554	19,66 €	22,90 €	42,56 €	67,25 €
1722	1722	Verschluß einer Harnröhrenfistel durch plastische Operation	1.110	19,66 €	40,60 €	60,26 €	115,01 €
1723	1723	Operative Versorgung einer Harnröhren- und/oder Harnblasenverletzung	1.660	31,11 €	40,60 €	71,71 €	173,70 €
1724	1724	Plastische Operation zur Beseitigung einer Striktur der Harnröhre oder eines Harnröhrendivertikels, je Sitzung	1.660	31,11 €	40,60 €	71,71 €	173,70 €
1728	1728	Katheterisierung der Harnblase beim Mann	59		3,00 €	3,00 €	5,07 €
1729	1729	Spülung der Harnblase beim Mann und/oder Instillation von Arzneimitteln - einschließlich Katheterisierung und gegebenenfalls auch Ausspülung von Blutkoagula -	104		4,60 €	4,60 €	8,93 €
1730	1730	Katheterisierung der Harnblase bei der Frau .... *Wird eine Harnblasenkatherisierung lediglich ausgeführt, um eine gynäkologische Untersuchung nach Nummer 7 zu erleichtern, so ist sie neben der Leistung nach Nummer 7 nicht berechnungsfähig.*	37		1,30 €	1,30 €	3,18 €
1731	1731	Spülung der Harnblase bei der Frau und/oder Instillation von Arzneimitteln - einschließlich Katheterisierung und gegebenenfalls auch Ausspülung von Blutkoagula -	74		4,00 €	4,00 €	6,36 €
1732	1732	Einlegung eines Verweilkatheters - gegebenenfalls einschließlich der Leistungen nach Nummer 1728 oder Nummer 1730 - *Neben der Leistung nach Nummer 1732 ist die Leistung nach Nummer 1733 nicht berechnungsfähig.*	74		3,00 €	3,00 €	6,36 €

200

K Urologie

BG-T Tarif-Nr.	DKG-NT Tarif-Nr.	Leistung	Punkte (nur DKG-NT I)	Besondere Kosten	Allgemeine Kosten	Sach-kosten	Vollkosten (nur DKG-NT I)
1a	1b	2	3	4	5	6	7
1733	1733	Spülung der Harnblase und/oder Instillation bei liegendem Verweilkatheter	40		1,90 €	1,90 €	3,44 €
1737	1737	Meatomie...........................	74	5,78 €	2,90 €	8,68 €	12,14 €
1738	1738	Plastische Versorgung einer Meatusstriktur	554	23,33 €	15,90 €	39,23 €	70,92 €
1739	1739	Unblutige Beseitigung einer Paraphimose und/oder Lösung einer Vorhautverklebung.........	60		1,70 €	1,70 €	5,15 €
1740	1740	Operative Beseitigung einer Paraphimose	296	11,77 €	6,90 €	18,67 €	37,20 €
1741	1741	Phimoseoperation	370	11,77 €	6,90 €	18,67 €	43,55 €
1742	1742	Operative Durchtrennung des Frenulum praeputii.........................	85	5,78 €	1,30 €	7,08 €	13,08 €
1745	1745	Operative Aufrichtung des Penis als Voroperation zur Nummer 1746	554	31,11 €	15,90 €	47,01 €	78,70 €
1746	1746	Operation einer Epispadie oder Hypospadie ...	1.110	54,34 €	19,80 €	74,14 €	149,69 €
1747	1747	Penisamputation	554	38,89 €	12,50 €	51,39 €	86,48 €
1748	1748	Penisamputation mit Skrotumentfernung und Ausräumung der Leistendrüsen - einschließlich Verlagerung der Harnröhre -.............	2.220	62,22 €	39,50 €	101,72 €	252,91 €
1749	1749	Anlage einer einseitigen Gefäßanastomose bei Priapismus........................	2.500	38,89 €	41,90 €	80,79 €	253,63 €
1750	1750	Anlage einer beidseitigen Gefäßanastomose bei Priapismus........................	3.200	46,78 €	61,00 €	107,78 €	321,65 €
1751	1751	Transkutane Fistelbildung durch Punktionen und Stanzungen der Glans penis und Corpora cavernosa bei Priapismus..................	924	31,11 €	23,60 €	54,71 €	110,48 €
1752	1752	Operative Implantation einer hydraulisch regulierbaren Penis-Stützprothese	2.500	38,89 €	55,40 €	94,29 €	253,63 €
1753	1753	Entfernen einer Penisprothese	550	7,78 €	12,50 €	20,28 €	55,02 €

K Urologie

Nummern 1754–1769

BG-T Tarif-Nr.	DKG-NT Tarif-Nr.	Leistung	Punkte (nur DKG-NT I)	Besondere Kosten	Allgemeine Kosten	Sach-kosten	Vollkosten (nur DKG-NT I)
1a	1b	2	3	4	5	6	7
1754	1754	Direktionale doppler-sonographische Untersuchung der Strömungsverhältnisse in den Penisgefäßen und/oder Skrotalfächern - einschließlich graphischer Registrierung	180		7,80 €	7,80 €	15,46 €
1755	1755	Unterbindung eines Samenleiters - auch mit Teilresektion -, als selbständige Leistung	463	11,77 €	8,80 €	20,57 €	51,54 €
1756	1756	Unterbindung beider Samenleiter - auch mit Teilresektion(en) -, als selbständige Leistung	832	11,77 €	12,50 €	24,27 €	83,24 €
1757	1757	Unterbindung beider Samenleiter in Verbindung mit einer anderen Operation	554	7,78 €	10,40 €	18,18 €	55,37 €
1758	1758	Operative Wiederherstellung der Durchgängigkeit eines Samenleiters.	1.110	31,11 €	19,80 €	50,91 €	126,46 €
1759	1759	Transpenile oder transskrotale Venenembolisation	2.800	7,78 €	99,60 €	107,38 €	248,29 €
1760	1760	Varikozelenoperation mit hoher Unterbindung der Vena spermatica (Bauchschnitt)	1.480	23,33 €	39,50 €	62,83 €	150,46 €
1761	1761	Operation eines Wasserbruches	739	23,33 €	12,50 €	35,83 €	86,81 €
1762	1762	Inguinale Lymphknotenausräumung, als selbständige Leistung	1.200	23,33 €	28,50 €	51,83 €	126,41 €
1763	1763	Einlegen einer Hodenprothese.	740	15,66 €	12,50 €	28,16 €	79,22 €
1764	1764	Entfernen einer Hodenprothese	460	7,78 €	10,40 €	18,18 €	47,29 €
1765	1765	Hodenentfernung, gegebenenfalls einschließlich Nebenhodenentfernung derselben Seite - einseitig -	739	54,34 €	12,50 €	66,84 €	117,82 €
1766	1766	Hodenentfernung, gegebenenfalls einschließlich Nebenhodenentfernung(en) -, beidseitig	1.200	77,79 €	23,60 €	101,39 €	180,87 €
1767	1767	Operative Freilegung eines Hodens mit Entnahme von Gewebematerial.	463	23,33 €	10,40 €	33,73 €	63,10 €
1768	1768	Operation eines Leistenhodens, einseitig	1.200	31,11 €	23,60 €	54,71 €	134,19 €
1769	1769	Operation eines Leistenhodens, beidseitig	1.480	54,34 €	30,90 €	85,24 €	181,47 €

K Urologie

BG-T Tarif-Nr.	DKG-NT Tarif-Nr.	Leistung	Punkte (nur DKG-NT I)	Besondere Kosten	Allgemeine Kosten	Sach-kosten	Vollkosten (nur DKG-NT I)
1a	1b	2	3	4	5	6	7
1771	1771	Entfernung eines Nebenhodens, als selbständige Leistung.	924	23,33 €	23,60 €	46,93 €	102,70 €
1772	1772	Entfernung beider Nebenhoden, als selbständige Leistung.	1.480	31,11 €	30,90 €	62,01 €	158,24 €
1775	1775	Behandlung der Prostata mittels physikalischer Heilmethoden (auch Massage) gegebenenfalls mit Gewinnung von Prostata-Exprimat -	45		1,90 €	1,90 €	3,87 €
1776	1776	Eröffnung eines Prostataabszesses vom Damm aus.	370	7,78 €	8,50 €	16,28 €	39,56 €
1777	1777	Elektro- oder Kryo-(Teil-)Resektion der Prostata.	924	31,11 €	33,80 €	64,91 €	110,48 €
1778	1778	Operative Entfernung eines Prostataadenoms, auch transurethral.	1.850	70,01 €	47,10 €	117,11 €	228,92 €
1779	1779	Totale Entfernung der Prostata einschließlich der Samenblasen.	2.590	70,01 €	55,40 €	125,41 €	292,48 €
1780	1780	Plastische Operation zur Behebung der Harninkontinenz.	1.850	77,79 €	33,80 €	111,59 €	236,70 €
1781	1781	Operative Behandlung der Harninkontinenz mittels Implantation eines künstlichen Schließmuskels.	2.770	77,79 €	55,40 €	133,19 €	315,72 €
1782	1782	Transurethrale Resektion des Harnblasenhalses bei der Frau.	1.110	15,66 €	19,80 €	35,46 €	111,01 €
1783	1783	Pelvine Lymphknotenausräumung, als selbständige Leistung.	1.850	70,01 €	40,40 €	110,41 €	228,92 €
1784	1784	Totale Entfernung der Prostata und der Samenblasen, einschließlich pelviner Lymphknotenentfernung.	3.500	77,79 €	66,50 €	144,29 €	378,43 €
1785	1785	Zystoskopie.	207		8,00 €	8,00 €	17,78 €
1786	1786	Zystoskopie einschl. Entnahme von Gewebematerial.	355		12,60 €	12,60 €	30,49 €
1787	1787	Kombinierte Zystourethroskopie.	252		9,20 €	9,20 €	21,65 €

K Urologie

BG-T Tarif-Nr.	DKG-NT Tarif-Nr.	Leistung	Punkte (nur DKG-NT I)	Besondere Kosten	Allgemeine Kosten	Sach-kosten	Vollkosten (nur DKG-NT I)
1a	1b	2	3	4	5	6	7
1788	1788	Zystoskopie mit Harnleitersondierung........	296		10,50 €	10,50 €	25,43 €
1789	1789	Chromozystoskopie - einschließlich intravenöser Injektion..................................	325	2,31 €	12,60 €	14,91 €	30,23 €
1790	1790	Zystoskopie mit Harnleitersondierung(en) - einschließlich Einbringung von Medikamenten und/oder Kontrastmitteln in das Nierenbecken -....	370		13,90 €	13,90 €	31,78 €
1791	1791	Tonographische Untersuchung der Harnblase und/oder Funktionsprüfung des Schließmuskels einschließlich Katheterisierung............	148		6,00 €	6,00 €	12,71 €
1792	1792	Uroflowmetrie, einschl. Registrierung	212		8,90 €	8,90 €	18,21 €
1793	1793	Manometrische Untersuchung der Harnblase mit fortlaufender Registrierung - einschließlich physikalischer Provokationstests -. *Die Injektion von pharmakodynamisch wirksamen Substanzen ist gesondert berechnungsfähig.*	400		18,50 €	18,50 €	34,36 €
1794	1794	Simultane, elektromanometrische Blasen- und Abdominaldruckmessung mit fortlaufender Registrierung - einschließlich physikalischer Provokationstests -. *Die Injektion von pharmakodynamisch wirksamen Substanzen ist gesondert berechnungsfähig.* *Neben der Leistung nach Nummer 1794 ist die Leistung nach Nummer 1793 nicht berechnungsfähig.*	680		31,40 €	31,40 €	58,41 €
1795	1795	Anlegung einer perkutanen Harnblasenfistel durch Punktion einschließlich Kathetereinlegung	273		12,60 €	12,60 €	23,45 €
1796	1796	Anlegung einer Harnblasenfistel durch Operation..................................	739	15,66 €	12,50 €	28,16 €	79,14 €
1797	1797	Ausräumung einer Bluttamponade der Harnblase, als selbständige Leistung............	355		12,20 €	12,20 €	30,49 €
1798	1798	Urethradruckprofilmessung mit fortlaufender Registrierung - einschließlich physikalischer Provokationstests -..............	550		25,40 €	25,40 €	47,24 €

K Urologie

BG-T Tarif-Nr.	DKG-NT Tarif-Nr.	Leistung	Punkte (nur DKG-NT I)	Besondere Kosten	Allgemeine Kosten	Sach-kosten	Vollkosten (nur DKG-NT I)
1a	1b	2	3	4	5	6	7
		Neben den Leistungen nach den Nummern 1793, 1794 und 1798 sind die Leistungen nach den Nummern 1700, 1701, 1710, 1728, 1729, 1730, 1731, 1732 und 1733 nicht berechnungsfähig.					
1799	1799	Nierenbeckendruckmessung............	150		6,10 €	6,10 €	12,88 €
1800	1800	Zertrümmerung und Entfernung von Blasensteinen unter endoskopischer Kontrolle, je Sitzung .	1.480		28,00 €	28,00 €	127,13 €
1801	1801	Operative Eröffnung der Harnblase zur Entfernung von Steinen und/oder Fremdkörpern und/oder Koagulation von Geschwülsten - gegebenenfalls einschließlich Anlegung eines Fistelkatheters -.............	1.480	38,89 €	31,40 €	70,29 €	166,02 €
1802	1802	Transurethrale Eingriffe in der Harnblase (z. B. Koagulation kleiner Geschwülste und/oder Blutungsherde und/oder Fremdkörperentfernung) unter endoskopischer Kontrolle - auch einschließlich Probeexzision -.............	739	7,78 €	17,10 €	24,88 €	71,26 €
1803	1803	Transurethrale Resektion von großen Harnblasengeschwülsten unter endoskopischer Kontrolle, je Sitzung............	1.110	7,78 €	22,50 €	30,28 €	103,13 €
		Neben der Leistung nach Nummer 1803 ist die Leistung nach Nummer 1802 nicht berechnungsfähig.					
1804	1804	Operation von Harnblasendivertikel(n) als selbständige Leistung..........	1.850	38,89 €	33,80 €	72,69 €	197,80 €
1805	1805	Operation einer Harnblasengeschwulst mit Teilresektion............	1.850	38,89 €	40,40 €	79,29 €	197,80 €
1806	1806	Operation einer Harnblasengeschwulst mit Teilresektion und Verpflanzung eines Harnleiters . . .	2.220	54,34 €	78,40 €	132,74 €	245,03 €
1807	1807	Operative Bildung einer Harnblase aus Ileum oder Kolon............	4.070	54,34 €	78,40 €	132,74 €	403,94 €
1808	1808	Totale Exstirpation der Harnblase mit Verpflanzung der Harnleiter - gegebenenfalls einschließlich Prostata-, Harnröhren- und/oder Samenblasenentfernung -	4.800	62,22 €	78,40 €	140,62 €	474,53 €

K Urologie

BG-T Tarif-Nr.	DKG-NT Tarif-Nr.	Leistung	Punkte (nur DKG-NT I)	Besondere Kosten	Allgemeine Kosten	Sach-kosten	Vollkosten (nur DKG-NT I)
1a	1b	2	3	4	5	6	7
1809	1809	Totale retroperitoneale Lymphadenektomie	4.610	62,22 €	78,40 €	140,62 €	458,21 €
1812	1812	Anlegen einer Ureterverweilschiene bzw. eines Ureterkatheters .... *Die Kosten für die Schiene bzw. den Katheter sind gesondert berechnungsfähig.*	340		13,90 €	13,90 €	29,20 €
1814	1814	Harnleiterbougierung	900		28,40 €	28,40 €	77,31 €
1815	1815	Schlingenextraktion oder Versuch der Extraktion von Harnleitersteinen - gegebenenfalls einschließlich Schlitzung des Harnleiterostiums - .. *Die Kosten für die Schlinge sind nicht gesondert berechnungsfähig.*	1.110		28,40 €	28,40 €	95,35 €
1816	1816	Schlitzung des Harnleiterostiums, als selbständige Leistung	481		15,60 €	15,60 €	41,32 €
1817	1817	Operative Entfernung eines oder mehrerer Harnleitersteine(s).......................	2.220	31,11 €	47,10 €	78,21 €	221,80 €
1818	1818	Ureterektomie - gegebenenfalls einschließlich Blasenmanschette....................	2.770	54,34 €	55,40 €	109,74 €	292,27 €
1819	1819	Resektion eines Harnleitersegments mit End-zu-End-Anastomose	3.750	38,89 €	117,30 €	156,19 €	361,00 €
1823	1823	Verpflanzung eines Harnleiters in Harnblase oder Darm oder Haut einschließlich Antirefluxplastik, einseitig.................	2.590	31,11 €	55,40 €	86,51 €	253,58 €
1824	1824	Verpflanzung eines Harnleiters in Harnblase oder Darm oder Haut einschließlich Antirefluxplastik, beidseitig................	3.330	54,34 €	78,40 €	132,74 €	340,38 €
1825	1825	Harnleiterplastik (z. B. durch Harnblasenlappen) einschließlich Antirefluxplastik	2.770	54,34 €	55,40 €	109,74 €	292,27 €
1826	1826	Eröffnung eines paranephritischen Abszesses ..	463	7,78 €	12,50 €	20,28 €	47,55 €
1827	1827	Ureterorenoskopie mit Harnleiterbougierung - gegebenenfalls einschließlich Stein- und/oder Tumorentfernung -, zusätzlich zu den Leistungen nach den Nummern 1785, 1786 oder 1787.	1.500		28,60 €	28,60 €	128,85 €

K Urologie

BG-T Tarif-Nr.	DKG-NT Tarif-Nr.	Leistung	Punkte (nur DKG-NT I)	Besondere Kosten	Allgemeine Kosten	Sach-kosten	Vollkosten (nur DKG-NT I)
1a	1b	2	3	4	5	6	7
1828	1828	Ureteropyeloskopie - gegebenenfalls einschließlich Gewebeentnahme/Steinentfernung -	1.500		28,60 €	28,60 €	128,85 €
1829	1829	Harnleiterfreilegung (Ureterolyse bei retroperitonealer Fibrose und gegebenenfalls intraperitonealen Verwachsungen des Harnleiters)	2.590	38,89 €	55,40 €	94,29 €	261,36 €
1829a	1829a	Ureterolyse, als selbständige Leistung .... *Die Leistungen nach den Nummern 1829 und 1829a sind nicht nebeneinander berechnungsfähig.*	1.110	31,11 €	33,80 €	64,91 €	126,46 €
1830	1830	Operative Freilegung einer Niere - gegebenenfalls mit Gewebeentnahme, Punktion und/oder Eröffnung eines paranephritischen Abszesses - .	1.110	31,11 €	33,80 €	64,91 €	126,46 €
1831	1831	Dekapsulation der Niere und/oder Senknierenoperation (Nephropexie), als selbständige Leistung.	1.480	38,89 €	33,80 €	72,69 €	166,02 €
1832	1832	Anlage einer Nierenfistel, als selbständige Leistung.	1.660	7,78 €	40,80 €	48,58 €	150,37 €
1833	1833	Wechsel eines Nierenfistelkatheters einschließlich Spülung und Verband.	237		9,40 €	9,40 €	20,36 €
1834	1834	Operation eines aberrierenden Nierengefäßes - ohne Eröffnung des Nierenbeckens -, als selbständige Leistung	1.480	62,22 €	33,80 €	96,02 €	189,35 €
1835	1835	Trennung der Hufeisenniere	3.230	77,79 €	60,60 €	138,39 €	355,24 €
1836	1836	Nierenpolresektion, als selbständige Leistung . .	2.770	62,22 €	60,60 €	122,82 €	300,15 €
1837	1837	Nierenpolresektion in Verbindung mit einer anderen Operation	1.660	62,22 €	33,80 €	96,02 €	204,81 €
1838	1838	Nierensteinentfernung durch Pyelotomie.	2.220	38,89 €	43,90 €	82,79 €	229,58 €
1839	1839	Nierenausgußsteinentfernung durch Nephrektomie	2.770	46,78 €	43,90 €	90,68 €	284,71 €
1840	1840	Nierenbeckenplastik	2.770	46,78 €	43,90 €	90,68 €	284,71 €
1841	1841	Nephrektomie.	2.220	54,34 €	43,90 €	98,24 €	245,03 €

K Urologie

BG-T Tarif-Nr.	DKG-NT Tarif-Nr.	Leistung	Punkte (nur DKG-NT I)	Besondere Kosten	Allgemeine Kosten	Sach-kosten	Vollkosten (nur DKG-NT I)
1a	1b	2	3	4	5	6	7
1842	1842	Nephrektomie - einschließlich Entfernung eines infiltrativ wachsenden Tumors (auch transabdominal oder transthorakal) -	3.230	62,22 €	72,80 €	135,02 €	339,67 €
1843	1843	Nephrektomie - einschließlich Entfernung eines infiltrativ wachsenden Tumors mit Entfernung des regionären Lymphstromgebietes (auch transabdominal oder transthorakal) -	4.160	77,79 €	142,30 €	220,09 €	435,12 €
1845	1845	Implantation einer Niere	4.990	116,57 €	170,70 €	287,27 €	545,20 €
1846	1846	Doppelseitige Nephrektomie bei einem Lebenden ...	4.160	116,57 €	142,30 €	258,87 €	473,90 €
1847	1847	Explantation einer Niere bei einem Lebenden zur Transplantation	3.230	77,79 €	110,50 €	188,29 €	355,24 €
1848	1848	Explantation einer Niere bei einem Toten zur Transplantation	2.220		76,00 €	76,00 €	190,69 €
1849	1849	Explantation beider Nieren bei einem Toten zur Transplantation	3.500		119,70 €	119,70 €	300,64 €
1850	1850	Explantation, plastische Versorgung und Replantation einer Niere	6.500	116,57 €	222,40 €	338,97 €	674,90 €
1851	1851	Perkutane Anlage einer Nierenfistel - gegebenenfalls einschließlich, Spülung, Katheterfixation und Verband -	1.250	7,78 €	42,70 €	50,48 €	115,15 €
1852	1852	Transkutane Pyeloskopie einschließlich Bougierung der Nierenfistel	700	7,78 €	28,70 €	36,48 €	67,91 €
1853	1853	Transkutane pyeloskopische Stein- bzw. Tumorentfernung .... *Neben der Leistung nach Nummer 1853 ist die Leistung nach Nummer 1852 nicht berechnungsfähig.*	1.200	15,66 €	41,00 €	56,66 €	118,74 €
1858	1858	Operative Entfernung einer Nebenniere	3.230	77,79 €	110,50 €	188,29 €	355,24 €
1859	1859	Operative Entfernung beider Nebennieren	4.160	116,57 €	142,30 €	258,87 €	473,90 €

K Urologie

BG-T Tarif-Nr.	DKG-NT Tarif-Nr.	Leistung	Punkte (nur DKG-NT I)	Besondere Kosten	Allgemeine Kosten	Sach-kosten	Vollkosten (nur DKG-NT I)
1a	1b	2	3	4	5	6	7
1860	**1860**	Extrakorporale Stoßwellenlithotripsie - einschließlich Probeortung, Grob- und/oder Feineinstellung, Dokumentation und Röntgenkontrolle -, je Sitzung....................	6.000		443,30 €	443,30 €	515,38 €

Teil L

Chirurgie, Orthopädie

L Chirurgie, Orthopädie

BG-T Tarif-Nr.	DKG-NT Tarif-Nr.	Leistung	Punkte (nur DKG-NT I)	Besondere Kosten	Allgemeine Kosten	Sach-kosten	Vollkosten (nur DKG-NT I)
1a	1b	2	3	4	5	6	7
		Allgemeine Bestimmungen *Zur Erbringung der in Abschnitt L aufgeführten typischen operativen Leistungen sind in der Regel mehrere operative Einzelschritte erforderlich. Sind diese Einzelschritte methodisch notwendige Bestandteile der in der jeweiligen Leistungsbeschreibung genannten Zielleistung, so können sie nicht gesondert berechnet werden.* *Werden mehrere Eingriffe in der Brust- oder Bauchhöhle in zeitlichem Zusammenhang durchgeführt, die jeweils in der Leistung die Eröffnung dieser Körperhöhlen enthalten, so darf diese nur einmal berechnet werden; die Vergütungssätze der weiteren Eingriffe sind deshalb um den Vergütungssatz nach Nummer 2990 oder Nummer 3135 zu kürzen.*					

L I Wundversorgung, Fremdkörperentfernung — Nummern 2000–2016

BG-T Tarif-Nr.	DKG-NT Tarif-Nr.	Leistung	Punkte (nur DKG-NT I)	Besondere Kosten	Allgemeine Kosten	Sach-kosten	Vollkosten (nur DKG-NT I)
1a	1b	2	3	4	5	6	7
2000	2000	Erstversorgung einer kleinen Wunde.	70		2,40 €	2,40 €	6,01 €
2001	2001	Versorgung einer kleinen Wunde einschließlich Naht.	130	5,47 €	2,90 €	8,37 €	16,64 €
2002	2002	Versorgung einer kleinen Wunde einschließlich Umschneidung und Naht.	160	5,47 €	4,40 €	9,87 €	19,21 €
2003	2003	Erstversorgung einer großen und/oder stark verunreinigten Wunde.	130		5,10 €	5,10 €	11,17 €
2004	2004	Versorgung einer großen Wunde einschließlich Naht.	240	9,46 €	8,00 €	17,46 €	30,08 €
2005	2005	Versorgung einer großen und/oder stark verunreinigten Wunde einschließlich Umschneidung und Naht.	400	9,46 €	8,00 €	17,46 €	43,82 €
		Neben den Leistungen nach den Nummern 2000 bis 2005 ist die Leistung nach Nr. 2023 nicht berechnungsfähig, wenn die Extraktion des Nagels Bestandteil der Wundversorgung ist.					
2006	2006	Behandlung einer Wunde, die nicht primär heilt oder Entzündungserscheinungen oder Eiterungen aufweist - auch Abtragung von Nekrosen an einer Wunde -.	63		2,80 €	2,80 €	5,41 €
2007	2007	Entfernung von Fäden oder Klammern.	40		1,30 €	1,30 €	3,44 €
2008	2008	Wund- oder Fistelspaltung.	90		4,20 €	4,20 €	7,73 €
2009	2009	Entfernung eines unter der Oberfläche der Haut oder der Schleimhaut gelegenen fühlbaren Fremdkörpers.	100		4,00 €	4,00 €	8,59 €
2010	2010	Entfernung eines tiefsitzenden Fremdkörpers auf operativem Wege aus Weichteilen und/oder Knochen.	379	7,78 €	9,20 €	16,98 €	40,33 €
2015	2015	Anlegen einer oder mehrerer Redondrainage(n) in Gelenke, Weichteile oder Knochen über einen gesonderten Zugang - gegebenenfalls einschließlich Spülung -.	60		2,30 €	2,30 €	5,15 €
2016		Wundreinigungsbad - mit und ohne Zusatz.			1,50 €	1,50 €	

L II Extremitätenchirurgie

BG-T Tarif-Nr.	DKG-NT Tarif-Nr.	Leistung	Punkte (nur DKG-NT I)	Besondere Kosten	Allgemeine Kosten	Sach-kosten	Vollkosten (nur DKG-NT I)
1a	1b	2	3	4	5	6	7
2029	2029	Anlegen einer pneumatischen Blutleere oder Blutsperre an einer Extremität	50		1,20 €	1,20 €	4,29 €
2030	2030	Eröffnung eines subkutanen Panaritiums oder der Paronychie - gegebenenfalls einschließlich Extraktion eines Finger- oder Zehennagels - . . .	130		5,20 €	5,20 €	11,17 €
2031	2031	Eröffnung eines ossalen oder Sehnenscheiden-panaritiums einschließlich örtlicher Drainage	189		7,30 €	7,30 €	16,23 €
2032	2032	Anlage einer proximal gelegenen Spül- und/oder Saugdrainage	250		7,30 €	7,30 €	21,47 €
2033	2033	Extraktion eines Finger- oder Zehennagels	57		2,60 €	2,60 €	4,90 €
2034	2034	Ausrottung eines Finger- oder Zehennagels mit Exzision der Nagelwurzel	114	5,78 €	2,90 €	8,68 €	15,57 €
2035	2035	Plastische Operation am Nagelwall eines Fingers oder einer Zehe - auch mit Defektdeckung - . . .	180	5,78 €	4,90 €	10,68 €	21,24 €
2036	2036	Anlegen einer Finger- oder Zehennagelspange. .	45		1,30 €	1,30 €	3,87 €
2040	2040	Exstirpation eines Tumors der Fingerweichteile (z. B. Hämangiom)	554	5,78 €	12,80 €	18,58 €	53,37 €
2041	2041	Operative Beseitigung einer Schnürfurche an einem Finger mit Z-Plastik	700	5,78 €	22,70 €	28,48 €	65,91 €
2042	2042	Kreuzlappenplastik an einem Finger einschließlich Trennung	1.100	7,78 €	30,70 €	38,48 €	102,27 €
2043	2043	Operation der Syndaktylie mit Vollhautdeckung ohne Osteotomie.	1.450	7,78 €	34,70 €	42,48 €	132,33 €
2044	2044	Operation der Syndaktylie mit Vollhautdeckung einschließlich Osteotomie	1.700	11,77 €	43,00 €	54,77 €	157,79 €
2045	2045	Operation einer Doppelbildung an einem Fingergelenk	600	7,78 €	12,80 €	20,58 €	59,32 €
2050	2050	Fingerverlängerung mittels Knochentransplantation einschließlich Fernlappenplastik	1.800	15,66 €	43,00 €	58,66 €	170,27 €

L II Extremitätenchirurgie

Nummern 2051–2066

BG-T Tarif-Nr. 1a	DKG-NT Tarif-Nr. 1b	Leistung 2	Punkte (nur DKG-NT I) 3	Besondere Kosten 4	Allgemeine Kosten 5	Sach-kosten 6	Vollkosten (nur DKG-NT I) 7
2051	2051	Operation eines Ganglions (Hygroms) an einem Hand- oder Fußgelenk.................	600	7,78 €	12,80 €	20,58 €	59,32 €
2052	2052	Operation eines Ganglions an einem Fingergelenk..................................	554	7,78 €	12,80 €	20,58 €	55,37 €
2053	2053	Replantation eines Fingers einschließlich Gefäß-, Muskel-, Sehnen- und Knochenversorgung..................................	2.400	31,11 €	55,70 €	86,81 €	237,26 €
2054	2054	Plastischer Daumenersatz durch Fingertransplantation einsclhießlich aller Maßnahmen oder Daumen-Zeigefingerbildung bei Daumenhypoplasie................................	2.400	38,89 €	55,70 €	94,59 €	245,04 €
2055	2055	Replantation einer Hand im Mittelhandbereich, Handwurzelbereich oder Unterarmbereich	7.000	116,57 €	239,40 €	355,97 €	717,85 €
2056	2056	Replantation eines Armes oder Beines	8.000	116,57 €	273,70 €	390,27 €	803,75 €
2060	2060	Drahtstiftung zur Fixierung eines kleinen Gelenks (Finger-, Zehengelenk).................	230	4,94 €	4,70 €	9,64 €	24,70 €
2061	2061	Entfernung einer Drahtstiftung nach Nummer 2060.................................	74		3,20 €	3,20 €	6,36 €
	2062	Drahtstiftung zur Fixierung von mehreren kleinen Gelenken, Drahtstiftung an der Daumenbasis oder an der Mittelhand oder am Mittelfuß mittels gekreuzter Drähte....................	370	7,35 €	4,70 €	12,05 €	39,13 €
2062		Drahtstiftung zur Fixierung von mehreren kleinen Gelenken, Drahtstiftung an der Daumenbasis oder an der Mittelhand oder am Mittelfuß mittels gekreuzter Drähte....................		7,35 €	6,40 €	13,75 €	
2063	2063	Entfernung einer Drahtstiftung nach Nummer 2062.................................	126		3,20 €	3,20 €	10,82 €
2064	2064	Sehen-, Faszien- oder Muskelverlängerung oder plastische Ausschneidung	924	23,33 €	18,00 €	41,33 €	102,70 €
2065	2065	Abtragung ausgedehnter Nekrosen im Hand- oder Fußbereich, je Sitzung...............	250		8,70 €	8,70 €	21,47 €
2066	2066	Eröffnung der Hohlhandphlegmone	450		15,40 €	15,40 €	38,65 €

L II Extremitätenchirurgie

BG-T Tarif-Nr.	DKG-NT Tarif-Nr.	Leistung	Punkte (nur DKG-NT I)	Besondere Kosten	Allgemeine Kosten	Sach-kosten	Vollkosten (nur DKG-NT I)
1a	1b	2	3	4	5	6	7
2067	2067	Operation einer Hand- oder Fußmißbildung (gleichzeitig an Knochen, Sehnen und/oder Bändern)	1.660	15,03 €	33,80 €	48,83 €	157,62 €
2070	2070	Muskelkanalbildung(en) oder Operation des Karpal- oder Tarsaltunnelsyndroms mit Dekompression von Nerven	1.660	7,78 €	33,70 €	41,48 €	150,37 €
2071	2071	Umbildung eines Unterarmstumpfes zum Greifapparat	1.850	22,60 €	38,20 €	60,80 €	181,51 €
2072	2072	Offene Sehnen- oder Muskeldurchschneidung .	463	7,78 €	11,30 €	19,08 €	47,55 €
2073	2073	Sehnen-, Muskel- und/oder Fasziennaht - gegebenenfalls einschließlich Versorgung einer frischen Wunde -	650	15,66 €	20,30 €	35,96 €	71,49 €
2074	2074	Verpflanzung einer Sehne oder eines Muskels . .	1.100	15,66 €	13,70 €	29,36 €	110,15 €
2075	2075	Sehnenverkürzung oder -raffung	924	7,78 €	18,00 €	25,78 €	87,15 €
2076	2076	Operative Lösung von Verwachsungen um eine Sehne, als selbständige Leistung	950	7,78 €	18,00 €	25,78 €	89,38 €
2080	2080	Stellungskorrektur der Hammerzehe mittels Sehnendurchschneidung	463	7,78 €	11,30 €	19,08 €	47,55 €
2081	2081	Stellungskorrektur der Hammerzehe mit Sehnenverpflanzung und/oder plastischer Sehnenoperation - gegebenenfalls mit Osteotomie und/oder Resektion eines Knochenteils -	924	15,66 €	17,10 €	32,76 €	95,03 €
2082	2082	Operative Herstellung eines Sehnenbettes - einschließlich einer alloplastischen Einlage an der Hand -	1.650	15,66 €	33,80 €	49,46 €	157,39 €
2083	2083	Freie Sehnentransplantation	1.650	23,33 €	33,80 €	57,13 €	165,06 €
2084	2084	Sehenenscheidenstenosenoperation - gegebenenfalls einschließlich Probeexzision -	407	7,78 €	11,40 €	19,18 €	42,74 €
2087	2087	Operation einer Dupuytren'schen Kontraktur mit teilweiser Entfernung der Palmaraponeurose . . .	924	15,66 €	17,10 €	32,76 €	95,03 €

L II Extremitätenchirurgie

BG-T Tarif-Nr.	DKG-NT Tarif-Nr.	Leistung	Punkte (nur DKG-NT I)	Besondere Kosten	Allgemeine Kosten	Sachkosten	Vollkosten (nur DKG-NT I)
1a	1b	2	3	4	5	6	7
2088	2088	Operation einer Dupuytren'schen Kontraktur mit vollständiger Entfernung der Palmaraponeurose.	1.100	15,66 €	20,30 €	35,96 €	110,15 €
2089	2089	Operation einer Dupuytren'schen Kontraktur mit vollständiger Entfernung der Palmaraponeurose und mit Strangresektion an einzelnen Fingern - gegebenenfalls einschließlich Z- und/oder Zickzackplastiken -	1.800	23,33 €	43,00 €	66,33 €	177,94 €
2090	2090	Spülung bei eröffnetem Sehnenscheidenpanaritium, je Sitzung	63		2,80 €	2,80 €	5,41 €
2091	2091	Sehnenscheidenradikaloperation (Tendosynovektomie) - gegebenenfalls mit Entfernung von vorspringenden Knochenteilen und Sehnenverlagerung -	924	15,66 €	18,00 €	33,66 €	95,03 €
2092	2092	Operation der Tenodsynovitis im Bereich eines Handgelenks und der Anularsegmente eines Fingers.	750	7,78 €	15,30 €	23,08 €	72,20 €
2093	2093	Spülung bei liegender Drainage	50		2,20 €	2,20 €	4,29 €

L III Gelenkchirurgie

BG-T Tarif-Nr.	DKG-NT Tarif-Nr.	Leistung	Punkte (nur DKG-NT I)	Besondere Kosten	Allgemeine Kosten	Sach-kosten	Vollkosten (nur DKG-NT I)
1a	1b	2	3	4	5	6	7
		Allgemeine Bestimmungen					
		Werden Leistungen nach den Nummern 2102, 2104, 2112, 2113, 2117, 2119, 2136, 2189, 2190, 2191 und/oder 2193 an demselben Gelenk im Rahmen derselben Sitzung erbracht, so sind diese Leistungen nicht nebeneinander berechnungsfähig.					
		Neben den Leistungen nach den Nummern 2189 bis 2196 sind die Leistungen nach den Nummern 300 bis 302 sowie 3300 nicht berechnungsfähig.					
		Die Leistungen nach den Nummern 2192, 2195 und/oder 2196 sind für operative Eingriffe an demselben Gelenk im Rahmen derselben Sitzung jeweils nur einmal berechnungsfähig.					
2100	2100	Naht der Gelenkkapsel eines Finger- oder Zehengelenks	278	7,78 €	4,90 €	12,68 €	31,66 €
2101	2101	Naht der Gelenkkapsel eines Kiefer-, Hand- oder Fußgelenks	554	15,66 €	9,20 €	24,86 €	63,25 €
2102	2102	Naht der Gelenkkapsel eines Schulter-, Ellenbogen-, Hüft- oder Kniegelenks oder eines Wirbelgelenks	1.110	31,11 €	17,10 €	48,21 €	126,46 €
2103	2103	Muskelentspannungsoperation am Hüftgelenk - gegebenenfalls einschließlich Abtragung oder Verpflanzung von Sehnenansatzstellen am Knochen -	1.850	46,78 €	38,20 €	84,98 €	205,69 €
2104	2104	Bandplastik des Kniegelenks (plastischer Ersatz von Kreuz- und/oder Seitenbändern)	2.310	46,78 €	50,90 €	97,68 €	245,20 €
2105	2105	Primäre Naht eines Bandes oder Bandplastik eines Finger- oder Zehengelenks	550	7,78 €	9,20 €	16,98 €	55,02 €
2106	2106	Primäre Naht eines Bandes oder Bandplastik eines Sprunggelenks oder Syndesmose	1.110	15,66 €	17,10 €	32,76 €	111,01 €
2110	2110	Synovektomie in einem Finger- oder Zehengelenk	750	7,78 €	13,70 €	21,48 €	72,20 €
2111	2111	Synovektomie in einem Hand- oder Fußgelenk .	1.110	15,66 €	17,10 €	32,76 €	111,01 €

L III Gelenkchirurgie

Nummern 2112–2131

BG-T Tarif-Nr.	DKG-NT Tarif-Nr.	Leistung	Punkte (nur DKG-NT I)	Besondere Kosten	Allgemeine Kosten	Sach-kosten	Vollkosten (nur DKG-NT I)
1a	1b	2	3	4	5	6	7
2112	2112	Synovektomie in einem Schulter-, Ellenbogen- oder Kniegelenk	1.480	23,33 €	25,50 €	48,83 €	150,46 €
2113	2113	Synovektomie in einem Hüftgelenk	1.850	23,33 €	28,30 €	51,63 €	182,24 €
2117	2117	Meniskusoperation	1.480	23,33 €	28,30 €	51,63 €	150,46 €
	2118	Operative Fremdkörperentfernung aus einem Kiefer-, Finger-, Hand-, Zehen- oder Fußgelenk	463	7,78 €	10,40 €	18,18 €	47,55 €
2118		Operative Fremdkörperentfernung aus einem Kiefer-, Finger-, Hand-, Zehen- oder Fußgelenk		7,78 €	14,60 €	22,38 €	
2119	2119	Operative Entfernung freier Gelenkkörper oder Fremdkörperentfernung aus dem Schulter-, Ellenbogen- oder Kniegelenk	1.480	15,66 €	28,30 €	43,96 €	142,79 €
2120	2120	Denervation eines Finger- oder Zehengelenks	650	7,78 €	13,70 €	21,48 €	63,61 €
2121	2121	Denervation eines Hand-, Ellenbogen-, Fuß- oder Kniegelenks	1.300	15,66 €	20,30 €	35,96 €	127,33 €
	2122	Resektion eines Finger- oder Zehengelenks	407	7,78 €	8,80 €	16,58 €	42,74 €
2122		Resektion eines Finger- oder Zehengelenks		7,78 €	12,00 €	19,78 €	
2123	2123	Resektion eines Kiefer-, Hand- oder Fußgelenks	1.110	15,66 €	24,90 €	40,56 €	111,01 €
2124	2124	Resektion eines Ellenbogen-, Schulter-, Hüft- oder Kniegelenks	1.850	38,89 €	29,10 €	67,99 €	197,80 €
2125	2125	Kopf-Halsresektion am Hüftgelenk	2.220	46,78 €	44,90 €	91,68 €	237,47 €
2126	2126	Kopf-Halsresektion am Hüftgelenk mit Osteotomie am koxalen Femurende - gegebenenfalls mit Osteosynthese -	2.770	46,78 €	56,10 €	102,88 €	284,71 €
2130	2130	Operative Versteifung eines Finger- oder Zehengelenks	650	7,78 €	13,70 €	21,48 €	63,61 €
2131	2131	Operative Versteifung eines Hand- oder Fußgelenks	1.300	15,66 €	20,30 €	35,96 €	127,33 €

L III Gelenkchirurgie

BG-T Tarif-Nr. 1a	DKG-NT Tarif-Nr. 1b	Leistung 2	Punkte (nur DKG-NT I) 3	Besondere Kosten 4	Allgemeine Kosten 5	Sach-kosten 6	Vollkosten (nur DKG-NT I) 7
2132	2132	Operative Versteifung eines Hüftgelenks - auch einschließlich Fixation durch Knorpelspäne oder alloplastisches Material -	2.770	38,89 €	56,10 €	94,99 €	276,82 €
2133	2133	Operative Versteifung eines Kniegelenks	2.100	38,89 €	44,90 €	83,79 €	219,27 €
2134	2134	Arthroplastik eines Finger- oder Zehengelenks	924	15,66 €	17,10 €	32,76 €	95,03 €
2135	2135	Arthroplastik eines Kiefer-, Hand- oder Fußgelenks	1.400	38,89 €	20,30 €	59,19 €	159,15 €
2136	2136	Arthroplastik eines Ellenbogen- oder Kniegelenks	1.660	38,89 €	24,60 €	63,49 €	181,48 €
2137	2137	Arthroplastik eines Schultergelenks	2.100	38,89 €	29,10 €	67,99 €	219,27 €
2140	2140	Operativer Einbau eines künstlichen Finger- oder Zehengelenks oder einer Fingerprothese	1.000	15,66 €	24,90 €	40,56 €	101,56 €
2141	2141	Entfernung und erneuter operativer Einbau eines künstlichen Finger- oder Zehengelenks oder einer Fingerprothese	1.800	15,66 €	56,10 €	71,76 €	170,27 €
2142	2142	Operativer Einbau eines künstlichen Hand- oder Fußgelenks	2.700	38,89 €	76,20 €	115,09 €	270,81 €
2143	2143	Entfernung und erneuter operativer Einbau eines künstlichen Hand- oder Fußgelenks	4.860	46,78 €	152,40 €	199,18 €	464,24 €
2144	2144	Operativer Einbau eines künstlichen Ellenbogen- oder Kniegelenks	3.600	54,34 €	56,10 €	110,44 €	363,57 €
2145	2145	Entfernung und erneuter operativer Einbau eines künstlichen Ellenbogen- oder Kniegelenks	6.480	54,34 €	176,00 €	230,34 €	610,95 €
2146	2146	Operativer Einbau eines künstlichen Schultergelenks	1.800	54,34 €	56,10 €	110,44 €	208,95 €
2147	2147	Entfernung und erneuter operativer Einbau eines künstlichen Schultergelenks	3.240	54,34 €	76,20 €	130,54 €	332,65 €
2148	2148	Neubildung eines Hüftpfannendaches durch Beckenosteotomie - auch Pfannendachplastik -	2.100	62,22 €	56,10 €	118,32 €	242,60 €

L III Gelenkchirurgie

BG-T Tarif-Nr. 1a	DKG-NT Tarif-Nr. 1b	Leistung 2	Punkte (nur DKG-NT I) 3	Besondere Kosten 4	Allgemeine Kosten 5	Sach-kosten 6	Vollkosten (nur DKG-NT I) 7
2149	2149	Ersatz eines Hüftkopfes oder einer Hüftpfanne durch biologische oder alloplastische Transplantate....	2.770	62,22 €	76,20 €	138,42 €	300,15 €
2150	2150	Entfernung und erneuter operativer Einbau eines künsltichen Hüftkopfes oder einer künstlichen Hüftpfanne....	4.980	62,22 €	152,40 €	214,62 €	489,99 €
2151	2151	Endoprothetischer Totalersatz von Hüftpfanne und Hüftkopf (Alloarthroplastik)....	3.700	62,22 €	76,20 €	138,42 €	380,04 €
2152	2152	Entfernung und erneuter operativer Einbau eines endoprothetischen Totalersatzes von Hüftpfanne und Hüftkopf (Alloarthroplastik)....	6.660	62,22 €	176,00 €	238,22 €	634,29 €
2153	2153	Endoprothetischer Totalersatz eines Kniegelenks (Alloarthroplastik)....	3.700	62,22 €	76,20 €	138,42 €	380,04 €
2154	2154	Entfernung und erneuter operativer Einbau eines endoprothetischen Totalersatzes eines Kniegelenks (Alloarthroplastik)....	6.660	62,22 €	176,00 €	238,22 €	634,29 €
2155	2155	Eröffnung eines vereiterten Finger- oder Zehengelenks....	148		6,70 €	6,70 €	12,71 €
	2156	Eröffnung eines vereiterten Kiefer-, Hand- oder Fußgelenks....	463		9,90 €	9,90 €	39,77 €
2156		Eröffnung eines vereiterten Kiefer-, Hand- oder Fußgelenks....			13,90 €	13,90 €	
2157	2157	Eröffnung eines vereiterten Schulter- oder Ellenbogen- oder Hüft- oder Kniegelenks oder von Gelenken benachbarter Wirbel....	924		25,50 €	25,50 €	79,37 €
2158	2158	Exartikulation eines Fingers oder einer Zehe ...	370	7,78 €	9,60 €	17,38 €	39,56 €
2159	2159	Exartikulation einer Hand oder eines Fußes....	924	23,33 €	22,50 €	45,83 €	102,70 €
2160	2160	Exartikulation in einem Ellenbogen- oder Kniegelenk....	1.110	31,11 €	24,90 €	56,01 €	126,46 €
2161	2161	Exartikulation in einem Schultergelenk........	1.290	31,11 €	29,10 €	60,21 €	141,92 €
2162	2162	Exartikulation in einem Hüftgelenk..........	1.480	62,22 €	31,40 €	93,62 €	189,35 €

L III Gelenkchirurgie

Nummern 2163–2182

BG-T Tarif-Nr.	DKG-NT Tarif-Nr.	Leistung	Punkte (nur DKG-NT I)	Besondere Kosten	Allgemeine Kosten	Sachkosten	Vollkosten (nur DKG-NT I)
1a	1b	2	3	4	5	6	7
2163	2163	Operative Entfernung einer Schultergürtelhälfte .	1.850	77,79 €	39,50 €	117,29 €	236,70 €
2164	2164	Operative Entfernung einer Beckenhälfte einschließlich plastischer Deckung, auch in mehreren Sitzungen	3.700	77,79 €	76,20 €	153,99 €	395,61 €
2165	2165	Beckenosteotomie einschließlich Osteosynthese und/oder Spanverpflanzung einschließlich Entnahme des Spanmaterials - gegebenenfalls auch mit Reposition einer Hüftluxation -	6.000	38,89 €	176,00 €	214,89 €	554,27 €
2167	2167	Ersatzlose Entfernung eines künstlichen Hüftgelenks mit Ausräumung von nekrotischem Gewebe und Knochenzement	3.200	€2,22 €	76,20 €	138,42 €	337,09 €
2168	2168	Operative Entfernung einer Kniegelenksendoprothese - einschließlich operativer Versteifung des Gelenks -	3.200	€2,22 €	76,20 €	138,42 €	337,09 €
2170	2170	Amputation eines Fingers oder einer Zehe oder eines Finger- oder Zehengliedteils - einschließlich plastischer Deckung -	463	7,78 €	7,60 €	15,38 €	47,55 €
2171	2171	Amputation eines Fingerstrahles in der Mittelhand oder eines Zehenstrahles im Mittelfuß oder Amputation nach Pirogow oder Gritti - einschließlich plastischer Deckung	1.110	15,66 €	28,30 €	43,96 €	111,01 €
2172	2172	Amputation eines Mittelhand- oder Mittelfußknochens - einschließlich plastischer Deckung. .	924	23,33 €	22,80 €	46,13 €	102,70 €
2173	2173	Amputation im Unterarm-, Unterschenkel- oder Oberarmbereich - einschließlich plastischer Deckung -	1.110	46,78 €	28,30 €	75,08 €	142,13 €
2174	2174	Amputation im Oberschenkelbereich - einschließlich plastischer Deckung -	1.290	46,78 €	33,20 €	79,98 €	157,59 €
2181	2181	Gewaltsame Lockerung oder Streckung eines Kiefer-, Hand- oder Fußgelenks	277		3,60 €	3,60 €	23,79 €
2182	2182	Gewaltsame Lockerung oder Streckung eines Schulter-, Ellenbogen-, Hüft- oder Kniegelenks .	379		5,80 €	5,80 €	32,55 €

L III Gelenkchirurgie

BG-T Tarif-Nr.	DKG-NT Tarif-Nr.	Leistung	Punkte (nur DKG-NT I)	Besondere Kosten	Allgemeine Kosten	Sach-kosten	Vollkosten (nur DKG-NT I)
1a	1b	2	3	4	5	6	7
2183	2183	Operatives Anlegen einer Extension am Schädel bei Behandlung von Halswirbelverletzungen/-instabilitäten (z. B. Crutchfieldzange)..........	740	7,78 €	13,70 €	21,48 €	71,34 €
2184	2184	Anlegen von Hals-Extensionen zur Vorbereitung der operativen Behandlung von Skoliosen oder Kyphosen....	1.000	7,78 €	25,30 €	33,08 €	93,68 €
2189	2189	Arthroskopische Operation mit Entfernung oder Teilresektion eines Meniskus im Kniegelenk - gegebenenfalls einschließlich Plicateilresektion, Teilresektion des Hoffa'schen Fettkörpers und/oder Entfernung freier Gelenkkörper - 1) 2) 3) 4) .	1.500	136,22 €	69,30 €	205,52 €	265,07 €
		Resezierende arthroskopische Operation eines Gelenkes mit z.B. Entfernung oder Teilresektion eines Meniskus - gegebenenfalls einschließlich Plicateilresektion, Teilresektion des Hoffa'schen Fettkörpers und/oder Entfernung freier Gelenkkörper -		136,22 €	69,30 €	205,52 €	
	2190	Arthroskopische erhaltende Operation an einem Meniskus (z.B. Meniskusnaht, Refixation) in einem Kniegelenk - 1) 2) 3) 4) 5) 6) 7).........	1.800	150,72 €	83,10 €	233,82 €	305,33 €
2190		Arthroskopische erhaltende Operation in einem Gelenk (z.B. Meniskusnaht, Refixation).......		150,72 €	83,10 €	233,82 €	
2191	2191	Arthroskopische Operation mit primärer Naht, Reinsertion, Rekonstruktion oder plastischem Ersatz eines Kreuz- oder Seitenbands an einem Kniegelenk - einschließlich Kapselnaht - 1) 2) 3) 4) 5) 6) 7)	2.000	150,72 €	92,30 €	243,02 €	322,51 €
2192	2192	Zuschlag zu der Leistung nach Nummer 2191 für die primäre Naht, die Reinsertion, Rekonstruktion oder den plastischen Ersatz eines weiteren Bands in demselben Kniegelenk im Rahmen derselben Sitzung.........	500		23,00 €	23,00 €	42,95 €
	2193	Arthroskopische Operation mit Synovektomie an einem Knie- oder Hüftgelenk bei chronischer Gelenkentzündung - gegebenenfalls einschließlich Abtragung von Osteophyten - 1) 2) 3) 4) 5) 6)	1.800	150,72 €	83,10 €	233,82 €	305,33 €

L III Gelenkchirurgie

BG-T Tarif-Nr.	DKG-NT Tarif-Nr.	Leistung	Punkte (nur DKG-NT I)	Besondere Kosten	Allgemeine Kosten	Sach-kosten	Vollkosten (nur DKG-NT I)
1a	1b	2	3	4	5	6	7
2193		Arthroskopische Operation mit Synovektomie an einem großen Gelenk bei chronischer Gelenkentzündung - gegebenenfalls einschließlich Abtragung von Osteophyten..............		150,72 €	83,10 €		233,82 €
2195	2195	Zuschlag für weitere arthroskopische Eingriffe an demselben Gelenk - zusätzlich zu den Leistungen nach den Nummern 2102, 2104, 2112, 2117, 2119, 2136, 2189 bis 2191 oder 2193 -..	300		13,90 €	13,90 €	25,77 €
2196	2196	Diagnostische Arthroskopie im direkten zeitlichen Zusammenhang mit arthroskopischen Operationen nach den Nummern 2189 bis 2191 sowie 2193........................	250		11,60 €	11,60 €	21,47 €

Bei Berechnung der besonderen Kosten zu beachten:
1) So weit im Einzelfall Videoaufzeichnungen vom Kostenträger angefordert werden, sind diese als Selbstkosten gesondert berechenbar.
2) Bei Notwendigkeit eines Shavereinsatzes sind unter Berücksichtigung einer Wiederverwendbarkeit die anteiligen Kosten als Selbstkosten gesondert berechenbar.
3) Bei Notwendigkeit eines auswechselbaren Mikro-Skalpells sind die Kosten als Selbstkosten gesondert berechenbar.
4) Die Kosten für selbstauflösende PINS/Fibrinkleber/Osteosynthesematerial sind als Selbstkosten gesondert berechenbar (bei Fixierung von Knorpeldissekaten).
5) Die Kosten für zusätzliches Spezialmaterial sind als Selbstkosten gesondert berechenbar (bei Meniskusnaht, -refixation, Bandnaht, -raffung).
6) Die Kosten für Osteosynthesematerial oder spezielles Fadenmaterial und Spezialbohrer (Einmalverwendung) sind als Selbstkosten gesondert berechenbar.
7) Bei Einsatz von Meniskus-Fixationssystemen (z. B. Anker o.ä.) sind diese Kosten als Selbstkosten gesondert berechenbar. Nachweis durch eindeutige Darstellung in Bilddokumentation über die Anzahl der verwendeten Anker ist die Grundvoraussetzung für die Kostenerstattung.

L IV Gelenkluxationen

BG-T Tarif-Nr. 1a	DKG-NT Tarif-Nr. 1b	Leistung 2	Punkte (nur DKG-NT I) 3	Besondere Kosten 4	Allgemeine Kosten 5	Sach-kosten 6	Vollkosten (nur DKG-NT I) 7
		Allgemeine Bestimmungen *Bei Einrenkung von Luxationen sind Verbände Bestandteil der Leistung.*					
2203	2203	Einrenkung der Luxationen von Wirbelgelenken im Durchhang............	739		13,70 €	13,70 €	63,48 €
2204	2204	Einrenkung alter Luxationen von Wirbelgelenken im Durchhang............	1.110		27,10 €	27,10 €	95,35 €
2205	2205	Einrenkung der Luxation eines Finger- oder Zehengelenks............	93		1,60 €	1,60 €	7,99 €
2206	2206	Einrenkung der alten Luxation eines Finger- oder Zehengelenks............	140		2,80 €	2,80 €	12,03 €
2207	2207	Einrenkung der Luxation eines Daumengelenks .	148		2,90 €	2,90 €	12,71 €
2208	2208	Einrenkung der alten Luxation eines Daumengelenks............	220		5,80 €	5,80 €	18,90 €
2209	2209	Einrenkung der Luxation eines Daumengelenks mit Anlegen eines Drahtzuges............	370		10,10 €	10,10 €	31,78 €
	2210	Operative Einrenkung der Luxation eines Finger- oder Zehengelenks............	407	7,78 €	11,30 €	19,08 €	42,74 €
2210		Operative Einrenkung der Luxation eines Finger- oder Zehengelenks............		7,78 €	16,70 €	24,48 €	
2211	2211	Einrenkung der Luxation eines Hand- oder Fußgelenks............	278		5,80 €	5,80 €	23,88 €
2212	2212	Einrenkung der alten Luxation eines Hand- oder Fußgelenks............	420		11,30 €	11,30 €	36,08 €
2213	2213	Operative Einrenkung der Luxation eines Hand- oder Fußgelenks............	1.110	11,77 €	27,10 €	38,87 €	107,12 €
2214	2214	Einrenkung der Luxation eines Ellenbogen- oder Kniegelenks............	370		9,20 €	9,20 €	31,78 €
2215	2215	Einrenkung der alten Luxation eines Ellenbogen- oder Kniegelenks............	540		11,30 €	11,30 €	46,38 €

L IV Gelenkluxationen — Nummern 2216–2233

BG-T Tarif-Nr.	DKG-NT Tarif-Nr.	Leistung	Punkte (nur DKG-NT I)	Besondere Kosten	Allgemeine Kosten	Sach-kosten	Vollkosten (nur DKG-NT I)
1a	1b	2	3	4	5	6	7
2216	2216	Operative Einrenkung der Luxation eines Ellenbogen- oder Kniegelenks	1.850	15,66 €	30,70 €	46,36 €	174,57 €
2217	2217	Einrenkung der Luxation eines Schultergelenks	370		5,70 €	5,70 €	31,78 €
2218	2218	Einrenkung der alten Luxation eines Schultergelenks	540		11,30 €	11,30 €	46,38 €
2219	2219	Operative Einrenkung der Luxation eines Schultergelenks	1.850	38,89 €	30,70 €	69,59 €	197,80 €
2220	2220	Operation der habituellen Luxation eines Schultergelenks mit Spanübertragung	2.250	54,34 €	33,80 €	88,14 €	247,61 €
2221	2221	Einrenkung der Luxation eines Schlüsselbeingelenks oder einer Kniescheibe	111		5,80 €	5,80 €	9,53 €
2222	2222	Einrenkung der alten Luxation eines Schlüsselbeingelenks (I) oder einer Kniescheibe	170		9,20 €	9,20 €	14,60 €
2223	2223	Operative Einrenkung eines luxierten Schlüsselbeingelenks	400	23,33 €	9,20 €	32,53 €	57,69 €
2224	2224	Operative Einrenkung eines luxierten Schlüsselbeingelenks mit Osteosynthese	800	23,33 €	16,20 €	39,53 €	92,05 €
2225	2225	Operative Einrenkung eines luxierten Schlüsselbeingelenks mit Osteosynthese und Rekonstruktion des Bandapparates	1.000	23,33 €	27,10 €	50,43 €	109,23 €
2226	2226	Einrenkung eines eingeklemmten Meniskus, der Subluxation des Radiusköpfchens (Chaissaignac) oder der Luxation eines Sternoklavikulargelenks	120		5,50 €	5,50 €	10,31 €
2230	2230	Operation der Luxation einer Kniescheibe	900	15,66 €	22,80 €	38,46 €	92,97 €
2231	2231	Einrenkung der Luxation eines Hüftgelenks	739		11,30 €	11,30 €	63,48 €
2232	2232	Einrenkung der alten Luxation eines Hüftgelenks	1.110		22,50 €	22,50 €	95,35 €
2233	2233	Einrenkung der angeborenen Luxation eines Hüftgelenks	550		11,30 €	11,30 €	47,24 €

L IV Gelenkluxationen

BG-T Tarif-Nr.	DKG-NT Tarif-Nr.	Leistung	Punkte (nur DKG-NT I)	Besondere Kosten	Allgemeine Kosten	Sach-kosten	Vollkosten (nur DKG-NT I)
1a	1b	2	3	4	5	6	7
2234	2234	Stellungsänderung oder zweite und folgende einrenkende Behandlung im Verlauf der Therapie nach Nummer 2233	473		8,00 €	8,00 €	40,63 €
2235	2235	Operation der habituellen Luxation eines Kniegelenks	1.660	38,89 €	33,80 €	72,69 €	181,48 €
2236	2236	Operative Einrichtung einer traumatischen Hüftgelenksluxation - einschließlich Rekonstruktion des Kapselbandapparates -	1.850	38,89 €	30,70 €	69,59 €	197,80 €
2237	2237	Operative Einrichtung einer traumatischen Hüftgelenksluxation mit Rekonstruktion des Kopfes und/oder der Hüftpfanne - einschließlich Rekonstruktion des Kapselbandapparates -	2.770	54,34 €	76,20 €	130,54 €	292,27 €
2238	2238	Operative Einrichtung einer traumatischen Hüftgelenksluxation nach Nummer 2237 - einschließlich Revision des Nervus ischiadicus und gegebenenfalls Naht desselben	3.230	62,22 €	76,20 €	138,42 €	339,67 €
2239	2239	Operative Einrichtung einer angeborenen Hüftgelenksluxation	1.480	38,89 €	31,40 €	70,29 €	166,02 €
2240	2240	Operative Einrichtung einer angeborenen Hüftgelenksluxation mit Pfannendachplastik - auch mit Knocheneinpflanzung oder Beckenosteotomie -	2.770	46,78 €	76,20 €	122,98 €	284,71 €
2241	2241	Operative Einrichtung einer angeborenen Hüftgelenksluxation mit Pfannendachplastik oder Beckenosteotomie und/oder Umstellungsosteotomie einschließlich Osteosynthese	4.500	62,22 €	90,60 €	152,82 €	448,76 €

L V Knochenchirurgie

BG-T Tarif-Nr.	DKG-NT Tarif-Nr.	Leistung	Punkte (nur DKG-NT I)	Besondere Kosten	Allgemeine Kosten	Sach-kosten	Vollkosten (nur DKG-NT I)
1a	1b	2	3	4	5	6	7
2250	2250	Keilförmige oder lineare Osteotomie eines kleinen Knochens (Finger-, Zehen-, Mittelhand-, Mittelfußknochen) oder Probeausmeißelung aus einem Knochen....................	463	7,78 €	15,90 €	23,68 €	47,55 €
2251	2251	Umstellungsosteotomie eines großen Knochens (Röhrenknochen des Oberarms, Unterarms, Oberschenkels, Unterschenkels) ohne Osteosynthese............	1.290	23,33 €	25,50 €	48,83 €	134,14 €
2252	2252	Umstellungsosteotomie eines großen Knochens mit Osteosynthese.................	1.850	23,33 €	34,30 €	57,63 €	182,24 €
2253	2253	Knochenspanentnahme.................	647	7,78 €	17,10 €	24,88 €	63,36 €
2254	2254	Implantation von Knochen.............	739	7,78 €	12,50 €	20,28 €	71,26 €
2255	2255	Freie Verpflanzung eines Knochens oder von Knochenteilen (Knochenspäne)...........	1.480	15,66 €	28,30 €	43,96 €	142,79 €
2256	2256	Knochenaufmeißelung oder Nekrotomie bei kleinen Knochen........................	463	7,78 €	14,20 €	21,98 €	47,55 €
2257	2257	Knochenaufmeißelung oder Nekrotomie an einem großen Röhrenknochen.............	800	15,66 €	18,00 €	33,66 €	84,38 €
2258	2258	Knochenaufmeißelung oder Nekrotomie am Becken............................	1.200	15,66 €	25,50 €	41,16 €	118,74 €
2259	2259	Knochenaufmeißelung oder Nekrotomie am Schädeldach.........................	1.500	7,78 €	28,30 €	36,08 €	136,63 €
2260	2260	Osteotomie eines kleinen Röhrenknochens - einschließlich Osteosynthese -............	1.850	15,66 €	34,30 €	49,96 €	174,57 €
2263	2263	Resektion eines kleinen Knochens - auch einschließlich eines benachbarten Gelenkanteils - mit Knochen- oder Spanverpflanzung (z. B. bei Tumorexstirpation)....................	1.660	31,11 €	43,90 €	75,01 €	173,70 €
2265	2265	Resektion eines großen Knochens - auch einschließlich eines benachbarten Gelenks mit Knochen- oder Spanverpflanzung (z. B. bei Tumorexstirpation)....................	2.770	54,34 €	60,60 €	114,94 €	292,27 €

LV Knochenchirurgie

Nummern 2266–2282

BG-T Tarif-Nr. 1a	DKG-NT Tarif-Nr. 1b	Leistung 2	Punkte (nur DKG-NT I) 3	Besondere Kosten 4	Allgemeine Kosten 5	Sach- kosten 6	Vollkosten (nur DKG-NT I) 7
2266	2266	Resektion eines Darmbeinknochens.........	1.850	54,34 €	34,30 €	88,64 €	213,25 €
2267	2267	Knochenzerbrechung...................	463		5,80 €	5,80 €	39,77 €
2268	2268	Operativer Ersatz des Os lunateum durch Implantat............................	1.800	15,66 €	34,30 €	49,96 €	170,27 €
2269	2269	Operation der Pseudoarthrose des Os naviculare mit Spanentnahme vom Beckenkamm oder Verschraubung....................	1.800	23,33 €	34,30 €	57,63 €	177,94 €
2273	2273	Osteotomie eines kleinen Röhrenknochens - einschließlich Anbringen eines Distraktors -....	924	7,78 €	22,50 €	30,28 €	87,15 €
2274	2274	Osteotomie eines großen Röhrenknochens - einschließlich Anbringen eines Distraktors -....	1.850	23,33 €	34,30 €	57,63 €	182,24 €
2275	2275	Inter- oder subtrochantere Umstellungsosteotomie............................	2.310	38,89 €	50,90 €	89,79 €	237,31 €
2276	2276	Inter- oder subtrochantere Umstellungsosteotomie mit Osteosynthese................	2.770	46,78 €	56,10 €	102,88 €	284,71 €
2277	2277	Redressement einer Beinverkrümmung......	567		6,90 €	6,90 €	48,70 €
2278	2278	Autologe Tabula-externa-Osteoplastik mit Deckung eines Schädel- oder Stirnbeindefektes (Kranioplastik)..........................	3.500	54,34 €	66,10 €	120,44 €	354,98 €
2279	2279	Chemonukleolyse.....................	600		10,50 €	10,50 €	51,54 €
2280	2280	Redressement des Rumpfes bei schweren Wirbelsäulenverkrümmungen.................	1.135		22,50 €	22,50 €	97,49 €
2281	2281	Perkutane Nukleotomie (z.B. Absaugen des Bandscheibengewebes im Hochdruckverfahren)	1.400	38,89 €	26,80 €	65,69 €	159,15 €
2282	2282	Operative Behandlung des Bandscheibenvorfalles mit einseitiger Wirbelbogenresektion oder -fensterung in einem Segment, Nervenwurzellösung, Prolapsabtragung und Bandscheibenausräumung.............................	1.480	38,89 €	28,30 €	67,19 €	166,02 €

L V Knochenchirurgie

Nummern 2283–2293

BG-T Tarif-Nr.	DKG-NT Tarif-Nr.	Leistung	Punkte (nur DKG-NT I)	Besondere Kosten	Allgemeine Kosten	Sach- kosten	Vollkosten (nur DKG-NT I)
1a	1b	2	3	4	5	6	7
2283	2283	Operative Behandlung des Bandscheibenvorfalles in zwei bis drei Segmenten, ein- oder beidseitig, auch mit Resektion des ganzen Bogens (totale Laminektomie)	1.850	38,89 €	34,30 €	73,19 €	197,80 €
2284	2284	Stabilisierende operative Maßnahmen (z. B. Knocheneinpflanzung, Einpflanzung alloplastischen Materials) zusätzlich zu Nummer 2282 oder Nummer 2283	554	7,78 €	6,90 €	14,68 €	55,37 €
2285	2285	Operative Versteifung eines Wirbelsäulenabschnittes - einschließlich Einpflanzung von Knochen oder alloplastischem Material, als alleinige Leistung -	1.480	23,33 €	28,30 €	51,63 €	150,46 €
2286	2286	Operative Behandlung von Wirbelsäulenverkrümmungen durch Spondylodese - einschließlich Implantation von autologem oder alloplastischem Material -	2.500	38,89 €	56,10 €	94,99 €	253,63 €
2287	2287	Operative Behandlung von Wirbelsäulenverkrümmungen nach Nummer 2286 mit zusätzlicher Implantation einer Aufspreiz- oder Abstützvorrichtung	3.700	46,78 €	67,70 €	114,48 €	364,60 €
2288	2288	Osteotomien am Rippenbuckel, zusätzlich zu Nummer 2286 oder Nummer 2287	550	7,78 €	6,90 €	14,68 €	55,02 €
2289	2289	Neueinpflanzung einer Aufspreiz- oder Abstützvorrichtung an der Wirbelsäule - einschließlich Entfernung der alten Vorrichtung -	4.000	46,78 €	80,80 €	127,58 €	390,37 €
2290	2290	Stellungskorrektur und Fusion eines oder mehrerer Wirbelsegmente an Brustwirbelsäule und/oder Lendenwirbelsäule bei ventralem Zugang - auch mit Knocheneinpflanzung -	2.770	46,78 €	76,20 €	122,98 €	284,71 €
2291	2291	Implantation eines Elektrostimulators zur Behandlung der Skoliose oder einer Pseudoarthrose	920	15,66 €	18,00 €	33,66 €	94,69 €
2292	2292	Eröffnung von Brust- oder Bauchhöhle bei vorderem Zugang nur im Zusammenhang mit Leistungen nach den Nummern 2285, 2286, 2287, 2332 und 2333	1.110	31,11 €	31,40 €	62,51 €	126,46 €
2293	2293	Operation einer Steißbeinfistel	370	7,78 €	9,20 €	16,98 €	39,56 €

L V Knochenchirurgie

BG-T Tarif-Nr.	DKG-NT Tarif-Nr.	Leistung	Punkte (nur DKG-NT I)	Besondere Kosten	Allgemeine Kosten	Sach-kosten	Vollkosten (nur DKG-NT I)
1a	1b	2	3	4	5	6	7
2294	2294	Steißbeinresektion.................	554	15,66 €	12,50 €	28,16 €	63,25 €
2295	2295	Exostosenabmeißelung bei Hallux-Valgus.....	463	7,78 €	15,90 €	23,68 €	47,55 €
2296	2296	Exostosenabmeißelung bei Hallux-Valgus einschließlich Sehnenverpflanzung............	924	11,77 €	22,50 €	34,27 €	91,14 €
2297	2297	Operation des Hallux-Valgus mit Gelenkkopfresektion und anschließender Gelenkplastik und/oder Mittelfußosteotomie einschließlich der Leistungen nach den Nummern 2295 und 2296	1.180	15,66 €	60,60 €	76,26 €	117,02 €

L VI Frakturbehandlung

BG-T Tarif-Nr.	DKG-NT Tarif-Nr.	Leistung	Punkte (nur DKG-NT I)	Besondere Kosten	Allgemeine Kosten	Sach-kosten	Vollkosten (nur DKG-NT I)
1a	1b	2	3	4	5	6	7
2320	2320	Einrichtung der gebrochenen knöchernen Nase einschl. Tamponade - gegebenenfalls einschließlich Wundverband -	189		5,50 €	5,50 €	16,23 €
2321	2321	Einrichtung eines gebrochenen Gesichtsknochens - gegebenenfalls einschließlich Wundverband -.............	227		6,70 €	6,70 €	19,50 €
2322	2322	Aufrichtung gebrochener Wirbel im Durchhang .	757		13,70 €	13,70 €	65,02 €
2323	2323	Halswirbelbruchbehandlung durch Zugverband mit Klammer.............	757	Selbstkosten	15,90 €	15,90 €	65,02 €
2324	2324	Einrichtung des gebrochenen Schlüsselbeins ...	152		4,10 €	4,10 €	13,06 €
2325	2325	Einrichtung des gebrochenen Schlüsselbeins - einschließlich Nagelung und/oder Drahtung -...	567	23,33 €	12,50 €	35,83 €	72,03 €
2326	2326	Einrichtung des gebrochenen Schulterblattes oder des Brustbeins.............	227		4,90 €	4,90 €	19,50 €
2327	2327	Einrichtung des gebrochenen Oberarmknochens.............	473		5,80 €	5,80 €	40,63 €
2328	2328	Einrichtung gebrochener Unterarmknochen ...	341		4,90 €	4,90 €	29,29 €
2329	2329	Einrichtung des gebrochenen Beckens.......	473		7,60 €	7,60 €	40,63 €
2330	2330	Einrichtung eines gebrochenen Oberschenkelknochens.............	757		9,20 €	9,20 €	65,02 €
2331	2331	Einrichtung gebrochener Knochen der Handwurzel oder der Mittelhand, der Fußwurzel oder des Mittelfußes.............	227		3,60 €	3,60 €	19,50 €
2332	2332	Operative Aufrichtung eines gebrochenen Wirbelkörpers und/oder operative Einrenkung einer Luxation eines Wirbelgelenkes mit stabilisierenden Maßnahmen.............	2.500	38,89 €	56,10 €	94,99 €	253,63 €
2333	2333	Operative Aufrichtung von zwei oder mehr gebrochenen Wirbelkörpern und/oder operative Einrenkung von zwei oder mehr Luxationen von Wirbelgelenken mit stabilisierenden Maßnahmen.............	3.700	46,78 €	67,70 €	114,48 €	364,60 €

L VI Frakturbehandlung

BG-T Tarif-Nr.	DKG-NT Tarif-Nr.	Leistung	Punkte (nur DKG-NT I)	Besondere Kosten	Allgemeine Kosten	Sach-kosten	Vollkosten (nur DKG-NT I)
1a	1b	2	3	4	5	6	7
2334	2334	Operative Stabilisierung einer Brustwandseite ...	2.800	38,89 €	95,70 €	134,59 €	279,40 €
2335	2335	Einrichtung einer gebrochenen Kniescheibe (I) oder gebrochener Unterschenkelknochen (II) ...	473		4,10 €	4,10 €	40,63 €
2336	2336	Operative Einrichtung der gebrochenen Kniescheibe - auch mit Fremdmaterial -	650	23,33 €	6,90 €	30,23 €	79,16 €
2337	2337	Einrichtung von gebrochenen Endgliedknochen von Fingern oder von gebrochenen Zehenknochen ...	76		2,60 €	2,60 €	6,53 €
2338	2338	Einrichtung des gebrochenen Großzehenknochens (I) oder von Frakturen an Grund- oder Mittelgliedern der Fingerknochen (II) ...	152		4,90 €	4,90 €	13,06 €
2338a	2338a	Operative Einrichtung des gebrochenen Endgliedknochens eines Fingers - einschließlich Fixation durch Osteosynthese -	185	7,78 €	2,90 €	10,68 €	23,67 €
	2339	Einrichtung des gebrochenen Großzehenknochens (I) oder von Frakturen an Grund- oder Mittelgliedknochen der Finger mit Osteosynthese (II) ...	379	7,78 €	9,20 €	16,98 €	40,33 €
2339		Einrichtung des gebrochenen Großzehenknochens (I) oder von Frakturen an Grund- oder Mittelgliedknochen der Finger mit Osteosynthese (II) ...		7,78 €	22,40 €	30,18 €	
2340	2340	Olekranonverschraubung oder Verschraubung des Innen- oder Außenknöchelbruches ...	554	15,66 €	9,20 €	24,86 €	63,25 €
2344	2344	Osteosynthese der gebrochenen Kniescheibe bzw. Exstirpation der Kniescheibe oder Teilexstirpation ...	1.110	23,33 €	20,90 €	44,23 €	118,68 €
2345	2345	Tibiakopfverschraubung oder Verschraubung des Fersenbeinbruchs ...	924	31,11 €	18,60 €	49,71 €	110,48 €
2346	2346	Beck'sche Bohrung ...	278	5,47 €	5,80 €	11,27 €	29,35 €
2347	2347	Nagelung und/oder Drahtung eines gebrochenen kleinen Röhrenknochens (z. B. Mittelhand, Mittelfuß) ...	370	11,77 €	5,80 €	17,57 €	43,55 €

L VI Frakturbehandlung

BG-T Tarif-Nr.	DKG-NT Tarif-Nr.	Leistung	Punkte (nur DKG-NT I)	Besondere Kosten	Allgemeine Kosten	Sach-kosten	Vollkosten (nur DKG-NT I)
1a	1b	2	3	4	5	6	7
2348	2348	Nagelung und/oder Drahtung eines kleinen Röhrenknochens (z. B. Mittelhand, Mittelfuß) bei offenem Knochenbruch	555	11,77 €	12,50 €	24,27 €	59,44 €
2349	2349	Nagelung und/oder Drahtung und/oder Verschraubung (mit Metallplatten) eines gebrochenen großen Röhrenknochens	1.110	31,11 €	20,90 €	52,01 €	126,46 €
2350	2350	Nagelung und/oder Drahtung und/oder Verschraubung (mit Metallplatten) eines großen Röhrenknochens bei offenem Knochenbruch . .	1.660	31,11 €	43,90 €	75,01 €	173,70 €
2351	2351	Nagelung und/oder Verschraubung (mit Metallplatten) eines gebrochenen Schenkelhalses . . .	1.480	31,11 €	38,20 €	69,31 €	158,24 €
2352	2352	Nagelung und/oder Verschraubung (mit Metallplatten) eines Schenkelhalses bei offenem Knochenbruch	2.220	31,11 €	60,60 €	91,71 €	221,80 €
2353	2353	Entfernung einer Nagelung und/oder Drahtung und/oder Verschraubung aus kleinen Röhrenknochen.	185	7,78 €	2,90 €	10,68 €	23,67 €
	2354	Entfernung einer Nagelung und/oder Drahtung und/oder Verschraubung (mit Metallplatten) aus großen Röhrenknochen	370	23,33 €	7,60 €	30,93 €	55,11 €
2354		Entfernung einer Nagelung und/oder Drahtung und/oder Verschraubung (mit Metallplatten) aus großen Röhrenknochen		23,33 €	19,00 €	42,33 €	
2355	2355	Operative Stabilisierung einer Pseudoarthrose oder operative Korrektur eines in Fehlstellung verheilten Knochenbruchs	1.110	23,33 €	20,30 €	43,63 €	118,68 €
2356	2356	Operative Stabilisierung einer Pseudoarthrose oder operative Korrektur eines in Fehlstellung verheilten Knochenbruchs nach Osteotomie mittels Nagelung, Verschraubung und/oder Metallplatten und/oder äußerem Spanner - auch zusätzliches Einpflanzen von Knochenspan - . . .	1.480	31,11 €	31,80 €	62,91 €	158,24 €
2357	2357	Operative Wiederherstellung einer gebrochenen Hüftpfanne einschließlich Fragmentfixation	2.770	54,34 €	56,10 €	110,44 €	292,27 €

L VI Frakturbehandlung

BG-T Tarif-Nr.	DKG-NT Tarif-Nr.	Leistung	Punkte (nur DKG-NT I)	Besondere Kosten	Allgemeine Kosten	Sach-kosten	Vollkosten (nur DKG-NT I)
1a	1b	2	3	4	5	6	7
2358	**2358**	Osteosynthese gebrochener Beckenringknochen, der gesprengten Symphyse oder einer gesprengten Kreuzdarmbeinfuge............	2.100	**38,89 €**	**56,10 €**	**94,99 €**	**219,27 €**

L VII Chirurgie der Körperoberfläche

Nummern 2380–2396

BG-T Tarif-Nr.	DKG-NT Tarif-Nr.	Leistung	Punkte (nur DKG-NT I)	Besondere Kosten	Allgemeine Kosten	Sach-kosten	Vollkosten (nur DKG-NT I)
1a	1b	2	3	4	5	6	7
2380	2380	Überpflanzung von Epidermisstücken........	310	5,47 €	6,40 €	11,87 €	32,10 €
2381	2381	Einfache Hautlappenplastik................	370	5,47 €	6,40 €	11,87 €	37,25 €
2382	2382	Schwierige Hautlappenplastik (I) oder Spalthauttransplantation (II)	739	15,66 €	12,50 €	28,16 €	79,14 €
2383	2383	Vollhauttransplantation - auch einschließlich plastischer Versorgung der Entnahmestelle -	1.000	15,66 €	27,10 €	42,76 €	101,56 €
2384	2384	Knorpeltransplantation, z. B. aus einem Ohr oder aus einer Rippe	739	11,77 €	12,50 €	24,27 €	75,25 €
2385	2385	Transplantation eines haartragenden Hautimplantates oder eines Dermafett-Transplantates - auch einschließlich plastischer Versorgung der Entnahmestelle -	1.200	15,66 €	27,10 €	42,76 €	118,74 €
2386	2386	Schleimhauttransplantation - einschließlich operativer Unterminierung der Entnahmestelle und plastischer Deckung -	688	7,78 €	12,50 €	20,28 €	66,88 €
2390	2390	Deckung eines überhandflächengroßen, zusammenhängenden Hautdefektes mit speziell aufbereiteten freien Hauttransplantaten.........	1.330	15,66 €	27,10 €	42,76 €	129,90 €
2391	2391	Freie Verpflanzung eines Hautlappens, auch mittels zwischenzeitlicher Stielbildung, in mehreren Sitzungen	1.500	15,66 €	32,70 €	48,36 €	144,51 €
2392	2392	Anlage eines Rundstiellappens	900	7,78 €	18,60 €	26,38 €	85,09 €
2392a	2392a	Exzision einer großen kontrakten und funktionsbehindernden Narbe - einschließlich plastischer Deckung -	1.000	23,33 €	27,10 €	50,43 €	109,23 €
2393	2393	Interimistische Implantation eines Rundstiellappens (Zwischentransport)..................	739	7,78 €	12,50 €	20,28 €	71,26 €
2394	2394	Implantation eines Rundstiellappens - einschließlich Modellierung am Ort............	2.200	15,66 €	60,60 €	76,26 €	204,63 €
2395	2395	Gekreuzte Beinlappenplastik...............	2.500	23,33 €	60,60 €	83,93 €	238,07 €
2396	2396	Implantation eines Hautexpanders	900	15,66 €	30,90 €	46,56 €	92,97 €

L VII Chirurgie der Körperoberfläche

BG-T Tarif-Nr.	DKG-NT Tarif-Nr.	Leistung	Punkte (nur DKG-NT I)	Besondere Kosten	Allgemeine Kosten	Sach-kosten	Vollkosten (nur DKG-NT I)
1a	1b	2	3	4	5	6	7
2397	2397	Operative Ausräumung eines ausgedehnten Hämatoms, als selbständige Leistung	600	15,66 €	20,50 €	36,16 €	67,20 €
2400	2400	Öffnung eines Körperkanalverschlusses an der Körperoberfläche.	111	5,47 €	2,60 €	8,07 €	15,00 €
2401	2401	Probeexzision aus oberflächlich gelegenem Körpergewebe (z. B. Haut, Schleimhaut, Lippe)	133	5,47 €	3,60 €	9,07 €	16,89 €
2402	2402	Probeexzision aus tiefliegendem Körpergewebe (z. B. Fettgewebe, Faszie, Muskulatur) oder aus einem Organ ohne Eröffnung einer Körperhöhle (wie Zunge).	370	7,78 €	9,20 €	16,98 €	39,56 €
2403	2403	Exzision einer in oder unter der Haut oder Schleimhaut liegenden kleinen Geschwulst	133	5,47 €	3,60 €	9,07 €	16,89 €
2404	2404	Exzision einer größeren Geschwulst (z. B. Ganglion, Fasziengeschwulst, Fettgeschwulst, Lymphdrüse, Neurom).	554	7,78 €	9,20 €	16,98 €	55,37 €
2405	2405	Entfernung eines Schleimbeutels	370	7,78 €	9,20 €	16,98 €	39,56 €
2407	2407	Exzision einer ausgedehnten, auch blutreichen Geschwulst - gegebenenfalls einschließlich ganzer Muskeln - und Ausräumung des regionären Lymphstromgebietes	2.310	38,89 €	50,40 €	89,29 €	237,31 €
2408	2408	Ausräumung des Lymphstromgebietes einer Axilla	1.100	23,33 €	26,10 €	49,43 €	117,82 €
2410	2410	Operation eines Mammatumors	739	7,78 €	9,60 €	17,38 €	71,26 €
2411	2411	Absetzen einer Brustdrüse	924	23,33 €	9,60 €	32,93 €	102,70 €
2412	2412	Absetzen einer Brustdrüse einschließlich Brustmuskulatur	1.400	31,11 €	32,70 €	63,81 €	151,37 €
2413	2413	Absetzen einer Brustdrüse mit Ausräumen der regionären Lymphstromgebiete (Radikaloperation).	2.310	31,11 €	50,40 €	81,51 €	229,53 €
2414	2414	Reduktionsplastik der Mamma	2.800	31,11 €	64,70 €	95,81 €	271,62 €

L VII Chirurgie der Körperoberfläche

BG-T Tarif-Nr.	DKG-NT Tarif-Nr.	Leistung	Punkte (nur DKG-NT I)	Besondere Kosten	Allgemeine Kosten	Sach-kosten	Vollkosten (nur DKG-NT I)
1a	1b	2	3	4	5	6	7
2415	2415	Aufbauplastik der Mamma einschließlich Verschiebeplastik - gegebenenfalls einschließlich Inkorporation einer Mammaprothese -	2.000	31,11 €	53,90 €	85,01 €	202,90 €
2416	2416	Aufbauplastik nach Mammaamputation - gegebenenfalls einschließlich Inkorporation einer Mammaprothese -	3.000	31,11 €	64,70 €	95,81 €	288,80 €
2417	2417	Operative Entnahme einer Mamille und interimistische Implantation an anderer Körperstelle . . .	800	15,66 €	18,00 €	33,66 €	84,38 €
2418	2418	Replantation einer verpflanzten Mamille	800	15,66 €	18,00 €	33,66 €	84,38 €
2419	2419	Rekonstruktion einer Mamille aus einer großen Labie oder aus der Mamma der gesunden Seite, auch zusätzlich zur Aufbauplastik.	1.200	15,66 €	27,10 €	42,76 €	118,74 €
2420	2420	Implantation (I) oder operativer Austausch einer Mammaprothese (II), als selbständige Leistung .	1.100	15,66 €	27,10 €	42,76 €	110,15 €
2421	2421	Implantation eines subkutanen, auffüllbaren Medikamentenreservoirs.	600	7,78 €	20,50 €	28,28 €	59,32 €
2427	2427	Tiefreichende, die Faszie und die darunterliegenden Körperschichten durchtrennende Entlastungsinzision(en) - auch mit Drainage	400	5,47 €	9,80 €	15,27 €	39,83 €
2428	2428	Eröffnung eines oberflächlich unter der Haut oder der Schleimhaut liegenden Abszesses oder eines Furunkels.	80		2,60 €	2,60 €	6,87 €
2429	2429	Eröffnung diesseminierter Abszessbildungen der Haut (z. B. bei einem Säugling).	220		6,50 €	6,50 €	18,90 €
2430	2430	Eröffnung eines tiefliegenden Abszesses.	303		8,30 €	8,30 €	26,03 €
2431	2431	Eröffnung eines Karbunkels - auch mit Exzision -	379		9,20 €	9,20 €	32,55 €
2432	2432	Eröffnung einer Phlegmone.	473		9,20 €	9,20 €	40,63 €
2440	2440	Operative Entfernung eines Naevus flammeus, je Sitzung.	800	7,78 €	18,00 €	25,78 €	76,50 €
2441	2441	Operative Korrektur einer entstellenden Gesichtsnarbe.	400	7,78 €	9,80 €	17,58 €	42,14 €

L VII Chirurgie der Körperoberfläche

BG-T Tarif-Nr.	DKG-NT Tarif-Nr.	Leistung	Punkte (nur DKG-NT I)	Besondere Kosten	Allgemeine Kosten	Sach-kosten	Vollkosten (nur DKG-NT I)
1a	1b	2	3	4	5	6	7
2442	2442	Implantation alloplastischen Materials zur Weichteilunterfütterung, als selbständige Leistung............	900	15,66 €	22,50 €	38,16 €	92,97 €
2443	2443	Totale Entfernung des Narbengewebes im ehemaligen Augenlidgebiet als vorbereitende operative Maßnahme zur Rekonstruktion eines Augenlides..................	800	15,66 €	18,00 €	33,66 €	84,38 €
2444	2444	Implantation eines Magnetkörpers in ein Augenlid................	300	5,47 €	7,60 €	13,07 €	31,24 €
2450	2450	Operation des Rhinophyms................	600	7,78 €	17,60 €	25,38 €	59,32 €
2451	2451	Wiederherstellungsoperation bei Faziallähmung - einschließlich Muskelplastiken und/oder Aufhängung mittels Faszie -..........	2.500	23,33 €	56,10 €	79,43 €	238,07 €
2452	2452	Exstirpation einer Fettschürze - einschließlich plastischer Deckung des Grundes -..........	1.400	23,33 €	32,70 €	56,03 €	143,59 €
2453	2453	Operation des Lymphödems einer Extremität...	2.000	31,11 €	53,90 €	85,01 €	202,90 €
2454	2454	Operative Entfernung von überstehendem Fettgewebe an einer Extremität................	924	15,66 €	9,60 €	25,26 €	95,03 €

L VIII Neurochirurgie

BG-T Tarif-Nr.	DKG-NT Tarif-Nr.	Leistung	Punkte (nur DKG-NT I)	Besondere Kosten	Allgemeine Kosten	Sach-kosten	Vollkosten (nur DKG-NT I)
1a	1b	2	3	4	5	6	7
2500	2500	Hebung einer gedeckten Impressionsfraktur des Schädels..................	1.850	22,60 €	53,90 €	76,50 €	181,51 €
2501	2501	Operation einer offenen Impressions- oder Splitterfraktur des Schädels - einschließlich Reimplantation von Knochenstücken -........	3.100	22,60 €	64,70 €	87,30 €	288,88 €
2502	2502	Operation eines epiduralen Hämatoms.......	2.750	15,03 €	56,10 €	71,13 €	251,25 €
2503	2503	Operation einer frischen Hirnverletzung mit akutem subduralem und/oder intrazerebralem Hämatom................	5.250	15,03 €	161,90 €	176,93 €	465,99 €
2504	2504	Operation einer offenen Hirnverletzung mit Dura- und/oder Kopfschwartenplastik............	4.500	22,60 €	152,40 €	175,00 €	409,14 €
2505	2505	Operation des akuten subduralen Hygroms oder Hämatoms beim Säugling oder Kleinkind.....	3.000	15,03 €	64,70 €	79,73 €	272,72 €
2506	2506	Exstirpation eines chronischen subduralen Hämatoms einschließlich Kapselentfernung......	3.750	15,03 €	66,90 €	81,93 €	337,14 €
2507	2507	Entleerung eines chronischen subduralen Hämatoms mittels Bohrlochtrepanation(en) - gegebenenfalls einschließlich Drainage -........	1.800	15,03 €	53,90 €	68,93 €	169,64 €
2508	2508	Operative Versorgung einer frischen frontobasalen Schädel-Hirnverletzung................	4.500	22,60 €	152,40 €	175,00 €	409,14 €
2509	2509	Totalexstirpation eines Hirnabszesses........	3.750	22,60 €	67,70 €	90,30 €	344,71 €
2510	2510	Operation eines intrazerebralen, nicht traumatisch bedingten Hämatoms................	4.000	15,03 €	117,30 €	132,33 €	358,62 €
2515	2515	Bohrlochtrepanation des Schädels.........	1.000	15,03 €	31,40 €	46,43 €	100,93 €
2516	2516	Osteoklastische Trepanation des Schädels über dem Großhirn....................	1.500	15,03 €	38,50 €	53,53 €	143,88 €
2517	2517	Osteoklastische Trepanation des Schädels über dem Großhirn - einschließlich Wiederanpassung des Knochendeckels -.............	2.250	22,60 €	60,60 €	83,20 €	215,87 €
2518	2518	Eröffnung der hinteren Schädelgrube........	2.700	22,60 €	60,60 €	83,20 €	254,52 €

L VIII Neurochirurgie

BG-T Tarif-Nr.	DKG-NT Tarif-Nr.	Leistung	Punkte (nur DKG-NT I)	Besondere Kosten	Allgemeine Kosten	Sach-kosten	Vollkosten (nur DKG-NT I)
1a	1b	2	3	4	5	6	7
2519	2519	Trepanation bei Kraniostenose.............	2.250	15,03 €	60,60 €	75,63 €	208,30 €
2525	2525	Operation der prämaturen Schädelnahtsynostose (Kraniostenose) mit Einfassung der Knochenränder oder mit Duraschichtresektion beim Säugling oder Kleinkind..............	4.000	15,03 €	117,30 €	132,33 €	358,62 €
2526	2526	Exstirpation eines Konvexitätstumors des Großhirns..................	3.750	22,60 €	117,30 €	139,90 €	344,71 €
2527	2527	Exstirpation eines Großhirntumors mit Hirnlappenresektion........	5.250	22,60 €	161,90 €	184,50 €	473,56 €
2528	2528	Exstirpation eines Tumors der Mittellinie (Kraniopharyngeom, intraventrikulärer Tumor, Hypophysentumor) oder eines Schädelbasistumors....	7.500	22,60 €	116,70 €	139,30 €	666,83 €
2529	2529	Operation einer intrakraniellen Gefäßmißbildung (Aneurysma oder arteriovenöses Angiom).....	8.000	22,60 €	116,70 €	139,30 €	709,78 €
2530	2530	Intrakranielle Embolektomie...........	7.500	22,60 €	116,70 €	139,30 €	666,83 €
2531	2531	Intrakranielle Gefäßanastomose oder Gefäßtransplantation..............	7.500	22,60 €	116,70 €	139,30 €	666,83 €
2535	2535	Resektion einer Gehirngemisphäre..........	6.000	22,60 €	176,00 €	198,60 €	537,98 €
2536	2536	Resektion eines Gehirnlappens...........	4.500	22,60 €	152,40 €	175,00 €	409,14 €
2537	2537	Durchschneidung von Nervenbahnen im Gehirn oder in der Medulla oblongata............	6.250	22,60 €	176,00 €	198,60 €	559,46 €
2538	2538	Operation einer Enzephalozele der Konvexität..	3.750	15,03 €	117,30 €	132,33 €	337,14 €
2539	2539	Operation einer frontobasal gelegenen Enzephalozele..............	6.250	22,60 €	176,00 €	198,60 €	559,46 €
2540	2540	Ventrikuläre intrakorporale Liquorableitung mittels Ventilsystem.............	4.500	22,60 €	152,40 €	175,00 €	409,14 €
2541	2541	Ventrikulozisternostomie.............	4.500	22,60 €	152,40 €	175,00 €	409,14 €
2542	2542	Ventrikuläre extrakorporale Liquorableitung....	1.800	15,03 €	53,90 €	68,93 €	169,64 €
2550	2550	Exstirpation eines Kleinhirntumors..........	5.000	45,30 €	152,40 €	197,70 €	474,79 €

L VIII Neurochirurgie

BG-T Tarif-Nr.	DKG-NT Tarif-Nr.	Leistung	Punkte (nur DKG-NT I)	Besondere Kosten	Allgemeine Kosten	Sachkosten	Vollkosten (nur DKG-NT I)
1a	1b	2	3	4	5	6	7
2551	2551	Exstirpation eines Kleinhirnbrückenwinkel- oder Stammhirntumors	7.500	45,30 €	198,40 €	243,70 €	689,53 €
2552	2552	Exstirpation eines retrobulbären Tumors auf transfrontal-transorbitalem Zugangsweg	6.250	45,30 €	176,00 €	221,30 €	582,16 €
2553	2553	Intrakraniale Operation einer basalen Liquorfistel mit plastischem Verschluß	6.000	45,30 €	176,00 €	221,30 €	560,68 €
2554	2554	Plastischer Verschluß eines Knochendefekts im Bereich des Hirnschädels, als selbständige Leistung.	1.800	15,03 €	53,90 €	68,93 €	169,64 €
2555	2555	Eröffnung des Spinalkanals durch einseitige Hemilaminektomie eines Wirbels/mehrerer Wirbel .	1.480	38,89 €	28,30 €	67,19 €	166,02 €
2556	2556	Eröffnung des Spinalkanals durch Laminektomie eines Wirbels/mehrerer Wirbel	1.850	38,89 €	34,30 €	73,19 €	197,80 €
2557	2557	Eröffnung des Spinalkanals durch Laminektomie eines Wirbels/mehrerer Wirbel - einschließlich Wiedereinpflanzung von Knochenteilen -.	2.400	46,78 €	41,10 €	87,88 €	252,93 €
2560	2560	Stereotaktische Ausschaltung(en) am Zentralnervensystem	3.750	30,27 €	117,30 €	147,57 €	352,38 €
2561	2561	Stereotaktische Ausschaltung(en) am Zentralnervensystem oder Implantation von Reizelektroden zur Dauerstimulation im Zentralnervensystem mit Trepanation	4.620	30,27 €	152,40 €	182,67 €	427,11 €
2562	2562	Anatomische Vorausberechnungen (Zielpunktbestimmungen) zu den Leistungen nach den Nummern 2560 und 2561 - gegebenenfalls einschließlich etwa erforderlicher Ultraschallmessungen im Schädelinnern -.	2.250		31,00 €	31,00 €	193,27 €
2563	2563	Durchschneidung und/oder Zerstörung eines Nerven an der Schädelbasis	2.310	22,60 €	60,60 €	83,20 €	221,02 €
2564	2564	Offene Durchtrennung eines oder mehrerer Nerven am Rückenmark	4.800	22,60 €	152,40 €	175,00 €	434,91 €

L VIII Neurochirurgie

BG-T Tarif-Nr.	DKG-NT Tarif-Nr.	Leistung	Punkte (nur DKG-NT I)	Besondere Kosten	Allgemeine Kosten	Sach-kosten	Vollkosten (nur DKG-NT I)
1a	1b	2	3	4	5	6	7
2565	2565	Operativer Eingriff zur Dekompression einer oder mehrerer Nervenwurzel(n) im Zervikalbereich - einschließlich Foraminotomie - gegebenenfalls einschließlich der Leistungen nach Nummer 2282 oder 2283	4.100	22,60 €	117,30 €	139,90 €	374,78 €
2566	2566	Operativer Eingriff zur Dekompression einer oder mehrerer Nervenwurzel(n) im thorakalen oder lumbalen Bereich - gegebenenfalls einschließlich Foraminotomie und/oder der Leistungen nach Nummer 2282 oder 2283	3.000	22,60 €	73,20 €	95,80 €	280,29 €
2570	2570	Implantation von Reizelektroden zur Dauerstimulation des Rückenmarks - gegebenenfalls einschließlich Implantation des Empfangsgerätes -	4.500	15,03 €	152,40 €	167,43 €	401,57 €
2571	2571	Operation einer Mißbildung am Rückenmark oder an der Cauda equina oder Verschluß einer Myelomingozele beim Neugeborenen oder Operation einer Meningozele.	2.650	15,03 €	56,10 €	71,13 €	242,66 €
2572	2572	Operation einer Mißbildung am Rückenmark oder an der Cauda equina mit plastischer Rekonstruktion des Wirbelkanals und/oder Faszienplastik	3.230	22,60 €	73,20 €	95,80 €	300,05 €
2573	2573	Verschiebeplastik, zusätzlich zu den Leistungen nach den Nummern 2571, 2572 und 2584	500	15,03 €	9,10 €	24,13 €	57,98 €
2574	2574	Entfernung eines raumbeengenden extraduralen Prozesses im Wirbelkanal.	2.750	30,27 €	61,60 €	91,87 €	266,49 €
2575	2575	Entfernung eines raumbeengenden intraduralen Prozesses im Wirbelkanal.	3.500	30,27 €	66,10 €	96,37 €	330,91 €
2576	2576	Mikrochirurgische Entfernung einer spinalen Gefäßmißbildung oder eines Tumors.	4.500	30,27 €	152,40 €	182,67 €	416,81 €
2577	2577	Entfernung eines raumbeengenden intra- oder extraduralen Prozesses	4.000	30,27 €	117,30 €	147,57 €	373,86 €
2580	2580	Freilegung und Durchtrennung oder Exhairese eines Nerven.	554	7,67 €	10,40 €	18,07 €	55,26 €

L VIII Neurochirurgie

BG-T Tarif-Nr.	DKG-NT Tarif-Nr.	Leistung	Punkte (nur DKG-NT I)	Besondere Kosten	Allgemeine Kosten	Sach-kosten	Vollkosten (nur DKG-NT I)
1a	1b	2	3	4	5	6	7
2581	2581	Freilegung und Exhairese eines peripheren Trigeminusastes	924	15,03 €	22,50 €	37,53 €	94,40 €
2582	2582	Freilegung und Entnahme eines autologen peripheren Nerven zwecks Transplantation einschließlich Aufbereitung	1.800	22,60 €	53,90 €	76,50 €	177,21 €
2583	2583	Neurolyse, als selbständige Leistung	924	15,03 €	22,50 €	37,53 €	94,40 €
2584	2584	Neurolyse mit Nervenverlagerung und Neueinbettung	1.480	22,60 €	32,70 €	55,30 €	149,73 €
2585	2585	Nervenersatzplastik durch Implantation eines peripheren Nerven im Hand-/Armbereich	2.600	15,03 €	60,60 €	75,63 €	238,36 €
2586	2586	End-zu-End-Naht eines Nerven im Zusammenhang mit einer frischen Verletzung - einschließlich Wundversorgung -	1.350	15,03 €	28,50 €	43,53 €	130,99 €
2587	2587	Frühe Sekundärnaht eines peripheren Nerven . .	1.850	15,03 €	53,90 €	68,93 €	173,94 €
2588	2588	Interfaszikuläre mikrochirurgische Nervennaht ohne Verwendung eines autologen Transplantats	2.100	15,03 €	56,10 €	71,13 €	195,41 €
2589	2589	Interfaszikuläre mikrochirurgische Nervennaht mit Defektüberbrückung durch autologes Transplantat (ohne die Leistung nach Nummer 2582) .	2.400	22,60 €	60,60 €	83,20 €	228,75 €
2590	2590	Naht eines Nervenplexus nach vollständiger Präparation und Neurolyse - auch einschließlich der etwa erforderlichen Foraminotomie oder Hemilaminektomie -	3.000	22,60 €	73,20 €	95,80 €	280,29 €
2591	2591	Interfaszikuläre Defektüberbrückung eines Nervenplexus nach vollständiger Präparation desselben mit autologen Transplantaten und perineuraler mikrochirurgischer Naht	6.000	30,27 €	176,00 €	206,27 €	545,65 €
2592	2592	Mikrochirurgische interfaszikuläre Neurolyse, als selbständige Leistung	1.800	15,03 €	54,20 €	69,23 €	169,64 €
2593	2593	Mikrochirurgische interfaszikuläre Neurolyse mit Nervenverlagerung und Neueinbettung, als selbständige Leistung	2.770	22,60 €	61,60 €	84,20 €	260,53 €

L VIII Neurochirurgie

BG-T Tarif-Nr. 1a	DKG-NT Tarif-Nr. 1b	Leistung 2	Punkte (nur DKG-NT I) 3	Besondere Kosten 4	Allgemeine Kosten 5	Sach-kosten 6	Vollkosten (nur DKG-NT I) 7
2594	2594	Transposition eines Nerven mit interfaszikulärer mikrochirurgischer Nervennaht	3.000	15,03 €	73,20 €	88,23 €	272,72 €
2595	2595	Nervenpfropfung	1.600	15,03 €	32,70 €	47,73 €	152,47 €
2596	2596	Hirnnervenersatzplastik durch Implantation eines autologen peripheren Nerven	2.400	22,60 €	60,60 €	83,20 €	228,75 €
2597	2597	Verödung oder Verknochung des Ganglion Gasseri	700	7,67 €	17,10 €	24,77 €	67,80 €
2598	2598	Stereotaktische Thermokoagulation des Ganglion Gasseri.	1.400	7,67 €	32,70 €	40,37 €	127,93 €
2599	2599	Blockade eines Nerven im Bereich der Schädelbasis	225	7,67 €	6,40 €	14,07 €	27,00 €
2600	2600	Exstirpation eines Ganglions im Bereich der Schädelbasis	1.500	15,03 €	38,50 €	53,53 €	143,88 €
2601	2601	Grenzstrangresektion im zervikalen Bereich. . . .	1.000	15,03 €	22,50 €	37,53 €	100,93 €
2602	2602	Abdomino-retroperitoneale lumbale Grenzstrangresektion	1.480	15,03 €	38,50 €	53,53 €	142,16 €
2603	2603	Kombinierte thorako-lumbale Grenzstrangresektion	3.000	15,03 €	73,20 €	88,23 €	272,72 €
2604	2604	Splanchnikusdurchtrennung, peritoneal oder retroperitoneal	1.480	15,03 €	38,50 €	53,53 €	142,16 €

L IX Mund-, Kiefer- und Gesichtschirurgie

BG-T Tarif-Nr.	DKG-NT Tarif-Nr.	Leistung	Punkte (nur DKG-NT I)	Besondere Kosten	Allgemeine Kosten	Sach-kosten	Vollkosten (nur DKG-NT I)
1a	1b	2	3	4	5	6	7
2620	2620	Operation der isolierten Lippenspalte........	750	15,66 €	25,60 €	41,26 €	80,08 €
2621	2621	Operation der breiten Lippen-Kieferspalte mit Naseneingangsplastik...............	1.500	75,46 €	51,30 €	126,76 €	204,31 €
2622	2622	Plastisch-chirurgische Behandlung einer kompletten Gesichtsspalte - einschließlich Osteotomien und Osteoplastiken -........	9.000	77,79 €	307,90 €	385,69 €	850,86 €
2625	2625	Verschluß des weichen oder harten Gaumens oder Verschluß von perforierenden Defekten im Bereich von Gaumen oder Vestibulum.......	1.250	23,33 €	42,70 €	66,03 €	130,70 €
2626	2626	Velopharyngoplastik...............	2.500	7,78 €	85,50 €	93,28 €	222,52 €
2627	2627	Verschluß des harten und weichen Gaumens..	2.000	31,11 €	68,50 €	99,61 €	202,90 €
2630	2630	Operative Rekonstruktion des Mittelgesichts - einschließlich Osteotomie und/oder Osteoplastik -...............	6.000	46,78 €	205,30 €	252,08 €	562,16 €
2640	2640	Operative Verlagerung des Oberkiefers bei Dysgnathie, je Kieferhälfte...............	1.200	15,66 €	41,00 €	56,66 €	118,74 €
2642	2642	Operative Verlagerung des Unterkiefers bei Dysgnathie, je Kieferhälfte...............	1.850	15,66 €	63,30 €	78,96 €	174,57 €
2650	2650	Entfernung eines extrem verlagerten oder retinierten Zahnes durch umfangreiche Osteotomie gei gefährdeten anatomischen Nachbarstrukturen...............	740	7,78 €	25,30 €	33,08 €	71,34 €
2651	2651	Entfernung tiefliegender Fremdkörper oder Sequestrotomie durch Osteotomie aus dem Kiefer.	550	7,78 €	18,80 €	26,58 €	55,02 €
2655	2655	Operation einer ausgedehnten Kieferzyste - über mehr als drei Zähne oder vergleichbarer Größe im unbezahnten Bereich - durch Zystektomie...............	950	7,78 €	32,60 €	40,38 €	89,38 €
2656	2656	Operation einer ausgedehnten Kieferzyste - über mehr als drei Zähne oder vergleichbarer Größe im unbezahnten Bereich - durch Zystektomie in Verbindung mit der Entfernung retinierter oder verlagerter Zähne und/oder Wurzelspitzenresektion...............	620	7,78 €	21,30 €	29,08 €	61,04 €

L IX Mund-, Kiefer- und Gesichtschirurgie

Nummern 2657–2682

BG-T Tarif-Nr. 1a	DKG-NT Tarif-Nr. 1b	Leistung 2	Punkte (nur DKG-NT I) 3	Besondere Kosten 4	Allgemeine Kosten 5	Sach-kosten 6	Vollkosten (nur DKG-NT I) 7
2657	2657	Operation einer ausgedehnten Kieferzyste - über mehr als drei Zähne oder vergleichbarer Größe im unbezahnten Bereich - durch Zystostomie	760	7,78 €	26,00 €	33,78 €	73,06 €
2658	2658	Operation einer ausgedehnten Kieferzyste - über mehr als drei Zähne oder vergleichbarer Größe im unbezahnten Bereich - durch Zystostomie in Verbindung mit der Entfernung retinierter oder verlagerter Zähne und/oder Wurzelspitzenresektion	500	7,78 €	17,10 €	24,88 €	50,73 €
2660	2660	Operative Behandlung einer konservativ unstillbaren Blutung im Mund-Kieferbereich durch Freilegung und Abbinden oder Umstechung des Gefäßes oder durch Knochenbolzung, als selbständige Leistung	400	7,78 €	13,70 €	21,48 €	42,14 €
2670	2670	Operative Entfernung eines Schlotterkammes oder einer Fibromatose, je Kieferhälfte oder Frontzahnbereich, als selbständige Leistung . . .	500	11,77 €	17,10 €	28,87 €	54,72 €
2671	2671	Operative Entfernung eines Schlotterkammes oder einer Fibromatose, je Kieferhälfte oder Frontzahnbereich, in Verbindung mit den Leistungen nach den Nummern 2575 oder 2576 . . .	300	11,77 €	10,30 €	22,07 €	37,54 €
2675	2675	Partielle Vestibulum- oder Mundbodenplastik oder große Tuberplastik, je Kieferhälfte oder Frontzahnbereich	850	11,77 €	29,10 €	40,87 €	84,78 €
2676	2676	Totale Mundboden- oder Vestibulumplastik zur Formung des Prothesenlagers mit paritteller Ablösung der Mundbodenmuskulatur, je Kiefer . . .	2.200	11,77 €	75,30 €	87,07 €	200,74 €
2677	2677	Submuköse Vestibulumplastik, je Kieferhälfte oder Frontzahnbereich, als selbständige Leistung.	700	11,77 €	24,00 €	35,77 €	71,90 €
2680	2680	Einrenkung der Luxation des Unterkiefers	100		3,50 €	3,50 €	8,59 €
2681	2681	Einrenkung der alten Luxation des Unterkiefers .	400		13,70 €	13,70 €	34,36 €
2682	2682	Operative Einrenkung der Luxation eines Kiefergelenks	1.400	11,77 €	47,80 €	59,57 €	132,03 €

L IX Mund-, Kiefer- und Gesichtschirurgie

BG-T Tarif-Nr.	DKG-NT Tarif-Nr.	Leistung	Punkte (nur DKG-NT I)	Besondere Kosten	Allgemeine Kosten	Sach-kosten	Vollkosten (nur DKG-NT I)
1a	1b	2	3	4	5	6	7
2685	2685	Reposition eines Zahnes.	200	5,47 €	6,80 €	12,27 €	22,65 €
2686	2686	Reposition eines zahntragenden Bruchstücks des Alveolarfortsatzes	300	7,78 €	10,30 €	18,08 €	33,55 €
2687	2687	Allmähliche Reposition des gebrochenen Ober- oder Unterkiefers oder eines schwer einstellbaren oder verkeilten Bruchstücks des Alveolarfortsatzes	1.300		44,50 €	44,50 €	111,67 €
2688	2688	Fixation bei nicht dislozierter Kieferfraktur durch Osteosynthese oder Aufhängung	750	7,78 €	25,60 €	33,38 €	72,20 €
2690	2690	Operative Reposition und Fixation durch Osteosynthese bei Unterkieferbruch, je Kieferhälfte	1.000	15,66 €	34,20 €	49,86 €	101,56 €
2691	2691	Operative Reposition und Fixation durch Osteosynthese bei Aussprengung des Oberkiefers an der Schädelbasis	3.600	23,33 €	123,10 €	146,43 €	332,56 €
2692	2692	Operative Reposition und Fixation durch Osteosynthese bei Kieferbruch im Mittelgesichtsbereich - gegebenenfalls einschließlich Jochbeinbruch und/oder Nasenbeinbruch -, je Kieferhälfte	1.500	15,66 €	51,30 €	66,96 €	144,51 €
2693	2693	Operative Reposition und Fixation einer isolierten Orbitaboden-, Jochbein- oder Jochbogenfraktur	1.200	7,78 €	41,00 €	48,78 €	110,86 €
2694	2694	Operative Entfernung von Osteosynthesematerial aus einem Kiefer- oder Gesichtsknochen, je Fraktur	450	7,78 €	15,40 €	23,18 €	46,43 €
2695	2695	Einrichtung und Fixation eines gebrochenen Kiefers außerhalb der Zahnreihen durch intra- und extraorale Schienenverbände und Stützapparate	2.700	7,78 €	92,40 €	100,18 €	239,70 €
2696	2696	Drahtumschlingung des Unterkiefers oder orofaziale Drahtaufhängung, auch beidseitig	500	5,47 €	17,10 €	22,57 €	48,42 €
2697	2697	Anlegen von Drahtligaturen, Drahthäkchen oder dergleichen, je Kieferhälfte oder Frontzahnbereich, als selbständige Leistung	350		12,00 €	12,00 €	30,06 €

L IX Mund-, Kiefer- und Gesichtschirurgie

BG-T Tarif-Nr.	DKG-NT Tarif-Nr.	Leistung	Punkte (nur DKG-NT I)	Besondere Kosten	Allgemeine Kosten	Sach-kosten	Vollkosten (nur DKG-NT I)
1a	1b	2	3	4	5	6	7
2698	2698	Anlegen und Fixation einer Schiene am unverletzten Ober- oder Unterkiefer.............	1.500		51,30 €	51,30 €	128,85 €
2699	2699	Anlegen und Fixation einer Schiene am gebrochenen Ober- oder Unterkiefer............	2.200		75,30 €	75,30 €	188,97 €
2700	2700	Anlegen von Stütz-, Halte- oder Hilfsvorrichtungen (z. B. Verbandsplatte, Pelotte) am Ober- oder Unterkiefer oder bei Kieferklemme......	350		12,00 €	12,00 €	30,06 €
2701	2701	Anlegen von extraoralen Stütz-, Halte- oder Hilfsvorrichtungen, einer Verbands- oder Verschlußplatte, Pelotte oder dergleichen - im Zusammenhang mit plastischen Operationen oder zur Verhütung oder Behandlung von Narbenkontrakturen -..................	1.800		61,60 €	61,60 €	154,61 €
2702	2702	Wiederanbringen einer gelösten Apparatur oder kleine Änderungen, teilweise Erneuerung von Schienen oder Stützapparaten - auch Entfernung von Schienen oder Stützapparaten -, je Kiefer......................	300		10,30 €	10,30 €	25,77 €
2705	2705	Osteotomie nach disloziert verheilter Fraktur im Mittelgesicht - einschließlich Osteosynthese -..	1.700	7,78 €	58,10 €	65,88 €	153,80 €
2706	2706	Osteotomie nach disloziert verheilter Fraktur im Unterkiefer - einschließlich Osteosynthese -....	1.300	11,77 €	44,50 €	56,27 €	123,44 €
2710	2710	Partielle Resektion des Ober- oder Unterkiefers - auch Segmentosteotomie -, als selbständige Leistung........................	1.100	11,77 €	37,60 €	49,37 €	106,26 €
2711	2711	Partielle Resektion des Ober- oder Unterkiefers - auch Segmentosteotomie -, in Verbindung mit den Leistungen nach den Nummern 2640 oder 2642..........................	750	7,78 €	25,60 €	33,38 €	72,20 €
2712	2712	Halbseitenresektion des Ober- oder Unterkiefers	3.000	38,89 €	102,60 €	141,49 €	296,58 €
2715	2715	Suprahyodiale Lymphknotenausräumung einer Seite - einschließlich Darstellung und gegebenenfalls Entfernung von Muskeln, Nerven und Gefäßen -....................	2.000	15,66 €	68,50 €	84,16 €	187,45 €

L IX Mund-, Kiefer- und Gesichtschirurgie

Nummern 2716–2732

BG-T Tarif-Nr.	DKG-NT Tarif-Nr.	Leistung	Punkte (nur DKG-NT I)	Besondere Kosten	Allgemeine Kosten	Sach-kosten	Vollkosten (nur DKG-NT I)
1a	1b	2	3	4	5	6	7
2716	2716	Radikale Halslymphknotenausräumung einer Seite - einschließlich Darstellung und gegebenenfalls Entfernung von Muskeln, Nerven und Gefäßen -..................	5.000	38,89 €	171,10 €	209,99 €	468,38 €
2720	2720	Osteotomie im Zusammenhang mit operativen Eingriffen am Mundboden - einschließlich Osteosynthese -..................	800	11,77 €	27,40 €	39,17 €	80,49 €
2730	2730	Operative Maßnahmen zur Lagerbildung beim Aufbau des Alveolarfortsatzes, je Kieferhälfte oder Frontzahnbereich................	500	11,77 €	17,10 €	28,87 €	54,72 €
2732	2732	Operation zur Lagerbildung für Knochen oder Knorpel bei ausgedehnten Kieferdefekten.....	2.000	15,66 €	68,50 €	84,16 €	187,45 €

L X   Halschirurgie

BG-T Tarif-Nr.	DKG-NT Tarif-Nr.	Leistung	Punkte (nur DKG-NT I)	Besondere Kosten	Allgemeine Kosten	Sach-kosten	Vollkosten (nur DKG-NT I)
1a	1b	2	3	4	5	6	7
2750	2750	Eröffnung des Schlundes durch Schnitt	1.110	15,03 €	33,80 €	48,83 €	110,38 €
2751	2751	Tracheotomie	554	15,03 €	8,80 €	23,83 €	62,62 €
2752	2752	Exstirpation eines Ductus thyreoglossus oder einer medialen Halszyste - gegebenenfalls einschließlich Teilresektion des Zungenbeins -	1.350	22,60 €	28,50 €	51,10 €	138,56 €
2753	2753	Divertikelresektion im Halsbereich	1.660	22,60 €	33,80 €	56,40 €	165,19 €
2754	2754	Operation einer Kiemengangfistel	1.660	22,60 €	28,30 €	50,90 €	165,19 €
2755	2755	Entfernung der Kropfgeschwulst (I) oder Teilresektion (II) der Schilddrüse	1.850	22,60 €	35,90 €	58,50 €	181,51 €
2756	2756	Ausschälung der Nebenschilddrüse (Parathyreoktomie)	2.220	22,60 €	47,10 €	69,70 €	213,29 €
2757	2757	Radikaloperation der bösartigen Schilddrüsengeschwulst - einschließlich Ausräumung der regionären Lymphstromgebiete und gegebenenfalls der Nachbarorgane -	3.700	30,27 €	62,80 €	93,07 €	348,09 €
2760	2760	Ausräumung des regionären Lymphstromgebietes einer Halsseite, als selbständige Leistung	1.200	22,60 €	28,50 €	51,10 €	125,68 €

L XI Gefäßchirurgie

BG-T Tarif-Nr.	DKG-NT Tarif-Nr.	Leistung	Punkte (nur DKG-NT I)	Besondere Kosten	Allgemeine Kosten	Sachkosten	Vollkosten (nur DKG-NT I)
1a	1b	2	3	4	5	6	7
		1. Allgemeine Verrichtungen					
2800	2800	Venaesectio	275	7,67 €	7,20 €	14,87 €	31,29 €
	2801	Freilegung und/oder Unterbindung eines Blutgefäßes an den Gliedmaßen, als selbständige Leistung........	463	7,67 €	8,80 €	16,47 €	47,44 €
2801		Freilegung und/oder Unterbindung eines Blutgefäßes an den Gliedmaßen, als selbständige Leistung........		7,67 €	12,40 €	20,07 €	
2802	2802	Freilegung und/oder Unterbindung eines Blutgefäßes in der Brust- oder Bauchhöhle, als selbständige Leistung	2.220	22,60 €	47,10 €	69,70 €	213,29 €
2803	2803	Freilegung und/oder Unterbindung eines Blutgefäßes am Hals, als selbständige Leistung	1.480	15,03 €	38,50 €	53,53 €	142,16 €
2804	2804	Druckmessung(en) am freigelegten Blutgefäß ..	253		7,20 €	7,20 €	21,73 €
2805	2805	Flußmessung(en) am freigelegten Blutgefäß....	350		8,80 €	8,80 €	30,06 €
2807	2807	Operative Entnahme einer Arterie zum Gefäßersatz.............	739	15,03 €	15,90 €	30,93 €	78,51 €
2808	2808	Operative Entnahme einer Vene zum Gefäßersatz........	400	15,03 €	8,80 €	23,83 €	49,39 €
2809	2809	Naht eines verletzten Blutgefäßes (traumatisch) an den Gliedmaßen - einschließlich Wundversorgung -........	740	15,66 €	15,90 €	31,56 €	79,22 €
2810	2810	Rekonstruktiver Eingriff an der Vena cava superior oder inferior (z. B. bei erweiterter Tumorchirurgie mit Cavaresektion und Ersatz durch eine Venenprothese) - gegebenenfalls einschließlich Anlegen einer temporären arterio-venösen Fistel -	5.000	116,57 €	171,10 €	287,67 €	546,06 €
		2. Arterienchirurgie					
2820	2820	Rekonstruktive Operation einer extrakranialen Hirnarterie	3.140	15,03 €	73,20 €	88,23 €	284,75 €

L XI Gefäßchirurgie

BG-T Tarif-Nr.	DKG-NT Tarif-Nr.	Leistung	Punkte (nur DKG-NT I)	Besondere Kosten	Allgemeine Kosten	Sach-kosten	Vollkosten (nur DKG-NT I)
1a	1b	2	3	4	5	6	7
2821	2821	Rekonstruktive Operation einer extrakranialen Hirnarterie mit Einlegen eines Shunts	4.200	15,03 €	117,90 €	132,93 €	375,80 €
2822	2822	Rekonstruktive Operation einer Armarterie.	2.300	15,03 €	47,20 €	62,23 €	212,59 €
2823	2823	Rekonstruktive Operation einer Finger- oder Zehenarterie.	1.850	15,03 €	33,80 €	48,83 €	173,94 €
2824	2824	Operation des offenen Ductus Botalli oder einer anderen abnormen Gefäßmißbildung im Thorax durch Verschluß	3.000	45,30 €	64,70 €	110,00 €	302,99 €
2825	2825	Operation einer abnormen Gefäßmißbildung im Thorax durch Rekonstruktion	6.500	45,30 €	176,00 €	221,30 €	603,63 €
2826	2826	Operative Beseitigung einer erworbenen Stenose oder eines Verschlusses an den großen Gefäßen im Thorax durch Rekonstruktion	6.500	45,30 €	176,00 €	221,30 €	603,63 €
2827	2827	Operation eines Aneurysmas an einem großen Gefäß im Thorax	7.500	45,30 €	198,40 €	243,70 €	689,53 €
2828	2828	Operative Versorgung einer intrathorakalen Gefäßverletzung durch direkte Naht	3.000	22,60 €	64,70 €	87,30 €	280,29 €
2829	2829	Operative Versorgung einer intrathorakalen Gefäßverletzung durch Gefäßersatz	5.200	30,27 €	161,90 €	192,17 €	476,93 €
2834	2834	Operative(r) Eingriff(e) an einem oder mehreren Gefäß(en) der Nieren, als selbständige Leistung .	1.480	15,03 €	38,50 €	53,53 €	142,16 €
2835	2835	Rekonstruktive Operation an der Aorta abdominalis bei Stenose oder Verschluß	4.500	45,30 €	152,40 €	197,70 €	431,84 €
2836	2836	Rekonstruktive Operation an der Aorta abdominalis bei Aneurysma.	5.000	45,30 €	161,90 €	207,20 €	474,79 €
2837	2837	Rekonstruktive Operation an einem Viszeralgefäß	5.000	45,30 €	161,90 €	207,20 €	474,79 €
2838	2838	Rekonstruktive Operation einer Nierenarterie . . .	4.300	45,30 €	152,40 €	197,70 €	414,66 €
2839	2839	Rekonstruktive Operation an den Beckenarterien, einseitig.	3.000	45,30 €	64,70 €	110,00 €	302,99 €

BG-T Tarif-Nr.	DKG-NT Tarif-Nr.	Leistung	Punkte (nur DKG-NT I)	Besondere Kosten	Allgemeine Kosten	Sach-kosten	Vollkosten (nur DKG-NT I)
1a	1b	2	3	4	5	6	7
2840	2840	Rekonstruktive Operation an den Arterien eines Oberschenkels - auch Anlegen einer Gefäßprothese oder axillo-femorale Umleitung oder femoro-femorale Umleitung -	3.000	22,60 €	64,70 €	87,30 €	280,29 €
2841	2841	Rekonstruktive Operation einer Kniekehlenarterie	2.000	22,60 €	56,10 €	78,70 €	194,39 €
2842	2842	Rekonstruktive Operation der Arterien des Unterschenkels	3.700	15,03 €	117,30 €	132,33 €	332,85 €
2843	2843	Rekonstruktive Operation einer arteriovenösen Fistel an den Extremitäten oder im Halsbereich	3.700	15,03 €	117,30 €	132,33 €	332,85 €
2844	2844	Rekonstruktive Operation einer arteriovenösen Fistel im Brust- oder Bauchraum	5.500	22,60 €	161,90 €	184,50 €	495,03 €
		3. Venenchirurgie					
2880	2880	Inzision eines Varixknotens	148		7,20 €	7,20 €	12,71 €
2881	2881	Varizenexhairese, einseitig	1.110	15,03 €	27,80 €	42,83 €	110,38 €
2882	2882	Varizenexhairese mit Unterbrechung der Venae perforantes, einseitig	1.850	15,03 €	47,10 €	62,13 €	173,94 €
2883	2883	Crossektomie der Vena saphena magna oder parva und Exstirpation mehrerer Seitenäste	1.200	15,66 €	27,80 €	43,46 €	118,74 €
2885	2885	Entfernung einer kleinen Blutadergeschwulst	1.110	15,03 €	27,80 €	42,83 €	110,38 €
2886	2886	Entfernung einer großen Blutadergeschwulst	2.770	15,03 €	56,10 €	71,13 €	252,96 €
2887	2887	Thrombektomie	2.000	15,03 €	47,10 €	62,13 €	186,82 €
2888	2888	Veno-venöse Umleitung (z. B. nach Palma) ohne Anlage eines arteriovenösen Shunts	3.140	15,03 €	73,20 €	88,23 €	284,75 €
2889	2889	Veno-venöse Umleitung (z. B. nach Palma) mit Anlage eines arteriovenösen Shunts	3.700	15,03 €	117,30 €	132,33 €	332,85 €
2890	2890	Isolierte Seitenastexstirpation und/oder Perforansdissektion und/oder Perforansligatur	350	7,78 €	8,80 €	16,58 €	37,84 €

L XI Gefäßchirurgie

Nummern 2891–2921

BG-T Tarif-Nr.	DKG-NT Tarif-Nr.	Leistung	Punkte (nur DKG-NT I)	Besondere Kosten	Allgemeine Kosten	Sach-kosten	Vollkosten (nur DKG-NT I)
1a	1b	2	3	4	5	6	7
2891	2891	Rekonstruktive Operation an den Körpervenen unter Ausschluß der Hohlvenen (Thrombektomie, Transplantatersatz, Bypassoperation) - gegebenenfalls einschließlich Anlegen einer temporären arterio-venösen Fistel -	3.000	54,34 €	64,70 €	119,04 €	312,03 €
2895	2895	Anlage eines arterio-venösen Shunts zur Hämodialyse.............	1.480	15,03 €	38,50 €	53,53 €	142,16 €
2896	2896	Anlage eines arterio-venösen Shunts zur Hämodialyse mit freiem Transplantat........	2.100	15,03 €	47,10 €	62,13 €	195,41 €
2897	2897	Beseitigung eines arterio-venösen Shunts.....	1.200	15,03 €	27,80 €	42,83 €	118,11 €
2898	2898	Unterbrechung der Vena cava caudalis durch Filterimplantation........	1.500	15,03 €	38,50 €	53,53 €	143,88 €
2899	2899	Unterbrechung der Vena cava caudalis nach Freilegung............	2.220	15,03 €	47,10 €	62,13 €	205,72 €
2900	2900	Operation bei portalem Hochdruck durch Dissektion............	3.140	30,27 €	73,20 €	103,47 €	299,99 €
2901	2901	Operation bei portalem Hochdruck durch venöse Anastomose........	3.700	45,30 €	78,40 €	123,70 €	363,12 €
2902	2902	Operation bei portalem Hochdruck durch venöse Anastomose und Arterialisation..........	4.620	45,30 €	152,40 €	197,70 €	442,14 €
		4. Sympathikuschirurgie					
2920	2920	Thorakale Sympathektomie................	2.000	15,03 €	56,10 €	71,13 €	186,82 €
2921	2921	Lumbale Sympathektomie	1.480	15,03 €	38,50 €	53,53 €	142,16 €

L XII Thoraxchirurgie

Nummern 2950–2975

BG-T Tarif-Nr.	DKG-NT Tarif-Nr.	Leistung	Punkte (nur DKG-NT I)	Besondere Kosten	Allgemeine Kosten	Sach-kosten	Vollkosten (nur DKG-NT I)
1a	1b	2	3	4	5	6	7
2950	2950	Resektion einer Rippe, als selbständige Leistung..................	739	15,03 €	17,10 €	32,13 €	78,51 €
2951	2951	Resektion mehrerer benachbarter Rippen, als selbständige Leistung	1.110	15,03 €	27,80 €	42,83 €	110,38 €
2952	2952	Resektion einer Halsrippe oder der ersten Rippe	1.110	15,03 €	27,80 €	42,83 €	110,38 €
2953	2953	Thorakoplastik	3.140	22,60 €	73,20 €	95,80 €	292,32 €
2954	2954	Thorakoplastik mit Höheneröffnung - auch Jalousieplastik -.................	4.620	22,60 €	152,40 €	175,00 €	419,44 €
2955	2955	Thorakoplastik mit Entschwartung - gegebenenfalls einschließlich Muskelimplantation und Entnahme des Implantates -..............	5.000	30,27 €	162,30 €	192,57 €	459,76 €
2956	2956	Brustwandteilresektion.................	2.100	22,60 €	56,10 €	78,70 €	202,98 €
2957	2957	Brustwandteilresektion mit plastischer Deckung.	3.000	22,60 €	64,70 €	87,30 €	280,29 €
2959	2959	Korrekturthorakoplastik mit Entschwartung - gegebenenfalls einschließlich Muskelimplantation und Entnahme des Implantates -...........	5.100	22,60 €	162,30 €	184,90 €	460,67 €
2960	2960	Operation einer Brustkorbdeformität (z. B. Trichterbrust)...............	3.000	22,60 €	64,70 €	87,30 €	280,29 €
2970	2970	Anlage einer Pleuradrainage (z. B. Bülausche Heberdrainage).................	554	7,67 €	12,50 €	20,17 €	55,26 €
2971	2971	Spülung des Pleuraraumes bei liegender Drainage - gegebenenfalls einschließlich Einbringung von Arzneimitteln -.................	148		6,00 €	6,00 €	12,71 €
2972	2972	Entnahme von Pleuragewebe nach operativer Freilegung der Pleura, als selbständige Leistung	666	15,03 €	19,30 €	34,33 €	72,24 €
2973	2973	Pleurektomie, einseitig, als selbständige Leistung..................	2.220	22,60 €	56,10 €	78,70 €	213,29 €
2974	2974	Pleurektomie mit Resektion(en) am Perikard und/oder Zwerchfell.................	3.140	45,30 €	73,20 €	118,50 €	315,02 €
2975	2975	Dekortikation der Lunge.................	4.800	45,30 €	152,40 €	197,70 €	457,61 €

L XII Thoraxchirurgie

BG-T Tarif-Nr.	DKG-NT Tarif-Nr.	Leistung	Punkte (nur DKG-NT I)	Besondere Kosten	Allgemeine Kosten	Sach-kosten	Vollkosten (nur DKG-NT I)
1a	1b	2	3	4	5	6	7
2976	2976	Ausräumung eines Hämothorax............	2.000	22,60 €	56,10 €	78,70 €	194,39 €
2977	2977	Thorakokaustik bei Spontanpneumothorax....	739	15,03 €	18,00 €	33,03 €	78,51 €
2979	2979	Operative Entfernung eines Pleuraempyems - gegebenenfalls einschließlich Rippenresektion(en) -...................	1.110	15,03 €	27,80 €	42,83 €	110,38 €
2985	2985	Thorakaler Eingriff am Zwerchfell...........	2.220	22,60 €	56,10 €	78,70 €	213,29 €
2990	2990	Thorakotomie zu diagnostischen Zwecken....	1.110	15,03 €	27,80 €	42,83 €	110,38 €
2991	2991	Thorakotomie mit Herzmassage..........	1.480	15,03 €	38,50 €	53,53 €	142,16 €
2992	2992	Thorakotomie mit Entnahme von Pleura- und/oder Lungengewebe für die histologische und/oder bakteriologische Untersuchung, als selbständige Leistung......................	1.290	15,03 €	28,50 €	43,53 €	125,84 €
2993	2993	Thorakotomie mit Gewebsentnahme und/oder intrathorakalen Präparationen..............	1.480	15,03 €	38,50 €	53,53 €	142,16 €
2994	2994	Operative Eingriffe an der Lunge (z. B. Keilexzision, Herdenukleation, Ausschälung von Zysten)	2.770	22,60 €	56,10 €	78,70 €	260,53 €
2995	2995	Lob- oder Pneumonektomie..............	3.140	45,30 €	84,00 €	129,30 €	315,02 €
2996	2996	Lungensegmentresektion(en)............	4.000	45,30 €	117,30 €	162,60 €	388,89 €
2997	2997	Lobektomie und Lungensegmentresektion(en)..	5.100	45,30 €	162,30 €	207,60 €	483,37 €
2998	2998	Bilobektomie.........	4.800	45,30 €	152,40 €	197,70 €	457,61 €
2999	2999	Pneumonektomie mit intraperikardialer Gefäßversorgung und/oder Ausräumung mediastinaler Lymphknoten...................	5.600	45,30 €	176,00 €	221,30 €	526,32 €
3000	3000	Bronchotomie zur Entfernung von Fremdkörpern oder Tumoren....................	2.770	22,60 €	56,10 €	78,70 €	260,53 €
3001	3001	Thorakale Eingriffe am Tracheobronchialsystem wie Resektion und/oder Anastomose und/oder Versteifung und/oder plastischer Ersatz......	5.800	45,30 €	176,00 €	221,30 €	543,50 €

L XII Thoraxchirurgie

Nummern 3002–3013

BG-T Tarif-Nr.	DKG-NT Tarif-Nr.	Leistung	Punkte (nur DKG-NT I)	Besondere Kosten	Allgemeine Kosten	Sach-kosten	Vollkosten (nur DKG-NT I)
1a	1b	2	3	4	5	6	7
3002	3002	Operative Kavernen- oder Lungenabszeßeröffnung..................	4.800	45,30 €	152,40 €	197,70 €	457,61 €
3010	3010	Sternotomie, als selbständige Leistung........	1.110	15,03 €	27,80 €	42,83 €	110,38 €
3011	3011	Entfernung eines Meiastinaltumors, transpleural oder transsternal....................	4.000	30,27 €	117,30 €	147,57 €	373,86 €
3012	3012	Drainage des Mediastinums...............	554	7,67 €	12,40 €	20,07 €	55,26 €
3013	3013	Intrathorakaler Eingriff am Lymphgefäßsystem..	4.000	45,30 €	117,30 €	162,60 €	388,89 €

L XIII Herzchirurgie

Nummern 3050–3072

BG-T Tarif-Nr. 1a	DKG-NT Tarif-Nr. 1b	Leistung 2	Punkte (nur DKG-NT I) 3	Besondere Kosten 4	Allgemeine Kosten 5	Sach-kosten 6	Vollkosten (nur DKG-NT I) 7
3050	3050	Operative Maßnahmen in Verbindung mit der Herz-Lungen-Maschine zur Herstellung einer extrakorporalen Zirkulation............	1.850	22,60 €	53,90 €	76,50 €	181,51 €
3051	3051	Perfusion der Hirnarterien, zusätzlich zur Leistung nach Nummer 3050	1.290		28,50 €	28,50 €	110,81 €
3052	3052	Perfusion der Koronararterien, zusätzlich zur Leistung nach Nummer 3050	1.110		24,30 €	24,30 €	95,35 €
3053	3053	Perfusion von Arterien eines anderen Organs, zusätzlich zur Leistung nach Nummer 3050. . . .	1.110		24,30 €	24,30 €	95,35 €
3054	3054	Operative extrathorakale Anlage einer assistierenden Zirkulation	1.850	15,03 €	53,90 €	68,93 €	173,94 €
3055	3055	Überwachung einer assistierenden Zirkulation, je angefangene Stunde............ *Die Leistung nach Nummer 3055 ist nur während einer Operation berechnungsfähig*	554		12,50 €	12,50 €	47,59 €
3060	3060	Intraoperative Funktionsmessungen am und/oder im Herzen	554		12,50 €	12,50 €	47,59 €
3065	3065	Operation am Perikard, als selbständige Leistung............	2.000	22,60 €	56,10 €	78,70 €	194,39 €
3066	3066	Operation der Pericarditis constrictiva.........	3.140	30,27 €	73,20 €	103,47 €	299,99 €
3067	3067	Myokardbiopsie unter Freilegung des Herzens, als selbständige Leistung	1.480	22,60 €	38,50 €	61,10 €	149,73 €
3068	3068	Anlage einer künstlichen Pulmonalisstammstenose	3.140	22,60 €	73,20 €	95,80 €	292,32 €
3069	3069	Shuntoperation an herznahen Gefäßen.......	3.000	37,73 €	64,70 €	102,43 €	295,42 €
3070	3070	Operative Anlage eines Vorhofseptumdefektes .	3.000	37,73 €	64,70 €	102,43 €	295,42 €
3071	3071	Naht einer Myokardverletzung............	3.000	37,73 €	64,70 €	102,43 €	295,42 €
3072	3072	Operativer Verschluß des Vorhofseptumdefektes vom Sekundum-Typ............	3.000	37,73 €	64,70 €	102,43 €	295,42 €

L XIII Herzchirurgie

BG-T Tarif-Nr.	DKG-NT Tarif-Nr.	Leistung	Punkte (nur DKG-NT I)	Besondere Kosten	Allgemeine Kosten	Sachkosten	Vollkosten (nur DKG-NT I)
1a	1b	2	3	4	5	6	7
3073	3073	Operativer Verschluß von Vorhofseptumdefekten anderen Typs (z. B. Sinus venosus) - auch Korrektur einer isolierten Lungenvenenfehlmündung -	4.000	37,73 €	117,30 €	155,03 €	381,32 €
3074	3074	Komplette intraarterielle Blutumleitung (totale Lungenvenenfehlmündung) oder unkomplizierte Transposition der großen Arterien.	6.500	45,30 €	176,00 €	221,30 €	603,63 €
3075	3075	Entfernung eines Fremdkörpers aus dem Herzen oder aus einem herznahen Gefäß - auch Thromb- oder Embolektomie -.	3.000	37,73 €	64,70 €	102,43 €	295,42 €
3076	3076	Operative Entfernung eines Herztumors oder eines Herzwandaneurysmas oder eines Herzdivertikels.	4.800	45,30 €	152,40 €	197,70 €	457,61 €
3077	3077	Operativer Verschluß eines Herzkammerscheidewanddefektes mittels direkter Naht.	3.000	37,73 €	64,70 €	102,43 €	295,42 €
3078	3078	Operativer Verschluß eines Herzkammerscheidewanddefektes mittels Prothese.	4.000	37,73 €	117,30 €	155,03 €	381,32 €
3079	3079	Resektion intrakardial stenosierender Muskulatur.	3.000	37,73 €	64,70 €	102,43 €	295,42 €
3084	3084	Valvuloplastik einer Herzklappe.	3.300	7,57 €	117,30 €	124,87 €	291,03 €
3085	3085	Operative Korrektur einer Herzklappe.	3.140	37,73 €	73,20 €	110,93 €	307,45 €
3086	3086	Operativer Ersatz einer Herzklappe.	5.600	37,73 €	176,00 €	213,73 €	518,75 €
3087	3087	Operative Korrektur und/oder Ersatz mehrerer Herzklappen.	7.500	45,30 €	198,40 €	243,70 €	689,53 €
3088	3088	Operation zur direkten myokardialen Revaskularisation eines Versorgungsabschnittes.	5.600	45,30 €	176,00 €	221,30 €	526,32 €
3089	3089	Operation zur direkten myokardialen Revaskularisation mehrerer Versorgungsabschnitte.	7.500	45,30 €	198,40 €	243,70 €	689,53 €
3090	3090	Operation von Anomalien der Koronararterien.	4.000	30,27 €	117,30 €	147,57 €	373,86 €

L XIII Herzchirurgie

BG-T Tarif-Nr.	DKG-NT Tarif-Nr.	Leistung	Punkte (nur DKG-NT I)	Besondere Kosten	Allgemeine Kosten	Sach-kosten	Vollkosten (nur DKG-NT I)
1a	1b	2	3	4	5	6	7
3091	3091	Operation am Reizleitungssystem (Korrektur von Rhythmusstörungen - ausschließlich der Schrittmacherbehandlung -)................	4.500	15,66 €	154,00 €	169,66 €	402,20 €
3095	3095	Schrittmacher-Erstimplantation	2.770	22,60 €	56,10 €	78,70 €	260,53 €
3096	3096	Schrittmacher-Aggregatwechsel	1.110	15,03 €	24,30 €	39,33 €	110,38 €
3097	3097	Schrittmacher-Korrektureingriff - auch Implantation von myokardialen Elektroden -..........	2.770	15,03 €	56,10 €	71,13 €	252,96 €

L XIV Ösophaguschirurgie/Abdominalchirurgie

BG-T Tarif-Nr.	DKG-NT Tarif-Nr.	Leistung	Punkte (nur DKG-NT I)	Besondere Kosten	Allgemeine Kosten	Sach-kosten	Vollkosten (nur DKG-NT I)
1a	1b	2	3	4	5	6	7
3120	3120	Diagnostische Peritonealspülung, als selbständige Leistung	300		8,80 €	8,80 €	25,77 €
3121	3121	Choledochoskopie während einer intraabdominalen Operation	500		8,80 €	8,80 €	42,95 €
3122	3122	Intraoperative Manometrie an den Gallenwegen (Prüfung des Papillenwiderstandes)	375		8,80 €	8,80 €	32,21 €
3125	3125	Eröffnung des Ösophagus vom Halsgebiet aus	1.110	30,27 €	24,20 €	54,47 €	125,62 €
3126	3126	Intrathorakaler Eingriff am Ösophagus	4.000	45,30 €	117,30 €	162,60 €	388,89 €
3127	3127	Extrapleurale Operation der Ösophagusatresie beim Kleinkind	5.000	45,30 €	152,40 €	197,70 €	474,79 €
3128	3128	Operative Beseitigung einer angeborenen ösophagotrachealen Fistel	3.000	45,30 €	64,70 €	110,00 €	302,99 €
3129	3129	Operativer Eingriff am terminalen Ösophagus bei abdominellem Zugang	3.000	45,30 €	64,70 €	110,00 €	302,99 €
3130	3130	Operativer Eingriff am Ösophagus bei abdominalthorakalem Zugang	5.000	45,30 €	152,40 €	197,70 €	474,79 €
3135	3135	Eröffnung der Bauchhöhle zu diagnostischen Zwecken - gegebenenfalls einschließlich Gewebeentnahme -	1.110	22,60 €	31,40 €	54,00 €	117,95 €
3136	3136	Eröffnung eines subphrenischen Abszesses	1.110	15,03 €	31,40 €	46,43 €	110,38 €
3137	3137	Eröffnung von Abszessen im Bauchraum	1.110	22,60 €	31,40 €	54,00 €	117,95 €
3138	3138	Anlage einer Magenfistel mit oder ohne Schrägkanalbildung	1.600	37,73 €	38,50 €	76,23 €	175,17 €
3139	3139	Eröffnung des Bauchraumes bei Peritonitis mit ausgedehnter Revision, Spülung und Drainage	2.770	46,78 €	72,80 €	119,58 €	284,71 €
3144	3144	Naht der Magen- und/oder Darmwand nach Perforation oder nach Verletzung - einschließlich Spülung des Bauchraumes -	1.900	38,89 €	48,90 €	87,79 €	202,09 €
3145	3145	Teilresektion des Magens	2.770	45,30 €	72,80 €	118,10 €	283,23 €

L XIV Ösophaguschirurgie/Abdominalchirurgie

Nummern 3146–3168

BG-T Tarif-Nr. 1a	DKG-NT Tarif-Nr. 1b	Leistung 2	Punkte (nur DKG-NT I) 3	Besondere Kosten 4	Allgemeine Kosten 5	Sach-kosten 6	Vollkosten (nur DKG-NT I) 7
3146	3146	Kardiaresektion	4.000	45,30 €	117,30 €	162,60 €	388,89 €
3147	3147	Totale Magenentfernung	4.800	45,30 €	152,40 €	197,70 €	457,61 €
3148	3148	Resektion des Ulcus pepticum	4.000	45,30 €	117,30 €	162,60 €	388,89 €
3149	3149	Umwandlungsoperation am Magen (z. B. Billroth II in Billroth I, Interposition)	5.250	45,30 €	162,30 €	207,60 €	496,26 €
3150	3150	Gastrotomie	1.600	22,60 €	38,50 €	61,10 €	160,04 €
3151	3151	Operative Einbringung eines Tubus in Ösophagus und/oder Magen als Notoperation	2.700	45,30 €	56,10 €	101,40 €	277,22 €
3152	3152	Spaltung des Pylorus (z. B. bei Pylorospasmus)	1.900	22,60 €	48,90 €	71,50 €	185,80 €
3153	3153	Pyloroplastik	3.000	15,03 €	64,70 €	79,73 €	272,72 €
3154	3154	Vagotomie am Magen	3.000	15,03 €	64,70 €	79,73 €	272,72 €
3155	3155	Vagotomie am Magen mit zusätzlichen Drainageverfahren (z. B. Anastomose, Pyloruserweiterung einschließlich Plastik)	4.500	15,03 €	152,40 €	167,43 €	401,57 €
3156	3156	Endoskopische Entfernung von Fäden nach Magenoperation oder von Fremdkörpern, zusätzlich zur Gastroskopie)	450		8,80 €	8,80 €	38,65 €
3157	3157	Magenteilresektion mit Dickdarmteilresektion	4.620	45,30 €	152,40 €	197,70 €	442,14 €
3158	3158	Gastroenterostomie	2.220	45,30 €	56,10 €	101,40 €	235,99 €
3165	3165	Operative Beseitigung von Atresien, Stenosen (Septen) und/oder Divertikeln des Duodenums	4.000	30,27 €	117,30 €	147,57 €	373,86 €
3166	3166	Operative Beseitigung von Atresien, Stenosen (Septen) und/oder Divertikeln des Jejunums oder des Ileums	3.000	22,60 €	64,70 €	87,30 €	280,29 €
3167	3167	Anastomose im Dünndarmbereich - auch mit Teilresektion -	2.220	22,60 €	58,20 €	80,80 €	213,29 €
3168	3168	Jejuno-Zökostomie	2.600	22,60 €	58,20 €	80,80 €	245,93 €

L XIV Ösophaguschirurgie/Abdominalchirurgie

Nummern 3169–3187

BG-T Tarif-Nr.	DKG-NT Tarif-Nr.	Leistung	Punkte (nur DKG-NT I)	Besondere Kosten	Allgemeine Kosten	Sach-kosten	Vollkosten (nur DKG-NT I)
1a	1b	2	3	4	5	6	7
3169	3169	Teilresektion des Kolons - auch mit Anastomose -	3.750	22,60 €	117,30 €	139,90 €	344,71 €
3170	3170	Kolektomie, auch subtotal - mit Ileostomie - ...	5.250	22,60 €	162,30 €	184,90 €	473,56 €
3171	3171	Operative Beseitigung von Lageanomalien innerhalb des Magen-Darm-Traktes oder des Volvulus (auch im Säuglings- oder Kleinkindalter) oder der Darminvagination	2.500	22,60 €	60,60 €	83,20 €	237,34 €
3172	3172	Operative Darmmobilisation bei Verwachsungen, als selbständige Leistung............	1.600	22,60 €	32,70 €	55,30 €	160,04 €
3173	3173	Operative Entfernung des Meckel'schen Divertikels.................	1.480	22,60 €	38,50 €	61,10 €	149,73 €
3174	3174	Operative Beseitigung einer Darmduplikatur ...	2.700	22,60 €	58,40 €	81,00 €	254,52 €
3175	3175	Operation des Mekoniumileus............	2.700	22,60 €	58,40 €	81,00 €	254,52 €
3176	3176	Transposition eines Darmteils innerhalb des Abdomens.................	3.500	22,60 €	73,20 €	95,80 €	323,24 €
3177	3177	Transposition eines Darmteils und/oder des Magens aus dem Abdomen heraus	5.000	22,60 €	152,50 €	175,10 €	452,09 €
3179	3179	Faltung sämtlicher Dünndarmschlingen bei rezidivierendem Ileus.	4.000	22,60 €	117,30 €	139,90 €	366,19 €
3181	3181	Langstreckige Resektion, auch ganzer Konvolute, vom Dünndarm - gegebenenfalls einschließlich vom Dickdarm - mit Anastomose	3.500	45,30 €	71,20 €	116,50 €	345,94 €
3183	3183	Kombinierte Entfernung des gesamten Dick- und Mastdarmes mit Ileostoma	6.500	45,30 €	176,00 €	221,30 €	603,63 €
3184	3184	Lebertransplantation	7.500	116,57 €	256,50 €	373,07 €	760,80 €
3185	3185	Operation an der Leber (z. B. Teilresektion oder Exzision eines Tumors).................	3.000	45,30 €	64,70 €	110,00 €	302,99 €
3186	3186	Exstirpation der Gallenblase	2.500	45,30 €	60,60 €	105,90 €	260,04 €
3187	3187	Operation an den Gallengängen - gegebenenfalls einschließlich Exstirpation der Gallenblase -.	3.250	45,30 €	71,20 €	116,50 €	324,47 €

L XIV Ösophaguschirurgie/Abdominalchirurgie

Nummern 3188–3208

BG-T Tarif-Nr. 1a	DKG-NT Tarif-Nr. 1b	Leistung 2	Punkte (nur DKG-NT I) 3	Besondere Kosten 4	Allgemeine Kosten 5	Sach-kosten 6	Vollkosten (nur DKG-NT I) 7
3188	3188	Biliodigestive Anastomose mit Interposition eines Darmabschnitts	4.200	45,30 €	117,30 €	162,60 €	406,07 €
3189	3189	Operative Beseitigung von Atresien und/oder Stenosen der Gallengänge beim Säugling oder Kleinkind	4.000	45,30 €	117,30 €	162,60 €	388,89 €
3190	3190	Papillenexstirpation oder -spaltung mit Eröffnung des Duodenums	2.700	22,60 €	56,10 €	78,70 €	254,52 €
3192	3192	Milzrevision, als selbständige Leistung	2.000	22,60 €	65,60 €	88,20 €	194,39 €
3194	3194	Präparation einer Pankreaszyste und Drainage derselben durch Interposition eines Darmabschnittes	3.700	45,30 €	71,20 €	116,50 €	363,12 €
3195	3195	Resektion des Kopfteils vom Pankreas	4.620	45,30 €	152,50 €	197,80 €	442,14 €
3196	3196	Resektion des Schwanzteils vom Pankreas	2.220	45,30 €	72,80 €	118,10 €	235,99 €
3197	3197	Resektion des ganzen Pankreas	4.620	45,30 €	152,50 €	197,80 €	442,14 €
3198	3198	Pankreoduodenektomie (z. B. nach Whipple)	5.000	45,30 €	152,50 €	197,80 €	474,79 €
	3199	Milzexstirpation	2.220	22,60 €	72,80 €	95,40 €	213,29 €
	3200	Appendektomie	1.480	22,60 €	31,40 €	54,00 €	149,73 €
	3202	Operation einer persistierenden Fistel am Magen-Darmtrakt - gegebenenfalls einschließlich Resektion und Anastomose -	3.000	77,79 €	102,60 €	180,39 €	335,48 €
	3205	Anlage einer Endodrainage (z. B. Duodenum - Dünndarm - Leberpforte - Bauchhaut), zusätzlich zu anderen intraabdominalen Operationen	2.250	15,03 €	72,80 €	87,83 €	208,30 €
	3206	Enterostomie - auch einschließlich Katheterfistelung (Kolostomie, Transversumfistel) -	2.250	22,60 €	72,80 €	95,40 €	215,87 €
	3207	Anlegen eines Anus praeter	1.480	22,60 €	31,40 €	54,00 €	149,73 €
	3208	Verschlußoperation für einen Anus praeter mit Darmnaht	1.250	22,60 €	28,50 €	51,10 €	129,97 €

L XIV Ösophaguschirurgie/Abdominalchirurgie

Nummern 3209–3226

BG-T Tarif-Nr.	DKG-NT Tarif-Nr.	Leistung	Punkte (nur DKG-NT I)	Besondere Kosten	Allgemeine Kosten	Sach-kosten	Vollkosten (nur DKG-NT I)
1a	1b	2	3	4	5	6	7
	3209	Verschlußoperation für einen Anus praeter mit Darmresektion	1.750	22,60 €	35,00 €	57,60 €	172,92 €
	3210	Anlegen eines Anus praeter duplex transversalis	2.000	22,60 €	56,10 €	78,70 €	194,39 €
	3211	Unterweisung eines Anus-praeter-Patienten in der Irrigator-Methode zur Darmentleerung	120		1,30 €	1,30 €	10,31 €
	3215	Eröffnung eines kongenitalen oberflächlichen Afterverschlusses	150		4,10 €	4,10 €	12,88 €
	3216	Operation eines kongenitalen tiefreichenden Mastdarmverschlusses vom Damm aus oder der Analtresie	1.200	15,03 €	28,50 €	43,53 €	118,11 €
	3217	Operation der Anal- und Rektumanatresie einschließlich Kolondurchzugsoperation	3.750	22,60 €	117,30 €	139,90 €	344,71 €
3218	3218	Radikaloperation eines tiefreichenden Mastdarmverschlusses mit Eröffnung der Bauchhöhle	2.700	22,60 €	56,10 €	78,70 €	254,52 €
3219	3219	Operation eines Afterrisses oder Mastdarmrisses	278	7,67 €	7,60 €	15,27 €	31,55 €
3220	3220	Operation submuköser Mastdarmfisteln	300	7,67 €	9,60 €	17,27 €	33,44 €
3221	3221	Operation intramuskulärer Mastdarmfisteln	370	7,67 €	9,60 €	17,27 €	39,45 €
3222	3222	Operation einer transsphinkteren Mastdarmfistel - auch ihres verzweigten Gangsystems -	700	15,03 €	18,90 €	33,93 €	75,16 €
3223	3223	Operation einer extrasphinkteren oder Rundbogenfistel - auch jeweils ihres verzweigten Gangsystems -	850	15,03 €	20,10 €	35,13 €	88,04 €
3224	3224	Peranale operative Entfernung von Mastdarmpolypen oder Mastdarmgeschwülsten - einschließlich Schleimhautnaht -	1.150	15,66 €	30,70 €	46,36 €	114,44 €
3226	3226	Peranale operative Entfernung einer Mastdarmgeschwulst mit Durchtrennung der Schließmuskulatur (Rectostomia posterior) - einschließlich Naht -	3.500	23,33 €	73,20 €	96,53 €	323,97 €

L XIV Ösophaguschirurgie/Abdominalchirurgie

BG-T Tarif-Nr. 1a	DKG-NT Tarif-Nr. 1b	Leistung 2	Punkte (nur DKG-NT I) 3	Besondere Kosten 4	Allgemeine Kosten 5	Sach-kosten 6	Vollkosten (nur DKG-NT I) 7
3230	3230	Manuelles Zurückbringen des Mastdarmvorfalles....	120		2,70 €	2,70 €	10,31 €
3231	3231	Operation des Mastdarmvorfalles bei Zugang vom After aus oder perineal....	1.150	15,03 €	30,70 €	45,73 €	113,81 €
3232	3232	Operation des Mastdarmvorfalles mit Eröffnung der Bauchhöhle....	2.220	22,60 €	56,10 €	78,70 €	213,29 €
3233	3233	Rektumexstirpation bei Zugang vom After aus - auch mit Kreuzbeinschnitt -....	2.800	22,60 €	56,10 €	78,70 €	263,11 €
3234	3234	Rektale Myektomie (z.B. bei Megakolon congenitum) - auch mit Kolostomie -....	3.500	22,60 €	73,20 €	95,80 €	323,24 €
3235	3235	Kombinierte Rektumexstirpation mit Laparotomie....	5.000	22,60 €	152,50 €	175,10 €	452,09 €
3236	3236	Unblutige Erweiterung des Mastdarmschließmuskels....	111		2,70 €	2,70 €	9,53 €
3237	3237	Blutige Erweiterung des Mastdarmschließmuskels, als selbständige Leistung....	370	7,67 €	9,60 €	17,27 €	39,45 €
3238	3238	Entfernung von Fremdkörpern aus dem Mastdarm....	185		4,30 €	4,30 €	15,89 €
		Eine neben der Leistung nach Nummer 3238 erforderliche Rektoskopie ist nach Nummer 690 zusätzlich berechnungsfähig.					
3239	3239	Muskelplastik bei Insuffizienz des Mastdarmschließmuskels....	1.800	22,60 €	33,80 €	56,40 €	177,21 €
3240	3240	Operation der Hämmorrhoidalknoten....	554	7,67 €	12,50 €	20,17 €	55,26 €
3241	3241	Hohe intraanale Exzision von Hämmorrhoidalknoten (z.B. nach Milligan/Morgan) - auch mit Analplastik....	924	15,03 €	18,00 €	33,03 €	94,40 €

L XV Hernienchirurgie

BG-T Tarif-Nr.	DKG-NT Tarif-Nr.	Leistung	Punkte (nur DKG-NT I)	Besondere Kosten	Allgemeine Kosten	Sachkosten	Vollkosten (nur DKG-NT I)
1a	1b	2	3	4	5	6	7
3280	3280	Operation einer Diagphragmahernie.........	2.770	46,78 €	72,80 €	119,58 €	284,71 €
3281	3281	Operation der Zwerchfellrelaxation..........	2.250	46,78 €	72,80 €	119,58 €	240,05 €
3282	3282	Zurückbringen oder Versuch des Zurückbringen eines eingeklemmten Bruches.............	222		6,50 €	6,50 €	19,07 €
3283	3283	Operation eines Nabel- oder Mittellinien- oder Bauchnarbenbruches	1.110	23,33 €	21,60 €	44,93 €	118,68 €
3284	3284	Operation eines Nabel- oder Mitteillinien- oder Bauchnarbenbruches mit Muskel- und/oder Faszienverschiebeplastik - auch mit Darmresektion -.................	2.500	46,78 €	72,80 €	119,58 €	261,52 €
3285	3285	Operation eines Leisten- oder Schenkelbruches	1.290	31,11 €	23,60 €	54,71 €	141,92 €
3286	3286	Operation eines eingeklemmten Leisten- oder Schenkelbruches - gegebenenfalls mit Darmresektion -.................	2.000	46,78 €	56,10 €	102,88 €	218,57 €
3287	3287	Operation der Omphalozele (Nabelschnurhernie) oder der Gastroschisis beim Neugeborenen oder Kleinkind.....................	2.500	15,66 €	72,80 €	88,46 €	230,40 €
3288	3288	Operative Beseitigung eines Ductus omphaloentericus persistens oder einer Urachusfistel..	2.250	31,11 €	72,80 €	103,91 €	224,38 €

L XVI Orthopädisch-chirurgische konservative Leistungen

Nummern 3300–3317

BG-T Tarif-Nr.	DKG-NT Tarif-Nr.	Leistung	Punkte (nur DKG-NT I)	Besondere Kosten	Allgemeine Kosten	Sach-kosten	Vollkosten (nur DKG-NT I)
1a	1b	2	3	4	5	6	7
3300	3300	Arthroskopie - gegebenenfalls mit Probeexzision	500	154,83 €	23,10 €	177,93 €	197,78 €
3301	3301	Modellierendes Redressement einer schweren Hand- oder Fußverbildung	473		5,70 €	5,70 €	40,63 €
3302	3302	Stellungsänderung oder zweites und folgendes Redressement im Verlauf der Behandlung nach Nummer 3301	227		3,60 €	3,60 €	19,50 €
3305	3305	Chiropraktische Wirbelsäulenmobilisation	37		1,30 €	1,30 €	3,18 €
3306	3306	Chirotherapeutischer Eingriff an der Wirbelsäule	148		2,60 €	2,60 €	12,71 €
3310	3310	Abdrücke oder Modellherstellung durch Gips oder andere Werkstoffe für eine Hand oder für einen Fuß mit oder ohne Positiv	76	3,89 €	2,30 €	6,19 €	10,42 €
3311	3311	Abdrücke oder Modellherstellung durch Gips oder andere Werkstoffe für einen Unterarm einschließlich Hand oder für einen Unterschenkel einschließlich Fuß oder für Ober- oder Unterarm oder Unterschenkelstumpf	152	9,46 €	4,90 €	14,36 €	22,52 €
3312	3312	Abdrücke oder Modellherstellung durch Gips oder andere Werkstoffe für einen Oberschenkelstumpf mit Tubersitzausarbeitung	189	21,65 €	5,80 €	27,45 €	37,88 €
3313	3313	Abdrücke oder Modellherstellung durch Gips oder andere Werkstoffe für den ganzen Arm (I) oder für das ganze Bein (II)	303	24,18 €	5,80 €	29,98 €	50,21 €
3314	3314	Abdrücke oder Modellherstellung durch Gips oder andere Werkstoffe für den Arm mit Schulter	379	28,70 €	6,90 €	35,60 €	61,25 €
3315	3315	Abdrücke oder Modellherstellung durch Gips oder andere Werkstoffe für das Bein mit Becken	473	42,78 €	6,90 €	49,68 €	83,41 €
3316	3316	Abdrücke oder Modellherstellung durch Gips oder andere Werkstoffe für den Rumpf	757	42,78 €	6,90 €	49,68 €	107,80 €
3317	3317	Abdrücke oder Modellherstellung durch Gips oder andere Werkstoffe für den Rumpf und Kopf oder Rumpf und Arm oder Rumpf, Kopf und Arm	946	56,97 €	11,30 €	68,27 €	138,23 €

L XVI Orthopädisch-chirurgische konservative Leistungen

BG-T Tarif-Nr. 1a	DKG-NT Tarif-Nr. 1b	Leistung 2	Punkte (nur DKG-NT I) 3	Besondere Kosten 4	Allgemeine Kosten 5	Sach-kosten 6	Vollkosten (nur DKG-NT I) 7
3320	**3320**	Anpassen von Kunstgliedern oder eines großen orthopädischen Hilfsmittels	95		1,90 €	1,90 €	8,16 €
		Unter „große orthopädische Hilfsmittel" sind solche orthopädischen Hilfsmittel zu verstehen, deren Anpassen dem von Kunstgliedern vergleichbar ist. Unter „Anpassen" ist die durch den Arzt bewirkte Korrektur von bereits vorhandenen, anderweitig angefertigten Kunstgliedern oder von großen orthopädischen Hilfsmitteln zu verstehen.					
3321	**3321**	Erstellen eines Konstruktionsplanes für ein großes orthopädisches Hilfsmittel (z. B. Kunstglied).	152		2,60 €	2,60 €	13,06 €

Teil M

Laboratoriumsuntersuchungen

M Laboratoriumsuntersuchungen

BG-T Tarif-Nr.	DKG-NT Tarif-Nr.	Leistung	Punkte (nur DKG-NT I)	Besondere Kosten	Allgemeine Kosten	Sach-kosten	Vollkosten (nur DKG-NT I)
1a	1b	2	3	4	5	6	7
		Allgemeine Bestimmungen					
		1. Die Gebühren für Laboratoriumsuntersuchungen des Abschnitts M umfassen die Eingangsbegutachtung des Probenmaterials, die Probenvorbereitung, die Durchführung der Untersuchung (einschließlich der erforderlichen Qualitätssicherungsmaßnahmen) sowie die Erstellung des daraus resultierenden ärztlichen Befunds.					
		Mit den Gebühren für die berechnungsfähigen Leistungen sind außer den Kosten - mit Ausnahme der Versand- und Portokosten sowie der Kosten für Pharmaka im Zusammenhang mit Funktionstesten - auch die Beurteilung, die obligatorische Befunddokumentation, die Befundmitteilung sowie der einfache Befundbericht abgegolten. Die Verwendung radioaktiven Materials kann nicht gesondert berechnet werden.					
		Kosten für den Versand des Untersuchungsmaterials und die Übermittlung des Untersuchungsergebnisses innerhalb einer Laborgemeinschaft sind nicht berechnungsfähig.					
		2. Stehen dem Arzt für die Erbringung bestimmter Laboratoriumsuntersuchungen mehrere in ihrer klinischen Aussagefähigkeit und analytischen Qualität gleichwertige Verfahren zur Verfügung, so kann er nur das niedriger bewertete Verfahren abrechnen.					
		3. Bei Weiterversand von Untersuchungsmaterial durch einen Arzt an einen anderen Arzt wegen der Durchführung von Laboruntersuchungen der Abschnitte M III und/oder M IV hat die Rechnungsstellung durch den Arzt zu erfolgen, der die Laborleistung selbst erbracht hat.					
		4. Mehrmalige Blutentnahmen an einem Kalendertag (z. B. im Zusammenhang mit Funktionsprüfungen) sind entsprechend mehrfach berechnungsfähig. Anstelle der Blutentnahme kann die intravenöse Einbringung von Testsubstanzen berechnet werden, wenn beide Leistungen bei liegender Kanüle nacheinander erbracht werden.					

M Laboratoriumsuntersuchungen

BG-T Tarif-Nr.	DKG-NT Tarif-Nr.	Leistung	Punkte (nur DKG-NT I)	Besondere Kosten	Allgemeine Kosten	Sach-kosten	Vollkosten (nur DKG-NT I)
1a	1b	2	3	4	5	6	7
		Entnahmen aus liegender Kanüle oder liegendem Katheter sind nicht gesondert berechnungsfähig.					
		5. Die rechnerische Ermittlung von Ergebnissen aus einzelnen Meßgrößen ist nicht berechnungsfähig (z. B. Clearance-Berechnungen, mittlerer korpuskulärer Hämoglobingehalt).					
		6. Die in Abschnitt M enthaltenen Höchstwerte umfassen alle Untersuchungen aus einer Art von Körpermaterial (z. B. Blut einschließlich seiner Bestandteile Serum, Plasma und Blutzellen), das an einem Kalendertag gewonnen wurde, auch wenn dies an mehreren Tagen untersucht wurde.					
		Sind aus medizinischen Gründen an einem Kalendertag mehrere Untersuchungen einer Meßgröße aus einer Materialart zu verschiedenen Tageszeiten erforderlich, so können diese entsprechend mehrfach berechnet werden. Bestehen für diese Bestimmungen Höchstwerte, so gehen sie in den Höchstwert mit ein.					
		Die unter Höchstwerte fallenden Untersuchungen sind in der 5. und 6. Stelle der Gebührennummer durch H1 bis H4 gekennzeichnet. Diese Kennzeichnung ist Bestandteil der Gebührennummer und muß in der Rechnung angegeben werden.					
		Die erbrachten Einzelleistungen sind auch dann in der Rechnung aufzuführen, wenn für diese ein Höchstwert berechnet wird.					
		7. Werden Untersuchungen, die Bestandteil eines Leistungskomplexes sind (z. B. Spermiogramm), als selbständige Einzelleistungen durchgeführt, so darf die Summe der Vergütungen für diese Einzelleistungen die für den Leistungskomplex festgelegte Vergütung nicht überschreiten.					

M Laboratoriumsuntersuchungen

BG-T Tarif-Nr.	DKG-NT Tarif-Nr.	Leistung	Punkte (nur DKG-NT I)	Besondere Kosten	Allgemeine Kosten	Sach-kosten	Vollkosten (nur DKG-NT I)
1a	1b	2	3	4	5	6	7
		8. Für die analoge Abrechnung einer nicht aufgeführten selbständigen Laboruntersuchung ist die nach Art, Kosten- und Zeitaufwand zutreffendste Gebührennummer aus den Abschnitten M II bis M IV zu verwenden. In der Rechnung ist diese Gebührennummer durch Voranstellen des Buchstabens „A" als Analogabrechnung zu kennzeichnen.					
		9. Sofern erforderlich sind in den Katalogen zu den Meßgrößen die zur Untersuchung vewendeten Methoden in Kurzbezeichnungen aufgeführt. In den folgenden Fällen werden verschiedene Methoden unter einem gemeinsamen Oberbegriff zusammengefaßt:					
		Agglutination: Agglutinationsreaktionen (z. B. Hämagglutination, Hämagglutinationshemmung, Latex-Agglutination, Bakterienagglutination);"					
		Immundiffusion: Immundiffusions- (radiale), Elektroimmundiffusions-, nephelometrische oder turbidimetrische Untersuchungen;"					
		Immunfluoreszenz oder ähnliche Untersuchungsmethoden: Lichtmikroskopische Untersuchungen mit Fluoreszenz-, Enzym- oder anderer Markierung zum Nachweis von Antigenen oder Antikörpern;"					
		Ligandenassay: Enzym-, Chemolumineszenz-, Fluoreszenz-, Radioimmunoassay und ihre Varianten.					
		Die Gebühren für Untersuchungen mittels Ligandenassay beinhalten grundsätzlich eine Durchführung in Doppelbestimmung einschließlich aktueller Bezugskurve. Bei der Formulierung „- gegebenenfalls einschließlich Doppelbestimmung und aktueller Bezugskurve -" ist die Durchführung fakultativ, bei der Formulierung „- einschließlich Doppelbestimmung und aktueller Bezugskurve -" ist die Durchführung obligatorisch zur Berechnung der Gebühr. Wird eine Untersuchung mittels Ligandenassay, die obligatorisch eine Doppelbestimmung beinhaltet, als Einfachbestimmung durchgeführt, so dürfen nur zwei Drittel der Gebühr berechnet werden.					

M Laboratoriumsuntersuchungen

BG-T Tarif-Nr.	DKG-NT Tarif-Nr.	Leistung	Punkte (nur DKG-NT I)	Besondere Kosten	Allgemeine Kosten	Sach-kosten	Vollkosten (nur DKG-NT I)
1a	1b	2	3	4	5	6	7
		10. Sofern nicht gesondert gekennzeichnet, handelt es sich bei den aufgeführten Untersuchungen um quantitative oder semiquantitative Bestimmungen.					
	x	*11. Laboratoriumsuntersuchungen der Abschnitte M I, M II und M III (mit Ausnahme der Leistungen nach den Nummern 3980 bis 4014) im Rahmen einer Intensivbehandlung nach Nummer 435 sind nur nach Nummer 437 berechnungsfähig.*					

M I Vorhalteleistungen in der eigenen, niedergelassenen Praxis

Nummern 3500–3508

BG-T Tarif-Nr.	DKG-NT Tarif-Nr.	Leistung	Punkte (nur DKG-NT I)	Besondere Kosten	Allgemeine Kosten	Sach-kosten	Vollkosten (nur DKG-NT I)
1a	1b	2	3	4	5	6	7
		Allgemeine Bestimmungen					
		Leistungen nach den Nummern 3500 bis 3532 sind nur berechnungsfähig, wenn die Laboruntersuchung direkt beim Patienten (z. B. auch bei Hausbesuch) oder in den eigenen Praxisräumen innerhalb von vier Stunden nach der Probennahme, bzw. Probenübergabe an den Arzt erfolgt.					
		Die Leistungen nach den Nummern 3500 bis 3532 sind nicht berechnungsfähig, wenn sie in einem Krankenhaus, einer krankenhausähnlichen Einrichtung, einer Laborgemeinschaft oder in einer laborärztlichen Praxis erbracht werden.					
3500	3500	Blut im Stuhl, dreimalige Untersuchung.......	90		2,80 €	2,80 €	6,21 €
		Die Kosten für ausgegebenes Testmaterial sind anstelle der Leistung nach Nummer 3500 berechnungsfähig, wenn die Auswertung aus Gründen unterbleibt, die der Arzt nicht zu vertreten hat.					
3501	3501	Blutkörperchensenkungsgeschwindigkeit (BKS, BSG)..................	60		1,80 €	1,80 €	4,14 €
3502	3502	Differenzierung des Blutausstrichs, mikroskopisch...	120		3,70 €	3,70 €	8,28 €
3503	3503	Hämatokrit.......................	70		2,20 €	2,20 €	4,83 €
		Mikroskopische Einzelbestimmung, je Meßgröße.....	60		1,80 €	1,80 €	4,14 €
		Katalog					
3504	3504	Erythrozyten.....................					
3505	3505	Leukozyten.....................					
3506	3506	Thrombozyten..................					
3508	3508	Mikroskopische Untersuchung eines Nativpräparats, gegebenenfalls nach einfacher Aufbereitung (z. B. Zentrifugation) im Durchlicht- oder Phasenkontrastverfahren, je Material (z. B. Punktate, Sekrete, Stuhl)...............	80		2,50 €	2,50 €	5,52 €

M I Vorhalteleistungen in der eigenen, niedergelassenen Praxis

Nummern 3509–3519

BG-T Tarif-Nr.	DKG-NT Tarif-Nr.	Leistung	Punkte (nur DKG-NT I)	Besondere Kosten	Allgemeine Kosten	Sach-kosten	Vollkosten (nur DKG-NT I)
1a	1b	2	3	4	5	6	7
3509	3509	Mikroskopische Untersuchung nach einfacher Färbung (z. B. Methylenblau, Lugol), je Material .	100		3,10 €	3,10 €	6,90 €
3510	3510	Mikroskopische Untersuchung nach differenzierender Färbung (z. B. Gramfärbung), je Präparat.	120		3,70 €	3,70 €	8,28 €
3511	3511	Untersuchung eines Körpermaterials mit vorgefertigten Reagenzträgern oder Reagenzzubereitungen und visueller Auswertung (z. B. Glukose, Harnstoff, Urinstreifen), qualitativ oder semiquantitativ, auch bei Verwendung eines Mehrfachreagenzträgers, je Untersuchung	50		1,50 €	1,50 €	3,45 €
		Können mehrere Meßgrößen durch Verwendung eines Mehrfachreagenzträgers erfaßt werden, so ist die Leistung nach Nummer 3511 auch dann nur einmal berechnungsfähig, wenn mehrere Einfachreagenzträger verwandt werden.					
		Bei mehrfacher Berechnung der Leistung nach Nummer 3511 ist die Art der Untersuchung in der Rechnung anzugeben.					
		Untersuchung folgender Meßgrößen unabhängig vom Meßverfahren, je Meßgröße. . . . . Katalog	70		2,20 €	2,20 €	4,83 €
3512	3512	Alpha-Amylase					
3513	3513	Gamma-Glutamyltranspeptidase (Gamma-Glutamyltransferase, Gamma-GT).					
3514	3514	Glukose					
3515	3515	Glutamatoxalazetattransminsase (GOT, Aspartataminotransferase, ASAT, AST)					
3516	3516	Glutamatpyruvattransaminase (GPT, Alaninaminotransferase, ALAT, ALT)					
3517	3517	Hämoglobin					
3518	3518	Harnsäure					
3519	3519	Kalium					

M I Vorhalteleistungen in der eigenen, niedergelassenen Praxis

Nummern 3520–3532

BG-T Tarif-Nr.	DKG-NT Tarif-Nr.	Leistung	Punkte (nur DKG-NT I)	Besondere Kosten	Allgemeine Kosten	Sachkosten	Vollkosten (nur DKG-NT I)
1a	1b	2	3	4	5	6	7
3520	3520	Kreatinin............................					
3521	3521	Lipase..............................					
		Untersuchung folgender Meßgrößen unabhängig vom Meßverfahren, je Meßgröße......... Katalog	100		3,10 €	3,10 €	6,90 €
3523	3523	Antistreptolysin (ASL).................					
3524	3524	C-reaktives Protein (CRP)..............					
3525	3525	Mononukleosetest....................					
3526	3526	Rheumafaktor (RF)...................					
3528	3528	Schwangerschaftstest (Nachweisgrenze der Tests kleiner als 500 U/l)...............	130		4,00 €	4,00 €	8,97 €
3529	3529	Schwangerschaftstest (Nachweisgrenze der Tests kleiner als 50 U/l)................	150		4,60 €	4,60 €	10,35 €
3530	3530	Thromboplastinzeit (TPZ, Quickwert)......	120		3,70 €	3,70 €	8,28 €
3531	3531	Urinsediment........................	70		2,20 €	2,20 €	4,83 €
3532	3532	Phasenkontrastmikroskopische Untersuchung des Urinsediments - einschließlich morphologischer Beurteilung der Erythrozyten -.........	90		2,80 €	2,80 €	6,21 €

M II Basislabor

BG-T Tarif-Nr.	DKG-NT Tarif-Nr.	Leistung	Punkte (nur DKG-NT I)	Besondere Kosten	Allgemeine Kosten	Sach-kosten	Vollkosten (nur DKG-NT I)
1a	1b	2	3	4	5	6	7
3541.H	3541.H	*Allgemeine Bestimmungen* *Die aufgeführten Laborleistungen dürfen auch dann als eigene Leistungen berechnet werden, wenn diese nach fachlicher Weistung unter Aufsicht eines anderen Arztes in Laborgemeinschaften oder in von Ärzten ohne eigene Liquidationsberechtigung geleiteten Krankenhauslabors erbracht werden.* *Für die mit H1 gekennzeichneten Untersuchungen ist der Höchstwert nach Nummer 3541.H1 zu beachten.* Höchstwerte Höchstwert für die mit H1 gekennzeichneten Untersuchungen des Abschnitts M II	480		14,70 €	14,70 €	33,13 €

M II.1 Körperzellen und deren Bestandteile, Zellfunktionsuntersuchungen

Nummern 3550–3552

BG-T Tarif-Nr. 1a	DKG-NT Tarif-Nr. 1b	Leistung 2	Punkte (nur DKG-NT I) 3	Besondere Kosten 4	Allgemeine Kosten 5	Sachkosten 6	Vollkosten (nur DKG-NT I) 7
3550	3550	Blutbild und Blutbestandteile............. *Die Leistung nach Nummer 3550 beinhaltet die Erbringung mindestens eines der folgenden Parameter, darf jedoch unabhängig von der Zahl der erbrachten Parameter aus demselben Probenmaterial nur einmal berechnet werden: Erythrozytenzahl und/oder Hämatokrit und/oder Hämoglobin und/oder mittleres Zellvolumen (MCV) und die errechneten Kenngrößen (z. B. MCH, MCHC) und die Erythrozytenverteilungskurve und/oder Leukozytenzahl und/oder Thrombozytenzahl.*	60		1,80 €	1,80 €	4,14 €
3551	3551	Differenzierung der Leukozyten, elektronisch-zytometrisch, zytochemisch-zytometrisch oder mittels mechanisierter Mustererkennung (Bildanalyse), zusätzlich zu der Leistung nach Nummer 3550.............	20		0,60 €	0,60 €	1,38 €
3552	3552	Retikulozytenzahl........................	70		2,20 €	2,20 €	4,83 €

M II.2 Elektrolyte, Wasserhaushalt

BG-T Tarif-Nr.	DKG-NT Tarif-Nr.	Leistung	Punkte (nur DKG-NT I)	Besondere Kosten	Allgemeine Kosten	Sach-kosten	Vollkosten (nur DKG-NT I)
1a	1b	2	3	4	5	6	7
3555	3555	Calcium	40		1,20 €	1,20 €	2,76 €
3556	3556	Chlorid	30		0,90 €	0,90 €	2,07 €
3557	3557	Kalium	30		0,90 €	0,90 €	2,07 €
3558	3558	Natrium	30		0,90 €	0,90 €	2,07 €

M II.3 Kohlehydrat- und Lipidstoffwechsel

Nummern 3560–3565.H1

BG-T Tarif-Nr. 1a	DKG-NT Tarif-Nr. 1b	Leistung 2	Punkte (nur DKG-NT I) 3	Besondere Kosten 4	Allgemeine Kosten 5	Sach-kosten 6	Vollkosten (nur DKG-NT I) 7
		Allgemeine Bestimmung					
		Für die mit H1 gekennzeichneten Untersuchungen ist der Höchstwert nach Nummer 3541.H1 zu beachten.					
3560	3560	Glukose....................	40		1,20 €	1,20 €	2,76 €
3561	3561	Glykierte Hämoglobine (HbA_1, HbA_{1C}).......	200		6,10 €	6,10 €	13,80 €
3562.H1	3562.H1	Cholesterin..................	40		1,20 €	1,20 €	2,76 €
3563.H1	3563.H1	HDL-Cholesterin.............	40		1,20 €	1,20 €	2,76 €
3564.H1	3564.H1	LDL-Cholesterin.............	40		1,20 €	1,20 €	2,76 €
3565.H1	3565.H1	Triglyzeride.................	40		1,20 €	1,20 €	2,76 €

M II.4   Proteine, Elektrophoreseverfahren   **Nummern 3570.H1 – 3575**

BG-T Tarif-Nr.	DKG-NT Tarif-Nr.	Leistung	Punkte (nur DKG-NT I)	Besondere Kosten	Allgemeine Kosten	Sachkosten	Vollkosten (nur DKG-NT I)
1a	1b	2	3	4	5	6	7
		Allgemeine Bestimmung *Für die mit H1 gekennzeichneten Untersuchungen ist der Höchstwert nach Nummer 3541.H1 zu beachten.*					
3570.H1	3570.H1	Albumin, photometrisch	30		0,90 €	0,90 €	2,07 €
3571	3571	Immunglobulin (IgA, IgG, IgM), Ligandenassay - gegebenenfalls einschließlich Doppelbestimmung und aktueller Bezugskurve -, Immundiffusion oder ähnliche Untersuchungsmethoden, je Immunglobulin	150		4,60 €	4,60 €	10,35 €
3572	3572	Immunglobulin E (IgE), Ligandenassay - gegebenenfalls einschließlich Doppelbestimmung und aktueller Bezugskurve -, Immundiffusion oder ähnliche Untersuchungsmethoden	250		7,70 €	7,70 €	17,26 €
3573.H1	3573.H1	Gesamtprotein im Serum oder Plasma	30		0,90 €	0,90 €	2,07 €
3574	3574	Proteinelektrophorese im Serum	200		6,10 €	6,10 €	13,80 €
3575	3575	Transferrin, Immundiffusion oder ähnliche Untersuchungsmethoden..................	100		3,10 €	3,10 €	6,90 €

M II.5 Substrate, Metabolite, Enzyme

Nummern 3580.H1 – 3597.H1

BG-T Tarif-Nr.	DKG-NT Tarif-Nr.	Leistung	Punkte (nur DKG-NT I)	Besondere Kosten	Allgemeine Kosten	Sach-kosten	Vollkosten (nur DKG-NT I)
1a	1b	2	3	4	5	6	7
		Allgemeine Bestimmung *Für die mit H1 gekennzeichneten Untersuchungen ist der Höchstwert nach Nummer 3541.H1 zu beachten.*					
3580.H1	3580.H1	Anorganisches Phosphat	40		1,20 €	1,20 €	2,76 €
3581.H1	3581.H1	Bilirubin, gesamt	40		1,20 €	1,20 €	2,76 €
3582	3582	Bilirubin, direkt	70		2,20 €	2,20 €	4,83 €
3583.H1	3583.H1	Harnsäure	40		1,20 €	1,20 €	2,76 €
3584.H1	3584.H1	Harnstoff (Harnstoff-N, BUN)........	40		1,20 €	1,20 €	2,76 €
3585.H1	3585.H1	Kreatinin..........................	40		1,20 €	1,20 €	2,76 €
3587.H1	3587.H1	Alkalische Phosphatase	40		1,20 €	1,20 €	2,76 €
3588.H1	3588.H1	Alpha-Amylase (auch immuninhibitorische Bestimmung der Pankreas-Amylase)	50		1,50 €	1,50 €	3,45 €
3589.H1	3589.H1	Cholinesterase (Pseudocholinesterase, CHE, PCHE)	40		1,20 €	1,20 €	2,76 €
3590.H1	3590.H1	Creatinkinase (CK).................	40		1,20 €	1,20 €	2,76 €
3591.H1	3591.H1	Creatinkinase MB (CK-MB), Immuninhibitionsmethode	50		1,50 €	1,50 €	3,45 €
3592.H1	3592.H1	Gamma-Glutamyltranspeptidase (Gamma-Glutamyltransferase, Gamma-GT)............	40		1,20 €	1,20 €	2,76 €
3593.H1	3593.H1	Glutamatdehydrogenase (GLDH).......	50		1,50 €	1,50 €	3,45 €
3594.H1	3594.H1	Glutamatoxalazetattransaminase (GOT, Aspartataminotransferase, ASAT, AST)	40		1,20 €	1,20 €	2,76 €
3595.H1	3595.H1	Glutamatpyruvattransaminase (GPT, Alaninaminotransferase, ALAT, ALT).................	40		1,20 €	1,20 €	2,76 €
3596.H1	3596.H1	Hyxdroxybutyratdehydrogenase (HBDH)......	40		1,20 €	1,20 €	2,76 €
3597.H1	3597.H1	Laktatdehydrogenase	40		1,20 €	1,20 €	2,76 €

M II.5 Substrate, Metabolite, Enzyme

BG-T Tarif-Nr.	DKG-NT Tarif-Nr.	Leistung	Punkte (nur DKG-NT I)	Besondere Kosten	Allgemeine Kosten	Sach-kosten	Vollkosten (nur DKG-NT I)
1a	1b	2	3	4	5	6	7
3598.H1	**3598.H1**	Lipase	50		1,50 €	1,50 €	3,45 €
3599	**3599**	Saure Phosphatase (sP), photometrisch	70		2,20 €	2,20 €	4,83 €

M II.6 Gerinnungssystem

BG-T Tarif-Nr.	DKG-NT Tarif-Nr.	Leistung	Punkte (nur DKG-NT I)	Besondere Kosten	Allgemeine Kosten	Sach-kosten	Vollkosten (nur DKG-NT I)
1a	1b	2	3	4	5	6	7
3605	3605	Partielle Thromboplastinzeit (PTT, aPTT), Einfachbestimmung	50		1,50 €	1,50 €	3,45 €
3606	3606	Plasmathrombinzeit (PTZ, TZ), Doppelbestimmung	70		2,20 €	2,20 €	4,83 €
3607	3607	Thromboplastinzeit (Prothrombinzeit, TPZ, Quickwert), Einfachbestimmung	50		1,50 €	1,50 €	3,45 €

M II.7 Funktionsteste

Nummern 3610–3615

BG-T Tarif-Nr.	DKG-NT Tarif-Nr.	Leistung	Punkte (nur DKG-NT I)	Besondere Kosten	Allgemeine Kosten	Sach-kosten	Vollkosten (nur DKG-NT I)
1a	1b	2	3	4	5	6	7
		Allgemeine Bestimmung *Wird eine vom jeweils genannten Leistungsumfang abweichende geringere Anzahl von Bestimmungen durchgeführt, so ist nur die Zahl der tatsächlich durchgeführten Einzelleistungen berechnungsfähig.* *Sind aus medizinischen Gründen über den jeweils genannten Leistungsumfang hinaus weitere Bestimmungen einzelner Meßgrößen erforderlich, so können diese mit entsprechender Begründung als Einzelleistungen gesondert berechnet werden.*					
3610	3610	Amylase-Clearance (Zweimalige Bestimmung von Amylase)	100		3,10 €	3,10 €	6,90 €
3611	3611	Blutzuckertagesprofil (Viermalige Bestimmung von Glukose)...................	160		4,90 €	4,90 €	11,04 €
3612	3612	Glukosetoleranztest, intravenös (Siebenmalige Bestimmung von Glukose)	280		8,60 €	8,60 €	19,33 €
3613	3613	Glukosetoleranztest, oral (Viermalige Bestimmung von Glukose)	160		4,90 €	4,90 €	11,04 €
3615	3615	Kreatinin-Clearance (Zweimalige Bestimmung von Kreatinin)	60		1,80 €	1,80 €	4,14 €

M II.8 Spurenelemente

Nummern 3620, 3621

BG-T Tarif-Nr.	DKG-NT Tarif-Nr.	Leistung	Punkte (nur DKG-NT I)	Besondere Kosten	Allgemeine Kosten	Sach- kosten	Vollkosten (nur DKG-NT I)
1a	1b	2	3	4	5	6	7
3620	3620	Eisen im Serum oder Plasma..............	40		**1,20 €**	**1,20 €**	**2,76 €**
3621	3621	Magnesium	40		**1,20 €**	**1,20 €**	**2,76 €**

M III   Untersuchungen von körpereigenen oder körperfremden Substanzen und körpereigenen Zellen

Nummern 3630.H – 3633.H

BG-T Tarif-Nr.	DKG-NT Tarif-Nr.	Leistung	Punkte (nur DKG-NT I)	Besondere Kosten	Allgemeine Kosten	Sach-kosten	Vollkosten (nur DKG-NT I)
1a	1b	2	3	4	5	6	7
		Höchstwerte					
		Allgemeine Bestimmung					
		Für die mit H2, H3 und H4 gekennzeichneten Untersuchungen sind die Höchstwerte nach den Nummern 3630.H, 3631.H und 3633.H zu beachten.					
3630.H	3630.H	Höchstwert für die mit H2 gekennzeichneten Untersuchungen aus Abschnitt M III.8	870		26,70 €	26,70 €	60,05 €
3631.H	3631.H	Höchstwert für die mit H3 gekennzeichneten Untersuchungen aus Abschnitt M III.10.......	1.400		43,00 €	43,00 €	96,63 €
3633.H	3633.H	Höchstwert für die mit H4 gekennzeichneten Untersuchungen aus Abschnitt M III.14.......	550		16,90 €	16,90 €	37,96 €

M III.1 Ausscheidungen (Urin, Stuhl)

BG-T Tarif-Nr.	DKG-NT Tarif-Nr.	Leistung	Punkte (nur DKG-NT I)	Besondere Kosten	Allgemeine Kosten	Sach-kosten	Vollkosten (nur DKG-NT I)
1a	1b	2	3	4	5	6	7
3650	**3650**	Blut im Stuhl, dreimalige Untersuchung.......	60		1,80 €	1,80 €	4,14 €
		Die Kosten für ausgegebenes Testmaterial sind anstelle der Leistung nach Nummer 3650 berechnungsfähig, wenn die Auswertung aus Gründen unterbleibt, die der Arzt nicht zu vertreten hat.					
3651	**3651**	Phasenkontrastmikroskopische Untersuchung des Urinsediments - einschließlich morphologischer Beurteilung der Erythrozyten -.........	70		2,20 €	2,20 €	4,83 €
3652	**3652**	Streifentest im Urin, auch bei Verwendung eines Mehrfachreagenzträgers, je Untersuchung	35		1,60 €	1,60 €	2,42 €
3653	**3653**	Urinsediment, mikroskopisch	50		1,50 €	1,50 €	3,45 €
3654	**3654**	Zellzählung im Urin (Addis-Count), mikroskopisch...............................	80		2,50 €	2,50 €	5,52 €

M III.2 Sekrete, Liquor, Konkremente

Nummern 3660–3673

BG-T Tarif-Nr.	DKG-NT Tarif-Nr.	Leistung	Punkte (nur DKG-NT I)	Besondere Kosten	Allgemeine Kosten	Sach-kosten	Vollkosten (nur DKG-NT I)
1a	1b	2	3	4	5	6	7
3660	3660	Sekret (Magen, Duodenum, Cervix uteri), mikroskopische Beurteilung.................	40		1,20 €	1,20 €	2,76 €
3661	3661	Gallensediment, mikroskopisch............	40		1,20 €	1,20 €	2,76 €
3662	3662	HCl, titrimetrisch.....................	70		2,20 €	2,20 €	4,83 €
3663	3663	Morphologische Differenzierung des Spermas, mikroskopisch................	160		4,90 €	4,90 €	11,04 €
3664	3664	Spermienagglutination, mikroskopisch......	120		3,70 €	3,70 €	8,28 €
3665	3665	Spermien-Mucus-Penetrationstest, je Ansatz ..	150		4,60 €	4,60 €	10,35 €
3667	3667	Spermienzahl und Motilitätsbeurteilung, mikroskopisch............................	70		2,20 €	2,20 €	4,83 €
3668	3668	Physikalisch-morphologische Untersuchung des Spermas (Menge, Viskosität, pH-Wert, Nativpräparat(e), Differenzierung der Beweglichkeit, Bestimmung der Spermienzahl, Vitalitätsprüfung, morphologische Differenzierung nach Ausstrichfärbung)..................... *Neben der Leistung nach Nummer 3668 sind die Leistungen nach den Nummern 3663, 3664 und/oder 3667 nicht berechnungsfähig.*	400		12,30 €	12,30 €	27,61 €
3669	3669	Erythrozytenzahl (Liquor), mikroskopisch......	60		1,80 €	1,80 €	4,14 €
3670	3670	Leukozytenzahl (Liquor), mikroskopisch......	60		1,80 €	1,80 €	4,14 €
3671	3671	Morphologische Differenzierung des Liquorzellausstrichs, mikroskopisch................	160		4,90 €	4,90 €	11,04 €
3672	3672	Steinanalyse (Gallensteine, Harnsteine), mittels Infrarotspektrometrie oder mikroskopisch - einschließlich chemischer Reaktionen -.........	250		7,70 €	7,70 €	17,26 €
3673	3673	Steinanalyse (Gallensteine, Harnsteine), Röntgendiffraktion.....................	570		17,50 €	17,50 €	39,34 €

M III.3 Körperzellen und deren Bestandteile, Zellfunktionsuntersuchungen — Nummern 3680–3696

BG-T Tarif-Nr.	DKG-NT Tarif-Nr.	Leistung	Punkte (nur DKG-NT I)	Besondere Kosten	Allgemeine Kosten	Sachkosten	Vollkosten (nur DKG-NT I)
1a	1b	2	3	4	5	6	7
3680	3680	Differenzierung des Blutausstrichs, mikroskopisch	90		2,80 €	2,80 €	6,21 €
3681	3681	Morphologische Differenzierung des Knochenmarkausstrichs, mikroskopisch	570		17,50 €	17,50 €	39,34 €
3682	3682	Eisenfärbung des Blut- oder Knochenmarkausstrichs	120		3,70 €	3,70 €	8,28 €
3683	3683	Färbung eines Blut- oder Knochenmarkausstrichs (z. B. Nachweis der alkalischen Leukozytenphosphatase, Leukozytenesterase, Leukozytenperoxidase oder PAS), je Färbung	250		7,70 €	7,70 €	17,26 €
3686	3686	Eosinophile, segmentkernige Granulozyten (absolute Eosinophilenzahl), mikroskopisch	70		2,20 €	2,20 €	4,83 €
3688	3688	Osmotische Resistenz der Erythrozyten	90		2,80 €	2,80 €	6,21 €
3689	3689	Fetales Hämoglobin (HbF), mikroskopisch	160		4,90 €	4,90 €	11,04 €
3690	3690	Freies Hämoglobin, spektralphotometrisch	180		5,50 €	5,50 €	12,42 €
3691	3691	Hämoglobinelektrophorese	570		17,50 €	17,50 €	39,34 €
3692	3692	Methämoglobin und/oder Carboxyhämoglobin und/oder Sauerstoffsättigung, cooxymetrisch	60		1,80 €	1,80 €	4,14 €
3693	3693	Granulozytenfunktionstest (Adhäsivität, Chemotaxis (bis zu drei Stimulatoren), Sauerstoffaufnahme (bis zu drei Stimulatoren), Lumineszenz (O_2-Radikale), Degranulierung, je Funktionstest	570		17,50 €	17,50 €	39,34 €
3694	3694	Lymphozytentransformationstest	570		17,50 €	17,50 €	39,34 €
3695	3695	Phagozytäre Funktion neutrophiler Granulozyten (Nitrotetrazolblautest, NBT-Test)	120		3,70 €	3,70 €	8,28 €
3696	3696	Phänotypisierung von Zellen oder Rezeptornachweis auf Zellen mit bis zu drei verschiedenen, primären Antiseren (Einfach- oder Mehrfachmarkierung), Durchflußzytometrie, je Antiserum	570		17,50 €	17,50 €	39,34 €

M III.3 Körperzellen und deren Bestandteile, Zellfunktionsuntersuchungen

Nummern 3697–3700

BG-T Tarif-Nr.	DKG-NT Tarif-Nr.	Leistung	Punkte (nur DKG-NT I)	Besondere Kosten	Allgemeine Kosten	Sach-kosten	Vollkosten (nur DKG-NT I)
1a	1b	2	3	4	5	6	7
3697	3697	Phänotypisierung von Zellen oder Rezeptornachweis auf Zellen mit weiteren Antiseren (Einfach- oder Mehrfachmarkierung), Durchflußzytometrie, je Antiserum . . . . *Die Leistung nach Nummer 3697 kann nur im Zusammenhang mit der Leistung nach Nummer 3696 berechnet werden.*	250		7,70 €	7,70 €	17,26 €
3698	3698	Phänotypisierung von Zellen oder Rezeptornachweis auf Zellen mit dem ersten, primären Antiserum, Immunfluoreszenz oder ähnliche Untersuchungsmethoden	450		13,80 €	13,80 €	31,06 €
3699	3699	Phänotypisierung von Zellen oder Rezeptornachweis auf Zellen mit weiteren Antiseren, Immunfluoreszenz oder ähnliche Untersuchungsmethoden, je Antiserum . . . . *Die Leistung nach Nummer 3699 kann nur im Zusammenhang mit der Leistung nach Nummer 3698 berechnet werden.*	360		11,00 €	11,00 €	24,85 €
3700	3700	Tumorstammzellenassay - gegebenenfalls auch von Zellanteilen - zur Prüfung der Zytostatikasensibilität	2.000		61,40 €	61,40 €	138,05 €

M III.4 Elektrolyte, Wasserhaushalt, physikalische Eigenschaften von Körperflüssigkeiten

Nummern 3710–3716

BG-T Tarif-Nr.	DKG-NT Tarif-Nr.	Leistung	Punkte (nur DKG-NT I)	Besondere Kosten	Allgemeine Kosten	Sach-kosten	Vollkosten (nur DKG-NT I)
1a	1b	2	3	4	5	6	7
3710	3710	Blutgasanalyse (pH und/oder PCO_2 und/oder PO_2 und/oder Hb)	90		2,80 €	2,80 €	6,21 €
3711	3711	Blutkörperchensenkungsgeschwindigkeit (BKS, BSG)	40		1,20 €	1,20 €	2,76 €
3712	3712	Viskosität (z. B. Blut, Serum, Plasma), viskosimetrisch..........................	250		7,70 €	7,70 €	17,26 €
3714	3714	Wasserstoffionenkonzentration (pH), potentiometrisch, jedoch nicht aus Blut oder Urin	40		1,20 €	1,20 €	2,76 €
3715	3715	Bikarbonat	60		1,80 €	1,80 €	4,14 €
3716	3716	Osmolalität	50		1,50 €	1,50 €	3,45 €

M III.5 Kohlehydrat- und Lipidstoffwechsel

Nummern 3721–3730

BG-T Tarif-Nr.	DKG-NT Tarif-Nr.	Leistung	Punkte (nur DKG-NT I)	Besondere Kosten	Allgemeine Kosten	Sach-kosten	Vollkosten (nur DKG-NT I)
1a	1b	2	3	4	5	6	7
3721	3721	Glykierte Proteine	250		7,70 €	7,70 €	17,26 €
3722	3722	Fructosamin, photometrisch	70		2,20 €	2,20 €	4,83 €
3723	3723	Fruktose, photometrisch.	200		6,10 €	6,10 €	13,80 €
3724	3724	D-Xylose, photometrisch	200		6,10 €	6,10 €	13,80 €
3725	3725	Apolipoprotein (A1, A2, B), Ligandenassay - gegebenenfalls einschließlich Doppelbestimmung und aktueller Bezugskurve -, Immundiffusion oder ähnliche Untersuchungsmethoden, je Bestimmung.	200		6,10 €	6,10 €	13,80 €
3726	3726	Fettsäuren, Gaschromatographie.	410		12,60 €	12,60 €	28,30 €
3727	3727	Fraktionierung der Lipoproteine, Ultrazentrifugation	680		20,90 €	20,90 €	46,94 €
3728	3728	Lipidelektrophorese, qualitativ	180		5,50 €	5,50 €	12,42 €
3729	3729	Lipidelektrophorese, quantitativ	300		9,20 €	9,20 €	20,71 €
3730	3730	Lipoprotein (a) (Lp(a)), Ligandenassay - gegebenenfalls einschließlich Doppelbestimmung und aktueller Bezugskurve -, Elektroimmundiffusion.	300		9,20 €	9,20 €	20,71 €

M III.6 Proteine, Aminosäuren, Elektrophoreseverfahren

Nummern 3733–3744

BG-T Tarif-Nr.	DKG-NT Tarif-Nr.	Leistung	Punkte (nur DKG-NT I)	Besondere Kosten	Allgemeine Kosten	Sach-kosten	Vollkosten (nur DKG-NT I)
1a	1b	2	3	4	5	6	7
		Allgemeine Bestimmung *Für die mit H4 gekennzeichnete Untersuchung ist der Höchstwert nach Nummer 3633.H zu beachten.*					
3733		Trockenchemische Bestimmung von Theopyllin .			3,70 €	3,70 €	
3735	3735	Albumin, Ligandenassay - gegebenenfalls einschließlich Doppelbestimmung und aktueller Bezugskurve -, Immundiffusion oder ähnliche Untersuchungsmethoden................	150		4,60 €	4,60 €	10,35 €
3736	3736	Albumin mit vorgefertigten Reagenzträgern, zur Diagnose einer Mikroalbuminurie	120		3,70 €	3,70 €	8,28 €
3737	3737	Aminosäuren, Hochdruckflüssigkeitschromatographie	570		17,50 €	17,50 €	39,34 €
3738	3738	Aminosäuren, qualitativ, Dünnschichtchromatographie	250		7,70 €	7,70 €	17,26 €
3739	3739	Alpha$_1$-Antitrypsin, Immundiffusion oder ähnliche Untersuchungsmethoden	180		5,50 €	5,50 €	12,42 €
3740	3740	Coeruloplasmin, Immundiffusion oder ähnliche Untersuchungsmethoden................	180		5,50 €	5,50 €	12,42 €
3741	3741	C-reaktives Protein (CRP), Ligandenassay - gegebenenfalls einschließlich Doppelbestimmung und aktueller Bezugskurve -, Immundiffusion oder ähnliche Untersuchungsmethoden	200		6,10 €	6,10 €	13,80 €
3742	3742	Ferritin, Ligandenassay - gegebenenfalls einschließlich Doppelbestimmung und aktueller Bezugskurve -.................	250		7,70 €	7,70 €	17,26 €
3743	3743	Alpha-Fetoprotein (AFP), Ligandenassay - gegebenenfalls einschließlich Doppelbestimmung und aktueller Bezugskurve -	250		7,70 €	7,70 €	17,26 €
3744	3744	Fibronectin, Ligandenassay - einschließlich Doppelbestimmung und aktueller Bezugskurve -	450		13,80 €	13,80 €	31,06 €

M III.6 Proteine, Aminosäuren, Elektrophoreseverfahren

BG-T Tarif-Nr.	DKG-NT Tarif-Nr.	Leistung	Punkte (nur DKG-NT I)	Besondere Kosten	Allgemeine Kosten	Sach-kosten	Vollkosten (nur DKG-NT I)
1a	1b	2	3	4	5	6	7
3745	3745	Beta$_2$-Glykoprotein II (C3-Proaktivator), Immundiffusion oder ähnliche Untersuchungsmethoden.........	180		5,50 €	5,50 €	12,42 €
3746	3746	Hämopexin, Immundiffusion oder ähnliche Untersuchungsmethoden....................	180		5,50 €	5,50 €	12,42 €
3747	3747	Haptoglobin, Immundiffusion oder ähnliche Untersuchungsmethoden....................	180		5,50 €	5,50 €	12,42 €
3748	3748	Immunelektrophorese, bis zu sieben Ansätze, je Ansatz.........................	200		6,10 €	6,10 €	13,80 €
3749	3749	Immunfixation, bis zu fünf Antiseren, je Antiserum............................	200		6,10 €	6,10 €	13,80 €
3750	3750	Isoelektrische Fokussierung (z. B. Oligoklonale Banden)........................	570		17,50 €	17,50 €	39,34 €
3751	3751	Kryoglobuline, qualitativ, visuell............	40		1,20 €	1,20 €	2,76 €
3752	3752	Kryoglobuline (Bestimmung von je zweimal IgA, IgG und IgM), Immundiffusion oder ähnliche Untersuchungsmethoden, je Globulinbestimmung.	120		3,70 €	3,70 €	8,28 €
3753	3753	Alpha$_2$-Makroglobulin, Immundiffusion oder ähnliche Untersuchungsmethoden.........	180		5,50 €	5,50 €	12,42 €
3754	3754	Mikroglobuline (Alpha$_1$, Beta$_2$), Ligandenassay - gegebenenfalls einschließlich Doppelbestimmung und aktueller Bezugskurve -, Immundiffusion oder ähnliche Untersuchungsmethoden, je Mikroglobulinbestimmung..................	200		6,10 €	6,10 €	13,80 €
3755	3755	Myoglobin, Agglutination, qualitativ........	60		1,80 €	1,80 €	4,14 €
3756	3756	Myoglobulin, Ligandenassay - gegebenenfalls einschließlich Doppelbestimmung und aktueller Bezugskurve -, Immundiffusion oder ähnliche Untersuchungsmethoden..................	200		6,10 €	6,10 €	13,80 €
3757		Eiweißuntersuchungen aus eiweißarmen Flüssigkeiten (z. B. Liquor-, Gelenk- oder Pleurapunktat).............................			2,20 €	2,20 €	

M III.6 Proteine, Aminosäuren, Elektrophoreseverfahren Nummern 3758–3768

BG-T Tarif-Nr.	DKG-NT Tarif-Nr.	Leistung	Punkte (nur DKG-NT I)	Besondere Kosten	Allgemeine Kosten	Sach-kosten	Vollkosten (nur DKG-NT I)
1a	1b	2	3	4	5	6	7
3758	3758	Phenylalanin (Guthrie-Test), Bakterienwachstumstest.............	60		1,80 €	1,80 €	4,14 €
3759	3759	Präalbumin, Immundiffusion oder ähnliche Untersuchungsmethoden................	180		5,50 €	5,50 €	12,42 €
3760	3760	Protein im Urin, photometrisch	70		2,20 €	2,20 €	4,83 €
3761	3761	Proteinelektrophorese im Urin.............	250		7,70 €	7,70 €	17,26 €
3762	3762	Schwefelhaltige Aminosäuren (Cystin, Cystein, Homocystin), Farbreaktion und visuell, qualitativ, je Aminosäurenbestimmung.............	40		1,20 €	1,20 €	2,76 €
3763	3763	SDS-Elektrophorese mit anschließender Immunreaktion (z. B. Westernblot)............	570		17,50 €	17,50 €	39,34 €
3764	3764	SDS-Polyacrylamidgel-Elektrophorese.......	250		7,70 €	7,70 €	17,26 €
3765	3765	Sexualhormonbindendes Globulin (SHBG), Ligandenassay - einschließlich Doppelbestimmung und aktueller Bezugskurve -..........	450		13,80 €	13,80 €	31,06 €
3766.H4	3766.H4	Thyroxin-bindendes Globulin (TBG), Ligandenassay - gegebenenfalls einschließlich Doppelbestimmung und aktueller Bezugskurve -.......	250		7,70 €	7,70 €	17,26 €
3767	3767	Tumornekrosefaktor (TNF), Ligandenassay - einschließlich Doppelbestimmung und aktueller Bezugskurve -.....................	450		13,80 €	13,80 €	31,06 €
3768	3768	Isolierung von Immunglobulin M mit chromatographischen Untersuchungsverfahren	360		11,00 €	11,00 €	24,85 €

M III.7 Substrate, Metabolite, Enzyme

Nummern 3774–3789

BG-T Tarif-Nr.	DKG-NT Tarif-Nr.	Leistung	Punkte (nur DKG-NT I)	Besondere Kosten	Allgemeine Kosten	Sach-kosten	Vollkosten (nur DKG-NT I)
1a	1b	2	3	4	5	6	7
3774	3774	Ammoniak (NH₄).....................	220		6,80 €	6,80 €	15,19 €
3775	3775	Bilirubin im Fruchtwasser (E450), spektralphotometrisch....................	180		5,50 €	5,50 €	12,42 €
3776	3776	Citrat, photometrisch..................	300		9,20 €	9,20 €	20,71 €
3777	3777	Gallensäuren, Ligandenassay - einschließlich Doppelbestimmung und aktueller Bezugskurve -	290		8,90 €	8,90 €	20,02 €
3778	3778	Glutamatdehydrogenase (GLDH), manuell, photometrisch......................	120		3,70 €	3,70 €	8,28 €
3779	3779	Homogenitinsäure, Farbreaktion und visuell, qualitativ.......................	40		1,20 €	1,20 €	2,76 €
3780	3780	Kreatin...............................	120		3,70 €	3,70 €	8,28 €
3781	3781	Laktat, photometrisch................	220		6,80 €	6,80 €	15,19 €
3782	3782	Lecithin/Sphingomyelin-Quotient (L/S-Quotient).	200		6,10 €	6,10 €	13,80 €
3783	3783	Organisches Säurenprofil, Gaschromatographie oder Gaschromatographie-Massenspektromie .	570		17,50 €	17,50 €	39,34 €
3784	3784	Isoenzyme (z.B. Alkalische Phosphatase, Alpha-Amylase), chemische oder thermische Hemmung oder Fällung, je Ansatz.........	150		4,60 €	4,60 €	10,35 €
3785	3785	Isoenzyme (z.B. Alkalische Phosphatase, Alpha-Amylase, Creatinkinase, LDH), Elektrophorese oder Immunpräzipitation, je Ansatz......	300		9,20 €	9,20 €	20,71 €
3786	3786	Angiotensin I Converting Enzyme (Angiotensin I-Convertase, ACE)....................	220		6,80 €	6,80 €	15,19 €
3787	3787	Chymotrypsin......................	120		3,70 €	3,70 €	8,28 €
3788	3788	Creatinkinase-MB-Konzentration (CK-MB), Ligandenassay - gegebenenfalls einschließlich Doppelbestimmung und aktueller Bezugskurve -	200		6,10 €	6,10 €	13,80 €
3789	3789	Enzyme der Hämsynthese (Delta-Aminolaevulinsäure-Dehydratase, Uroporphyrinsynthase und ähnliche), je Enzym...................	120		3,70 €	3,70 €	8,28 €

M III.7 Substrate, Metabolite, Enzyme

BG-T Tarif-Nr.	DKG-NT Tarif-Nr.	Leistung	Punkte (nur DKG-NT I)	Besondere Kosten	Allgemeine Kosten	Sach-kosten	Vollkosten (nur DKG-NT I)
1a	1b	2	3	4	5	6	7
3790	3790	Erythrozytenenzyme (Glukose-6-Phosphat-Dehydrogenase, Pyruvatkinase und ähnliche), je Enzym..................................	120		3,70 €	3,70 €	8,28 €
3791	3791	Granulozyten-Elastase, Ligandenassay - einschließlich Doppelbestimmung und aktueller Bezugskurve -..................................	290		8,90 €	8,90 €	20,02 €
3792	3792	Granulozyten-Elastase, Immundiffusion oder ähnliche Untersuchungsmethoden..........	180		5,50 €	5,50 €	12,42 €
3793	3793	Lysozym..................................	120		3,70 €	3,70 €	8,28 €
3794	3794	Prostataspezifische saure Phosphatase (PAP), Ligandenassay - gegebenenfalls einschließlich Doppelbestimmung und aktueller Bezugskurve -	200		6,10 €	6,10 €	13,80 €
3795	3795	Tatrathemmbare saure Phosphatase (PSP)....	110		3,40 €	3,40 €	7,59 €
3796	3796	Trypsin, Ligandenassay - gegebenenfalls einschließlich Doppelbestimmung und aktueller Bezugskurve -..................................	200		6,10 €	6,10 €	13,80 €

M III.8 Antikörper gegen körpereigene Antigene oder Haptene

Nummern 3805.H2–3818.H2

BG-T Tarif-Nr.	DKG-NT Tarif-Nr.	Leistung	Punkte (nur DKG-NT I)	Besondere Kosten	Allgemeine Kosten	Sach-kosten	Vollkosten (nur DKG-NT I)
1a	1b	2	3	4	5	6	7
		Allgemeine Bestimmungen					
		Die Berechnung einer Gebühr für die qualitative Immunfluoreszenzuntersuchung (bis zu zwei Titerstufen) neben einer Gebühr für die quantitative Immunfluoreszenzuntersuchung (mehr als zwei Titerstufen) oder eine ähnliche Untersuchungsmethode ist nicht zulässig.					
		Für die mit H2 gekennzeichneten Untersuchungen ist der Höchstwert nach Nummer 3630.H zu beachten.					
		Untersuchung auf Antikörper mittels qualitativer Immunfluoreszenzuntersuchung (bis zu zwei Titerstufen) oder ähnlicher Untersuchungsmethoden	290		8,90 €	8,90 €	20,02 €
		Katalog					
		Antikörper gegen					
3805.H2	3805.H2	Basalmembran (GBM)					
3806.H2	3806.H2	Centromerregion					
3807.H2	3807.H2	Endomysium					
3808.H2	3808.H2	Extrahierbare, nukleäre Antigene (ENA)					
3809.H2	3809.H2	Glatte Muskulatur (SMA)					
3811.H2	3811.H2	Haut (AHA, BMA und ICS)					
3812.H2	3812.H2	Herzmuskulatur (HMA)					
3813.H2	3813.H2	Kerne (ANA)					
3814.H2	3814.H2	Kollagen					
3815.H2	3815.H2	Langerhans-Inseln (ICA)					
3816.H2	3816.H2	Mikrosomen (Thyroperoxidase)					
3817.H2	3817.H2	Mikrosomen (Leber, Niere)					
3818.H2	3818.H2	Mitochondrien (AMA)					

M III.8 Antikörper gegen körpereigene Antigene oder Haptene

Nummern 3819.H2–3839

BG-T Tarif-Nr.	DKG-NT Tarif-Nr.	Leistung	Punkte (nur DKG-NT I)	Besondere Kosten	Allgemeine Kosten	Sach-kosten	Vollkosten (nur DKG-NT I)
1a	1b	2	3	4	5	6	7
3819.H2	3819.H2	nDNA					
3820.H2	3820.H2	Nebenniere.					
3821.H2	3821.H2	Parietalzellen (PCA)					
3822.H2	3822.H2	Skelettmuskulatur (SkMA).					
3823.H2	3823.H2	Speichelgangepithel.					
3824.H2	3824.H2	Spermien					
3825.H2	3825.H2	Thyreoglobulin					
3826.H2	3826.H2	zytoplasmatische Antigene in neutrophilen Granulozyten (P-ANCA, C-ANCA).					
3827.H2	3827.H2	Untersuchungen mit ähnlichem methodischem Aufwand . . . . *Die untersuchten Parameter sind in der Rechnung anzugeben.* Untersuchung auf Antikörper mittels quantitativer Immunfluoreszenzuntersuchung (mehr als zwei Titerstufen) oder ähnlicher Untersuchungsmethoden. . . . . Katalog Antikörper gegen	510		15,70 €	15,70 €	35,20 €
3832	3832	Basalmembran (GBM)					
3833	3833	Centromerregion					
3834	3834	Endomysium.					
3835	3835	Extrahierbare, nukleäre Antigene (ENA).					
3836	3836	Glatte Muskulatur (SMA).					
3838	3838	Haut (AHA, BMA und ICS).					
3839	3839	Herzmuskulatur (HMA)					

M III.8 Antikörper gegen körpereigene Antigene oder Haptene

Nummern 3840–3858

BG-T Tarif-Nr.	DKG-NT Tarif-Nr.	Leistung	Punkte (nur DKG-NT I)	Besondere Kosten	Allgemeine Kosten	Sach-kosten	Vollkosten (nur DKG-NT I)
1a	1b	2	3	4	5	6	7
3840	3840	Kerne (ANA)					
3841	3841	Kollagen					
3842	3842	Langerhans-Inseln (ICA)					
3843	3843	Mikrosomen (Thyroperoxidase)					
3844	3844	Mikrosomen (Leber, Niere)					
3845	3845	Mitochondrien (AMA)					
3846	3846	nDNA					
3847	3847	Parietalzellen (PCA)					
3848	3848	Skelettmuskulatur (SkMA)					
3849	3849	Speichelgangepithel					
3850	3850	Spermien					
3852	3852	Thyreoglobulin					
3853	3853	zytoplasmatische Antigene in neutrophilen Granulozyten (P-ANCA, C-ANCA)					
3854	3854	Untersuchungen mit ähnlichem methodischem Aufwand *Die untersuchten Parameter sind in der Rechnung anzugeben.* Untersuchung auf Subformen antinukleärer und zytoplasmatischer Antikörper mittels Ligandenassay - gegebenenfalls einschließlich Doppelbestimmung und aktueller Bezugskurve -, Immunoblot oder Überwanderungselektrophorese Katalog Antikörper gegen	300		9,20 €	9,20 €	20,71 €
3857	3857	dDNS					
3858	3858	Histone					

M III.8 Antikörper gegen körpereigene Antigene oder Haptene

Nummern 3859–3877

BG-T Tarif-Nr.	DKG-NT Tarif-Nr.	Leistung	Punkte (nur DKG-NT I)	Besondere Kosten	Allgemeine Kosten	Sach-kosten	Vollkosten (nur DKG-NT I)
1a	1b	2	3	4	5	6	7
3859	3859	Ribonukleoprotein (RNP)					
3860	3860	Sm-Antigen					
3861	3861	SS-A-Antigen					
3862	3862	SS-B-Antigen					
3863	3863	Scl-70-Antigen					
3864	3864	Untersuchungen mit ähnlichem methodischem Aufwand . . . . *Die untersuchten Parameter sind in der Rechnung anzugeben.* Untersuchung auf Antikörper mittels Ligandenassay - gegebenenfalls einschließlich Doppelbestimmung und aktueller Bezugskurve - . . . . Katalog Antikörper gegen	450		13,80 €	13,80 €	31,06 €
3868	3868	Azetylcholinrezeptoren					
3869	3869	Cardiolipin (IgG- oder IgM-Fraktion), je Fraktion .					
3870	3870	Interferon alpha					
3871	3871	Mikrosomen (Thyroperoxydase)					
3872	3872	Mitochondriale Subformen (AMA-Subformen) . .					
3873	3873	Myeloperoxydase (P-ANCA)					
3874	3874	Proteinase 3 (C-ANCA)					
3875	3875	Spermien					
3876	3876	Thyreoglobulin					
3877	3877	Untersuchungen mit ähnlichem methodischem Aufwand . . . . *Die untersuchten Parameter sind in der Rechnung anzugeben.*					

M III.8 Antikörper gegen körpereigene Antigene oder Haptene

Nummern 3879–3889

BG-T Tarif-Nr.	DKG-NT Tarif-Nr.	Leistung	Punkte (nur DKG-NT I)	Besondere Kosten	Allgemeine Kosten	Sach-kosten	Vollkosten (nur DKG-NT I)
1a	1b	2	3	4	5	6	7
3879	3879	Untersuchung auf Antikörper gegen TSH-Rezeptor (TRAK) mittels Ligandenassay - einschließlich Doppelbestimmung und aktueller Bezugskurve -.	550		16,90 €	16,90 €	37,96 €
3881	3881	Zirkulierende Immunkomplexe, Ligandenassay - einschließlich Doppelbestimmung und aktueller Bezugskurve -.	290		8,90 €	8,90 €	20,02 €
		Qualitativer Nachweis von Antikörpern mittels Agglutination.	90		2,80 €	2,80 €	6,21 €
		Katalog					
		Antikörper gegen					
3884	3884	Fc von IgM (Rheumafaktor).					
3885	3885	Thyreoglobulin (Boydentest)					
		Quantitative Bestimmung von Antikörpern mittels Immundiffusion oder ähnlicher Untersuchungsmethoden	180		5,50 €	5,50 €	12,42 €
		Katalog					
		Antikörper gegen					
3886	3886	Fc von IgM (Rheumafaktor).					
3889	3889	Mixed-Antiglobulin-Reaction (MAR-Test) zum Nachweis von Spermien-Antikörpern	200		6,10 €	6,10 €	13,80 €

M III.9 Antikörper gegen körperfremde Antigene

Nummern 3890–3896

BG-T Tarif-Nr.	DKG-NT Tarif-Nr.	Leistung	Punkte (nur DKG-NT I)	Besondere Kosten	Allgemeine Kosten	Sach-kosten	Vollkosten (nur DKG-NT I)
1a	1b	2	3	4	5	6	7
		Allgemeine Bestimmung *Neben den Leistungen nach den Nummern 3892, 3893 und/oder 3894 sind die Leistungen nach den Nummern 3572, 3890 und/oder 3891 nicht berechnungsfähig.*					
3890	3890	Allergenspezifisches Immunglobulin (z. B. IgE), Mischallergentest (z. B. RAST), im Einzelansatz, Ligandenassay - gegebenenfalls einschließlich Doppelbestimmung und aktueller Bezugskurve -, qualitativ, bis zu vier Mischallergenen, je Mischallergen...............	250		7,70 €	7,70 €	17,26 €
3891	3891	Allergenspezifisches Immunglobulin (z. B. IgE), Einzelallergentest (z. B. RAST), im Einzelansatz, Ligandenassay - gegebenenfalls einschließlich Doppelbestimmung und aktueller Bezugskurve -, bis zu zehn Einzelallergenen, je Allergen.....	250		7,70 €	7,70 €	17,26 €
3892	3892	Bestimmung von allergenspezifischem Immunglobulin (z. B. IgE), Einzel- oder Mischallergentest mit mindestens vier deklarierten Allergenen oder Mischallergenen auf einem Träger, je Träger....	200		6,10 €	6,10 €	13,80 €
3893	3893	Bestimmung von allergenspezifischem Immunglobulin (z. B. IgE), Einzelallergentest mit mindestens neun deklarierten Allergenen auf einem Träger und Differenzierung nach Einzelallergenen - gegebenenfalls einschließlich semiquantitativer Bestimmung des Gesamt-IgE -, insgesamt....	500		15,30 €	15,30 €	34,51 €
3894	3894	Bestimmung von allergenspezifischem Immunglobulin (z. B. IgE), Einzelallergentest mit mindestens zwanzig deklarierten Allergenen auf einem Träger und Differenzierung nach Einzelallergenen - gegebenenfalls einschließlich semiquantitativer Bestimmung des Gesamt-IgE -, insgesamt............	900		27,60 €	27,60 €	62,12 €
3895	3895	Heterophile Antikörper (IgG- oder IgM-Fraktion), Ligandenassay - einschließlich Doppelbestimmung und aktueller Bezugskurve -, je Fraktion..	1.100		33,80 €	33,80 €	75,93 €
3896	3896	Untersuchung auf Antikörper gegen Gliadin mittels qualitativer Immunfluoreszenzuntersuchung (bis zu zwei Titerstufen) oder ähnlicher Untersuchungsmethoden................	290		8,90 €	8,90 €	20,02 €

M III.9 Antikörper gegen körperfremde Antigene

BG-T Tarif-Nr.	DKG-NT Tarif-Nr.	Leistung	Punkte (nur DKG-NT I)	Besondere Kosten	Allgemeine Kosten	Sach-kosten	Vollkosten (nur DKG-NT I)
1a	1b	2	3	4	5	6	7
3897	3897	Untersuchung auf Antikörper gegen Gliadin mittels quantitativer Immunfluoreszenzuntersuchung (mehr als zwei Titerstufen) oder ähnlicher Untersuchungsmethoden...............	510		15,70 €	15,70 €	35,20 €
3898	3898	Antikörper gegen Insulin, Ligandenassay - einschließlich Doppelbestimmung und aktueller Bezugskurve -.....................	450		13,80 €	13,80 €	31,06 €

M III.10 Tumormarker

BG-T Tarif-Nr. 1a	DKG-NT Tarif-Nr. 1b	Leistung 2	Punkte (nur DKG-NT I) 3	Besondere Kosten 4	Allgemeine Kosten 5	Sach- kosten 6	Vollkosten (nur DKG-NT I) 7
		Allgemeine Bestimmung *Für die mit H3 gekennzeichneten Untersuchungen ist der Höchstwert nach Nummer 3631.H zu beachten.*					
3900.H3	3900.H3	CA 125, Ligandenassay - gegebenenfalls einschließlich Doppelbestimmung und aktueller Bezugskurve -............	300		9,20 €	9,20 €	20,71 €
3901.H3	3901.H3	CA 15-3, Ligandenassay - gegebenenfalls einschließlich Doppelbestimmung und aktueller Bezugskurve -............	450		13,80 €	13,80 €	31,06 €
3902.H3	3902.H3	CA 19-9, Ligandenassay - gegebenenfalls einschließlich Doppelbestimmung und aktueller Bezugskurve -............	300		9,20 €	9,20 €	20,71 €
3903.H3	3903.H3	CA 50, Ligandenassay - gegebenenfalls einschließlich Doppelbestimmung und aktueller Bezugskurve -............	450		13,80 €	13,80 €	31,06 €
3904.H3	3904.H3	CA 72-4, Ligandenassay - gegebenenfalls einschließlich Doppelbestimmung und aktueller Bezugskurve -............	450		13,80 €	13,80 €	31,06 €
3905.H3	3905.H3	Carcinoembryonales Antigen (CEA), Ligandenassay - gegebenenfalls einschließlich Doppelbestimmung und aktueller Bezugskurve -.......	250		7,70 €	7,70 €	17,26 €
3906.H3	3906.H3	Cyfra 21-1, Ligandenassay - gegebenenfalls einschließlich Doppelbestimmung und aktueller Bezugskurve -............	450		13,80 €	13,80 €	31,06 €
3907.H3	3907.H3	Neuronenspezifische Enolase (NSE), Ligandenassay - gegebenenfalls einschließlich Doppelbestimmung und aktueller Bezugskurve -.......	450		13,80 €	13,80 €	31,06 €
3908.H3	3908.H3	Prostataspezifisches Antigen (PSA), Ligandenassay - gegebenenfalls einschließlich Doppelbestimmung und aktueller Bezugskurve -.......	300		9,20 €	9,20 €	20,71 €
3909.H3	3909.H3	Squamous cell carcinoma-Antigen (SCC), Ligandenassay - gegebenenfalls einschließlich Doppelbestimmung und aktueller Bezugskurve -	450		13,80 €	13,80 €	31,06 €

M III.10 Tumormarker

BG-T Tarif-Nr.	DKG-NT Tarif-Nr.	Leistung	Punkte (nur DKG-NT I)	Besondere Kosten	Allgemeine Kosten	Sach-kosten	Vollkosten (nur DKG-NT I)
1a	1b	2	3	4	5	6	7
3910.H3	**3910.H3**	Thymidinkinase, Ligandenassay - gegebenenfalls einschließlich Doppelbestimmung und aktueller Bezugskurve -	450		13,80 €	13,80 €	31,06 €
3911.H3	**3911.H3**	Tissue-polypeptide-Antigen (TPA), Ligandenassay - gegebenenfalls einschließlich Doppelbestimmung und aktueller Bezugskurve -	450		13,80 €	13,80 €	31,06 €

M III.11 Nukleinsäuren und ihre Metabolite

Nummern 3920–3926

BG-T Tarif-Nr.	DKG-NT Tarif-Nr.	Leistung	Punkte (nur DKG-NT I)	Besondere Kosten	Allgemeine Kosten	Sach-kosten	Vollkosten (nur DKG-NT I)
1a	1b	2	3	4	5	6	7
3920	**3920**	Isolierung von humanen Nukleinsäuren aus Untersuchungsmaterial	900		27,60 €	27,60 €	62,12 €
3921	**3921**	Verdau (Spaltung) isolierter humaner Nukleinsäuren mit Restriktionsenzymen, je Enzym	150		4,60 €	4,60 €	10,35 €
3922	**3922**	Amplifikation von humanen Nukleinsäuren oder Nukleinsäurefragmenten mit Polymerasekettenreaktion (PCR)	500		15,30 €	15,30 €	34,51 €
3923	**3923**	Amplifikation von humanen Nukleinsäuren oder Nukleinsäurefragmenten mit geschachtelter Polymerasekettenreaktion (nested PCR)	1.000		30,70 €	30,70 €	69,02 €
3924	**3924**	Identifizierung von humanen Nukleinsäurefragmenten durch Hybridisierung mit radioaktiv oder nichtradioaktiv markierten Sonden und nachfolgender Detektion, je Sonde	300		9,20 €	9,20 €	20,71 €
3925	**3925**	Trennung von humanen Nukleinsäurefragmenten mittels elektrophoretischer Methoden und anschließendem Transfer auf Trägermaterialien (z. B. Dot-Blot, Slot-Blot)	600		18,40 €	18,40 €	41,41 €
3926	**3926**	Identifizierung von humanen Nukleinsäurefragmenten durch Sequenzermittlung	2.000		61,40 €	61,40 €	138,05 €

M III.12 Gerinnungs-, Fibrinolyse-, Komplementsystem

Nummern 3930–3946

BG-T Tarif-Nr.	DKG-NT Tarif-Nr.	Leistung	Punkte (nur DKG-NT I)	Besondere Kosten	Allgemeine Kosten	Sach-kosten	Vollkosten (nur DKG-NT I)
1a	1b	2	3	4	5	6	7
3930	3930	Antithrombin III, chromogenes Substrat	110		3,40 €	3,40 €	7,59 €
3931	3931	Antithrombin III, Immundiffusion oder ähnliche Untersuchungsmethoden	180		5,50 €	5,50 €	12,42 €
3932	3932	Blutungszeit	60		1,80 €	1,80 €	4,14 €
3933	3933	Fibrinogen nach Clauss, koagulometrisch	100		3,10 €	3,10 €	6,90 €
3934	3934	Fibrinogen, Immundiffusion doer ähnliche Untersuchungsmethoden	180		5,50 €	5,50 €	12,42 €
3935	3935	Fibrinogenspaltprodukte, qualitativ	120		3,70 €	3,70 €	8,28 €
3936	3936	Fibrinogenspaltprodukte, quantitativ	250		7,70 €	7,70 €	17,26 €
3937	3937	Fibrinspaltprodukte, quervernetzt (Dimertest), qualitativ	180		5,50 €	5,50 €	12,42 €
3938	3938	Fibrinspaltprodukte, quervernetzt (Dimertest), quantitativ	360		11,00 €	11,00 €	24,85 €
3939	3939	Gerinnungsfaktor (II, V, VIII, IX, X), je Faktor	460		14,10 €	14,10 €	31,75 €
3940	3940	Gerinnungsfaktor (VII, XI, XII), je Faktor	720		22,10 €	22,10 €	49,70 €
3941	3941	Gerinnungsfaktor VIII Ag, Immundiffusion oder ähnliche Untersuchungsmethoden	250		7,70 €	7,70 €	17,26 €
3942	3942	Gerinnungsfaktor XIII, Untersuchung mittels Monochloressigsäure oder ähnliche Untersuchungsmethoden	180		5,50 €	5,50 €	12,42 €
3943	3943	Gerinnungsfaktor XIII, Immundiffusion oder ähnliche Untersuchungsmethoden	250		7,70 €	7,70 €	17,26 €
3944	3944	Gewebsplasminogenaktivator (t-PA), chromogenes Substrat	300		9,20 €	9,20 €	20,71 €
3945	3945	Heparin, chromogenes Substrat	140		4,30 €	4,30 €	9,66 €
3946	3946	Partielle Thromboplastinzeit (PTT, aPTT), Doppelbestimmung	70		2,20 €	2,20 €	4,83 €

M III.12 Gerinnungs-, Fibrinolyse-, Komplementsystem

BG-T Tarif-Nr.	DKG-NT Tarif-Nr.	Leistung	Punkte (nur DKG-NT I)	Besondere Kosten	Allgemeine Kosten	Sach-kosten	Vollkosten (nur DKG-NT I)
1a	1b	2	3	4	5	6	7
3947	3947	Plasmatauschversuch	460		14,10 €	14,10 €	31,75 €
3948	3948	Plasminogen, chromogenes Substrat	140		4,30 €	4,30 €	9,66 €
3949	3949	Plasminogenaktivatorinhibitor (PAI), chromogenes Substrat	410		12,60 €	12,60 €	28,30 €
3950	3950	Plättchenfaktor (3, 4), Ligandenassay - einschließlich Doppelbestimmung und aktueller Bezugskurve -, je Faktor	480		14,70 €	14,70 €	33,13 €
3951	3951	Protein C-Aktivität	450		13,80 €	13,80 €	31,06 €
3952	3952	Protein C-Konzentration, Ligandenassay - einschließlich Doppelbestimmung und aktueller Bezugskurve -	450		13,80 €	13,80 €	31,06 €
3953	3953	Protein S-Aktivität	450		13,80 €	13,80 €	31,06 €
3954	3954	Protein S-Konzentration, Ligandenassay - einschließlich Doppelbestimmung und aktueller Bezugskurve -	450		13,80 €	13,80 €	31,06 €
3955	3955	Reptilasezeit	100		3,10 €	3,10 €	6,90 €
3956	3956	Ristocetin-Cofaktor (F VIII Rcof), Agglutination	200		6,10 €	6,10 €	13,80 €
3957	3957	Thrombelastogramm oder Resonanzthrombogramm	180		5,50 €	5,50 €	12,42 €
3958	3958	Thrombin-Antithrombin-Komplex (TAT-Komplex), Ligandenassay - einschließlich Doppelbestimmung und aktueller Bezugskurve -	480		14,70 €	14,70 €	33,13 €
3959	3959	Thrombinkoagulasezeit	100		3,10 €	3,10 €	6,90 €
3960	3960	Thromboplastinzeit (Prothrombinzeit, TPZ, Quickwert), Doppelbestimmung	70		2,20 €	2,20 €	4,83 €
3961	3961	Thrombozytenaggregationstest mit mindestens drei Stimulatoren	900		27,60 €	27,60 €	62,12 €
3962	3962	Thrombozytenausbreitung, mikroskopisch	60		1,80 €	1,80 €	4,14 €

M III.12 Gerinnungs-, Fibrinolyse-, Komplementsystem

BG-T Tarif-Nr.	DKG-NT Tarif-Nr.	Leistung	Punkte (nur DKG-NT I)	Besondere Kosten	Allgemeine Kosten	Sach-kosten	Vollkosten (nur DKG-NT I)
1a	1b	2	3	4	5	6	7
3963	3963	Von Willebrand-Faktor (vWF), Ligandenassay - einschließlich Doppelbestimmung und aktueller Bezugskurve -..................	480		14,70 €	14,70 €	33,13 €
3964	3964	C1-Esteraseinhibitor-Aktivität, chromogenes Substrat.......................	360		11,00 €	11,00 €	24,85 €
3965	3965	C1-Esteraseinhibitor-Konzentration, Immundiffusion oder ähnliche Untersuchungsmethoden.	260		8,00 €	8,00 €	17,95 €
3966	3966	Gesamtkomplement AH 50.................	600		18,40 €	18,40 €	41,41 €
3967	3967	Gesamtkomplement CH 50	500		15,30 €	15,30 €	34,51 €
		Untersuchungen von Einzelfaktoren des Komplementsystems					
		Katalog					
3968	3968	Komplementfaktor C3-Aktivität, Lysis........	250		7,70 €	7,70 €	17,26 €
3969	3969	Komplementfaktor C3, Immundiffusion oder ähnliche Untersuchungsmethoden..........	250		7,70 €	7,70 €	17,26 €
3970	3970	Komplementfaktor C4-Aktivität, Lysis........	250		7,70 €	7,70 €	17,26 €
3971	3971	Komplementfaktor C4, Immundiffusion oder ähnliche Untersuchungsmethoden..........	250		7,70 €	7,70 €	17,26 €

M III.13 Blutgruppenmerkmale, HLA-System Nummern 3980–3989

BG-T Tarif-Nr.	DKG-NT Tarif-Nr.	Leistung	Punkte (nur DKG-NT I)	Besondere Kosten	Allgemeine Kosten	Sach-kosten	Vollkosten (nur DKG-NT I)
1a	1b	2	3	4	5	6	7
3980	3980	AB0-Merkmale	100		3,10 €	3,10 €	6,90 €
3981	3981	AB0-Merkmale und Isoagglutinie	180		5,50 €	5,50 €	12,42 €
3982	3982	AB0-Merkmale, Isoagglutinie und Rhesusfaktor D (D und CDE)	300		9,20 €	9,20 €	20,71 €
3983	3983	AB0-Merkmale, Isoagglutinie und Rhesusformel (C, c, D, E und e)	500		15,30 €	15,30 €	34,51 €
		Bestimmung weiterer Blutgruppenmerkmale Katalog					
3984	3984	im NaCl- oder Albumin-Milieu (z. B. P, Lewis, MNS), je Merkmal	120		3,70 €	3,70 €	8,28 €
3985	3985	im indirekten Anti-Humanglobulin-Test (indirekter Coombstest) (z. B. C^W, Kell, D^U, Duffy), je Merkmal.	200		6,10 €	6,10 €	13,80 €
3986	3986	im indirekten Anti-Humanglobulin-Test (indirekter Coombstest) (z. B. Kidd, Lutheran), je Merkmal.	360		11,00 €	11,00 €	24,85 €
		Bei den Leistungen nach den Nummern 3984 bis 3986 sind die jeweils untersuchten Merkmale in der Rechnung anzugeben.					
3987	3987	Antikörpersuchtest (Antikörper gegen Erythrozytenantigene) mit zwei verschiedenen Test-Erythrozyten-Präparationen im indirekten Anti-Humanglobulin-Test (indirekter Coombstest)	140		4,30 €	4,30 €	9,66 €
3988	3988	Antikörpersuchtest (Antikörper gegen Erythrozytenantigene) mit drei und mehr verschiedenen Test-Erythrozyten-Präparationen im indirekten Anti-Humanglobulin-Test (indirekter Coombstest)	200		6,10 €	6,10 €	13,80 €
3989	3989	Antikörperdifferenzierung (Antikörper gegen Erythrozytenantigene) mit mindestens acht, jedoch nicht mehr als zwölf verschiedenen Test-Erythrozyten-Präparationen im indirekten Anti-Humanglobulin-Test (indirekter Coombstest) im Anschluß an die Leistung nach Nummer 3987 oder 3988, je Test-Erythrozyten-Präparation	60		1,80 €	1,80 €	4,14 €

M III.13 Blutgruppenmerkmale, HLA-System

Nummern 3990–3997

BG-T Tarif- Nr.	DKG-NT Tarif- Nr.	Leistung	Punkte (nur DKG-NT I)	Besondere Kosten	Allgemeine Kosten	Sach- kosten	Vollkosten (nur DKG-NT I)
1a	1b	2	3	4	5	6	7
3990	3990	Antikörpersuchtest (Antikörper gegen Erythrozytenantigene) mit zwei verschiedenen Test-Erythrozyten-Präparationen im NaCl- oder Enzymmilieu.	70		2,20 €	2,20 €	4,83 €
3991	3991	Antikörpersuchtest (Antikörper gegen Erythrozytenantigene) mit drei und mehr verschiedenen Test-Erythrozyten-Präparationen im NaCl-oder Enzymmilieu	100		3,10 €	3,10 €	6,90 €
3992	3992	Antikörperdifferenzierung (Antikörper gegen Erythrozytenantigene) mit mindestens acht, jedoch höchstens zwölf verschiedenen Test-Erythrozyten-Präparationen im NaCL- oder Enzymmilieu im Anschluß an die Leistung nach Nummer 3990 oder 3991, je Test-Erythrozyten-Präparation	30		0,90 €	0,90 €	2,07 €
3993	3993	Bestimmung des Antikörpertiters bei positivem Ausfall eines Antikörpersuchtests (Antikörper gegen Erythrozytenantigene) im Anschluß an eine der Leistungen nach den Nummern 3989 oder 3992	400		12,30 €	12,30 €	27,61 €
3994	3994	Quantitative Bestimmung (Titration) von Antikörpern gegen Erythrozytenantigene (z. B. Kälteagglutinine, Hämolysine) mittels Agglutination, Präzipitation oder Lyse (mit jeweils mindestens vier Titerstufen)	140		4,30 €	4,30 €	9,66 €
3995	3995	Qualitativer Nachweis von Antikörpern gegen Leukozyten- oder Thrombozytenantigene mittels Fluoreszenzimmunoassay (bis zu zwei Titerstufen) oder ähnlicher Untersuchungsmethoden	350		10,70 €	10,70 €	24,16 €
3996	3996	Qualitativer Nachweis von Antikörpern gegen Leukozyten- oder Thrombozytenantigene mittels Fluoreszenzimmunoassay (mehr als zwei Titerstufen) oder ähnlicher Untersuchungsmethoden	600		18,40 €	18,40 €	41,41 €
3997	3997	Direkter Anti-Humanglobulin-Test (direkter Coombs-Test), mit mindestens zwei Antiseren . .	120		3,70 €	3,70 €	8,28 €

M III.13 Blutgruppenmerkmale, HLA-System

Nummern 3998–4008

BG-T Tarif-Nr.	DKG-NT Tarif-Nr.	Leistung	Punkte (nur DKG-NT I)	Besondere Kosten	Allgemeine Kosten	Sach-kosten	Vollkosten (nur DKG-NT I)
1a	1b	2	3	4	5	6	7
3998	3998	Anti-Humanglobulin-Test zur Ermittlung der Antikörperklasse mit monovalenten Antiseren im Anschluß an die Leistung nach Nummer 3989 oder 3997, je Antiserum	90		2,80 €	2,80 €	6,21 €
3999	3999	Antikörper-Elution, Antikörper-Absorption, Untersuchung auf biphasische Kältehämolysine, Säure-Serum-Test oder ähnlich aufwendige Untersuchungen, je Untersuchung	360		11,00 €	11,00 €	24,85 €
		Die Art der Untersuchung ist in der Rechnung anzugeben.					
4000	4000	Serologische Verträglichkeitsprobe (Kreuzprobe) im NaCl-Milieu und im Anti-Humanglobulintest .	200		6,10 €	6,10 €	13,80 €
4001	4001	Serologische Verträglichkeitsprobe (Kreuzprobe) im NaCl-Milieu und im Anti-Humanglobulintest sowie laborinterne Identitätssicherung im AB0-System	300		9,20 €	9,20 €	20,71 €
		Die Leistung nach Nummer 4001 ist für die Identitätssicherung im AB0-System am Krankenbett (bedside-test) nicht berechnungsfähig.					
4002	4002	Serologische Verträglichkeitsprobe (Kreuzprobe) im NaCl- oder Enzym-Milieu als Kälteansatz unter Einschluß einer Eigenkontrolle.	100		3,10 €	3,10 €	6,90 €
4003	4003	Dichtegradientenisolierung von Zellen, Organellen oder Proteinen, je Isolierung	400		12,30 €	12,30 €	27,61 €
4004	4004	Nachweis eines HLA-Antigens der Klasse I mittels Lymphozytotoxizitätstest nach Isolierung der Zellen	750		23,00 €	23,00 €	51,77 €
4005	4005	Höchstwert für die Leistung nach Nummer 4004	3.000		92,00 €	92,00 €	207,07 €
4006	4006	Gesamttypisierung der HLA-Antigene der Klasse I mittels Lymphozytotoxizitätstest mit mindestens 60 Antiseren nach Isolierung der Zellen, je Antiserum	30		0,90 €	0,90 €	2,07 €
4007	4007	Höchstwert für die Leistung nach Nummer 4006	3.600		110,40 €	110,40 €	248,49 €
4008	4008	Gesamttypisierung der HLA-Antigene der Klasse II mittels molekularbiologischer Methoden (bis zu 15 Sonden), insgesamt	2.500		76,70 €	76,70 €	172,56 €

M III.13 Blutgruppenmerkmale, HLA-System

Nummern 4009–4014

BG-T Tarif-Nr.	DKG-NT Tarif-Nr.	Leistung	Punkte (nur DKG-NT I)	Besondere Kosten	Allgemeine Kosten	Sach-kosten	Vollkosten (nur DKG-NT I)
1a	1b	2	3	4	5	6	7
4009	4009	Subtypisierung der HLA-Antigene der Klasse II mittels molekularbiologischer Methoden (bis zu 40 Sonden), insgesamt..................	2.700		82,80 €	82,80 €	186,37 €
4010	4010	HLA-Isoantikörpernachweis	800		24,50 €	24,50 €	55,22 €
4011	4011	Spezifizierung der HLA-Isoantikörper, insgesamt	1.600		49,10 €	49,10 €	110,44 €
4012	4012	Serologische Verträglichkeitsprobe im Gewebe-HLA-System nach Isolierung von Zellen und Organellen................................	750		23,00 €	23,00 €	51,77 €
4013	4013	Lymphozytenmischkultur (MLC) bei Empfänger und Spender - einschließlich Kontrollen -......	4.600		141,10 €	141,10 €	317,51 €
4014	4014	Lymphozytenmischkultur (MLC) für jede weitere getestete Person......................	2.300		70,60 €	70,60 €	158,76 €

M III.14 Hormone und ihre Metabolite, biogene Amine, Rezeptoren

Nummern 4020–4033

BG-T Tarif-Nr.	DKG-NT Tarif-Nr.	Leistung	Punkte (nur DKG-NT I)	Besondere Kosten	Allgemeine Kosten	Sach-kosten	Vollkosten (nur DKG-NT I)
1a	1b	2	3	4	5	6	7
		Allgemeine Bestimmung					
		Für die mit H4 gekennzeichneten Untersuchungen ist der Höchstwert nach Nummer 3633.H zu beachten					
		Hormonbestimmung mittels Ligandenassay – gegebenenfalls einschließlich Doppelbestimmung und aktueller Bezugskurve	250		7,70 €	7,70 €	17,26 €
		Katalog					
4020	4020	Cortisol					
4021	4021	Follitropin (FSH, follikelstimulierendes Hormon) .					
4022.H4	4022.H4	Freies Trijodthyronin (T3)					
4023.H4	4023.H4	Freies Thyroxin (T4)					
4024	4024	Humanes Choriongonadotropin (HCG)					
4025	4025	Insulin					
4026	4026	Luteotropin (LH, luteinisierendes Hormon)					
4027	4027	Östriol					
4028	4028	Plazentalaktogen (HPL)					
4029.H4	4029.H4	T3-Uptake-Test (TBI, TBK)					
4030	4030	Thyreoidea stimulierendes Hormon (TSH)					
4031.H4	4031.H4	Thyroxin					
4032.H4	4032.H4	Trijodthyronin					
4033	4033	Untersuchungen mit ähnlichem methodischem Aufwand					
		Die untersuchten Parameter sind in der Rechnung anzugeben.					

M III.14 Hormone und ihre Metabolite, biogene Amine, Rezeptoren

BG-T Tarif-Nr.	DKG-NT Tarif-Nr.	Leistung	Punkte (nur DKG-NT I)	Besondere Kosten	Allgemeine Kosten	Sach-kosten	Vollkosten (nur DKG-NT I)
1a	1b	2	3	4	5	6	7
		Hormonbestimmung mittels Ligandenassay - einschließlich Doppelbestimmung und aktueller Bezugskurve -.................... Katalog	350		10,70 €	10,70 €	24,16 €
4035	4035	17-Alpha-Hydroxyprogesteron					
4036	4036	Androstendion					
4037	4037	Dehydroepiandrosteron (DHEA)........					
4038	4038	Dehydroepiandrosteronsulfat (DHEAS)					
4039	4039	Östradiol					
4040	4040	Progesteron					
4041	4041	Prolaktin.................					
4042	4042	Testosteron.					
4043	4043	Wachstumshormon (HGH)					
4044	4044	Untersuchungen mit ähnlichem methodischem Aufwand .... *Die untersuchten Parameter sind in der Rechnung anzugeben.*					
		Hormonbestimmung mittels Ligandenassay - einschließlich Doppelbestimmung und aktueller Bezugskurve -.................... Katalog	480		14,70 €	14,70 €	33,13 €
4045	4045	Aldosteron					
4046	4046	C-Peptid					
4047	4047	Calcitonin................					
4048	4048	cAMP					
4049	4049	Corticotropin (ACTH)					

M III.14 Hormone und ihre Metabolite, biogene Amine, Rezeptoren

Nummern 4050–4068

BG-T Tarif-Nr.	DKG-NT Tarif-Nr.	Leistung	Punkte (nur DKG-NT I)	Besondere Kosten	Allgemeine Kosten	Sach-kosten	Vollkosten (nur DKG-NT I)
1a	1b	2	3	4	5	6	7
4050	4050	Erythropoetin					
4051	4051	Gastrin...............................					
4052	4052	Glukagon.............................					
4053	4053	Humanes Choriongonadotropin (HCG), zum Ausschluß einer Extrauteringravidität					
4054	4054	Osteocalcin					
4055	4055	Oxytocin					
4056	4056	Parathormon..........................					
4057	4057	Reninaktivität (PRA), kinetische Bestimmung mit mindestens drei Meßpunkten					
4058	4058	Reninkonzentration					
4060	4060	Somatomedin.........................					
4061	4061	Vasopressin (Adiuretin, ADH)...........					
4062	4062	Untersuchungen mit ähnlichem methodischem Aufwand .... *Die untersuchten Parameter sind in der Rechnung anzugeben.* Hormonbestimmung mittels Ligandenassay - einschließlich Doppelbestimmung und aktueller Bezugskurve -...................... Katalog	750		23,00 €	23,00 €	51,77 €
4064	4064	Gastric inhibitory Polypeptid (GIP)					
4065	4065	Gonadotropin-releasing-Hormon (GnRH)					
4066	4066	Pankreatisches Polypeptid					
4067	4067	Parathyroid Hormon related peptide.........					
4068	4068	Vasoaktives intestinales Polypeptid (VIP)					

M III.14 Hormone und ihre Metabolite, biogene Amine, Rezeptoren

Nummern 4069–4080

BG-T Tarif-Nr.	DKG-NT Tarif-Nr.	Leistung	Punkte (nur DKG-NT I)	Besondere Kosten	Allgemeine Kosten	Sach- kosten	Vollkosten (nur DKG-NT I)
1a	1b	2	3	4	5	6	7
4069	4069	Untersuchungen mit ähnlichem methodischem Aufwand .... *Die untersuchten Parameter sind in der Rechnung anzugeben.*					
4070	4070	Thyreoglobulin, Ligandenassay - einschließlich Doppelbestimmung und aktueller Bezugskurve sowie Kontrollansatz für Anti-Thyreoglobulin-Antikörper -...................	900		27,60 €	27,60 €	62,12 €
		Hormonbestimmung mittels Hochdruckflüssigkeitschromatographie, Gaschromatographie oder Säulenchromatographie und Photometrie . Katalog	570		17,50 €	17,50 €	39,34 €
4071	4071	5-Hydroxindolessigsäure (5-HIES)					
4072	4072	Adrenalin und/oder Noradrenalin und/oder Dopamin im Plasma oder Urin					
4073	4073	Homovanillinsäure im Urin (HVA)					
4074	4074	Metanephrine					
4075	4075	Serotonin					
4076	4076	Steroidprofil					
4077	4077	Vanillinmandelsäure (VMA)					
4078	4078	Untersuchungen mit ähnlichem methodischem Aufwand .... *Die untersuchten Parameter sind in der Rechnung anzugeben.*					
4079	4079	Zuschlag zu den Leistungen nach den Nummern 4071 bis 4078 bei Anwendung der Gaschromatographie-Massenspektronomie	350		10,70 €	10,70 €	24,16 €
4080	4080	5-Hydroxyindolessigsäure (5-HIES), Farbreaktion und visuell, qualitativ	120		3,70 €	3,70 €	8,28 €

M III.14 Hormone und ihre Metabolite, biogene Amine, Rezeptoren — Nummern 4081–4089

BG-T Tarif-Nr.	DKG-NT Tarif-Nr.	Leistung	Punkte (nur DKG-NT I)	Besondere Kosten	Allgemeine Kosten	Sach-kosten	Vollkosten (nur DKG-NT I)
1a	1b	2	3	4	5	6	7
4081	4081	Humanes Choriongonadotropin im Urin, Schwangerschaftstest (Nachweisgrenze des Tests kleiner als 500 U/l)	120		3,70 €	3,70 €	8,28 €
4082	4082	Humanes Choriongonadotropin im Urin (HCG), Schwangerschaftstest (Nachweisgrenze des Tests kleiner als 50 U/l), Ligandenassay - gegebenenfalls einschließlich Doppelbestimmung und aktueller Bezugskurve -	140		4,30 €	4,30 €	9,66 €
4083	4083	Luteotropin (LH) im Urin, Ligandenassay - gegebenenfalls einschließlich Doppelbestimmung und aktueller Bezugskurve - oder Agglutination, im Rahmen einer künstlichen Befruchtung, je Bestimmung.	570		17,50 €	17,50 €	39,34 €
4084	4084	Gesamt-Östrogene im Urin, photometrisch	570		17,50 €	17,50 €	39,34 €
4085	4085	Vanillinmandelsäure im Urin (VMA), Dünnschichtchromatographie, semiquantitativ	250		7,70 €	7,70 €	17,26 €
4086	4086	Östrogenrezeptoren - einschließlich Aufbereitung -	1.200		36,80 €	36,80 €	82,83 €
4087	4087	Progesteronrezeptoren - einschließlich Aufbereitung -	1.200		36,80 €	36,80 €	82,83 €
4088	4088	Andere Hormonrezeptoren (z. B. Androgenrezeptoren) - einschließlich Aufbereitung	1.200		36,80 €	36,80 €	82,83 €
4089	4089	Tumornekrosefaktorrezeptor (p55), Ligandenassay - einschließlich Doppelbestimmung und aktueller Bezugskurve -	450		13,80 €	13,80 €	31,06 €

M III.15 Funktionstests

Nummern 4090–4098

BG-T Tarif-Nr.	DKG-NT Tarif-Nr.	Leistung	Punkte (nur DKG-NT I)	Besondere Kosten	Allgemeine Kosten	Sach-kosten	Vollkosten (nur DKG-NT I)
1a	1b	2	3	4	5	6	7
		Allgemeine Bestimmungen					
		Wird eine vom jeweils genannten Leistungsumfang abweichende geringere Anzahl von Bestimmungen durchgeführt, so ist nur die Zahl der tatsächlich durchgeführten Einzelleistungen berechnungsfähig.					
		Sind aus medizinischen Gründen über den jeweils genannten Leistungsumfang hinaus weitere Bestimmungen einzelner Meßgrößen erforderlich, so können diese mit entsprechender Begründung als Einzelleistungen gesondert berechnet werden.					
4090	4090	ACTH-Infusionstest (Zweimalige Bestimmung von Cortisol)............................	500		15,30 €	15,30 €	34,51 €
4091	4091	ACTH-Kurztest (Zweimalige Bestimmung von Cortisol)............................	500		15,30 €	15,30 €	34,51 €
4092	4092	Clonidintest (Zweimalige Bestimmung von Adrenalin/Noradrenalin im Plasma)..............	1.140		35,00 €	35,00 €	78,69 €
4093	4093	Cortisoltagesprofil (Viermalige Bestimmung von Cortisol)............................	1.000		30,70 €	30,70 €	69,02 €
4094	4094	CRF-Test (Dreimalige Bestimmung von Corticotropin und Cortisol).....................	2.190		67,20 €	67,20 €	151,16 €
4095	4095	D-Xylosetest (Einmalige Bestimmung von Xylose)...............................	200		6,10 €	6,10 €	13,80 €
4096	4096	Desferioxamintest (Einmalige Bestimmung von Eisen im Urin)........................	120		3,70 €	3,70 €	8,28 €
4097	4097	Dexamethasonhemmtest, Kurztest (Zweimalige Bestimmung von Cortisol)...............	500		15,30 €	15,30 €	34,51 €
4098	4098	Dexamethsasonhemmtest, Verabreichung von jeweils 3 mg Dexamethason an drei aufeinander folgenden Tagen (Zweimalige Bestimmung von Cortisol)............................	500		15,30 €	15,30 €	34,51 €

M III.15 Funktionstests

Nummern 4099–4112

BG-T Tarif-Nr.	DKG-NT Tarif-Nr.	Leistung	Punkte (nur DKG-NT I)	Besondere Kosten	Allgemeine Kosten	Sach-kosten	Vollkosten (nur DKG-NT I)
1a	1b	2	3	4	5	6	7
4099	4099	Dexamethsasonhemmtest, Verabreichung von jeweils 9 mg Dexamethason an drei aufeinander folgenden Tagen (Zweimalige Bestimmung von Cortisol)..............	500		15,30 €	15,30 €	34,51 €
4100	4100	Fraktionierte Magensekretionsanalyse mit Pentagastrinstimulation (Viermalige Titration von HCl)..............	280		8,60 €	8,60 €	19,33 €
4101	4101	Glukosesuppressionstest (Sechsmalige Bestimmung von Glukose, Wachstumshormon und Insulin)..............	3.840		117,80 €	117,80 €	265,05 €
4102	4102	GHRH-Test (Sechsmalige Bestimmung von Wachstumshormon)..............	2.100		64,40 €	64,40 €	144,95 €
4103	4103	HCG-Test (Zweimalige Bestimmung von Testosteron)..............	700		21,50 €	21,50 €	48,32 €
4104	4104	Hungerversuch (Zweimalige Bestimmung von C-Peptid)..............	960		29,50 €	29,50 €	66,26 €
4105	4105	Hungerversuch (Zweimalige Bestimmung von Insulin)..............	500		15,30 €	15,30 €	34,51 €
4106	4106	Insulinhypoglykämietest (Sechsmalige Bestimmung von Glukose, Wachstumshormon und Cortisol)..............	3.840		117,80 €	117,80 €	265,05 €
4107	4107	Laktat-Ischämietest (Fünfmalige Bestimmung von Laktat)..............	900		27,60 €	27,60 €	62,12 €
4108	4108	Laktose-Toleranztest (Fünfmalige Bestimmung von Glukose)..............	200		6,10 €	6,10 €	13,80 €
4109	4109	LH-RH-Test (Zweimalige Bestimmung von LH und FSH)..............	1.000		30,70 €	30,70 €	69,02 €
4110	4110	MEGX-Test (Monoethylglycinxylidid) (Zweimalige Bestimmung von MEGX)..............	500		15,30 €	15,30 €	34,51 €
4111	4111	Metoclopramidtest (Zweimalige Bestimmung von Prolaktin)..............	700		21,50 €	21,50 €	48,32 €
4112	4112	Pentagastrintest (Sechsmalige Bestimmung von Calcitonin)..............	2.880		88,40 €	88,40 €	198,79 €

M III.15 Funktionstests

BG-T Tarif-Nr.	DKG-NT Tarif-Nr.	Leistung	Punkte (nur DKG-NT I)	Besondere Kosten	Allgemeine Kosten	Sach-kosten	Vollkosten (nur DKG-NT I)
1a	1b	2	3	4	5	6	7
4113	4113	Renin-Aldosteron-Stimulationstest (Zweimalige Bestimmung von Renin und Aldosteron)	1.920		58,90 €	58,90 €	132,53 €
4114	4114	Renin-Aldosteron-Suppressionstest (Zweimalige Bestimmung von Renin und Aldosteron)	1.920		58,90 €	58,90 €	132,53 €
4115	4115	Seitengetrennte Reninbestimmung (Viermalige Bestimmung von Renin)	1.920		58,90 €	58,90 €	132,53 €
4116	4116	Sekretin-Pankreozymin-Evokationstest (Dreimalige Bestimmung von Amylase, Lipase, Trypsin und Bikarbonat).	1.080		33,10 €	33,10 €	74,55 €
4117	4117	TRH-Test (Zweimalige Bestimmung von TSH) . .	500		15,30 €	15,30 €	34,51 €
4118	4118	Vitamin A-Resorptionstest (Zweimalige Bestimmung von Vitamin A)	720		22,10 €	22,10 €	49,70 €

M III.16 Porphyrine und ihre Vorläufer

Nummern 4120–4126

BG-T Tarif-Nr.	DKG-NT Tarif-Nr.	Leistung	Punkte (nur DKG-NT I)	Besondere Kosten	Allgemeine Kosten	Sachkosten	Vollkosten (nur DKG-NT I)
1a	1b	2	3	4	5	6	7
4120	4120	Delta-Aminolaevulinsäure (Delta-ALS, Delta-ALA), photometrisch und säulenchromatographisch	570		17,50 €	17,50 €	39,34 €
4121	4121	Gesamtporphyrine, photometrisch	250		7,70 €	7,70 €	17,26 €
4122	4122	Gesamtporphyrine, qualitativ	120		3,70 €	3,70 €	8,28 €
4123	4123	Porphobilinogen (PBG, Hösch-Test, Schwarz-Watson-Test) mit Rückextraktion, Farbreaktion und visuell, qualitativ	60		1,80 €	1,80 €	4,14 €
4124	4124	Porphobilinogen (PBG), photometrisch und säulenchromatographisch	570		17,50 €	17,50 €	39,34 €
4125	4125	Prophyrinprofil (Urin, Stuhl, Erythrozyten), Hochdruckflüssigkeitschromatographie, je Material	570		17,50 €	17,50 €	39,34 €
4126	4126	Prophyrinprofil (Urin, Stuhl, Erythrozyten), Dünnschichtchromatographie, je Material	460		14,10 €	14,10 €	31,75 €

M III.17 Spurenelemente, Vitamine

Nummern 4130–4146

BG-T Tarif-Nr.	DKG-NT Tarif-Nr.	Leistung	Punkte (nur DKG-NT I)	Besondere Kosten	Allgemeine Kosten	Sach-kosten	Vollkosten (nur DKG-NT I)
1a	1b	2	3	4	5	6	7
4130	4130	Eisen im Urin, Atomabsorption	120		3,70 €	3,70 €	8,28 €
4131	4131	Kupfer im Serum oder Plasma	40		1,20 €	1,20 €	2,76 €
4132	4132	Kupfer im Urin, Atomabsorption	410		12,60 €	12,60 €	28,30 €
4133	4133	Mangan, Atomabsorption, flammenlos	410		12,60 €	12,60 €	28,30 €
4134	4134	Selen, Atomabsorption, flammenlos	410		12,60 €	12,60 €	28,30 €
4135	4135	Zink, Atomabsorption	90		2,80 €	2,80 €	6,21 €
4138	4138	25-Hydroxy-Vitamin D (25-OH-D, D2), Ligandenassay - einschließlich Doppelbestimmung und aktueller Bezugskurve -	480		14,70 €	14,70 €	33,13 €
4139	4139	1,25-Dihydroxy-Vitamin D (1,25-$(OH)_2D_3$, Calcitriol), Ligandenassay - gegebenenfalls einschließlich Doppelbestimmung und aktueller Bezugskurve -	750		23,00 €	23,00 €	51,77 €
4140	4140	Folsäure und/oder Vitamin B12, Ligandenassay - gegebenenfalls einschließlich Doppelbestimmung und aktueller Bezugskurve -	250		7,70 €	7,70 €	17,26 €
		Untersuchung von Vitaminen mittels Hochdruckflüssigkeitschromatographie Katalog	360		11,00 €	11,00 €	24,85 €
4141	4141	Vitamin A					
4142	4142	Vitamin E					
		Untersuchung von Vitaminen mittels Hochdruckflüssigkeitschromatographie Katalog	570		17,50 €	17,50 €	39,34 €
4144	4144	25-Hydroxy-Vitamin D (25-OH-D, D2)					
4145	4145	Vitamin B1					
4146	4146	Vitamin B6					

M III.17 Spurenelemente, Vitamine

BG-T Tarif-Nr.	DKG-NT Tarif-Nr.	Leistung	Punkte (nur DKG-NT I)	Besondere Kosten	Allgemeine Kosten	Sach-kosten	Vollkosten (nur DKG-NT I)
1a	1b	2	3	4	5	6	7
4147	**4147**	Vitamin K					

M III.18 Arzneimittelkonzentration, exogene Gifte, Drogen

Nummern 4150–4169

BG-T Tarif-Nr.	DKG-NT Tarif-Nr.	Leistung	Punkte (nur DKG-NT I)	Besondere Kosten	Allgemeine Kosten	Sach-kosten	Vollkosten (nur DKG-NT I)
1a	1b	2	3	4	5	6	7
		Untersuchung mittels Ligandenassay - gegebenenfalls einschließlich Doppelbestimmung und aktueller Bezugskurve - .... Katalog	250		7,70 €	7,70 €	17,26 €
4150	4150	Amikacin					
4151	4151	Amphetamin					
4152	4152	Azetaminophen					
4153	4153	Barbiturate					
4154	4154	Benzodiazepine					
4155	4155	Cannabinoide					
4156	4156	Carbamazepin					
4157	4157	Chinidin					
4158	4158	Cocainmetabolite					
4160	4160	Desipramin					
4161	4161	Digitoxin					
4162	4162	Digoxin					
4163	4163	Disopyramid					
4164	4164	Ethosuximid					
4165	4165	Flecainid					
4166	4166	Gentamicin					
4167	4167	Lidocain					
4168	4168	Methadon					
4169	4169	Methotrexat					

M III.18 Arzneimittelkonzentration, exogene Gifte, Drogen

Nummern 4170–4187

BG-T Tarif-Nr.	DKG-NT Tarif-Nr.	Leistung	Punkte (nur DKG-NT I)	Besondere Kosten	Allgemeine Kosten	Sach-kosten	Vollkosten (nur DKG-NT I)
1a	1b	2	3	4	5	6	7
4170	4170	N-Azetylprocainamid					
4171	4171	Netilmicin					
4172	4172	Opiate					
4173	4173	Phenobarbital					
4174	4174	Phenytoin					
4175	4175	Primidon					
4176	4176	Propaphenon					
4177	4177	Salizylat					
4178	4178	Streptomycin					
4179	4179	Theophyllin					
4180	4180	Tobramicin					
4181	4181	Valproinsäure					
4182	4182	Untersuchungen mit ähnlichem methodischem Aufwand *Die untersuchten Parameter sind in der Rechnung anzugeben.*					
4185	4185	Cyclosporin (mono- oder polyspezifisch), Ligandenassay - gegebenenfalls einschließlich Doppelbestimmung und aktueller Bezugskurve - . . .	300		9,20 €	9,20 €	20,71 €
		Untersuchung mittels Ligandenassay - einschließlich vorhergehender Säulentrennung, gegebenenfalls einschließlich Doppelbestimmung und aktueller Bezugskurve - . . . . Katalog	700		21,50 €	21,50 €	48,32 €
4186	4186	Amitryptilin					
4187	4187	Imipramin					

M III.18 Arzneimittelkonzentration, exogene Gifte, Drogen

BG-T Tarif-Nr.	DKG-NT Tarif-Nr.	Leistung	Punkte (nur DKG-NT I)	Besondere Kosten	Allgemeine Kosten	Sach-kosten	Vollkosten (nur DKG-NT I)
1a	1b	2	3	4	5	6	7
4188	4188	Nortryptilin					
		Untersuchung mittels Atomabsorption, flammenlos	410		12,60 €	12,60 €	28,30 €
		Katalog					
4190	4190	Aluminium					
4191	4191	Arsen					
4192	4192	Blei					
4193	4193	Cadmium					
4194	4194	Chrom					
4195	4195	Gold					
4196	4196	Quecksilber					
4197	4197	Thallium					
4198	4198	Untersuchungen mit ähnlichem methodischem Aufwand					
		Die untersuchten Parameter sind in der Rechnung anzugeben.					
		Untersuchung mittels Hochdruckflüssigkeitschromatographie, je Untersuchung	360		11,00 €	11,00 €	24,85 €
		Katalog					
4199	4199	Amiodarone					
4200	4200	Antiepileptika (Ethosuximid und/oder Phenobarbital und/oder Phenytoin und/oder Primidon) ...					
4201	4201	Chinidin					
4202	4202	Untersuchungen mit ähnlichem methodischem Aufwand					
		Die untersuchten Parameter sind in der Rechnung anzugeben.					

M III.18 Arzneimittelkonzentration, exogene Gifte, Drogen

Nummern 4203–4214

BG-T Tarif-Nr.	DKG-NT Tarif-Nr.	Leistung	Punkte (nur DKG-NT I)	Besondere Kosten	Allgemeine Kosten	Sach-kosten	Vollkosten (nur DKG-NT I)
1a	1b	2	3	4	5	6	7
		Untersuchung mittels Hochdruckflüssigkeits-chromatographie, je Untersuchung .... Katalog	450		13,80 €	13,80 €	31,06 €
4203	4203	Antibiotika					
4204	4204	Antimykotika					
		Untersuchung mittels Gaschromatographie, je Untersuchung .... Katalog	410		12,60 €	12,60 €	28,30 €
4206	4206	Valproinsäure					
4207	4207	Ethanol					
4208	4208	Untersuchungen mit ähnlichem methodischem Aufwand .... *Die untersuchten Parameter sind in der Rechnung anzugeben.*					
4209	4209	Untersuchung mittels Gaschromatographie nach Säulenextraktion und Derivatisierung zum Nachweis von exogenen Giften, je Untersuchung	480		14,70 €	14,70 €	33,13 €
4210	4210	Untersuchung von exogenen Giften mittels Gaschromatographie-Massenspektronomie, Bestätigungsanalyse, je Untersuchung	900		27,60 €	27,60 €	62,12 €
4211	4211	Ethanol-photometrisch	150		4,60 €	4,60 €	10,35 €
4212	4212	Exogene Gifte, dünnschichtchromatographisches Screening, qualitativ oder semiquantitativ.	250		7,70 €	7,70 €	17,26 €
4213	4213	Identifikation von exogenen Giften mittels aufwendiger Dünnschichtchromatographie mit standardkorrigierten Rf-Werten, je Untersuchung	360		11,00 €	11,00 €	24,85 €
4214	4214	Lithium	60		1,80 €	1,80 €	4,14 €

M III.19 Antikörper gegen Bakterienantigene

Nummern 4220–4231

BG-T Tarif-Nr.	DKG-NT Tarif-Nr.	Leistung	Punkte (nur DKG-NT I)	Besondere Kosten	Allgemeine Kosten	Sach-kosten	Vollkosten (nur DKG-NT I)
1a	1b	2	3	4	5	6	7
		Allgemeine Bestimmung *Die Berechnung einer Gebühr für eine qualitative Untersuchung mittels Agglutinations- oder Fällungsreaktion bzw. Immunfluoreszenzuntersuchung (bis zu zwei Titerstufen) neben einer Gebühr für eine quantitative Untersuchung mittels Agglutinations- oder Fällungsreaktion bzw. Immunfluoreszenzuntersuchung (mehr als zwei Titerstufen) oder einer ähnlichen Untersuchungsmethode ist nicht zulässig.* Qualitativer Nachweis von Antikörpern mittels Agglutinations- oder Fällungsreaktion (z. B. Hämagglutination, Hämagglutinationshemmung, Latex-Agglunitation) . . . . Katalog Antikörper gegen	90		2,80 €	2,80 €	6,21 €
4220	4220	Borrelia Burgdorferi					
4221	4221	Brucellen					
4222	4222	Campylobacter					
4223	4223	Francisellen					
4224	4224	Legionella pneumophila bis zu fünf Typen, je Typ					
4225	4225	Leptospiren					
4226	4226	Listerien, je Typ					
4227	4227	Rickettsien (Weil-Felix-Reaktion)					
4228	4228	Salmonellen-H-Antigene					
4229	4229	Salmonellen-O-Antigene					
4230	4230	Staphylolysin					
4231	4231	Streptolysin					

M III.19 Antikörper gegen Bakterienantigene

Nummern 4232–4246

BG-T Tarif-Nr.	DKG-NT Tarif-Nr.	Leistung	Punkte (nur DKG-NT I)	Besondere Kosten	Allgemeine Kosten	Sach- kosten	Vollkosten (nur DKG-NT I)
1a	1b	2	3	4	5	6	7
4232	4232	Treponema pallidum (TPHA, Cardiolipinmikroflockungstest, VDRL-Test).					
4233	4233	Yersinien bis zu zwei Typen, je Typ					
4234	4234	Untersuchungen mit ähnlichem methodischem Aufwand . . . . *Die untersuchten Parameter sind in der Rechnung anzugeben.* Quantitative Bestimmung von Antikörpern mittels Agglutinations- oder Fällungsreaktion (z. B. Hämagglutination, Hämagglutinationshemmung, Latex-Agglutination). . . . . Katalog Antikörper gegen	230		7,10 €	7,10 €	15,88 €
4235	4235	Agglutinierende Antikörper (WIDAL-Reaktion) . .					
4236	4236	Borrelia Burgdorferi					
4237	4237	Brucellen					
4238	4238	Campylobacter					
4239	4239	Francisellen					
4240	4240	Legionellen, bis zu zwei Typen, je Typ					
4241	4241	Leptospiren					
4242	4242	Listerien, je Typ					
4243	4243	Rickettsien					
4244	4244	Salmonellen-H-Antigene, bis zu zwei Antigenen, je Antigen.					
4245	4245	Salmonellen-O-Antigene, bis zu vier Antigenen, je Antigen.					
4246	4246	Staphylolysin.					

M III.19 Antikörper gegen Bakterienantigene

BG-T Tarif-Nr.	DKG-NT Tarif-Nr.	Leistung	Punkte (nur DKG-NT I)	Besondere Kosten	Allgemeine Kosten	Sach-kosten	Vollkosten (nur DKG-NT I)
1a	1b	2	3	4	5	6	7
4247	4247	Streptolysin					
4248	4248	Treponema pallidum (TPHA, Cardiolipinmikroflockungstest, VDRL-Test).............					
4249	4249	Yersinien, bis zu zwei Typen, je Typ.........					
4250	4250	Untersuchungen mit ähnlichem methodischem Aufwand .... *Die untersuchten Parameter sind in der Rechnung anzugeben.* Qualitativer Nachweis von Antikörpern mittels Immunfluoreszenz oder ähnlicher Untersuchungsmethoden .... Katalog Antikörper gegen	290		8,90 €	8,90 €	20,02 €
4251	4251	Bordetella pertussis					
4252	4252	Borrelia burgdorferi					
4253	4253	Chlamydia trachomatis.............					
4254	4254	Coxiella burneti					
4255	4255	Legionella pneumophila					
4256	4256	Leptospiren (IgA, IgG oder IgM)					
4257	4257	Mycoplasma pneumoniae............					
4258	4258	Rickesttsien					
4259	4259	Treponema pallidum (IgG und IgM) (FTA-ABS-Test)					
4260	4260	Treponema pallidum (IgM) (IgM-FTA-ABS-Test) .					
4261	4261	Untersuchungen mit ähnlichem methodischem Aufwand .... *Die untersuchten Parameter sind in der Rechnung anzugeben.*					

M III.19 Antikörper gegen Bakterienantigene

BG-T Tarif-Nr.	DKG-NT Tarif-Nr.	Leistung	Punkte (nur DKG-NT I)	Besondere Kosten	Allgemeine Kosten	Sach-kosten	Vollkosten (nur DKG-NT I)
1a	1b	2	3	4	5	6	7
		Quantitative Bestimmung von Antikörpern mittels Immunfluoreszenz oder ähnlicher Untersuchungsmethoden	510		15,70 €	15,70 €	35,20 €
		Katalog					
		Antikörper gegen					
4263	4263	Bordetella pertussis					
4264	4264	Borrelia burgdorferi					
4265	4265	Chlamydia trachomatis					
4266	4266	Coxiella burneti					
4267	4267	Legionella pneumophila					
4268	4268	Mycoplasma pneumoniae					
4269	4269	Rickettsien					
4270	4270	Treponema pallidum (IgG und IgM) (FTA-ABS-Test)					
4271	4271	Treponema pallidum (IgM) (IgM-FTA-ABS-Test)					
4272	4272	Untersuchungen mit ähnlichem methodischem Aufwand					
		Die untersuchten Parameter sind in der Rechnung anzugeben.					
		Quantitative Bestimmung von Antikörpern mittels Immunfluoreszenz oder ähnlicher Untersuchungsmethoden	800		24,50 €	24,50 €	55,22 €
		Katalog					
		Antikörper gegen					
4273	4273	Treponema pallidum (IgM) (IgM-FTA-ABS-Test)					

M III.19 Antikörper gegen Bakterienantigene

Nummern 4275–4288

BG-T Tarif-Nr.	DKG-NT Tarif-Nr.	Leistung	Punkte (nur DKG-NT I)	Besondere Kosten	Allgemeine Kosten	Sach-kosten	Vollkosten (nur DKG-NT I)
1a	1b	2	3	4	5	6	7
		Quantitative Bestimmung von Antikörpern mittels Komplementbindungsreaktion (KBR)	250		7,70 €	7,70 €	17,26 €
		Katalog					
		Antikörper gegen					
4275	4275	Campylobacter					
4276	4276	Chlamydia psittaci (Ornithosegruppe)					
4277	4277	Chlamydia trachomatis.					
4278	4278	Coxiella burneti					
4279	4279	Gonokokken.					
4280	4280	Leptospiren					
4281	4281	Listerien					
4282	4282	Mycoplasma pneumoniae.					
4283	4283	Treponema pallidum (Cardiolipinreaktion)					
4284	4284	Yersinien					
4285	4285	Untersuchungen mit ähnlichem methodischem Aufwand					
		Die untersuchten Parameter sind in der Rechnung anzugeben.					
		Bestimmung von Antikörpern mittels Ligandenassay - gegebenenfalls einschließlich Doppelbestimmung und aktueller Bezugskurve -	350		10,70 €	10,70 €	24,16 €
		Katalog					
		Antikörper gegen					
4286	4286	Borrelia burgdorferi					
4287	4287	Campylobacter					
4288	4288	Coxiella burneti					

M III.19 Antikörper gegen Bakterienantigene

Nummern 4289–4297

BG-T Tarif-Nr.	DKG-NT Tarif-Nr.	Leistung	Punkte (nur DKG-NT I)	Besondere Kosten	Allgemeine Kosten	Sach-kosten	Vollkosten (nur DKG-NT I)
1a	1b	2	3	4	5	6	7
4289	4289	Leptospiren (IgA, IgG oder IgM)					
4290	4290	Mycoplasma pneumoniae.					
4291	4291	Untersuchungen mit ähnlichem methodischem Aufwand .... *Die untersuchten Parameter sind in der Rechnung anzugeben.* Bestimmung von Antikörpern mit sonstigen Methoden............................. Katalog	180		5,50 €	5,50 €	12,42 €
4293	4293	Streptolysin, Immundiffusion oder ähnliche Untersuchungsmethoden.					
4294	4294	Streptolysin, Hämolysehemmung.	230		7,10 €	7,10 €	15,88 €
4295	4295	Streptokokken-Desoxyribonuklease (Antistreptodornase, ADNAse B), Immundiffusion oder ähnliche Untersuchungsmethoden..........	180		5,50 €	5,50 €	12,42 €
4296	4296	Streptokokken-Desoxyribonuklease (Antistreptodornase, ADNAse B), Farbreaktion und visuell.	120		3,70 €	3,70 €	8,28 €
4297	4297	Hyaluronidase, Farbreaktion und visuell, qualitativ	120		3,70 €	3,70 €	8,28 €

M III.20 Antikörper gegen Virusantigene

BG-T Tarif-Nr.	DKG-NT Tarif-Nr.	Leistung	Punkte (nur DKG-NT I)	Besondere Kosten	Allgemeine Kosten	Sach-kosten	Vollkosten (nur DKG-NT I)
1a	1b	2	3	4	5	6	7
		Allgemeine Bestimmung					
		Die Berechnung einer Gebühr für eine qualitative Untersuchung mittels Agglutinations- oder Fällungsreaktion bzw. Immunfluoreszenzuntersuchung (bis zu zwei Titerstufen) neben einer Gebühr für eine quantitative Untersuchung mittels Agglutinations- oder Fällungsreaktion bzw. Immunfluoreszenzuntersuchung (mehr als zwei Titerstufen) oder einer ähnlichen Untersuchungsmethode ist nicht zulässig.					
		Qualitativer Nachweis von Antikörpern mittels Agglutinationsreaktion (z. B. Hämagglutination, Hämagglutinationshemmung, Latex-Agglutination)	90		2,80 €	2,80 €	6,21 €
		Katalog					
		Antikörper gegen					
4300	4300	Epstein-Barr-Virus, heterophile Antikörper (Paul-Bunnel-Test)					
4301	4301	Röteln-Virus					
4302	4302	Untersuchungen mit ähnlichem methodischem Aufwand					
		Die untersuchten Parameter sind in der Rechnung anzugeben.					
		Quantitative Bestimmung von Antikörpern mittels Agglutinationsreaktion (z. B. Hämagglutination, Hämagglutinationshemmung, Latex-Agglutination.	240		7,40 €	7,40 €	16,57 €
		Katalog					
		Antikörper gegen					
4305	4305	Epstein-Barr-Virus, heterophile Antikörper (Paul-Bunnel-Test)					
4306	4306	Röteln-Virus					

M III.20 Antikörper gegen Virusantigene

Nummern 4307–4324

BG-T Tarif-Nr.	DKG-NT Tarif-Nr.	Leistung	Punkte (nur DKG-NT I)	Besondere Kosten	Allgemeine Kosten	Sach-kosten	Vollkosten (nur DKG-NT I)
1a	1b	2	3	4	5	6	7
4307	4307	Untersuchungen mit ähnlichem methodischem Aufwand .... *Die untersuchten Parameter sind in der Rechnung anzugeben.* Qualitativer Nachweis von Antikörpern mittels Immunfluoreszenz oder ähnlicher Untersuchungsmethoden .... Katalog Antikörper gegen	290		8,90 €	8,90 €	20,02 €
4310	4310	Adenoviren............................					
4311	4311	Epstein-Barr-Virus Capsid (IgA)					
4312	4312	Epstein-Barr-Virus Capsid (IgG)					
4313	4313	Epstein-Barr-Virus Capsid (IgM)					
4314	4314	Epstein-Barr-Virus Early Antigen diffus					
4315	4315	Epstein-Barr-Virus Early Antigen restricted					
4316	4316	Epstein-Barr-Virus Nukleäres Antigen (EBNA) ..					
4317	4317	FSME-Virus					
4318	4318	Herpes-Simplex-Virus 1 (IgG)					
4319	4319	Herpes-Simplex-Virus 1 (IgM)					
4320	4320	Herpes-Simplex-Virus 2 (IgG)					
4321	4321	Herpes-Simplex-Virus 2 (IgM)					
4322	4322	HIV 1					
4323	4323	HIV 2					
4324	4324	Influenza A-Virus					

M III.20 Antikörper gegen Virusantigene

BG-T Tarif-Nr.	DKG-NT Tarif-Nr.	Leistung	Punkte (nur DKG-NT I)	Besondere Kosten	Allgemeine Kosten	Sach-kosten	Vollkosten (nur DKG-NT I)
1a	1b	2	3	4	5	6	7
4325	4325	Influenza B-Virus					
4327	4327	Masern-Virus					
4328	4328	Mumps-Virus					
4329	4329	Parainfluenza-Virus 1					
4330	4330	Parainfluenza-Virus 2					
4331	4331	Parainfluenza-Virus 3					
4332	4332	Respiratory syncytial virus					
4333	4333	Tollwut-Virus					
4334	4334	Varizella-Zoster-Virus					
4335	4335	Untersuchungen mit ähnlichem methodischem Aufwand . . . . *Die untersuchten Parameter sind in der Rechnung anzugeben.* Quantitative Bestimmung von Antikörpern mittels Immunfluoreszenz oder ähnlicher Untersuchungsmethoden . . . . Katalog Antikörper gegen	510		15,70 €	15,70 €	35,20 €
4337	4337	Adenoviren					
4338	4338	Epstein-Barr-Virus Capsid (IgA)					
4339	4339	Epstein-Barr-Virus Capsid (IgG)					
4340	4340	Epstein-Barr-Virus Capsid (IgM)					
4341	4341	Epstein-Barr-Virus Early Antigen diffus					
4342	4342	Epstein-Barr-Virus Early Antigen restricted					

M III.20 Antikörper gegen Virusantigene

Nummern 4343–4363

BG-T Tarif-Nr.	DKG-NT Tarif-Nr.	Leistung	Punkte (nur DKG-NT I)	Besondere Kosten	Allgemeine Kosten	Sach-kosten	Vollkosten (nur DKG-NT I)
1a	1b	2	3	4	5	6	7
4343	4343	Epstein-Barr-Virus Nukleäres Antigen (EBNA) ..					
4344	4344	FSME-Virus					
4345	4345	Herpes-Simplex-Virus 1 (IgG)					
4346	4346	Herpes-Simplex-Virus 1 (IgM)					
4347	4347	Herpes-Simplex-Virus 2 (IgG)					
4348	4348	Herpes-Simplex-Virus 2 (IgM)					
4349	4349	HIV 1					
4350	4350	HIV 2					
4351	4351	Influenza A-Virus					
4352	4352	Influenza B-Virus					
4353	4353	Lymphozytäres Choriomeningitis-Virus					
4354	4354	Masern-Virus					
4355	4355	Mumps-Virus					
4356	4356	Parainfluenza-Virus 1					
4357	4357	Parainfluenza-Virus 2					
4358	4358	Parainfluenza-Virus 3					
4359	4359	Respiratory syncytial virus					
4360	4360	Röteln-Virus					
4361	4361	Tollwut-Virus					
4362	4362	Varizella-Zoster-Virus					
4363	4363	Untersuchungen mit ähnlichem methodischem Aufwand					

M III.20 Antikörper gegen Virusantigene

Nummern 4365–4376

BG-T Tarif-Nr.	DKG-NT Tarif-Nr.	Leistung	Punkte (nur DKG-NT I)	Besondere Kosten	Allgemeine Kosten	Sach-kosten	Vollkosten (nur DKG-NT I)
1a	1b	2	3	4	5	6	7
		Die untersuchten Parameter sind in der Rechnung anzugeben. Quantitative Bestimmung von Antikörpern mittels Komplementbindungsreaktion (KBR) ..... Katalog Antikörper gegen	250		7,70 €	7,70 €	17,26 €
4365	4365	Adenoviren					
4366	4366	Coronaviren					
4367	4367	Influenza A-Virus					
4368	4368	Influenza B-Virus					
4369	4369	Influenza C-Virus					
4370	4370	Lymphozytäres Choriomeningitis-Virus					
4371	4371	Parainfluenza-Virus 1					
4371a	4371a	Parainfluenza-Virus 2					
4372	4372	Parainfluenza-Virus 3					
4373	4373	Polyomaviren					
4374	4374	Reoviren					
4375	4375	Respiratory syncytial virus ...					
4376	4376	Untersuchungen mit ähnlichem methodischem Aufwand .... *Die untersuchten Parameter sind in der Rechnung anzugeben.* Bestimmung von Antikörpern mittels Ligandenassay - gegebenenfalls einschließlich Doppelbestimmung und aktueller Bezugskurve -	240		7,40 €	7,40 €	16,57 €

M III.20 Antikörper gegen Virusantigene

Nummern 4378–4392

BG-T Tarif-Nr. 1a	DKG-NT Tarif-Nr. 1b	Leistung 2	Punkte (nur DKG-NT I) 3	Besondere Kosten 4	Allgemeine Kosten 5	Sach-kosten 6	Vollkosten (nur DKG-NT I) 7
		Katalog					
		Antikörper gegen					
4378	4378	Cytomegalie-Virus (IgG und IgM)					
4379	4379	FSME-Virus (IgG und IgM).					
4380	4380	HBe-Antigen (IgG und IgM)					
4381	4381	HBs-Antigen					
4382	4382	Hepatitis A-Virus (IgG und IgM)					
4383	4383	Hepatitis A-Virus (IgM)					
4384	4384	Herpes-Simplex-Virus (IgG und IgM).					
4385	4385	Masern-Virus (IgG und IgM).					
4386	4386	Mumps-Virus (IgG und IgM)					
4387	4387	Röteln-Virus (IgG und IgM)					
4388	4388	Varizella-Zoster-Virus (IgG und IgM)					
4389	4389	Untersuchungen mit ähnlichem methodischem Aufwand .... *Die untersuchten Parameter sind in der Rechnung anzugeben.* Bestimmung von Antikörpern mittels Ligandenassay - gegebenenfalls einschließlich Doppelbestimmung und aktueller Bezugskurve - .... Katalog Antikörper gegen	300		9,20 €	9,20 €	20,71 €
4390	4390	Cytomegalie-Virus (IgM)					
4391	4391	Epstein-Barr-Virus (IgG und IgM)					
4392	4392	FSME-Virus (IgM).					

M III.20 Antikörper gegen Virusantigene

Nummern 4393–4405

BG-T Tarif-Nr.	DKG-NT Tarif-Nr.	Leistung	Punkte (nur DKG-NT I)	Besondere Kosten	Allgemeine Kosten	Sach-kosten	Vollkosten (nur DKG-NT I)
1a	1b	2	3	4	5	6	7
4393	4393	HBc-Antigen (IgG und IgM)					
4394	4394	Herpes-simplex-Virus (IgM)					
4395	4395	HIV					
4396	4396	Masern-Virus (IgM)					
4397	4397	Mumps-Virus (IgM)					
4398	4398	Röteln-Virus (IgM)					
4399	4399	Varizella-Zoster-Virus (IgM)					
4400	4400	Untersuchungen mit ähnlichem methodischem Aufwand . . . . *Die untersuchten Parameter sind in der Rechnung anzugeben.* Bestimmung von Antikörpern mittels Ligandenassay - gegebenenfalls einschließlich Doppelbestimmung und aktueller Bezugskurve - . . . . Katalog Antikörper gegen	350		10,70 €	10,70 €	24,16 €
4402	4402	HBc-Antigen (IgM)					
4403	4403	HBe-Antigen (IgM)					
4404	4404	Untersuchungen mit ähnlichem methodischem Aufwand . . . . *Die untersuchten Parameter sind in der Rechnung anzugeben.* Bestimmung von Antikörpern mittels Ligandenassay - gegebenenfalls einschließlich Doppelbestimmung und aktueller Bezugskurve - Katalog Antikörper gegen					
4405	4405	Delta-Antigen	800		24,50 €	24,50 €	55,22 €

M III.20 Antikörper gegen Virusantigene

BG-T Tarif-Nr.	DKG-NT Tarif-Nr.	Leistung	Punkte (nur DKG-NT I)	Besondere Kosten	Allgemeine Kosten	Sach-kosten	Vollkosten (nur DKG-NT I)
1a	1b	2	3	4	5	6	7
4406	4406	Hepatitis C-Virus..................	400		12,30 €	12,30 €	27,61 €
		Bestimmung von Antikörpern mittels anderer Methoden......................... Katalog Antikörper gegen	800		24,50 €	24,50 €	55,22 €
4408	4408	Hepatitis C-Virus, Immunoblot............					
4409	4409	HIV-Immunoblot					

M III.21 Antikörper gegen Pilzantigene — Nummern 4415–4419

BG-T Tarif-Nr.	DKG-NT Tarif-Nr.	Leistung	Punkte (nur DKG-NT I)	Besondere Kosten	Allgemeine Kosten	Sach-kosten	Vollkosten (nur DKG-NT I)
1a	1b	2	3	4	5	6	7
		Allgemeine Bestimmung					
		Die Berechnung einer Gebühr für eine qualitative Untersuchung mittels Agglutinations- oder Fällungsreaktion bzw. Immunfluoreszenzuntersuchung (bis zu zwei Titerstufen) neben einer Gebühr für eine quantitative Untersuchung mittels Agglutinations- oder Fällungsreaktion bzw. Immunfluoreszenzuntersuchung (mehr als zwei Titerstufen) oder einer ähnlichen Untersuchungsmethode ist nicht zulässig.					
		Qualitativer Nachweis von Antikörpern mittels Immunfluoreszenz oder ähnlicher Untersuchungsmethoden	290		8,90 €	8,90 €	20,02 €
		Katalog					
		Antikörper gegen					
4415	4415	Candida albicans......................					
4416	4416	Untersuchungen mit ähnlichem methodischem Aufwand					
		Die untersuchten Parameter sind in der Rechnung anzugeben.					
		Quantitative Bestimmung von Antikörpern mittels Immunfluoreszenz oder ähnlicher Untersuchungsmethoden	510		15,70 €	15,70 €	35,20 €
		Katalog					
		Antikörper gegen					
4418	4418	Candida albicans......................					
4419	4419	Untersuchungen mit ähnlichem methodischem Aufwand					
		Die untersuchten Parameter sind in der Rechnung anzugeben.					

M III.21 Antikörper gegen Pilzantigene

BG-T Tarif-Nr.	DKG-NT Tarif-Nr.	Leistung	Punkte (nur DKG-NT I)	Besondere Kosten	Allgemeine Kosten	Sach-kosten	Vollkosten (nur DKG-NT I)
1a	1b	2	3	4	5	6	7
		Qualitativer Nachweis von Antikörpern mittels Agglutinations- oder Fällungsreaktion (z. B. Hämagglutination, Hämagglutinationshemmung, Latex-Agglutination)................	90		2,80 €	2,80 €	6,21 €
		Katalog					
		Antikörper gegen					
4421	4421	Aspergillus....................					
4422	4422	Candida albicans................					
4423	4423	Untersuchungen mit ähnlichem methodischem Aufwand....................					
		Die untersuchten Parameter sind in der Rechnung anzugeben.					
		Quantitative Bestimmung von Antikörpern mittels Agglutinations- oder Fällungsreaktion (z. B. Hämagglutination, Hämagglutinationshemmung, Latex-Agglutination)................	240		7,40 €	7,40 €	16,57 €
		Katalog					
		Antikörper gegen					
4425	4425	Aspergillus....................					
4426	4426	Candida albicans................					
4427	4427	Untersuchungen mit ähnlichem methodischem Aufwand....................					
		Die untersuchten Parameter sind in der Rechnung anzugeben.					

M III.22 Antikörper gegen Parasitenantigene

BG-T Tarif-Nr.	DKG-NT Tarif-Nr.	Leistung	Punkte (nur DKG-NT I)	Besondere Kosten	Allgemeine Kosten	Sach-kosten	Vollkosten (nur DKG-NT I)
1a	1b	2	3	4	5	6	7
		Allgemeine Bestimmung					
		Die Berechnung einer Gebühr für eine qualitative Untersuchung mittels Agglutinations- oder Fällungsreaktion bzw. Immunfluoreszenzuntersuchung (bis zu zwei Titerstufen) neben einer Gebühr für eine quantitative Untersuchung mittels Agglutinations- oder Fällungsreaktion bzw. Immunfluoreszenzuntersuchung (mehr als zwei Titerstufen) oder einer ähnlichen Untersuchungsmethode ist nicht zulässig.					
		Qualitativer Nachweis von Antikörpern mittels Agglutinations- oder Fällungsreaktion (z. B. Hämagglutination, Hämagglutinationshemmung, Latex-Agglutination)...............	90		2,80 €	2,80 €	6,21 €
		Katalog					
		Antikörper gegen					
4430	4430	Echinokokken............................					
4431	4431	Schistosomen...........................					
4432	4432	Untersuchungen mit ähnlichem methodischem Aufwand					
		Die untersuchten Parameter sind in der Rechnung anzugeben.					
		Quantitative Bestimmung von Antikörpern mittels Agglutinations- oder Fällungsreaktion (z. B. Hämagglutination, Hämagglutinationshemmung, Latex-Agglutination)...............	240		7,40 €	7,40 €	16,57 €
		Katalog					
		Antikörper gegen					
4435	4435	Echinokokken............................					
4436	4436	Schistosomen...........................					
4437	4437	Untersuchungen mit ähnlichem methodischem Aufwand					
		Die untersuchten Parameter sind in der Rechnung anzugeben.					

M III.22 Antikörper gegen Parasitenantigene

Nummern 4440–4453

BG-T Tarif-Nr.	DKG-NT Tarif-Nr.	Leistung	Punkte (nur DKG-NT I)	Besondere Kosten	Allgemeine Kosten	Sach-kosten	Vollkosten (nur DKG-NT I)
1a	1b	2	3	4	5	6	7
		Qualitativer Nachweis von Antikörpern mittels Immunfluoreszenz oder ähnlicher Untersuchungsmethoden .... Katalog Antikörper gegen	290		8,90 €	8,90 €	20,02 €
4440	4440	Entamoeba histolytica					
4441	4441	Leishmanien					
4442	4442	Plasmodien					
4443	4443	Pneumocystis carinii					
4444	4444	Schistosomen					
4445	4445	Toxoplasma gondii					
4446	4446	Trypanosoma cruzi					
4447	4447	Untersuchungen mit ähnlichem methodischem Aufwand .... *Die untersuchten Parameter sind in der Rechnung anzugeben.*					
		Quantitative Bestimmung von Antikörpern mittels Immunfluoreszenz oder ähnlicher Untersuchungsmethoden .... Katalog Antikörper gegen	510		15,70 €	15,70 €	35,20 €
4448	4448	Entamoeba histolytica					
4449	4449	Leishmanien					
4450	4450	Pneumocystis carinii					
4451	4451	Plasmodien					
4452	4452	Schistosomen					
4453	4453	Toxoplasma gondii					

M III.22 Antikörper gegen Parasitenantigene

Nummern 4454–4462

BG-T Tarif-Nr.	DKG-NT Tarif-Nr.	Leistung	Punkte (nur DKG-NT I)	Besondere Kosten	Allgemeine Kosten	Sachkosten	Vollkosten (nur DKG-NT I)
1a	1b	2	3	4	5	6	7
4454	4454	Trypanosoma cruzi					
4455	4455	Untersuchungen mit ähnlichem methodischem Aufwand .... *Die untersuchten Parameter sind in der Rechnung anzugeben.* Quantitative Bestimmung von Antikörpern mittels Komplementbindungsreaktion (KBR) ..... Katalog Antikörper gegen	250		7,70 €	7,70 €	17,26 €
4456	4456	Echinokokken					
4457	4457	Entamoeba histolytica					
4458	4458	Leishmanien					
4459	4459	Toxoplasma gondii					
4460	4460	Untersuchungen mit ähnlichem methodischem Aufwand .... *Die untersuchten Parameter sind in der Rechnung anzugeben.* Quantitative Bestimmung von Antikörpern mittels Ligandenassay - gegebenenfalls einschließlich Doppelbestimmung und aktueller Bezugskurve - .... Katalog Antikörper gegen	230		7,10 €	7,10 €	15,88 €
4461	4461	Toxoplasma gondii					
4462	4462	Untersuchungen mit ähnlichem methodischem Aufwand .... *Die untersuchten Parameter sind in der Rechnung anzugeben.*					

M III.22 Antikörper gegen Parasitenantigene

BG-T Tarif-Nr.	DKG-NT Tarif-Nr.	Leistung	Punkte (nur DKG-NT I)	Besondere Kosten	Allgemeine Kosten	Sach-kosten	Vollkosten (nur DKG-NT I)
1a	1b	2	3	4	5	6	7
		Quantitative Bestimmung von Antikörpern mittels Ligandenassay - gegebenenfalls einschließlich Doppelbestimmung und aktueller Bezugskurve................... Katalog Antikörper gegen	350		10,70 €	10,70 €	24,16 €
4465	4465	Entamoeba histolytica.................					
4466	4466	Leishmanien.........................					
4467	4467	Schistosomen........................					
4468	4468	Toxoplasma gondii...................					
4469	4469	Untersuchungen mit ähnlichem methodischem Aufwand............................ *Die untersuchten Parameter sind in der Rechnung anzugeben.*					

M IV Untersuchungen zum Nachweis und zur Charakterisierung von Krankheitserregern

BG-T Tarif- Nr.	DKG-NT Tarif- Nr.	Leistung	Punkte (nur DKG-NT I)	Besondere Kosten	Allgemeine Kosten	Sach- kosten	Vollkosten (nur DKG-NT I)
1a	1b	2	3	4	5	6	7
		Allgemeine Bestimmung *Werden Untersuchungen berechnet, die im methodischen Aufwand mit im Leistungstext konkret benannten Untersuchungen vergleichbar sind, so muß die Art der berechneten Untersuchung genau bezeichnet werden.*					

M IV.1 Untersuchungen zum Nachweis und zur Charakterisierung von Bakterien
M IV.1.a Untersuchungen im Nativmaterial

Nummern 4500–4512

BG-T Tarif-Nr.	DKG-NT Tarif-Nr.	Leistung	Punkte (nur DKG-NT I)	Besondere Kosten	Allgemeine Kosten	Sach-kosten	Vollkosten (nur DKG-NT I)
1a	1b	2	3	4	5	6	7
		Untersuchung zum Nachweis von Bakterien im Nativmaterial mittels Agglutination, je Antiserum. Katalog	130		4,00 €	4,00 €	8,97 €
4500	4500	Betahämolysierende Streptokokken Typ B					
4501	4501	Hämophilus influenzae Kapseltyp b					
4502	4502	Neisseria meningitidis Typen A und B					
4503	4503	Streptococcus pneumoniae					
4504	4504	Untersuchungen mit ähnlichem methodischem Aufwand .... *Die untersuchten Parameter sind in der Rechnung anzugeben.*					
		Lichtmikroskopische Untersuchung des Nativmaterials zum Nachweis von Bakterien - einschließlich einfacher Anfärbung -, qualitativ, je Untersuchung .... Katalog	90		2,80 €	2,80 €	6,21 €
4506	4506	Methylenblaufärbung					
4508	4508	Untersuchungen mit ähnlichem methodischem Aufwand .... *Die untersuchten Parameter sind in der Rechnung anzugeben.*					
		Lichtmikroskopische Untersuchung des Nativmaterials zum Nachweis von Bakterien - einschließlich aufwendigerer Anfärbung -, qualitativ, je Untersuchung .... Katalog	110		3,40 €	3,40 €	7,59 €
4510	4510	Giemsafärbung (Punktate)					
4511	4511	Gramfärbung (Liquor-, Blut-, Punktat-, Sputum-, Eiter- oder Urinausstrich, Nasenabstrich)......					
4512	4512	Ziel-Neelsen-Färbung.................					

M IV.1.a Untersuchungen im Nativmaterial

BG-T Tarif-Nr.	DKG-NT Tarif-Nr.	Leistung	Punkte (nur DKG-NT I)	Besondere Kosten	Allgemeine Kosten	Sach-kosten	Vollkosten (nur DKG-NT I)
1a	1b	2	3	4	5	6	7
4513	4513	Untersuchungen mit ähnlichem methodischem Aufwand .... *Die untersuchten Parameter sind in der Rechnung anzugeben.* Lichtmikroskopische Untersuchung des Nativmaterials zum Nachweis von Bakterien - einschließlich Anfärbung mit Fluorochromen -, qualitativ, je Untersuchung .... Katalog	160		4,90 €	4,90 €	11,04 €
4515	4515	Auraminfärbung					
4516	4516	Untersuchungen mit ähnlichem methodischem Aufwand .... *Die untersuchten Parameter sind in der Rechnung anzugeben.*					
4518	4518	Lichtmikroskopische, immunologische Untersuchung des Nativmaterials zum Nachweis von Bakterien - einschließlich Fluoreszenz-, Enzym- oder anderer Markierung -, je Antiserum ...... *Eine mehr als fünfmalige Berechnung der Leistung nach Nummer 4518 bei Untersuchungen aus demselben Untersuchungsmaterial ist nicht zulässig.* Qualitative Untersuchung des Nativmaterials zum Nachweis von Bakterienantigenen mittels Ligandenassay (z. B. Enzym- oder Radioimmunoassay) - gegebenenfalls einschließlich Doppelbestimmung und aktueller Bezugskurve -, je Untersuchung .... Katalog	250 250		7,70 € 7,70 €	7,70 € 7,70 €	17,26 € 17,26 €
4520	4520	Beta-hämolysierende Streptokokken der Gruppe B					
4521	4521	Enteropathogene Escherichia coli-Stämme					
4522	4522	Legionellen					
4523	4523	Neisseria meningitidis					

M IV.1.a Untersuchungen im Nativmaterial

Nummern 4524, 4525

BG-T Tarif-Nr.	DKG-NT Tarif-Nr.	Leistung	Punkte (nur DKG-NT I)	Besondere Kosten	Allgemeine Kosten	Sach-kosten	Vollkosten (nur DKG-NT I)
1a	1b	2	3	4	5	6	7
4524	4524	Neisseria gonorrhoeae................					
4525	4525	Untersuchungen mit ähnlichem methodischem Aufwand .... *Die untersuchten Parameter sind in der Rechnung anzugeben.*					

M IV.1.b Züchtung/Gewebekultur

Nummern 4530–4539

BG-T Tarif-Nr.	DKG-NT Tarif-Nr.	Leistung	Punkte (nur DKG-NT I)	Besondere Kosten	Allgemeine Kosten	Sach-kosten	Vollkosten (nur DKG-NT I)
1a	1b	2	3	4	5	6	7
4530	4530	Untersuchung zum Nachweis von Bakterien durch einfache Anzüchtung oder Weiterzüchtung auf Nährböden, aerob (z. B. Blut-, Endo-, McConkey-Agar, Nährbouillon), je Nährmedium. *Eine mehr als viermalige Berechnung der Leistung nach Nummer 4530 bei Untersuchungen aus demselben Untersuchungsmaterial ist nicht zulässig.*	80		2,50 €	2,50 €	5,52 €
4531	4531	Untersuchung zum Nachweis von Bakterien durch Anzüchtung oder Weiterzüchtung bei besonderer Temperatur, je Nährmedium. *Eine mehr als dreimalige Berechnung der Leistung nach Nummer 4531 bei Untersuchungen aus demselben Untersuchungsmaterial ist nicht zulässig.*	100		3,10 €	3,10 €	6,90 €
4532	4532	Untersuchung zum Nachweis von Bakterien durch Anzüchtung oder Weiterzüchtung in CO_2-Atmosphäre, je Nährmedium.	100		3,10 €	3,10 €	6,90 €
4533	4533	Untersuchung zum Nachweis von Bakterien durch Anzüchtung oder Weiterzüchtung in anaerober oder mikroaerophiler Atmosphäre, je Nährmedium. *Eine mehr als viermalige Berechnung der Leistung nach Nummer 4533 bei Untersuchungen aus demselben Untersuchungsmaterial ist nicht zulässig.*	250		7,70 €	7,70 €	17,26 €
4538	4538	Untersuchung zum Nachweis von Bakterien durch Anzüchtung oder Weiterzüchtung auf Selektiv- oder Anreicherungsmethoden, aerob (z. B. Blutagar mit Antibiotikazusätzen, Schokoladen-, Yersinien-, Columbia-, Kochsalz-Mannit-Agar, Thayer-Martin-Medium), je Nährmedium. *Eine mehr als viermalige Berechnung der Leistung nach Nummer 4538 bei Untersuchungen aus demselben Untersuchungsmaterial ist nicht zulässig.*	120		3,70 €	3,70 €	8,28 €
4539	4539	Untersuchung zum Nachweis von Bakterien durch Anzüchtung oder Weiterzüchtung auf Selektiv- oder Anreicherungsmethoden, (z. B. Campylobacter-, Legionellen-, Mycoplasmen-, Clostridium difficile-Agar), je Nährmedium.	250		7,70 €	7,70 €	17,26 €

M IV.1.b Züchtung/Gewebekultur

Nummern 4540–4543

BG-T Tarif-Nr.	DKG-NT Tarif-Nr.	Leistung	Punkte (nur DKG-NT I)	Besondere Kosten	Allgemeine Kosten	Sach-kosten	Vollkosten (nur DKG-NT I)
1a	1b	2	3	4	5	6	7
		Eine mehr als viermalige Berechnung der Leistung nach Nummer 4539 bei Untersuchungen aus demselben Untersuchungsmaterial ist nicht zulässig.					
4540	4540	Anzüchtung von Mykobakterien mit mindestens zwei festen und einem flüssigen Nährmedium, je Untersuchungsmaterial	400		12,30 €	12,30 €	27,61 €
4541	4541	Untersuchung zum Nachweis von Chlamydien durch Anzüchtung auf Gewebekultur, je Ansatz .	350		10,70 €	10,70 €	24,16 €
4542	4542	Untersuchung zum Nachweis von bakteriellen Toxinen durch Anzüchtung auf Gewebekultur, je Untersuchung.	250		7,70 €	7,70 €	17,26 €
4543	4543	Untersuchung von bakteriellen Toxinen durch Anzüchtung auf Gewebekultur mit Spezifitätsprüfung durch Neutralisationstest, je Untersuchung	500		15,30 €	15,30 €	34,51 €

M IV.1.c Identifizierung/Typisierung   **Nummern 4545–4554**

BG-T Tarif-Nr.	DKG-NT Tarif-Nr.	Leistung	Punkte (nur DKG-NT I)	Besondere Kosten	Allgemeine Kosten	Sach-kosten	Vollkosten (nur DKG-NT I)
1a	1b	2	3	4	5	6	7
4545	4545	Orientierende Identifizierung, Untersuchung von angezüchteten Bakterien mit einfachen Verfahren (z. B. Katalase-, Optochin-, Oxidase-, Galle-, Klumpungstest), je Test und Keim	60		1,80 €	1,80 €	4,14 €
4546	4546	Identifizierung, Untersuchung von angezüchteten Bakterien mit aufwendigeren Verfahren (z. B. Äskulinspaltung, Methylenblau-, Nitratreduktion, Harnstoffspaltung, Koagulase-, cAMP-, O-F-, Ammen-, DNase-Test), je Test und Keim	120		3,70 €	3,70 €	8,28 €
4547	4547	Identifizierung, Untersuchung von angezüchteten Bakterien mit Mehrtestverfahren (z. B. Kombination von Zitrat-, Kligler-, SIM-Agar), je Keim .	120		3,70 €	3,70 €	8,28 €
4548	4548	Identifizierung, Untersuchung von aerob angezüchteten Bakterien mittels bunter Reihe (bis zu acht Reaktionen), je Keim	160		4,90 €	4,90 €	11,04 €
4549	4549	Identifizierung, Untersuchung von aerob angezüchteten Bakterien mittels erweiterter bunter Reihe - mindestens zwanzig Reaktionen -, je Keim	240		7,40 €	7,40 €	16,57 €
4550	4550	Identifizierung, Untersuchung anaerob angezüchteter Bakterien mittels erweiterter bunter Reihe in anaerober oder mikroaerophiler Atmosphäre, je Keim	330		10,10 €	10,10 €	22,78 €
4551	4551	Identifizierung, Untersuchung von Mykobakterium tuberkulosis-Komplex mittels biochemischer Reaktionen	300		9,20 €	9,20 €	20,71 €
		Eine mehr als viermalige Berechnung der Leistung nach Nummer 4551 bei Untersuchungen aus demselben Untersuchungsmaterial ist nicht zulässig.					
		Lichtmikroskopische Untersuchung angezüchteter Bakterien - einschließlich Anfärbung - qualitativ, je Untersuchung	60		1,80 €	1,80 €	4,14 €
		Katalog					
4553	4553	Gramfärbung (Bakterienkulturausstrich)					
4554	4554	Neisser-Färbung (Bakterienkulturausstrich)					

M IV.1.c Identifizierung/Typisierung

Nummern 4555–4568

BG-T Tarif-Nr.	DKG-NT Tarif-Nr.	Leistung	Punkte (nur DKG-NT I)	Besondere Kosten	Allgemeine Kosten	Sach-kosten	Vollkosten (nur DKG-NT I)
1a	1b	2	3	4	5	6	7
4555	4555	Ziehl-Neelsen-Färbung (Bakterienkulturausstrich)					
4556	4556	Untersuchungen mit ähnlichem methodischem Aufwand					
		Die durchgeführten Färbungen sind in der Rechnung anzugeben.					
4560	4560	Lichtmikroskopische, immunologische Untersuchung von angezüchteten Bakterien - einschließlich Fluoreszenz-, Enzym- oder anderer Markierung -, je Antiserum	290		8,90 €	8,90 €	20,02 €
		Untersuchung zum Nachweis von Bakterienantigenen mittels Ligandenassay (z. B. Enzym-, Radioimmunoassay) - gegebenenfalls einschließlich Doppelbestimmung und aktueller Bezugskurve - qualitativ, je Untersuchung	250		7,70 €	7,70 €	17,26 €
		Katalog					
4561	4561	Beta-hämolysierende Streptokokken					
4562	4562	Enteropathogene Escherichia coli-Stämme					
4563	4563	Legionellen.					
4564	4564	Neisseria meningiditis.					
4565	4565	Untersuchungen mit ähnlichem methodischem Aufwand					
		Die untersuchten Keime sind in der Rechnung anzugeben.					
		Untersuchung von angezüchteten Bakterien über Metabolitprofil mittels Gaschromatographie, je Untersuchung	410		12,60 €	12,60 €	28,30 €
		Katalog					
4567	4567	Anaerobier					
4568	4568	Untersuchungen mit ähnlichem methodischem Aufwand					
		Die untersuchten Keime sind in der Rechnung anzugeben.					

M IV.1.c Identifizierung/Typisierung

Nummern 4570–4581

BG-T Tarif-Nr.	DKG-NT Tarif-Nr.	Leistung	Punkte (nur DKG-NT I)	Besondere Kosten	Allgemeine Kosten	Sach-kosten	Vollkosten (nur DKG-NT I)
1a	1b	2	3	4	5	6	7
4570	4570	Untersuchung von angezüchteten Bakterien über Metabolitprofil (z.B Fettsäurenprofil) mittels Gaschromatographie - einschließlich aufwendiger Probenvorbereitung (z. B. Extraktion) und Derivatisierungsreaktion -, je Untersuchung....	570		17,50 €	17,50 €	39,34 €
4571	4571	Untersuchung von angezüchteten Bakterien mittels chromatographischer Analyse struktureller Komponenten, je Untersuchung	570		17,50 €	17,50 €	39,34 €
		Untersuchung von angezüchteten Bakterien mittels Agglutination (bis zu höchstens 15 Antiseren je Keim), je Antiserum	120		3,70 €	3,70 €	8,28 €
		Katalog					
4572	4572	Beta-hämolysierende Streptokokken........					
4573	4573	Escherichia coli...............					
4574	4574	Salmonellen...............					
4575	4575	Shigellen					
4576	4576	Untersuchungen mit ähnlichem methodischem Aufwand					
		Die untersuchten Keime sind in der Rechnung anzugeben.					
		Untersuchung durch Phagentypisierung von angezüchteten Bakterien (Bacteriocine oder ähnliche Methoden), je Untersuchung	250		7,70 €	7,70 €	17,26 €
		Katalog					
4578	4578	Brucellen...............					
4579	4579	Pseudomonaden...............					
4580	4580	Staphylokokken...............					
4581	4581	Salmonellen...............					

M IV.1.c Identifizierung/Typisierung

Nummern 4582–4585

BG-T Tarif-Nr.	DKG-NT Tarif-Nr.	Leistung	Punkte (nur DKG-NT I)	Besondere Kosten	Allgemeine Kosten	Sach-kosten	Vollkosten (nur DKG-NT I)
1a	1b	2	3	4	5	6	7
4582	4582	Untersuchungen mit ähnlichem methodischem Aufwand .... *Die untersuchten Keime sind in der Rechnung anzugeben.*					
4584	4584	Untersuchung zum Nachweis und zur Identifizierung von Bakterien durch Anzüchtung in Flüssigmedien und Nachweis von Substratverbrauch oder Reaktionsprodukten durch photometrische, spektrometrische oder elektrochemische Messung (z. B. teil- oder vollmechanisierte Geräte für Blutkulturen), je Untersuchung	250		7,70 €	7,70 €	17,26 €
4585	4585	Untersuchung zum Nachweis und zur Identifizierung von Mykobakterien durch Anzüchtung in Flüssigmedien und photometrische, elektrochemische oder radiochemische Messung (z. B. teil- oder vollmechanisierte Geräte), je Untersuchung	350		10,70 €	10,70 €	24,16 €

M IV.1.d Toxinnachweis

Nummern 4590–4601

BG-T Tarif-Nr.	DKG-NT Tarif-Nr.	Leistung	Punkte (nur DKG-NT I)	Besondere Kosten	Allgemeine Kosten	Sach-kosten	Vollkosten (nur DKG-NT I)
1a	1b	2	3	4	5	6	7
		Untersuchung zum Nachweis von Bakterientoxinen mittels Ligandenassay (z. B. Enzym-, Radioimmunoassay) - gegebenenfalls einschließlich Doppelbestimmung und aktueller Bezugskurve -, je Untersuchung..... Katalog	250		7,70 €	7,70 €	17,26 €
4590	4590	Clostridium difficile, tetani oder botulinum.....					
4591	4591	Enteropathogene Escherichia coli-Stämme....					
4592	4592	Staphylococcus aureus.................					
4593	4593	Vibrionen...........................					
4594	4594	Untersuchungen mit ähnlichem methodischem Aufwand...... *Die untersuchten Keime sind in der Rechnung anzugeben.*					
		Untersuchung zum Nachweis von Bakterienantigenen oder -toxinen durch Präzipitation im Agargel mittels Antitoxinen, je Untersuchung... Katalog	250		7,70 €	7,70 €	17,26 €
4596	4596	Clostridium botulinum.................					
4597	4597	Corynebakterien diphteriae.............					
4598	4598	Staphylokokkentoxin...................					
4599	4599	Untersuchungen mit ähnlichem methodischem Aufwand...... *Die untersuchten Keime sind in der Rechnung anzugeben.*					
4601	4601	Untersuchung zum Nachweis von Bakterientoxinen durch Inokulation in Versuchstiere, je Untersuchung............ *Eine mehr als dreimalige Berechnung der Leistung nach Nummer 4601 im Behandlungsfall ist nicht zulässig.*	500		15,30 €	15,30 €	34,51 €

M IV.1.d Toxinnachweis

BG-T Tarif-Nr.	DKG-NT Tarif-Nr.	Leistung	Punkte (nur DKG-NT I)	Besondere Kosten	Allgemeine Kosten	Sach-kosten	Vollkosten (nur DKG-NT I)
1a	1b	2	3	4	5	6	7
		Kosten für Versuchstiere sind nicht gesondert berechnungsfähig.					

M IV.1.e Keimzahl, Hemmstoffe

BG-T Tarif-Nr.	DKG-NT Tarif-Nr.	Leistung	Punkte (nur DKG-NT I)	Besondere Kosten	Allgemeine Kosten	Sach-kosten	Vollkosten (nur DKG-NT I)
1a	1b	2	3	4	5	6	7
4605	4605	Untersuchung zur Bestimmung der Keimzahl mittels Eintauchobjektträgerkultur (z. B. Cult-dip Plus[R], Dip-Slide[R], Uricount[R], Uriline[R], Urotube[R]), semiquantitativ, je Urinuntersuchung	60		1,80 €	1,80 €	4,14 €
4606	4606	Untersuchung zur Bestimmung der Keimzahl in Flüssigkeiten mittels Oberflächenkulturen oder Plattengußverfahren nach quantitativer Aufbringung des Untersuchungsmaterials, je Untersuchungsmaterial	250		7,70 €	7,70 €	17,26 €
4607	4607	Untersuchung zum Nachweis von Hemmstoffen, je Material.....................	60		1,80 €	1,80 €	4,14 €

M IV.1.f Empfindlichkeitstestung

Nummern 4610–4614

BG-T Tarif-Nr. 1a	DKG-NT Tarif-Nr. 1b	Leistung 2	Punkte (nur DKG-NT I) 3	Besondere Kosten 4	Allgemeine Kosten 5	Sach-kosten 6	Vollkosten (nur DKG-NT I) 7
4610	4610	Untersuchung zur Prüfung der Empfindlichkeit von Bakterien gegen Antibiotika und/oder Chemotherapeutika mittels semiquantitativem Agardiffusionstest und trägergebundenen Testsubstanzen (Plättchentest), je geprüfter Substanz.. *Eine mehr als sechzehnmalige Berechnung der Leistung nach Nummer 4610 ist in der Rechnung zu begründen.*	20		0,60 €	0,60 €	1,38 €
4611	4611	Untersuchung zur Prüfung der Empfindlichkeit von Bakterien gegen Antibiotika und/oder Chemotherapeutika nach der Break-Point-Methode, bis zu acht Substanzen, je geprüfter Substanz..	30		0,90 €	0,90 €	2,07 €
4612	4612	Untersuchung zur Prüfung der Empfindlichkeit von Bakterien gegen Antibiotika und/oder Chemotherapeutika mittels semiquantitativem Antibiotikadilutionstest (Agardilution oder MHK-Bestimmung), bis zu acht Substanzen, je geprüfter Substanz..................	50		1,50 €	1,50 €	3,45 €
4613	4613	Untersuchung zur Prüfung der Empfindlichkeit von Bakterien gegen Antibiotika und/oder Chemotherapeutika mittels semiquantitativer Bestimmung der minimalen mikrobiziden Antibiotikakonzentration (MBC), bis zu acht Substanzen, je geprüfter Substanz..............	75		2,30 €	2,30 €	5,18 €
4614	4614	Untersuchung zur quantitativen Prüfung der Empfindlichkeit von Bakterien gegen Antibiotika und/oder Chemotherapeutika durch Anzüchtung in entsprechenden Flüssigmedien und photometrische, turbodimetrische oder nephelometrische Messung (teil- oder vollmechanisierte Geräte), je Untersuchung............	250		7,70 €	7,70 €	17,26 €

M IV.2 Untersuchungen zum Nachweis und zur Charakterisierung von Viren
M IV.2.a Untersuchungen im Nativmaterial

BG-T Tarif-Nr.	DKG-NT Tarif-Nr.	Leistung	Punkte (nur DKG-NT I)	Besondere Kosten	Allgemeine Kosten	Sach-kosten	Vollkosten (nur DKG-NT I)
1a	1b	2	3	4	5	6	7
		Nachweis von viralen Antigenen im Nativmaterial mittels Agglutinationsreaktion (z. B. Latex-Agglutination), je Untersuchung............	60		1,80 €	1,80 €	4,14 €
		Katalog					
4630	4630	Rota-Viren..........................					
4631	4631	Untersuchungen mit ähnlichem methodischem Aufwand.............					
		Die untersuchten Viren sind in der Rechnung anzugeben.					
		Lichtmikroskopische Untersuchung im Nativmaterial zum Nachweis von Einschluß- oder Elementarkörperchen aus Zellmaterial - einschließlich Anfärbung -, qualitativ, je Untersuchung...	80		2,50 €	2,50 €	5,52 €
		Katalog					
4633	4633	Herpes-Simplex-Viren..................					
4634	4634	Untersuchungen mit ähnlichem methodischem Aufwand.............					
		Die untersuchten Viren sind in der Rechnung anzugeben.					
4636	4636	Lichtmikroskopische immunologische Untersuchung im Nativmaterial zum Nachweis von Viren - einschließlich Fluoreszenz-, Enzym-, oder anderer Markierung -, je Antiserum...........	290		8,90 €	8,90 €	20,02 €
4637	4637	Elektronenmikroskopischer Nachweis und Identifizierung von Viren im Nativmaterial, je Untersuchung...........................	3.180		97,60 €	97,60 €	219,50 €
		Ligandenassay (z. B. Enzym- oder Radioimmunoassay) - gegebenenfalls einschließlich Doppelbestimmung und aktueller Bezugskurve -, zum Nachweis von viralen Antigenen im Nativmaterial, je Untersuchung..................	250		7,70 €	7,70 €	17,26 €
		Katalog					
4640	4640	Adeno-Viren........................					

M IV.2.a Untersuchungen im Nativmaterial

Nummern 4641–4648

BG-T Tarif-Nr.	DKG-NT Tarif-Nr.	Leistung	Punkte (nur DKG-NT I)	Besondere Kosten	Allgemeine Kosten	Sach-kosten	Vollkosten (nur DKG-NT I)
1a	1b	2	3	4	5	6	7
4641	4641	Hepatitis A-Viren					
4642	4642	Hepatitis B-Viren (HBe-Antigen)					
4643	4643	Hepatitis B-Viren (HBs-Antigen)					
4644	4644	Influenza-Viren					
4645	4645	Parainfluenza-Viren					
4646	4646	Rota-Viren					
4647	4647	Respiratory syncytial virus					
4648	4648	Untersuchungen mit ähnlichem methodischem Aufwand . . . . *Die untersuchten Viren sind in der Rechnung anzugeben.*					

M IV.2.b Züchtung

BG-T Tarif-Nr.	DKG-NT Tarif-Nr.	Leistung	Punkte (nur DKG-NT I)	Besondere Kosten	Allgemeine Kosten	Sach-kosten	Vollkosten (nur DKG-NT I)
1a	1b	2	3	4	5	6	7
4655	**4655**	Untersuchung zum Nachweis von Viren durch Anzüchtung auf Gewebekultur oder Gewebesubkultur, je Ansatz	450		**13,80 €**	**13,80 €**	**31,06 €**

M IV.2.c Identifizierung/Charakterisierung

Nummern 4665–4676

BG-T Tarif-Nr. 1a	DKG-NT Tarif-Nr. 1b	Leistung 2	Punkte (nur DKG-NT I) 3	Besondere Kosten 4	Allgemeine Kosten 5	Sach-kosten 6	Vollkosten (nur DKG-NT I) 7
		Allgemeine Bestimmungen *Die zur Identifizierung geeigneten Verfahren können nur dann in Ansatz gebracht werden, wenn zuvor im Rahmen der Leistung nach Nummer 4655 ein positiver Nachweis gelungen ist und die Charakterisierung nach der Leistung nach Nummer 4665 durchgeführt wurde. Es können jedoch nicht mehr als zwei Verfahren nach den Nummern 4666 bis 4671 zur Identifizierung berechnet werden.*					
4665	4665	Untersuchung zur Charakterisierung von Viren mittels einfacher Verfahren (z. B. Ätherresistenz, Chloroformresistenz, pH3-Test), je Ansatz	250		7,70 €	7,70 €	17,26 €
4666	4666	Identifizierung von Viren durch aufwendigere Verfahren (Hämabsorption, Hämagglutination, Hämagglutinationshemmung), je Ansatz	250		7,70 €	7,70 €	17,26 €
4667	4667	Identifizierung von Viren durch Neutralisationstest, je Untersuchung	250		7,70 €	7,70 €	17,26 €
4668	4668	Identifizierung von Virus-Antigenen durch Immunoblotting, je Untersuchung	330		10,10 €	10,10 €	22,78 €
4670	4670	Lichtmikroskopische immunologische Untersuchung zur Identifizierung von Viren - einschließlich Fluoreszenz-, Enzym- oder anderer Markierung -, je Antiserum	290		8,90 €	8,90 €	20,02 €
4671	4671	Elektronenmikroskopischer Nachweis und Identifizierung von Viren nach Anzüchtung, je Untersuchung	3.180		97,60 €	97,60 €	219,50 €
		Ligandenassay (z. B. Enzym- oder Radioimmunoassay) - gegebenenfalls einschließlich Doppelbestimmung und aktueller Bezugskurve -, zum Nachweis von viralen Antigenen angezüchteter Viren, je Untersuchungsgang . . . . . . Katalog	250		7,70 €	7,70 €	17,26 €
4675	4675	Adeno-Viren					
4676	4676	Influenza-Viren					

M IV.2.c Identifizierung/Charakterisierung

BG-T Tarif- Nr.	DKG-NT Tarif- Nr.	Leistung	Punkte (nur DKG-NT I)	Besondere Kosten	Allgemeine Kosten	Sach- kosten	Vollkosten (nur DKG-NT I)
1a	1b	2	3	4	5	6	7
4677	4677	Parainfluenza-Viren					
4678	4678	Rota-Viren					
4679	4679	Respiratory syncytial Virus					
4680	4680	Untersuchungen mit ähnlichem methodischem Aufwand . . . . *Die untersuchten Viren sind in der Rechnung anzugeben.*					

M IV.3 Untersuchungen zum Nachweis und zur Charakterisierung von Pilzen
M IV.3.a Untersuchungen im Nativmaterial

Nummern 4705–4713

BG-T Tarif-Nr.	DKG-NT Tarif-Nr.	Leistung	Punkte (nur DKG-NT I)	Besondere Kosten	Allgemeine Kosten	Sach-kosten	Vollkosten (nur DKG-NT I)
1a	1b	2	3	4	5	6	7
		Untersuchungen zum Nachweis von Pilzantigenen mittels Agglutination, je Antiserum	120		3,70 €	3,70 €	8,28 €
		Katalog					
4705	4705	Aspergillus					
4706	4706	Candida					
4707	4707	Kryptokokkus neoformans					
4708	4708	Untersuchungen mit ähnlichem methodischem Aufwand .... *Die untersuchten Pilze sind in der Rechnung anzugeben.*					
4710	4710	Lichtmikroskopische Untersuchung zum Nachweis von Pilzen ohne Anfärbung im Nativmaterial, je Material	80		2,50 €	2,50 €	5,52 €
4711	4711	Lichtmikroskopische Untersuchung zum Nachweis von Pilzen im Nativmaterial nach Präparation (z. B. Kalilauge) oder aufwendigerer Anfärbung (z. B. Färbung mit Fluorochromen, Baumwollblau-, Tuschefärbung), je Material	120		3,70 €	3,70 €	8,28 €
4712	4712	Lichtmikroskopische immunologische Untersuchung zum Nachweis von Pilzen im Nativmaterial - einschließlich Fluoreszenz-, Enzym- oder anderer Markierung -, je Antiserum	290		8,90 €	8,90 €	20,02 €
4713	4713	Untersuchung im Nativmaterial zum Nachweis von Pilzantigenen mittels Ligandenassay (z. B. Enzym- oder Radioimmunoassay) - gegebenenfalls einschließlich Doppelbestimmung und aktueller Bezugskurve -, je Untersuchung	250		7,70 €	7,70 €	17,26 €

M IV.3.b Züchtung

BG-T Tarif-Nr.	DKG-NT Tarif-Nr.	Leistung	Punkte (nur DKG-NT I)	Besondere Kosten	Allgemeine Kosten	Sach-kosten	Vollkosten (nur DKG-NT I)
1a	1b	2	3	4	5	6	7
4715	**4715**	Untersuchung zum Nachweis von Pilzen durch An- oder Weiterzüchtung auf einfachen Nährmedien (z. B. Sabouraud-Agar), je Nährmedium.	100		3,10 €	3,10 €	6,90 €
		Eine mehr als fünfmalige Berechnung der Leistung nach Nummer 4715 bei Untersuchungen aus demselben Untersuchungsmaterial ist nicht zulässig.					
4716	**4716**	Untersuchung zum Nachweis von Pilzen durch An- oder Weiterzüchtung auf aufwendigeren Nährmedien (z. B. Antibiotika-, Wuchsstoffzusatz), je Nährmedium	120		3,70 €	3,70 €	8,28 €
		Eine mehr als fünfmalige Berechnung der Leistung nach Nummer 4716 bei Untersuchungen aus demselben Untersuchungsmaterial ist nicht zulässig.					
4717	**4717**	Züchtung von Pilzen auf Differenzierungsmedien (z. B. Harnstoff-, Stärkeagar), je Nährmedium . .	120		3,70 €	3,70 €	8,28 €
		Eine mehr als dreimalige Berechnung der Leistung nach Nummer 4717 je Pilz ist nicht zulässig.					

M IV.3.c   Identifizierung/Charakterisierung   Nummern 4720–4724

BG-T Tarif-Nr.	DKG-NT Tarif-Nr.	Leistung	Punkte (nur DKG-NT I)	Besondere Kosten	Allgemeine Kosten	Sach-kosten	Vollkosten (nur DKG-NT I)
1a	1b	2	3	4	5	6	7
4720	4720	Identifizierung von angezüchteten Pilzen mittels Röhrchen- oder Mehrkammerverfahren bis zu fünf Reaktionen, je Pilz	120		3,70 €	3,70 €	8,28 €
4721	4721	Identifizierung von angezüchteten Pilzen mittels Röhrchen- oder Mehrkammerverfahren mit mindestens sechs Reaktionen, je Pilz	250		7,70 €	7,70 €	17,26 €
4722	4722	Lichtmikroskopische Identifizierung angezüchteter Pilze - einschließlich Anfärbung (z. B. Färbung mit Fluorochromen, Baumwollblau-, Tuschefärbung) -, je Untersuchung	120		3,70 €	3,70 €	8,28 €
4723	4723	Lichtmikroskopische immunologische Untersuchung zur Identifizierung angezüchteter Pilze - einschließlich Fluoreszenz-, Enzym- oder anderer Markierung -, je Antiserum	290		8,90 €	8,90 €	20,02 €
4724	4724	Untersuchung zur Identifizierung von Antigenen angezüchteter Pilze mittels Ligandenassay (Enzym- oder Radioimmunoassay) - gegebenenfalls einschließlich Doppelbestimmung und aktueller Bezugskurve -, je Untersuchung	250		7,70 €	7,70 €	17,26 €

M IV.3.d Empfindlichkeitstestung **Nummern 4727, 4728**

BG-T Tarif-Nr.	DKG-NT Tarif-Nr.	Leistung	Punkte (nur DKG-NT I)	Besondere Kosten	Allgemeine Kosten	Sachkosten	Vollkosten (nur DKG-NT I)
1a	1b	2	3	4	5	6	7
4727	4727	Untersuchung zur Prüfung der Empfindlichkeit von angezüchteten Pilzen gegen Antimykotika und/oder Chemotherapeutika mittels trägergebundener Testsubstanzen, je Pilz..........	120		3,70 €	3,70 €	8,28 €
4728	4728	Untersuchung zur Prüfung der Empfindlichkeit von angezüchteten Pilzen gegen Antimykotika und/oder Chemotherapeutika mittels Reihenverdünnungstest, je Reihenverdünnungstest......	250		7,70 €	7,70 €	17,26 €

M IV.4 Untersuchungen zum Nachweis und zur Charakterisierung von Parasiten
M IV.4.a Untersuchungen im Nativmaterial oder nach Anreicherung

Nummern 4740–4751

BG-T Tarif-Nr.	DKG-NT Tarif-Nr.	Leistung	Punkte (nur DKG-NT I)	Besondere Kosten	Allgemeine Kosten	Sachkosten	Vollkosten (nur DKG-NT I)
1a	1b	2	3	4	5	6	7
		Lichtmikroskopische Untersuchung zum Nachweis von Parasiten, ohne oder mit einfacher Anfärbung (z. B. Lugol- oder Methylenblaufärbung) - gegebenenfalls einschließlich spezieller Beleuchtungsverfahren (z. B. Phasenkontrast) -, qualitativ, je Untersuchung .... *Katalog*	120		3,70 €	3,70 €	8,28 €
4740	4740	Amöben................					
4741	4741	Lamblien................					
4742	4742	Sarcoptes scabiei (Krätzmilbe)...........					
4743	4743	Trichomonaden............					
4744	4744	Würmer und deren Bestandteile, Wurmeier....					
4745	4745	Untersuchungen mit ähnlichem methodischem Aufwand................ *Die untersuchten Parasiten sind in der Rechnung anzugeben.*					
		Lichtmikroskopische Untersuchung zum Nachweis von Parasiten, ohne oder mit einfacher Anfärbung (z. B. Lugol- oder Methylenblaufärbung) - gegebenenfalls einschließlich spezieller Beleuchtungsverfahren (z. B. Phasenkontrast) -, nach einfacher Anreicherung (z. B. Sedimentation, Filtration, Kochsalzaufschwemmung), qualitativ, je Untersuchung .... *Katalog*	160		4,90 €	4,90 €	11,04 €
4747	4747	Amöben................					
4748	4748	Lamblien................					
4749	4749	Trichomonaden............					
4750	4750	Würmer und deren Bestandteile, Wurmeier....					
4751	4751	Untersuchungen mit ähnlichem methodischem Aufwand................					

M IV.4.a Untersuchungen im Nativmaterial oder nach Anreicherung Nummern 4753–4759

BG-T Tarif-Nr.	DKG-NT Tarif-Nr.	Leistung	Punkte (nur DKG-NT I)	Besondere Kosten	Allgemeine Kosten	Sachkosten	Vollkosten (nur DKG-NT I)
1a	1b	2	3	4	5	6	7
		Die untersuchten Parasiten sind in der Rechnung anzugeben. Lichtmikroskopische Untersuchung zum Nachweis von Parasiten - einschließlich aufwendigerer Anfärbung -, qualitativ, je Untersuchung .... Katalog	250		7,70 €	7,70 €	17,26 €
4753	4753	Giemsafärbung (Blutausstrich) (z. B. Malariaplasmodien)					
4754	4754	Untersuchungen mit ähnlichem methodischem Aufwand					
		Die untersuchten Parasiten sind in der Rechnung anzugeben.					
4756	4756	Lichtmikroskopische Untersuchung zum Nachweis von Parasiten, ohne oder mit einfacher Anfärbung (z. B. Lugol- oder Methylenblaufärbung) oder speziellen Beleuchtungsverfahren (z. B. Phasenkontrast), nach aufwendiger Anreicherung oder Vorbereitung (z. B. Schlüpfversuch, Formalin-Äther-Verfahren), qualitativ, je Untersuchung	200		6,10 €	6,10 €	13,80 €
4757	4757	Lichtmikroskopische Untersuchung zum Nachweis von Parasiten, ohne oder mit einfacher Anfärbung (z. B. Lugolfärbung- oder Methylenblaufärbung) oder speziellen Beleuchtungsverfahren (z. B. Phasenkontrast), nach aufwendiger Anreicherung oder Vorbereitung (z. B. Schlüpfversuch, Formalin-Äther-Verfahren), quantitativ (z. B. Filtermethode, Zählkammer), je Untersuchung	250		7,70 €	7,70 €	17,26 €
4758	4758	Lichtmikroskopische immunologische Untersuchung zum Nachweis von Parasiten im Nativmaterial - einschließlich Fluoreszenz-, Enzym- oder anderer Markierung -, je Antiserum	290		8,90 €	8,90 €	20,02 €
4759	4759	Ligandenassay (z. B. Enzym-, Radioimmunoassay) - gegebenenfalls einschließlich Doppelbestimmung und aktueller Bezugskurve -, zum Nachweis von Parasitenantigenen im Nativmaterial, je Untersuchung	250		7,70 €	7,70 €	17,26 €

M IV.4.b Züchtung

BG-T Tarif-Nr.	DKG-NT Tarif-Nr.	Leistung	Punkte (nur DKG-NT I)	Besondere Kosten	Allgemeine Kosten	Sach-kosten	Vollkosten (nur DKG-NT I)
1a	1b	2	3	4	5	6	7
		Untersuchung zum Nachweis von Parasiten durch Züchtung auf Kulturmedien, je Untersuchung .... Katalog	250		7,70 €	7,70 €	17,26 €
4760	4760	Amöben............................					
4761	4761	Lamblien...........................					
4762	4762	Trichomonaden.....................					
4763	4763	Untersuchungen mit ähnlichem methodischem Aufwand .... *Die untersuchten Parasiten sind in der Rechnung anzugeben.*					

M IV.4.c Identifizierung

Nummern 4765–4768

BG-T Tarif-Nr.	DKG-NT Tarif-Nr.	Leistung	Punkte (nur DKG-NT I)	Besondere Kosten	Allgemeine Kosten	Sach-kosten	Vollkosten (nur DKG-NT I)
1a	1b	2	3	4	5	6	7
		Lichtmikroskopische Untersuchung zur Identifizierung von Parasiten nach Anzüchtung, je Untersuchung............	120		3,70 €	3,70 €	8,28 €
		Katalog					
4765	4765	Trichomonaden................					
4766	4766	Untersuchungen mit ähnlichem methodischem Aufwand					
		Die untersuchten Parasiten sind in der Rechnung anzugeben.					
4768	4768	Ligandenassay (z. B. Enzym- oder Radioimmunoassay) - gegebenenfalls einschließlich Doppelbestimmung und aktueller Bezugskurve -, zum Nachweis von Parasitenantigenen, je Untersuchung..................	250		7,70 €	7,70 €	17,26 €

M IV.4.d Xenodiagnostische Untersuchungen

BG-T Tarif-Nr.	DKG-NT Tarif-Nr.	Leistung	Punkte (nur DKG-NT I)	Besondere Kosten	Allgemeine Kosten	Sach-kosten	Vollkosten (nur DKG-NT I)
1a	1b	2	3	4	5	6	7
		Xenodiagnostische Untersuchung zum Nachweis von parasitären Krankheitserregern, je Untersuchung.................... Katalog	250		**7,70 €**	**7,70 €**	**17,26 €**
4770	**4770**	Trypanosoma cruzi					
4771	**4771**	Untersuchungen mit ähnlichem methodischem Aufwand .... *Die untersuchten Parasiten sind in der Rechnung anzugeben.*					

M IV.5 Untersuchungen zur molekularbiologischen Identifizierung von Bakterien, Viren, Pilzen und Parasiten — Nummern 4780–4787

BG-T Tarif-Nr.	DKG-NT Tarif-Nr.	Leistung	Punkte (nur DKG-NT I)	Besondere Kosten	Allgemeine Kosten	Sach-kosten	Vollkosten (nur DKG-NT I)
1a	1b	2	3	4	5	6	7
		Allgemeine Bestimmung *Bei der Berechnung der Leistungen nach den Nummern 4780 bis 4787 ist die Art des untersuchten Materials (Nativmaterial oder Material nach Anzüchtung) sowie der untersuchte Mikroorganismus (Bakterium, Virus, Pilz oder Parasit) in der Rechnung anzugeben.*					
4780	4780	Isolierung von Nukleinsäuren............	900		27,60 €	27,60 €	62,12 €
4781	4781	Verdau (Spaltung) isolierter Nukleinsäuren mit Restriktionsenzymen, je Enzym...........	150		4,60 €	4,60 €	10,35 €
4782	4782	Enzymatische Transkription von RNA mittels reverser Transkriptase.............	500		15,30 €	15,30 €	34,51 €
4783	4783	Amplifikation von Nukleinsäuren oder Nukleinsäurefragmenten mit Polymerasekettenreaktion (PCR)...........	500		15,30 €	15,30 €	34,51 €
4784	4784	Amplifikation von Nukleinsäuren oder Nukleinsäurefragmenten mit geschachtelter Polymerasekettenreaktion (nested PCR)........	1.000		30,70 €	30,70 €	69,02 €
4785	4785	Identifizierung von Nukleinsäurefragmenten durch Hybridisierung mit radioaktiv oder nicht radioaktiv markierten Sonden und nachfolgender Detektion, je Sonde...............	300		9,20 €	9,20 €	20,71 €
4786	4786	Trennung von Nukleinsäurefragmenten mittels elektrophoretischer Methoden und anschließendem Transfer auf Trägermaterialien (z. B. Dot-Blot, Slot-Blot).............	600		18,40 €	18,40 €	41,41 €
4787	4787	Identifizierung von Nukleinsäurefragmenten durch Sequenzermittlung.............	2.000		61,40 €	61,40 €	138,05 €

Teil N

Histologie, Zytologie und Zytogenetik

N I Histologie

Nummern 4800–4816

BG-T Tarif-Nr.	DKG-NT Tarif-Nr.	Leistung	Punkte (nur DKG-NT I)	Besondere Kosten	Allgemeine Kosten	Sach-kosten	Vollkosten (nur DKG-NT I)
1a	1b	2	3	4	5	6	7
4800	4800	Histologische Untersuchung und Begutachtung eines Materials	217		6,70 €	6,70 €	18,64 €
4801	4801	Histologische Untersuchung und Begutachtung mehrerer Zupfpräparate aus der Magen- oder Darmschleimhaut	289		9,00 €	9,00 €	24,82 €
4802	4802	Histologische Untersuchung und Begutachtung eines Materials mit besonders schwieriger Aufbereitung desselben (z. B. Knochen mit Entkalkung).	289		9,00 €	9,00 €	24,82 €
4810	4810	Histologische Untersuchung eines Materials und zytologische Untersuchung zur Krebsdiagnostik	289		9,00 €	9,00 €	24,82 €
4811	4811	Histologische Untersuchung und Begutachtung eines Materials (z. B. Portio, Cervix, Bronchus) anhand von Schnittserien bei zweifelhafter oder positiver Zytologie	289		9,00 €	9,00 €	24,82 €
4815	4815	Histologische Untersuchung und Begutachtung von Organbiopsien (z. B. Leber, Lunge, Niere, Milz, Knochen, Lymphknoten) unter Anwendung histochemischer oder optischer Sonderverfahren (Elektronen-, Interferenz-, Polarisationsmikroskopie)	350		10,80 €	10,80 €	30,06 €
4816	4816	Histologische Sofortuntersuchung und -begutachtung während einer Operation (Schnellschnitt).	250		7,70 €	7,70 €	21,47 €

N II Zytologie

Nummern 4850–4860

BG-T Tarif-Nr.	DKG-NT Tarif-Nr.	Leistung	Punkte (nur DKG-NT I)	Besondere Kosten	Allgemeine Kosten	Sachkosten	Vollkosten (nur DKG-NT I)
1a	1b	2	3	4	5	6	7
4850	**4850**	Zytologische Untersuchung zur Phasenbestimmung des Zyklus - gegebenenfalls einschließlich der Beurteilung nichtzytologischer mikroskopischer Befunde an demselben Material - ...... *Neben der Leistung nach Nummer 4850 ist die Leistung nach Nummer 297 nicht berechnungsfähig.*	87		4,00 €	4,00 €	7,47 €
4851	**4851**	Zytologische Untersuchung zur Krebsdiagnostik als Durchmusterung der im zeitlichen Zusammenhang aus einem Untersuchungsgebiet gewonnenen Präparate (z. B. aus einem Genitale der Frau) - gegebenenfalls einschließlich der Beurteilung nicht zytologischer mikroskopischer Befunde an demselben Material. . . . . *Neben der Leistung nach Nummer 4851 ist die Leistung nach Nummer 4850 bei Untersuchungen aus demselben Material nicht berechnungsfähig.*	130		6,00 €	6,00 €	11,17 €
4852	**4852**	Zytologische Untersuchung von z. B. Punktaten, Sputum, Sekreten, Spülflüssigkeiten mit besonderen Aufbereitungsverfahren - gegebenenfalls einschließlich der Beurteilung nichtzytologischer mikroskopischer Befunde an demselben Material -, je Untersuchungsmaterial	174		8,00 €	8,00 €	14,95 €
4860	**4860**	Mikroskopische Differenzierung von Haaren und deren Wurzeln (Trichogramm) - einschließlich Epilation und Aufbereitung sowie gegebenenfalls einschließlich Färbung -, auch mehrere Präparate	160		7,40 €	7,40 €	13,74 €

N III Zytogenetik

BG-T Tarif-Nr.	DKG-NT Tarif-Nr.	Leistung	Punkte (nur DKG-NT I)	Besondere Kosten	Allgemeine Kosten	Sach-kosten	Vollkosten (nur DKG-NT I)
1a	1b	2	3	4	5	6	7
4870	4870	Kerngeschlechtsbestimmung: Untersuchung auf X-Chromosomen, auch nach mehreren Methoden - gegebenenfalls einschließlich Materialentnahme -	273		12,60 €	12,60 €	23,45 €
4871	4871	Kerngeschlechtsbestimmung: Untersuchung auf Y-Chromosomen, auch nach mehreren Methoden - gegebenenfalls einschließlich Materialentnahme -	289		13,40 €	13,40 €	24,82 €
4872	4872	Chromosomenanalyse, auch einschließlich vorangehender kurzzeitiger Kultivierung - gegebenenfalls einschließlich Materialentnahme -	1.950		90,00 €	90,00 €	167,50 €
4873	4873	Chromosomenanalyse an Fibroblasten oder Epithelien einschließlich vorangehender Kultivierung und langzeitiger Subkultivierung - gegebenenfalls einschließlich Materialentnahme - . . .	3.030		139,90 €	139,90 €	260,27 €

Teil O

Strahlendiagnostik, Nuklearmedizin, Magnetresonanztomographie und Strahlentherapie

O I Strahlendiagnostik

BG-T Tarif-Nr.	DKG-NT Tarif-Nr.	Leistung	Punkte (nur DKG-NT I)	Besondere Kosten	Allgemeine Kosten	Sach-kosten	Vollkosten (nur DKG-NT I)
1a	1b	2	3	4	5	6	7
		Allgemeine Bestimmungen *1. Mit den Gebühren sind alle Kosten (auch für Dokumentation und Aufbewahrung der Datenträger) abgegolten.* *2. Die Leistungen für Strahlendiagnostik, mit Ausnahme der Durchleuchtung(en) (Nummer 5295) sind nur bei Bilddokumentation auf einem Röntgenfilm oder einem anderen Langzeitdatenträger berechnungsfähig.* *3. Die Befundmitteilung oder der einfache Befundbericht mit Angaben zu Befund(en) und zur Diagnose ist Bestandteil der Leistungen und nicht gesondert berechnungsfähig.* *NUR BG-T:* *Der UV-Träger erhält eine Kopie; Portokosten sind zu erstatten.* *4. Die Beurteilung von Röntgenaufnahmen (auch Fremdaufnahmen) als selbständige Leistung ist nicht berechnungsfähig.* *NUR BG-T:* *Für die im Zusammenhang mit einer Begutachtung erforderliche Beurteilung anderweitig angefertigter Röntgenaufnahmen kann der Arzt die Leistungen nach den Nummern 5255 bis 5257 berechnen.* *5. Die nach der Strahlenschutzverordnung bzw. Röntgenverordnung notwendige ärztliche Überprüfung der Indikation und des Untersuchungsumfangs ist auch im Überweisungsfall Bestandteil der Leistungen des Abschnitts O und mit den Gebühren abgegolten.* *6. Die Leistungen nach den Nummern 5011, 5021, 5031, 5101, 5106, 5121, 5201, 5267, 5295, 5302, 5305, 5308, 5311, 5318, 5331, 5339, 5376 und 5731 dürfen unabhängig von der Anzahl der Ebenen, Projektionen, Durchleuchtungen bzw. Serien insgesamt jeweils nur einmal berechnet werden.* *7. Die Kosten für Kontrastmittel auf Bariumbasis und etwaige Zusatzmittel für die Doppelkontrastuntersuchung sind in den abrechnungsfähigen Leistungen enthalten.*					

O I Strahlendiagnostik

BG-T Tarif-Nr.	DKG-NT Tarif-Nr.	Leistung	Punkte (nur DKG-NT I)	Besondere Kosten	Allgemeine Kosten	Sach-kosten	Vollkosten (nur DKG-NT I)
1a	1b	2	3	4	5	6	7
		NUR BG-T: *8. Bei Anforderung von Auskünften, Berichten und Gutachten durch den Träger der gesetzlichen Unfallversicherung sind von diesem für die Rücksendung Freiumschläge beizulegen. In allen anderen Fällen ist dem Arzt das Porto zu ersetzen. Für die Übersendung angeforderter herkömmlicher Röntgenaufnahmen (einschließlich Verpackung) ist ein Pauschalbetrag von 5,47 € je Sendung (zuzüglich Portokosten) zu zahlen. Dies gilt auch für die Übersendung von Röntgenaufnahmen von Arzt zu Arzt.*					

O I.1 Skelett

Nummern 5000–5022

BG-T Tarif-Nr.	DKG-NT Tarif-Nr.	Leistung	Punkte (nur DKG-NT I)	Besondere Kosten	Allgemeine Kosten	Sach-kosten	Vollkosten (nur DKG-NT I)
1a	1b	2	3	4	5	6	7
		Allgemeine Bestimmung					
		Neben den Leistungen nach den Nummern 5050, 5060 und 5070 sind die Leistungen nach den Nummern 300 bis 302, 372, 373, 490, 491 und 5295 nicht berechnungsfähig.					
		Zähne					
5000	5000	Zähne, je Projektion.............	50		2,30 €	2,30 €	4,29 €
		Werden mehrere Zähne mittels einer Röntgenaufnahme erfasst, so darf die Leistung nach Nummer 5000 nur einmal und nicht je aufgenommenen Zahn berechnet werden.					
5002	5002	Panoramaaufnahme(n) eines Kiefers........	250		11,50 €	11,50 €	21,47 €
5004	5004	Panoramaschichtaufnahme der Kiefer	400		18,40 €	18,40 €	34,36 €
		Finger oder Zehen					
5010	5010	jeweils in zwei Ebenen................	180		8,30 €	8,30 €	15,46 €
5011	5011	ergänzende Ebene(n)................	60		2,80 €	2,80 €	5,15 €
		Werden mehrere Finger oder Zehen mittels einer Röntgenaufnahme erfasst, so dürfen die Leistungen nach den Nummern 5010 und 5011 nur einmal und nicht je aufgenommenen Finger oder Zehen berechnet werden.					
		Handgelenk, Mittelhand, alle Finger einer Hand, Sprunggelenk, Fußwurzel und/oder Mittelfuß, Kniescheibe					
5020	5020	jeweils in zwei Ebenen................	220		10,10 €	10,10 €	18,90 €
5021	5021	ergänzende Ebene(n)................	80		3,70 €	3,70 €	6,87 €
5022		Gehaltene Aufnahme(n) zur Funktionsprüfung des Bandapparates eines Daumen- oder Sprunggelenks zu den Leistungen nach den Gebührenordnungsnummern 5010, 5011 bzw. 5020, 5021........					

O I.1 Skelett

BG-T Tarif-Nr.	DKG-NT Tarif-Nr.	Leistung	Punkte (nur DKG-NT I)	Besondere Kosten	Allgemeine Kosten	Sach-kosten	Vollkosten (nur DKG-NT I)
1a	1b	2	3	4	5	6	7
		Werden mehrere der in der Leistungsbeschreibung genannten Skeletteile mittels einer Röntgenaufnahme erfasst, so dürfen die Leistungen nach den Nummern 5020 und 5021 nur einmal und nicht je aufgenommenem Skeletteil berechnet werden.					
		Oberarm, Unterarm, Ellenbogengelenk, Oberschenkel, Unterschenkel, Kniegelenk, ganze Hand oder ganzer Fuß, Gelenke der Schulter, Schlüsselbein, Beckenteilaufnahme, Kreuzbein oder Hüftgelenk					
5030	5030	jeweils in zwei Ebenen	360		16,60 €	16,60 €	30,92 €
5031	5031	ergänzende Ebene(n)	100		4,60 €	4,60 €	8,59 €
		Werden mehrere der in der Leistungsbeschreibung genannten Skeletteile mittels einer Röntgenaufnahme erfasst, so dürfen die Leistungen nach den Nummern 5030 und 5031 nur einmal und nicht je aufgenommenem Skeletteil berechnet werden.					
5032		Gehaltene Aufnahme(n) zur Funktionsprüfung des Bandapparates eines Schultereck- oder Kniegelenks zu den Leistungen nach den Gebührenordnungsnummrn 5030, 5031					
5035	5035	Teile des Skeletts in einer Ebene, je Teil	160		7,40 €	7,40 €	13,74 €
		Die Leistung nach Nummer 5035 ist je Skeletteil und Sitzung nur einmal berechnungsfähig. Das untersuchte Skeletteil ist in der Rechnung anzugeben.					
		Die Leistung nach Nummer 5035 ist neben den Leistungen nach den Nummern 5000 bis 5031 und 5037 bis 5121 nicht berechnungsfähig.					
5037	5037	Bestimmung des Skelettalters - gegebenenfalls einschließlich Berechnung der prospektiven Endgröße, einschließlich der zugehörigen Röntgendiagnostik und gutachterlichen Beurteilung -	300		13,80 €	13,80 €	25,77 €
5040	5040	Beckenübersicht	300		13,80 €	13,80 €	25,77 €
5041	5041	Beckenübersicht bei einem Kind bis zum vollendeten 14. Lebensjahr	200		9,20 €	9,20 €	17,18 €

O I.1 Skelett

BG-T Tarif-Nr.	DKG-NT Tarif-Nr.	Leistung	Punkte (nur DKG-NT I)	Besondere Kosten	Allgemeine Kosten	Sach-kosten	Vollkosten (nur DKG-NT I)
1a	1b	2	3	4	5	6	7
5050	5050	Kontrastuntersuchung eines Hüftgelenks, Kniegelenks oder Schultergelenks, einschließlich Punktion, Stichkanalanästhesie und Kontrastmitteleinbringung - gegebenenfalls einschließlich Durchleuchtung(en)	950		43,70 €	43,70 €	81,60 €
5060	5060	Kontrastuntersuchung eines Kiefergelenks, einschließlich Punktion, Stichkanalanästhesie und Kontrastmitteleinbringung - gegebenenfalls einschließlich Durchleuchtung(en) -	500		23,00 €	23,00 €	42,95 €
5070	5070	Kontrastuntersuchung der übrigen Gelenke, einschließlich Punktion, Stichkanalanästhesie und Kontrastmitteleinbringung - gegebenenfalls einschließlich Durchleuchtung(en) -, je Gelenk	400		18,40 €	18,40 €	34,36 €
5090	5090	Schädel- Übersicht in zwei Ebenen	400		18,40 €	18,40 €	34,36 €
5095	5095	Schädelteile in Spezialprojektionen, je Teil	200		9,20 €	9,20 €	17,18 €
5098	5098	Nasennebenhöhlen - gegebenenfalls auch in mehreren Ebenen -	260		12,00 €	12,00 €	22,33 €
5100	5100	Halswirbelsäule, in zwei Ebenen	300		13,80 €	13,80 €	25,77 €
5101	5101	ergänzende Ebene(n)	160		7,40 €	7,40 €	13,74 €
5105	5105	Brust- oder Lendenwirbelsäule, in zwei Ebenen, je Teil	400		18,40 €	18,40 €	34,36 €
5106	5106	ergänzende Ebene(n)	180		8,30 €	8,30 €	15,46 €
5110	5110	Ganzaufnahme der Wirbelsäule oder einer Extremität	500		23,00 €	23,00 €	42,95 €
5111	5111	ergänzende Ebene(n)	200		9,20 €	9,20 €	17,18 €

Die Leistung nach Nummer 5111 ist je Sitzung nicht mehr als zweimal berechnungsfähig.

Die Leistungen nach den Nummern 5110 und 5111 sind neben den Leistungen nach den Nummern 5010, 5011, 5020, 5021, 5030 und 5031 nicht berechnungsfähig.

Die Nebeneinanderberechnung der Leistungen nach den Nummern 5100, 5105 und 5110 bedarf einer besonderen Begründung.

O I.1 Skelett

BG-T Tarif-Nr.	DKG-NT Tarif-Nr.	Leistung	Punkte (nur DKG-NT I)	Besondere Kosten	Allgemeine Kosten	Sach-kosten	Vollkosten (nur DKG-NT I)
1a	1b	2	3	4	5	6	7
5115	5115	Untersuchung von Teilen der Hand oder des Fußes mittels Feinfokustechnik (Fokusgröße maximal 0,2 mm) oder Xeroradiographietechnik zur gleichzeitigen Beurteilung von Knochen und Weichteilen, je Teil	400		18,40 €	18,40 €	34,36 €
5120	5120	Rippen einer Thoraxhälfte, Schulterblatt oder Brustbein, in einer Ebene	260		12,00 €	12,00 €	22,33 €
5121	5121	ergänzende Ebene(n)	140		6,40 €	6,40 €	12,03 €

O I.2 Hals- und Brustorgane

BG-T Tarif-Nr.	DKG-NT Tarif-Nr.	Leistung	Punkte (nur DKG-NT I)	Besondere Kosten	Allgemeine Kosten	Sach-kosten	Vollkosten (nur DKG-NT I)
1a	1b	2	3	4	5	6	7
5130	5130	Halsorgane oder Mundboden - gegebenenfalls in mehreren Ebenen -..................	280		12,90 €	12,90 €	24,05 €
5135	5135	Brustorgane-Übersicht, in einer Ebene....... *Die Leistung nach Nummer 5135 ist je Sitzung nur einmal berechnungsfähig.*	280		12,90 €	12,90 €	24,05 €
5137	5137	Brustorgane-Übersicht - gegebenenfalls einschließlich Breischluck und Durchleuchtung(en) -, in mehreren Ebenen..................	450		20,70 €	20,70 €	38,65 €
5139	5139	Teil der Brustorgane.................... *Die Berechnung der Leistung nach Nummer 5139 neben den Leistungen nach den Nummern 5135, 5137 und/oder 5140 ist in der Rechnung zu begründen.*	180		8,30 €	8,30 €	15,46 €
5140	5140	Brustorgane, Übersicht im Mittelformat.......	100		4,60 €	4,60 €	8,59 €

O I.3 Bauch- und Verdauungsorgane

Nummern 5150–5170

BG-T Tarif-Nr.	DKG-NT Tarif-Nr.	Leistung	Punkte (nur DKG-NT I)	Besondere Kosten	Allgemeine Kosten	Sachkosten	Vollkosten (nur DKG-NT I)
1a	1b	2	3	4	5	6	7
5150	5150	Speiseröhre, gegebenenfalls einschließlich ösophago-gastraler Übergang, Kontrastuntersuchung (auch Doppelkontrast) - einschließlich Durchleuchtung(en) -, als selbständige Leistung.	550		25,30 €	25,30 €	47,24 €
5157	5157	Oberer Verdauungstrakt (Speiseröhre, Magen, Zwölffingerdarm und oberer Abschnitt des Dünndarms), Monokontrastuntersuchung - einschließlich Durchleuchtung(en)	700		32,20 €	32,20 €	60,13 €
5158	5158	Oberer Verdauungstrakt (Speiseröhre, Magen, Zwölffingerdarm und oberer Abschnitt des Dünndarms), Kontrastuntersuchung - einschließlich Doppelkontrastdarstellung und Durchleuchtung(en), gegebenenfalls einschließlich der Leistung nach Nummer 5150 -	1.200		55,20 €	55,20 €	103,08 €
5159	5159	Zuschlag zu den Leistungen nach den Nummern 5157 und 5158 bei Erweiterung der Untersuchung bis zum Ileozökalgebiet	300		13,80 €	13,80 €	25,77 €
5163	5163	Dünndarmkontrastuntersuchung mit im Bereich der Flexura duodeno-jejunalis endender Sonde - einschließlich Durchleuchtung(en) -	1.300		59,80 €	59,80 €	111,67 €
5165	5165	Monokontrastuntersuchung von Teilen des Dickdarms - einschließlich Durchleuchtung(en) -	700		32,20 €	32,20 €	60,13 €
5166	5166	Dickdarmdoppelkontrastuntersuchung - einschließlich Durchleuchtung(en) -	1.400		64,40 €	64,40 €	120,26 €
5167	5167	Defäkographie nach Markierung der benachbarten Hohlorgane - einschließlich Durchleuchtung(en) -	1.000		46,00 €	46,00 €	85,90 €
5168	5168	Pharyngographie unter Verwendung kinematographischer Techniken - einschließlich Durchleuchtung(en) -, als selbständige Leistung	800		36,80 €	36,80 €	68,72 €
5169	5169	Pharyngographie unter Verwendung kinematographischer Techniken - einschließlich Durchleuchtung(en) -, und einschließlich der Darstellung der gesamten Speiseröhre	1.100		50,60 €	50,60 €	94,49 €
5170	5170	Kontrastuntersuchung von Gallenblase und/oder Gallenwegen und/oder Pankreasgängen . .	400		18,40 €	18,40 €	34,36 €

O I.3 Bauch- und Verdauungsorgane

BG-T Tarif-Nr.	DKG-NT Tarif-Nr.	Leistung	Punkte (nur DKG-NT I)	Besondere Kosten	Allgemeine Kosten	Sach-kosten	Vollkosten (nur DKG-NT I)
1a	1b	2	3	4	5	6	7
5190	5190	Bauchübersicht, in einer Ebene oder Projektion. *Die Leistung nach Nummer 5190 ist je Sitzung nur einmal berechnungsfähig.*	300		13,80 €	13,80 €	25,77 €
5191	5191	Bauchübersicht, in zwei oder mehr Ebenen oder Projektionen..........	500		23,00 €	23,00 €	42,95 €
5192	5192	Bauchteilaufnahme - gegebenenfalls in mehreren Ebenen oder Spezialprojektionen -.......	200		9,20 €	9,20 €	17,18 €
5200	5200	Harntraktkontrastuntersuchung - einschließlich intravenöser Verabreichung des Kontrastmittels -	600		27,60 €	27,60 €	51,54 €
5201	5201	Ergänzende Ebene(n) oder Projektion(en) im Anschluss an die Leistung nach Nummer 5200 - gegebenenfalls einschließlich Durchleuchtung(en) -..........	200		9,20 €	9,20 €	17,18 €
5220	5220	Harntraktkontrastuntersuchung - einschließlich retrograder Verabreichung des Kontrastmittels, gegebenenfalls einschließlich Durchleuchtung(en) -, je Seite.......	300		13,80 €	13,80 €	25,77 €
5230	5230	Harnröhren- und/oder Harnblasenkontrastuntersuchung (Urethrozystographie) - einschließlich retrograder Verabreichung des Kontrastmittels, gegebenenfalls einschließlich Durchleuchtung(en) -, als selbständige Leistung..........	300		13,80 €	13,80 €	25,77 €
5235	5235	Refluxzystographie - einschließlich retrograder Verabreichung des Kontrastmittels, einschließlich Miktionsaufnahmen und gegebenenfalls einschließlich Durchleuchtung(en) -, als selbständige Leistung.......	500		23,00 €	23,00 €	42,95 €
5250	5250	Gebärmutter- und/oder Eileiterkontrastuntersuchung - einschließlich Durchleuchtung(en) -....	400		18,40 €	18,40 €	34,36 €
		Beurteilung von Fremdleistungen Beurteilung anderweitig gefertigter Röntgenaufnahmen im Zusammenhang mit einer Begutachtung					
5255		bis zu 15 Aufnahmen............					

O I.3 Bauch- und Verdauungsorgane

BG-T Tarif-Nr.	DKG-NT Tarif-Nr.	Leistung	Punkte (nur DKG-NT I)	Besondere Kosten	Allgemeine Kosten	Sach-kosten	Vollkosten (nur DKG-NT I)
1a	1b	2	3	4	5	6	7
5256		bis zu 40 Aufnahmen....................					
5257		über 40 Aufnahmen....................					

O I.4 Spezialuntersuchungen

BG-T Tarif-Nr.	DKG-NT Tarif-Nr.	Leistung	Punkte (nur DKG-NT I)	Besondere Kosten	Allgemeine Kosten	Sach-kosten	Vollkosten (nur DKG-NT I)
1a	1b	2	3	4	5	6	7
5260	5260	Röntgenuntersuchung natürlicher, künstlicher oder krankhaft entstandener Gänge, Gangsysteme, Hohlräume oder Fisteln (z. B. Sialographie, Galaktographie, Kavernographie, Vesikulographie) - gegebenenfalls einschließlich Durchleuchtung(en) - . . . . *Die Leistung nach Nummer 5260 ist nicht berechnungsfähig für Untersuchungen des Harntrakts, der Gebärmutter und Eileiter sowie der Gallenblase.*	400		18,40 €	18,40 €	34,36 €
5265	5265	Mammographie einer Seite, in einer Ebene . . . . *Die Leistung nach Nummer 5265 ist je Seite und Sitzung nur einmal berechnungsfähig.*	300		13,80 €	13,80 €	25,77 €
5266	5266	Mammographie einer Seite, in zwei Ebenen. . . .	450		20,70 €	20,70 €	38,65 €
5267	5267	Ergänzende Ebene(n) oder Spezialprojektion(en) im Anschluss an die Leistung nach Nummer 5266	150		6,90 €	6,90 €	12,88 €
5280	5280	Myelographie	750		34,50 €	34,50 €	64,42 €
5285	5285	Bronchographie - einschließlich Durchleuchtung(en) -	450		20,70 €	20,70 €	38,65 €
5290	5290	Schichtaufnahme(n) (Tomographie), bis zu fünf Strahlenrichtungen oder Projektionen, je Strahlenrichtung oder Projektion	650		29,90 €	29,90 €	55,83 €
5295	5295	Durchleuchtung(en), als selbständige Leistung. .	240		11,00 €	11,00 €	20,62 €
5298	5298	Zuschlag zu den Leistungen nach den Nummern 5010 bis 5290 bei Anwendung digitaler Radiographie (Bildverstärker-Radiographie) . . . . *Der Zuschlag nach Nummer 5298 beträgt 25 v.H. des einfachen Gebührensatzes der betreffenden Leistung (davon sind 50 v.H. den Allgemeinen und Sachkosten zuzurechnen)*					

O I.5 Angiographie

Nummern 5300–5306a

BG-T Tarif-Nr.	DKG-NT Tarif-Nr.	Leistung	Punkte (nur DKG-NT I)	Besondere Kosten	Allgemeine Kosten	Sach-kosten	Vollkosten (nur DKG-NT I)
1a	1b	2	3	4	5	6	7
		Allgemeine Bestimmungen					
		Die Zahl der Serien im Sinne der Leistungsbeschreibungen der Leistungen nach den Nummern 5300 bis 5327 wird durch die Anzahl der Kontrastmittelgaben bestimmt.					
		Die Leistungen nach den Nummern 5300, 5302, 5303, 5305 bis 5313, 5315, 5316, 5318, 5324, 5325, 5327, 5329 bis 5331, 5338 und 5339 sind je Sitzung jeweils nur einmal berechnungsfähig.					
5300	5300	Serienangiographie im Bereich von Schädel, Brust- und/oder Bauchraum, eine Serie	2.000		92,00 €	92,00 €	171,79 €
5301	5301	Zweite bis dritte Serie im Anschluss an die Leistung nach Nummer 5300, je Serie	400		18,40 €	18,40 €	34,36 €
		Bei der angiographischen Darstellung von hirnversorgenden Arterien ist auch die vierte bis sechste Serie jeweils nach Nummer 5301 berechnungsfähig.					
5302	5302	Weitere Serien im Anschluss an die Leistungen nach den Nummern 5300 und 5301, insgesamt.	600		27,60 €	27,60 €	51,54 €
5303	5303	Serienangiographie im Bereich von Schädel-, Brust- und Bauchraum im zeitlichen Zusammenhang mit einer oder mehreren Leistungen nach den Nummern 5315 bis 5327, eine Serie..	1.000		46,00 €	46,00 €	85,90 €
5304	5304	Zweite bis dritte Serie im Anschluss an die Leistung nach Nummer 5303, je Serie	200		9,20 €	9,20 €	17,18 €
		Bei der angiographischen Darstellung von hirnversorgenden Arterien ist auch die vierte bis sechste Serie jeweils nach Nummer 5304 berechnungsfähig.					
5305	5305	Weitere Serien im Anschluss an die Leistungen nach den Nummern 5303 und 5304, insgesamt.	300		13,80 €	13,80 €	25,77 €
5306	5306	Serienangiographie im Bereich des Beckens und beider Beine, eine Serie	2.000		92,00 €	92,00 €	171,79 €
5306a		Leistung nach Nummer 5306, jedoch im zeitlichen Zusammenhang mit einer oder mehreren Leistung(en) nach den Nummern 5303 bis 5305			92,00 €	92,00 €	

O I.5 Angiographie **Nummern 5307–5311**

BG-T Tarif-Nr.	DKG-NT Tarif-Nr.	Leistung	Punkte (nur DKG-NT I)	Besondere Kosten	Allgemeine Kosten	Sach-kosten	Vollkosten (nur DKG-NT I)
1a	1b	2	3	4	5	6	7
		Neben diese Leistung sind die Leistungen nach den Nummern 5309 bis 5312 für die Untersuchung der Beine nicht berechnungsfähig.					
5307	5307	Zweite Serie im Anschluss an die Leistung nach Nummer 5306.	600		27,60 €	27,60 €	51,54 €
5307a		Leistung nach Nummer 5307, jedoch im zeitlichen Zusammenhang mit einer oder mehreren Leistung(en) nach den Nummern 5303 bis 5305			27,60 €	27,60 €	
		Neben dieser Leistung sind die Leistungen nach den Nummern 5309 bis 5312 für die Untersuchung der Beine nicht berechnungsfähig.					
5308	5308	Weitere Serien im Anschluss an die Leistungen nach den Nummern 5306 und 5307, insgesamt.	800		36,80 €	36,80 €	68,72 €
		Neben den Leistungen nach den Nummern 5306 bis 5308 sind die Leistungen nach den Nummern 5309 bis 5312 für die Untersuchung der Beine nicht berechnungsfähig.					
		Werden die Leistungen nach den Nummern 5306 bis 5308 im zeitlichen Zusammenhang mit einer oder mehreren Leistung(en) nach den Nummern 5300 bis 5305 erbracht, so sind die Leistungen nach den Nummern 5306 bis 5308 nur mit dem einfachen Gebührensatz berechnungsfähig.					
5308a		Leistungen nach Nummer 5308, jedoch im zeitlichen Zusammenhang mit einer oder mehreren Leistung(en) nach den Nummern 5300 bis 5305.			36,80 €	36,80 €	
		Neben dieser Leistung sind die Leistungen nach den Nummern 5309 bis 5312 für die Untersuchung der Beine nicht berechnungsfähig.					
5309	5309	Serienangiographie einer Extremität, eine Serie .	1.800		82,80 €	82,80 €	154,61 €
5310	5310	Weitere Serien im Anschluss an die Leistung nach Nummer 5309, insgesamt.	600		27,60 €	27,60 €	51,54 €
5311	5311	Serienangiographie einer weiteren Extremität im zeitlichen Zusammenhang mit der Leistung nach Nummer 5309, eine Serie	1.000		46,00 €	46,00 €	85,90 €

O I.5 Angiographie

BG-T Tarif-Nr.	DKG-NT Tarif-Nr.	Leistung	Punkte (nur DKG-NT I)	Besondere Kosten	Allgemeine Kosten	Sach-kosten	Vollkosten (nur DKG-NT I)
1a	1b	2	3	4	5	6	7
5312	5312	Weitere Serien im Anschluss an die Leistung nach Nummer 5311, insgesamt............	600		27,60 €	27,60 €	51,54 €
5313	5313	Angiographie der Becken- und Beingefäße in Großkassetten-Technik, je Sitzung..........	800		36,80 €	36,80 €	68,72 €
		Die Leistung nach Nummer 5313 ist neben den Leistungen nach den Nummern 5300 bis 5312 sowie 5315 bis 5339 nicht berechnungsfähig.					
5315	5315	Angiokardiographie einer Herzhälfte, eine Serie .	2.200		101,20 €	101,20 €	188,97 €
		Die Leistung nach Nummer 5315 ist je Sitzung nur einmal berechnungsfähig.					
5316	5316	Angiokardiographie beider Herzhälften, eine Serie............	3.000		138,10 €	138,10 €	257,69 €
		Die Leistung nach Nummer 5316 ist je Sitzung nur einmal berechnungsfähig.					
		Neben der Leistung nach Nummer 5316 ist die Leistung nach Nummer 5315 nicht berechnungsfähig.					
5317	5317	Zweite bis dritte Serie im Anschluss an die Leistungen nach den Nummern 5315 oder 5316, je Serie............	400		18,40 €	18,40 €	34,36 €
5318	5318	Weitere Serien im Anschluss an die Leistung nach Nummer 5317, insgesamt............	600		27,60 €	27,60 €	51,54 €
		Die Leistungen nach den Nummern 5315 bis 5318 sind neben den Leistungen nach den Nummern 5300 bis 5302 sowie 5324 bis 5327 nicht berechnungsfähig.					
5324	5324	Selektive Koronarangiographie eines Herzkranzgefäßes oder Bypasses mittels Cinetechnik, eine Serie............	2.400		110,40 €	110,40 €	206,15 €
		Die Leistungen nach den Nummern 5324 und 5325 sind nicht nebeneinander berechnungsfähig.					
5325	5325	Selektive Koronarangiographie aller Herzkranzgefäße oder Bypasse mittels Cinetechnik, eine Serie............	3.000		138,10 €	138,10 €	257,69 €

O I.5 Angiographie

Nummern 5326–5339

BG-T Tarif-Nr. 1a	DKG-NT Tarif-Nr. 1b	Leistung 2	Punkte (nur DKG-NT I) 3	Besondere Kosten 4	Allgemeine Kosten 5	Sach-kosten 6	Vollkosten (nur DKG-NT I) 7
5326	5326	Selektive Koronarangiographie eines oder aller Herzkranzgefäße im Anschluss an die Leistungen nach den Nummern 5324 oder 5325, zweite bis fünfte Serie, je Serie..............	400		18,40 €	18,40 €	34,36 €
5327	5327	Zusätzliche Linksventrikulographie bei selektiver Koronarangiographie..................	1.000		46,00 €	46,00 €	85,90 €
		Die Leistungen nach den Nummern 5324 bis 5327 sind neben den Leistungen nach den Nummern 5300 bis 5302 sowie 5315 bis 5318 nicht berechnungsfähig.					
5328	5328	Zuschlag zu den Leistungen nach den Nummern 5300 bis 5327 bei Anwendung der simultanen Zwei-Ebenen-Technik..............	1.200		55,20 €	55,20 €	103,08 €
		Der Zuschlag nach Nummer 5328 ist je Sitzung nur einmal und nur mit dem einfachen Gebührensatz berechnungsfähig.					
5329	5329	Venographie im Bereich des Brust- oder Bauchraums.............................	1.600		73,60 €	73,60 €	137,44 €
5330	5330	Venographie einer Extremität.............	750		34,50 €	34,50 €	64,42 €
5331	5331	Ergänzende Projektion(en) (insbesondere des zentralen Abflussgebiets) im Anschluss an die Leistung nach Nummer 5330, insgesamt.....	200		9,20 €	9,20 €	17,18 €
5335	5335	Zuschlag zu den Leistungen nach den Nummern 5300 bis 5331 bei computergestützter Analyse und Abbildung.................	800		36,80 €	36,80 €	68,72 €
		Der Zuschlag nach Nummer 5335 kann je Untersuchungstag unabhängig von der Anzahl der Einzeluntersuchungen nur einmal und nur mit dem einfachen Gebührensatz berechnet werden.					
5338	5338	Lymphographie, je Extremität.............	1.000		46,00 €	46,00 €	85,90 €
5339	5339	Ergänzende Projektion(en) im Anschluß an die Leistung nach Nummer 5338 - einschließlich Durchleuchtung(en) -, insgesamt..........	250		11,50 €	11,50 €	21,47 €

O I.6 Interventionelle Maßnahmen

Nummern 5345–5348

BG-T Tarif-Nr.	DKG-NT Tarif-Nr.	Leistung	Punkte (nur DKG-NT I)	Besondere Kosten	Allgemeine Kosten	Sach-kosten	Vollkosten (nur DKG-NT I)
1a	1b	2	3	4	5	6	7
		Allgemeine Bestimmung					
		Die Leistungen nach den Nummern 5345 bis 5356 können je Sitzung nur einmal berechnet werden.					
5345	5345	Perkutane transluminale Dilatation und Rekanalisation von Arterien mit Ausnahme der Koronararterien - einschließlich Kontrastmitteleinbringungen und Durchleuchtung(en) im zeitlichen Zusammenhang mit dem gesamten Eingriff -...	2.800	7,57 €	99,60 €	107,17 €	248,08 €
		Neben der Leistung nach Nummer 5345 sind die Leistungen nach den Nummern 350 bis 361 sowie 5295 nicht berechnungsfähig.					
		Wurde innerhalb eines Zeitraums von vierzehn Tagen vor Erbringung der Leistung nach Nummer 5345 bereits eine Leistung nach den Nummern 5300 bis 5313 berechnet, darf neben der Leistung nach Nummer 5345 für dieselbe Sitzung eine Leistung nach den Nummern 5300 bis 5313 nicht erneut berechnet werden. Im Falle der Nebeneinanderberechnung der Leistung nach Nummer 5345 neben einer Leistung nach den Nummern 5300 bis 5313 ist in der Rechnung zu bestätigen, dass in den vorhergehenden vierzehn Tagen eine Leistung nach den Nummern 5300 bis 5313 nicht berechnet wurde.					
5346	5346	Zuschlag zu der Leistung nach Nummer 5345 bei Dilatation und Rekanalisation von mehr als zwei Arterien, insgesamt.................	600		21,30 €	21,30 €	51,54 €
		Neben der Leistung nach Nummer 5346 sind die Leistungen nach den Nummern 350 bis 361 sowie 5295 nicht berechnungsfähig.					
5348	5348	Perkutane transluminale Dilatation und Rekanalisation von Koronararterien - einschließlich Kontrastmitteleinbringungen und Durchleuchtung(en) im zeitlichen Zusammenhang mit dem gesamten Eingriff -....................	3.800	7,57 €	128,60 €	136,17 €	333,98 €
		Neben der Leistung nach Nummer 5348 sind die Leistungen nach den Nummern 350 bis 361 sowie 5295 nicht berechnungsfähig.					

O I.6 Interventionelle Maßnahmen

Nummern 5349–5354

BG-T Tarif-Nr.	DKG-NT Tarif-Nr.	Leistung	Punkte (nur DKG-NT I)	Besondere Kosten	Allgemeine Kosten	Sach- kosten	Vollkosten (nur DKG-NT I)
1a	1b	2	3	4	5	6	7
		Wurde innerhalb eines Zeitraums von vierzehn Tagen vor Erbringung der Leistung nach Nummer 5348 bereits eine Leistung nach den Nummern 5315 bis 5327 berechnet, darf neben der Leistung nach Nummer 5348 für dieselbe Sitzung eine Leistung nach den Nummern 5315 bis 5327 nicht erneut berechnet werden. Im Falle der Nebeneinanderberechnung der Leistung nach Nummer 5348 neben einer Leistung nach den Nummern 5315 bis 5327 ist in der Rechnung zu bestätigen, dass in den vorhergehenden vierzehn Tagen eine Leistung nach den Nummern 5315 bis 5327 nicht berechnet wurde.					
5349	5349	Zuschlag zu der Leistung nach Nummer 5348 bei Dilatation und Rekanalisation von mehr als einer Koronararterie, insgesamt	1.000		35,60 €	35,60 €	85,90 €
		Neben der Leistung nach Nummer 5349 sind die Leistungen nach den Nummern 350 bis 361 sowie 5295 nicht berechnungsfähig.					
5351	5351	Lysebehandlung, als Einzelbehandlung oder ergänzend zu den Leistungen nach den Nummern 2826, 5345 oder 5348 – bei einer Lysedauer von mehr als einer Stunde –	500		17,80 €	17,80 €	42,95 €
5352	5352	Zuschlag zu der Leistung nach Nummer 5351 bei Lysebehandlung der hirnversorgenden Arterien	1.000		35,60 €	35,60 €	85,90 €
5353	5353	Perkutane transluminale Dilatation und Rekanalisation von Venen – einschließlich Kontrastmitteleinbringungen und Durchleuchtung(en) im zeitlichen Zusammenhang mit dem gesamten Eingriff –	2.000	7,57 €	71,30 €	78,87 €	179,36 €
		Neben der Leistung nach Nummer 5353 sind die Leistungen nach den Nummern 344 bis 347, 5295 sowie 5329 bis 5331 nicht berechnungsfähig.					
5354	5354	Zuschlag zu der Leistung nach Nummer 5353 bei Dilatation und Rekanalisation von mehr als zwei Venen, insgesamt	200		7,10 €	7,10 €	17,18 €

O I.6 Interventionelle Maßnahmen

Nummern 5355–5357

BG-T Tarif-Nr.	DKG-NT Tarif-Nr.	Leistung	Punkte (nur DKG-NT I)	Besondere Kosten	Allgemeine Kosten	Sach-kosten	Vollkosten (nur DKG-NT I)
1a	1b	2	3	4	5	6	7
		Neben der Leistung nach Nummer 5354 sind die Leistungen nach den Nummern 344 bis 347, 5295 sowie 5329 bis 5331 nicht berechnungsfähig.					
5355	5355	Einbringen von Gefäßstützen oder Anwendung alternativer Angioplastiemethoden (Atherektomie, Laser), zusätzlich zur perkutanen transluminalen Dilatation - einschließlich Kontrastmitteleinbringungen und Durchleuchtung(en) im zeitlichen Zusammenhang mit dem gesamten Eingriff .	2.000		71,30 €	71,30 €	171,79 €
		Neben der Leistung nach Nummer 5355 sind die Leistungen nach den Nummern 344 bis 361, 5295 sowie 5300 bis 5327 nicht berechnungsfähig.					
5356	5356	Einbringen von Gefäßstützen oder Anwendung alternativer Angioplastiemethoden (Atherektomie, Laser), zusätzlich zur perkutanen transluminalen Dilatation einer Koronararterie - einschließlich Kontrastmitteleinbringungen und Durchleuchtung(en) im zeitlichen Zusammenhang mit dem gesamten Eingriff.	2.500		89,10 €	89,10 €	214,74 €
		Neben der Leistung nach Nummer 5356 sind die Leistungen nach den Nummern 350 bis 361, 5295, 5315 bis 5327, 5345, 5353 sowie 5355 nicht berechnungsfähig.					
		Neben der Leistung nach Nummer 5356 ist die Leistung nach Nummer 5355 für Eingriffe an Koronararterien nicht berechnungsfähig.					
5357	5357	Embolisation einer oder mehreren Arterie(n) mit Ausnahme der Arterien im Kopf-Halsbereich oder Spinalkanal - einschließlich Kontrastmitteleinbringungen und Durchleuchtung(en) und angiographischer Kontrollen im zeitlichen Zusammenhang mit dem gesamten Eingriff -, je Gefäßgebiet .	3.500		148,30 €	148,30 €	300,64 €
		Neben der Leistung nach Nummer 5357 sind die Leistungen nach den Nummern 350 bis 361, 5295 sowie 5300 bis 5312 nicht berechnungsfähig.					

O I.6 Interventionelle Maßnahmen

BG-T Tarif-Nr.	DKG-NT Tarif-Nr.	Leistung	Punkte (nur DKG-NT I)	Besondere Kosten	Allgemeine Kosten	Sach-kosten	Vollkosten (nur DKG-NT I)
1a	1b	2	3	4	5	6	7
5358	5358	Embolisation einer oder mehreren Arterie(n) im Kopf-Halsbereich oder Spinalkanal - einschließlich Kontrastmitteleinbringungen und Durchleuchtung(en) und angiographischer Kontrollen im zeitlichen Zusammenhang mit dem gesamten Eingriff -, je Gefäßgebiet	4.500		160,40 €	160,40 €	386,54 €
		Neben der Leistung nach Nummer 5358 sind die Leistungen nach den Nummern 350, 351, 5295 sowie 5300 bis 5305 nicht berechnungsfähig.					
5359	5359	Embolisation Vena spermatica - einschließlich Kontrastmitteleinbringung(en) und angiographischer Kontrollen im zeitlichen Zusammenhang mit dem gesamten Eingriff -	2.500		89,10 €	89,10 €	214,74 €
		Neben der Leistung nach Nummer 5359 sind die Leistungen nach den Nummern 344 bis 347, 5295 sowie 5329 bis 5331 nicht berechnungsfähig.					
5360	5360	Embolisation von Venen - einschließlich Kontrastmitteleinbringung(en) und angiographischer Kontrollen im zeitlichen Zusammenhang mit dem gesamten Eingriff -	2.000		71,30 €	71,30 €	171,79 €
		Neben der Leistung nach Nummer 5360 sind die Leistungen nach den Nummern 344 bis 347, 5295 sowie 5329 bis 5331 nicht berechnungsfähig.					
5361	5361	Transhepatische Drainage und/oder Dilatation von Gallengängen - einschließlich Kontrastmitteleinbringung(en) und cholangiographischer Kontrollen im zeitlichen Zusammenhang mit dem gesamten Eingriff -	2.600		92,70 €	92,70 €	223,33 €
		Neben der Leistung nach Nummer 5361 sind die Leistungen nach den Nummern 370, 5170 sowie 5295 nicht berechnungsfähig.					

O I.7 Computertomographie

BG-T Tarif-Nr.	DKG-NT Tarif-Nr.	Leistung	Punkte (nur DKG-NT I)	Besondere Kosten	Allgemeine Kosten	Sachkosten	Vollkosten (nur DKG-NT I)
1a	1b	2	3	4	5	6	7
		Allgemeine Bestimmungen					
		Die Leistungen nach den Nummern 5369 bis 5375 sind je Sitzung jeweils nur einmal berechnungsfähig.					
		Die Nebeneinanderberechnung von Leistungen nach den Nummern 5370 bis 5374 ist in der Rechnung gesondert zu begründen. Bei Nebeneinanderberechnung von Leistungen nach den Nummern 5370 bis 5374 ist der Höchstwert nach Nummer 5369 zu beachten.					
5369	5369	Höchstwert für die Leistungen nach den Nummern 5370 bis 5374	3.000		138,10 €	138,10 €	257,69 €
		Die im einzelnen erbrachten Leistungen sind in der Rechnung anzugeben.					
5370	5370	Computergesteuerte Tomographie im Kopfbereich - gegebenenfalls einschließlich des kraniozervikalen Übergangs -	2.000		92,00 €	92,00 €	171,79 €
5371	5371	Computergesteuerte Tomographie im Hals- und/oder Thoraxbereich	2.300		105,80 €	105,80 €	197,56 €
5372	5372	Computergesteuerte Tomographie im Abdominalbereich	2.600		119,60 €	119,60 €	223,33 €
5373	5373	Computergesteuerte Tomographie des Skeletts (Wirbelsäule, Extremitäten oder Gelenke bzw. Gelenkpaare)	1.900		87,40 €	87,40 €	163,20 €
5374	5374	Computergesteuerte Tomographie der Zwischenwirbelräume im Bereich der Hals-, Brust- und/oder Lendenwirbelsäule - gegebenenfalls einschließlich der Übergangsregionen -	1.900		87,40 €	87,40 €	163,20 €
5375	5375	Computergesteuerte Tomographie der Aorta in ihrer gesamten Länge	2.000		92,00 €	92,00 €	171,79 €
		Die Leistung nach Nummer 5375 ist neben den Leistungen nach den Nummern 5371 und 5372 nicht berechnungsfähig.					

O I.7 Computertomographie

BG-T Tarif-Nr.	DKG-NT Tarif-Nr.	Leistung	Punkte (nur DKG-NT I)	Besondere Kosten	Allgemeine Kosten	Sach-kosten	Vollkosten (nur DKG-NT I)
1a	1b	2	3	4	5	6	7
5376	5376	Ergänzende computergesteuerte Tomographie(n) mit mindestens einer zusätzlichen Serie (z.B. bei Einsatz von Xenon, bei Einsatz der High-Resolution-Technik, bei zusätzlichen Kontrastmittelgaben) - zusätzlich zu den Leistungen nach den Nummern 5370 bis 5375 -	500		23,00 €	23,00 €	42,95 €
5377	5377	Zuschlag für computergesteuerte Analyse - einschließlich speziell nachfolgender 3D-Rekonstruktion -........................ *Der Zuschlag nach Nummer 5377 ist nur mit dem einfachen Gebührensatz berechnungsfähig.*	800		36,80 €	36,80 €	68,72 €
5378	5378	Computergesteuerte Tomographie zur Bestrahlungsplanung oder zu interventionellen Maßnahmen..................... *Neben oder anstelle der computergesteuerten Tomographie zur Bestrahlungsplanung oder zu interventionellen Maßnahmen sind die Leistungen nach den Nummern 5370 bis 5376 nicht berechnungsfähig.*	1.000		46,00 €	46,00 €	85,90 €
5380	5380	Bestimmung des Mineralgehalts (Osteodensitometrie) von repräsentativen (auch mehreren) Skelettteilen mit quantitativer Computertomographie oder quantitativer digitaler Röntgentechnik.	300		13,80 €	13,80 €	25,77 €

O II Nuklearmedizin

BG-T Tarif-Nr.	DKG-NT Tarif-Nr.	Leistung	Punkte (nur DKG-NT I)	Besondere Kosten	Allgemeine Kosten	Sach-kosten	Vollkosten (nur DKG-NT I)
1a	1b	2	3	4	5	6	7
		Allgemeine Bestimmungen *1. Szintigraphische Basisleistung ist grundsätzlich die planare Szintigraphie mit der Gammakamera, gegebenenfalls in mehreren Sichten / Projektionen. Bei der Auswahl des anzuwendenden Radiopharmazeutikums sind wissenschaftliche Erkenntnisse und strahlenhygienische Gesichtspunkte zu berücksichtigen. Wiederholungsuntersuchungen, die nicht ausdrücklich aufgeführt sind, sind nur mit besonderer Begründung und wie die jeweilige Basisleistung berechnungsfähig.* *2. Ergänzungsleistungen nach den Nummern 5480 bis 5485 sind je Basisleistung oder zulässiger Wiederholungsuntersuchung nur einmal berechnungsfähig. Neben Basisleistungen, die quantitative Bestimmungen enthalten, dürfen Ergänzungsleistungen für Quantifizierungen nicht zusätzlich berechnet werden. Die Leistungen nach den Nummern 5473 und 5481 dürfen nicht nebeneinander berechnet werden. Die Leistungen nach den Nummern 5473, 5480, 5481 und 5483 sind nur mit Angabe der Indikation berechnungsfähig.* *3. Die Befunddokumentation, die Aufbewahrung der Datenträger sowie die Befundmitteilung oder der einfache Befundbericht mit Angaben zu Befund(en) und zur Diagnose sind Bestandteil der Leistungen und nicht gesondert berechnungsfähig.* *4. Die Materialkosten für das Radiopharmazeutikum (Nuklid, Markierungs- oder Testbestecke) sind gesondert berechnungsfähig. Kosten für die Beschaffung, Aufbereitung, Lagerung und Entsorgung der zur Untersuchung notwendigen Substanzen, die mit ihrer Anwendung verbraucht sind, sind nicht gesondert berechnungsfähig.* *5. Die Einbringung von zur Diagnostik erforderlichen Stoffen in den Körper - mit Ausnahme der Einbringung durch Herzkatheter, Arterienkatheter, Subokzipitalpunktion oder Lumbalpunktion - sowie die gegebenenfalls erforderlichen Entnahmen von Blut oder Urin sind mit den Gebühren abgegolten, soweit zu den einzelnen Leistungen des Abschnitts nichts anderes bestimmt ist.*					

O II Nuklearmedizin

BG-T Tarif-Nr.	DKG-NT Tarif-Nr.	Leistung	Punkte (nur DKG-NT I)	Besondere Kosten	Allgemeine Kosten	Sach- kosten	Vollkosten (nur DKG-NT I)
1a	1b	2	3	4	5	6	7
		6. Die Einbringung von zur Therapie erforderlichen radioaktiven Stoffen in den Körper - mit Ausnahme der intraartikulären, intralymphatischen, endoskopischen oder operativen Einbringungen des Strahlungsträgers oder von Radionukliden - ist mit den Gebühren abgegolten, soweit zu den einzelnen Leistungen des Abschnitts nichts anderes bestimmt ist.					
		7. Rechnungsbestimmungen					
		a) Der Arzt darf nur die für den Patienten verbrauchte Menge an radioaktiven Stoffen berechnen.					
		b) Bei der Berechnung von Leistungen nach Abschnitt O II sind die Untersuchungs- und Behandlungsdaten der jeweils eingebrachten Stoffe sowie die ausgeführten Maßnahmen in der Rechnung anzugeben, sofern nicht durch die Leistungsbeschreibung eine eindeutige Definition gegeben ist.					

O II.1 Diagnostische Leistungen (In-vivo-Untersuchungen)
O II.1.a Schilddrüse

Nummern 5400–5403

BG-T Tarif-Nr.	DKG-NT Tarif-Nr.	Leistung	Punkte (nur DKG-NT I)	Besondere Kosten	Allgemeine Kosten	Sach-kosten	Vollkosten (nur DKG-NT I)
1a	1b	2	3	4	5	6	7
5400	5400	Szintigraphische Untersuchung (Schilddrüse) - gegebenenfalls einschließlich Darstellung dystoper Anteile -	350		16,10 €	16,10 €	30,06 €
5401	5401	Szintigraphische Untersuchung (Schilddrüse) - einschließlich quantitativer Untersuchung -, mit Bestimmung der globalen, gegebenenfalls auch der regionalen Radionuklidaufnahme in der Schilddrüse mit Gammakamera und Messwertverarbeitungssystem als Jodidclearance-Äquivalent - einschließlich individueller Kalibrierung und Qualitätskontrollen (z. B. Bestimmung der injizierten Aktivität) -	1.300		59,80 €	59,80 €	111,67 €
5402	5402	Radiojodkurztest bis zu 24 Stunden (Schilddrüse) - gegebenenfalls einschließlich Blutaktivitätsbestimmungen und/oder szintigraphischer Untersuchung(en) -	1.000		46,00 €	46,00 €	85,90 €
		Die Leistungen nach den Nummern 5400 bis 5402 sind nicht nebeneinander berechnungsfähig.					
5403	5403	Radiojodtest (Schilddrüse) vor Radiojodtherapie mit ^{131}J mit mindestens drei zeitlichen Messpunkten, davon zwei später als 24 Stunden nach Verabreichung - gegebenenfalls einschließlich Blutaktivitätsbestimmungen -	1.200		55,20 €	55,20 €	103,08 €
		Die Leistungen nach den Nummern 5402 und 5403 sind nicht nebeneinander berechnungsfähig.					

O II.1.b Gehirn

Nummern 5410, 5411

BG-T Tarif-Nr.	DKG-NT Tarif-Nr.	Leistung	Punkte (nur DKG-NT I)	Besondere Kosten	Allgemeine Kosten	Sach-kosten	Vollkosten (nur DKG-NT I)
1a	1b	2	3	4	5	6	7
5410	**5410**	Szintigraphische Untersuchung des Gehirns ...	1.200		**55,20 €**	**55,20 €**	**103,08 €**
5411	**5411**	Szintigraphische Untersuchung des Liquorraums	900		**41,40 €**	**41,40 €**	**77,31 €**
		Für die Leistung nach Nummer 5411 sind zwei Wiederholungsuntersuchungen zugelassen, davon eine später als 24 Stunden nach Einbringung(en) des radioaktiven Stoffes.					

O II.1.c Lunge

BG-T Tarif-Nr.	DKG-NT Tarif-Nr.	Leistung	Punkte (nur DKG-NT I)	Besondere Kosten	Allgemeine Kosten	Sach-kosten	Vollkosten (nur DKG-NT I)
1a	1b	2	3	4	5	6	7
5415	5415	Szintigraphische Untersuchung der Lungenperfusion - mit mindestens vier Sichten/Projektionen -, insgesamt	1.300		59,80 €	59,80 €	111,67 €
5416	5416	Szintigraphische Untersuchung der Lungenbelüftung mit Inhalation radioaktiver Gase, Aerosole oder Stäube	1.300		59,80 €	59,80 €	111,67 €

O II.1.d Herz

Nummern 5420–5424

BG-T Tarif-Nr.	DKG-NT Tarif-Nr.	Leistung	Punkte (nur DKG-NT I)	Besondere Kosten	Allgemeine Kosten	Sach-kosten	Vollkosten (nur DKG-NT I)
1a	1b	2	3	4	5	6	7
5420	5420	Radionuklidventrikulographie mit quantitativer Bestimmung von mindestens Auswurffraktion und regionaler Wandbewegung in Ruhe - gegebenenfalls einschließlich EKG im zeitlichen Zusammenhang mit der Untersuchung -	1.200		55,20 €	55,20 €	103,08 €
5421	5421	Radionuklidventrikulographie als kombinierte quantitative Mehrfachbestimmung von mindestens Auswurffraktion und regionaler Wandbewegung in Ruhe und unter körperlicher oder pharmakologischer Stimulation - gegebenenfalls einschließlich EKG im zeitlichen Zusammenhang mit der Untersuchung -	3.800		174,90 €	174,90 €	326,41 €
		Neben der Leistung nach Nummer 5421 ist bei zusätzlicher Erste-Passage-Untersuchung die Leistung nach Nummer 5473 berechnungsfähig.					
5422	5422	Szintigraphische Untersuchung des Myokards mit myokardaffinen Tracern in Ruhe - gegebenenfalls einschließlich EKG im zeitlichen Zusammenhang mit der Untersuchung -	1.000		46,00 €	46,00 €	85,90 €
		Die Leistungen nach den Nummern 5422 und 5423 sind nicht nebeneinander berechnungsfähig.					
5423	5423	Szintigraphische Untersuchung des Myokards mit myokardaffinen Tracern unter körperlicher oder pharmakologischer Stimulation - gegebenenfalls einschließlich EKG im zeitlichen Zusammenhang mit der Untersuchung -	2.000		92,00 €	92,00 €	171,79 €
5424	5424	Szintigraphische Untersuchung des Myokards mit myokardaffinen Tracern in Ruhe und unter körperlicher oder pharmakologischer Stimulation - gegebenenfalls einschließlich EKG im zeitlichen Zusammenhang mit der Untersuchung - .	2.800		128,90 €	128,90 €	240,51 €
		Neben der Leistung nach Nummer 5424 sind die Leistungen nach den Nummern 5422 und/oder 5423 nicht berechnungsfähig.					

O II.1.e Knochen- und Knochenmarkszintigraphie

Nummern 5425–5428

BG-T Tarif-Nr.	DKG-NT Tarif-Nr.	Leistung	Punkte (nur DKG-NT I)	Besondere Kosten	Allgemeine Kosten	Sach-kosten	Vollkosten (nur DKG-NT I)
1a	1b	2	3	4	5	6	7
5425	5425	Ganzkörperskelettszintigraphie, Schädel- und Körperstamm in zwei Sichten/Projektionen - einschließlich der proximalen Extremitäten, gegebenenfalls einschließlich der distalen Extremitäten -..................	2.250		103,50 €	103,50 €	193,27 €
5426	5426	Teilkörperskelettszintigraphie - gegebenenfalls einschließlich der kontralateralen Seite -......	1.260		58,00 €	58,00 €	108,23 €
5427	5427	Zusätzliche szintigraphische Abbildung des regionalen Blutpools (Zwei-Phasenszintigraphie) - mindestens zwei Aufnahmen -............	400		18,40 €	18,40 €	34,36 €
5428	5428	Ganzkörperknochenmarkszintigraphie, Schädel und Körperstamm in zwei Sichten/Projektionen - einschließlich der proximalen Extremitäten, gegebenenfalls einschließlich der distalen Extremitäten -..................	2.250		103,50 €	103,50 €	193,27 €

O II.1.f Tumorszintigraphie

BG-T Tarif-Nr.	DKG-NT Tarif-Nr.	Leistung	Punkte (nur DKG-NT I)	Besondere Kosten	Allgemeine Kosten	Sach-kosten	Vollkosten (nur DKG-NT I)
1a	1b	2	3	4	5	6	7
		Tumorszintigraphie mit radioaktiv markierten unspezifischen Tumormarkern (z. B. Radiogallium oder -thallium), metabolischen Substanzen (auch ^{131}J), Rezeptorsubstanzen oder monoklonalen Antikörpern					
5430	5430	eine Region	1.200		55,20 €	55,20 €	103,08 €
5431	5431	Ganzkörper (Stamm und/oder Extremitäten) ...	2.250		103,50 €	103,50 €	193,27 €
		Für die Untersuchung mehrerer Regionen ist die Leistung nach Nummer 5430 nicht mehrfach berechnungsfähig.					
		Für die Leistung nach Nummer 5430 sind zwei Wiederholungsuntersuchungen zugelassen, davon eine später als 24 Stunden nach Einbringung der Testsubstanz(en).					
		Die Leistungen nach den Nummern 5430 und 5431 sind nicht nebeneinander berechnungsfähig.					

O II.1.g Nieren

Nummern 5440–5444

BG-T Tarif-Nr.	DKG-NT Tarif-Nr.	Leistung	Punkte (nur DKG-NT I)	Besondere Kosten	Allgemeine Kosten	Sach-kosten	Vollkosten (nur DKG-NT I)
1a	1b	2	3	4	5	6	7
5440	5440	Nierenfunktionsszintigraphie mit Bestimmung der quantitativen Ganzkörper-Clearance und der Einzelnieren-Clearance - gegebenenfalls einschließlich Blutaktivitätsbestimmungen und Vergleich mit Standards -	2.800		128,90 €	128,90 €	240,51 €
5441	5441	Perfusionsszintigraphie der Nieren - einschließlich semiquantitativer oder quantitativer Auswertung -	1.600		73,60 €	73,60 €	137,44 €
5442	5442	Statische Nierenszintigraphie .... *Die Leistungen nach den Nummern 5440 bis 5442 sind je Sitzung nur einmal und nicht nebeneinander berechnungsfähig.*	600		27,60 €	27,60 €	51,54 €
5443	5443	Zusatzuntersuchungen zu den Leistungen nach den Nummern 5440 oder 5441 - mit Angabe der Indikation (z.B. zusätzliches Radionephrogramm als Einzel- oder Wiederholungsuntersuchung, Tiefenkorrektur durch Verwendung des geometrischen Mittels, Refluxprüfung, forcierte Diurese) -	700		32,20 €	32,20 €	60,13 €
5444	5444	Quantitative Clearanceuntersuchungen der Nieren an Sondenmessplätzen - gegebenenfalls einschließlich Registrierung mehrerer Kurven und Blutaktivitätsbestimmungen - .... *Neben der Leistung nach Nummer 5444 ist die Leistung nach Nummer 5440 nicht berechnungsfähig.*	1.000		46,00 €	46,00 €	85,90 €

O II.1.h Endokrine Organe

BG-T Tarif-Nr.	DKG-NT Tarif-Nr.	Leistung	Punkte (nur DKG-NT I)	Besondere Kosten	Allgemeine Kosten	Sach-kosten	Vollkosten (nur DKG-NT I)
1a	1b	2	3	4	5	6	7
5450	**5450**	Szintigraphische Untersuchung von endokrin aktivem Gewebe - mit Ausnahme der Schilddrüse - .... *Das untersuchte Gewebe ist in der Rechnung anzugeben.* *Für die Leistung nach Nummer 5450 sind zwei Wiederholungsuntersuchungen zugelassen, davon eine später als 24 Stunden nach Einbringung der radioaktiven Substanz(en).* *Die Leistung nach Nummer 5450 ist neben den Leistungen nach den Nummern 5430 und 5431 nicht berechnungsfähig.*	1.000		46,00 €	46,00 €	85,90 €

O II.1.i Gastrointestinaltrakt   Nummern 5455, 5456

BG-T Tarif-Nr.	DKG-NT Tarif-Nr.	Leistung	Punkte (nur DKG-NT I)	Besondere Kosten	Allgemeine Kosten	Sach-kosten	Vollkosten (nur DKG-NT I)
1a	1b	2	3	4	5	6	7
5455	5455	Szintigraphische Untersuchung im Bereich des Gastrointestinaltrakts (z. B. Speicheldrüsen, Ösophagus-Passage - gegebenenfalls einschließlich gastralem Reflux und Magenentleerung -, Gallenwege - gegebenenfalls einschließlich Gallenreflux -, Blutungsquellensuche, Nachweis eines Meckel'schen Divertikels)	1.300		59,80 €	59,80 €	111,67 €
5456	5456	Szintigraphische Untersuchung von Leber und/oder Milz (z. B. mit Kolloiden, gallengängigen Substanzen, Erythrozyten), in mehreren Ebenen.	1.300		59,80 €	59,80 €	111,67 €

O II.1.j Hämatologie, Angiologie

BG-T Tarif-Nr.	DKG-NT Tarif-Nr.	Leistung	Punkte (nur DKG-NT I)	Besondere Kosten	Allgemeine Kosten	Sach-kosten	Vollkosten (nur DKG-NT I)
1a	1b	2	3	4	5	6	7
5460	5460	Szintigraphische Untersuchung von großen Gefäßen und/oder deren Stromgebieten - gegebenenfalls einschließlich der kontralateralen Seite -.	900		41,40 €	41,40 €	77,31 €
		Die Leistung nach Nummer 5460 ist neben der Leistung nach Nummer 5473 nicht berechnungsfähig.					
5461	5461	Szintigraphische Untersuchung von Lymphabflussgebieten an Stamm und/oder Kopf und/oder Extremitäten - gegebenenfalls einschließlich der kontralateralen Seite -.	2.200		101,20 €	101,20 €	188,97 €
5462	5462	Bestimmung von Lebenszeit und Kinetik zellulärer Blutbestandteile - einschließlich Blutaktivitätsbestimmungen -.	2.200		101,20 €	101,20 €	188,97 €
5463	5463	Zuschlag zu der Leistung nach Nummer 5462, bei Bestimmung des Abbauorts.	500		23,00 €	23,00 €	42,95 €
		Szintigraphische Suche nach Entzündungsherden oder Thromben mit Radiogallium, markierten Eiweissen, Zellen oder monoklonalen Antikörpern					
5465	5465	eine Region.	1.260		58,00 €	58,00 €	108,23 €
5466	5466	Ganzkörper (Stamm und Extremitäten).	2.250		103,50 €	103,50 €	193,27 €
		Für die Untersuchung mehrerer Regionen ist die Leistung nach Nummer 5465 nicht mehrfach berechnungsfähig.					
		Für die Leistungen nach den Nummern 5462 bis 5466 sind zwei Wiederholungsuntersuchungen zugelassen, davon eine später als 24 Stunden nach Einbringung der Testsubstanz(en).					

O II.1.k Resorptions- und Exkretionsteste

Nummer 5470

BG-T Tarif-Nr.	DKG-NT Tarif-Nr.	Leistung	Punkte (nur DKG-NT I)	Besondere Kosten	Allgemeine Kosten	Sach-kosten	Vollkosten (nur DKG-NT I)
1a	1b	2	3	4	5	6	7
5470	5470	Nachweis- und/oder quantitative Bestimmung von Resorption, Exkretion oder Verlust von körpereigenen Stoffen (durch Bilanzierung nach radioaktiver Markierung) und/oder von radioaktiv markierten Analoga, in Blut, Urin, Faeces oder Liquor - einschließlich notwendiger Radioaktivitätsmessungen über dem Verteilungsraum - . . .	950		43,70 €	43,70 €	81,60 €

O II.1.I Sonstige

BG-T Tarif-Nr.	DKG-NT Tarif-Nr.	Leistung	Punkte (nur DKG-NT I)	Besondere Kosten	Allgemeine Kosten	Sach-kosten	Vollkosten (nur DKG-NT I)
1a	1b	2	3	4	5	6	7
5472	5472	Szintigraphische Untersuchung (z. B. von Hoden, Tränenkanälen, Augen, Tuben) oder Funktionsmessungen (z. B. Ejektionsfraktion mit Messsonde) ohne Gruppenzuordnung - auch nach Einbringung eines Radiopharmazeutikums in eine Körperhöhle -	950		43,70 €	43,70 €	81,60 €
5473	5473	Funktionsszintigraphie - einschließlich Sequenzszintigraphie und Erstellung von Zeit-Radioaktivitätskurven aus ROI und quantifizierender Berechnung (z. B. von Transitzeiten, Impulsratenquotienten, Perfusionsindex, Auswurffraktion aus Erster-Radionuklid-Passage) -	900		41,40 €	41,40 €	77,31 €
		Die Leistung nach Nummer 5473 ist neben den Leistungen nach den Nummern 5460 und 5481 nicht berechnungsfähig.					
5474	5474	Nachweis inkorporierter unbekannter Radionuklide	1.350		62,10 €	62,10 €	115,96 €

O II.1.m   Mineralgehalt   **Nummer 5475**

BG-T Tarif-Nr.	DKG-NT Tarif-Nr.	Leistung	Punkte (nur DKG-NT I)	Besondere Kosten	Allgemeine Kosten	Sach-kosten	Vollkosten (nur DKG-NT I)
1a	1b	2	3	4	5	6	7
5475	5475	Quantitative Bestimmung des Mineralgehalts im Skelett (Osteodensitometrie) in einzelnen oder mehreren repräsentativen Extremitäten- oder Stammskelettabschnitten mittels Dual-Photonen-Absorptionstechnik	300		**13,80 €**	**13,80 €**	25,77 €

O II.1.n Ergänzungsleistungen — Nummern 5480–5485

BG-T Tarif-Nr.	DKG-NT Tarif-Nr.	Leistung	Punkte (nur DKG-NT I)	Besondere Kosten	Allgemeine Kosten	Sach-kosten	Vollkosten (nur DKG-NT I)
1a	1b	2	3	4	5	6	7
		Allgemeine Bestimmung					
		Die Ergänzungsleistungen nach den Nummern 5480 bis 5485 sind nur mit dem einfachen Gebührensatz berechnungsfähig.					
5480	5480	Quantitative Bestimmung von Impulsen/Impulsratendichte (Fläche, Pixel, Voxel) mittels Gammakamera mit Messwertverarbeitung - mindestens zwei ROI -.	750		30,70 €	30,70 €	64,42 €
5481	5481	Sequenzszintigraphie - mindestens sechs Bilder in schneller Folge -.	680		27,80 €	27,80 €	58,41 €
5483	5483	Subtraktionsszintigraphie oder zusätzliche Organ- oder Blutpoolszintigraphie als anatomische Ortsmarkierung -.	680		27,80 €	27,80 €	58,41 €
5484	5484	In-vitro-Markierung von Blutzellen, (z. B. Erythrozyten, Leukozyten, Thrombozyten) - einschließlich erforderlicher In-vitro-Qualitätskontrollen -.	1.300		53,20 €	53,20 €	111,67 €
5485	5485	Messung mit einem Ganzkörperzähler - gegebenenfalls einschließlich quantitativer Analysen von Gammaspektren -.	980		40,10 €	40,10 €	84,18 €

O II.1.o Emissions-Computer-Tomographie

Nummern 5486–5489

BG-T Tarif-Nr.	DKG-NT Tarif-Nr.	Leistung	Punkte (nur DKG-NT I)	Besondere Kosten	Allgemeine Kosten	Sach-kosten	Vollkosten (nur DKG-NT I)
1a	1b	2	3	4	5	6	7
5486	**5486**	Single-Photonen-Emissions-Computertomographie (SPECT) mit Darstellung in drei Ebenen . . .	1.200		55,20 €	55,20 €	103,08 €
5487	**5487**	Single-Photonen-Emissions-Computertomographie (SPECT) mit Darstellung in drei Ebenen und regionaler Quantifizierung	2.000		92,00 €	92,00 €	171,79 €
5488	**5488**	Positronen-Emissions-Tomographie (PET) - gegebenenfalls einschließlich Darstellung in mehreren Ebenen -	6.000		276,10 €	276,10 €	515,38 €
5489	**5489**	Positronen-Emissions-Tomographie (PET) mit quantifizierender Auswertung - gegebenenfalls einschließlich Darstellung in mehreren Ebenen -.	7.500		345,10 €	345,10 €	644,23 €

O II.2 Therapeutische Leistungen (Anwendung offener Radionuklide)

Nummern 5600–5607

BG-T Tarif-Nr.	DKG-NT Tarif-Nr.	Leistung	Punkte (nur DKG-NT I)	Besondere Kosten	Allgemeine Kosten	Sach- kosten	Vollkosten (nur DKG-NT I)
1a	1b	2	3	4	5	6	7
5600	5600	Radiojodtherapie von Schilddrüsenerkrankungen.	2.480		114,10 €	114,10 €	213,02 €
5602	5602	Radiophosphortherapie bei Erkrankungen der blutbildenden Organe.	1.350		62,10 €	62,10 €	115,96 €
5603	5603	Behandlung von Knochenmetastasen mit knochenaffinen Radiopharmazeutika.	1.080		49,70 €	49,70 €	92,77 €
5604	5604	Instillation von Radiopharmazeutika in Körperhöhlen, Gelenke oder Hohlorgane	2.700		124,20 €	124,20 €	231,92 €
5605	5605	Tumorbehandlung mit radioaktiv markierten, metabolisch aktiven oder rezeptorgerichteten Substanzen oder Antikörpern	2.250		103,50 €	103,50 €	193,27 €
5606	5606	Quantitative Bestimmung der Therapieradioaktivität zur Anwendung eines individuellen Dosiskonzepts - einschließlich Berechnungen auf Grund von Vormessungen - . . . . *Die Leistung nach Nummer 5606 ist nur bei Zugrundeliegen einer Leistung nach den Nummern 5600, 5603 und/oder 5605 berechnungsfähig.*	900		41,40 €	41,40 €	77,31 €
5607	5607	Posttherapeutische Bestimmung von Herddosen - einschließlich Berechnungen auf Grund von Messungen der Kinetik der Therapieradioaktivität - . . . . *Die Leistung nach Nummer 5607 ist nur bei Zugrundeliegen einer Leistung nach den Nummern 5600, 5603 und/oder 5605 berechnungsfähig.*	1.620		74,60 €	74,60 €	139,15 €

O III Magnetresonanztomographie

BG-T Tarif-Nr.	DKG-NT Tarif-Nr.	Leistung	Punkte (nur DKG-NT I)	Besondere Kosten	Allgemeine Kosten	Sachkosten	Vollkosten (nur DKG-NT I)
1a	1b	2	3	4	5	6	7
		Allgemeine Bestimmungen *Die Leistungen nach den Nummern 5700 bis 5735 sind je Sitzung nur einmal berechnungsfähig.* *Die Nebeneinanderberechnung der Leistungen nach den Nummern 5700 bis 5730 ist in der Rechnung gesondert zu begründen. Bei Nebeneinanderberechnung von Leistungen nach den Nummern 5700 bis 5730 ist der Höchstwert nach Nummer 5735 zu beachten.*					
5700	5700	Magnetresonanztomographie im Bereich des Kopfes - gegebenenfalls einschließlich des Halses -, in zwei Projektionen, davon mindestens eine Projektion unter Einschluss T2-gewichteter Aufnahmen.	4.400		202,50 €	202,50 €	377,95 €
5705	5705	Magnetresonanztomographie im Bereich der Wirbelsäule, in zwei Projektionen	4.200		193,30 €	193,30 €	360,77 €
5715	5715	Magnetresonanztomographie im Bereich des Thorax - gegebenenfalls einschließlich des Halses -, der Thoraxorgane und/oder der Aorta in ihrer gesamten Länge.	4.300		197,90 €	197,90 €	369,36 €
5720	5720	Magnetresonanztomographie im Bereich des Abdomens und/oder des Beckens.	4.400		202,50 €	202,50 €	377,95 €
5721	5721	Magnetresonanztomographie der Mamma(e). . .	4.000		184,10 €	184,10 €	343,59 €
5729	5729	Magnetresonanztomographie eines oder mehrerer Gelenke oder Abschnitte von Extremitäten	2.400		110,40 €	110,40 €	206,15 €
5730	5730	Magnetresonanztomographie einer oder mehrerer Extremität(en) mit Darstellung von mindestens zwei großen Gelenken einer Extremität . . . . *Neben der Leistung nach Nummer 5730 ist die Leistung nach Nummer 5729 nicht berechnungsfähig.*	4.000		184,10 €	184,10 €	343,59 €
5731	5731	Ergänzende Serie(n) zu den Leistungen nach den Nummern 5700 bis 5730 (z. B. nach Kontrastmitteleinbringung, Darstellung von Arterien als MR-Angiographie).	1.000		46,00 €	46,00 €	85,90 €

O III Magnetresonanztomographie

BG-T Tarif-Nr.	DKG-NT Tarif-Nr.	Leistung	Punkte (nur DKG-NT I)	Besondere Kosten	Allgemeine Kosten	Sach- kosten	Vollkosten (nur DKG-NT I)
1a	1b	2	3	4	5	6	7
5732	5732	Zuschlag zu den Leistungen nach den Nummern 5700 bis 5730 für Positionswechsel und/oder Spulenwechsel .... *Der Zuschlag nach Nummer 5732 ist nur mit dem einfachen Gebührensatz berechnungsfähig.*	1.000		46,00 €	46,00 €	85,90 €
5733	5733	Zuschlag für computergesteuerte Analyse (z. B. Kinetik, 3D-Rekonstruktion). .... *Der Zuschlag nach Nummer 5733 ist nur mit dem einfachen Gebührensatz berechnungsfähig.*	800		36,80 €	36,80 €	68,72 €
5735	5735	Höchstwert für Leistungen nach den Nummern 5700 bis 5730 .... *Die im einzelnen erbrachten Leistungen sind in der Rechnung anzugeben.*	6.000		276,10 €	276,10 €	515,38 €

O IV Strahlentherapie

BG-T Tarif-Nr.	DKG-NT Tarif-Nr.	Leistung	Punkte (nur DKG-NT I)	Besondere Kosten	Allgemeine Kosten	Sach-kosten	Vollkosten (nur DKG-NT I)
1a	1b	2	3	4	5	6	7
		Allgemeine Bestimmungen					
		1. Eine Bestrahlungsserie umfasst grundsätzlich sämtliche Bestrahlungsfraktionen bei der Behandlung desselben Krankheitsfalls, auch wenn mehrere Zielvolumina bestrahlt werden.					
		2. Eine Bestrahlungsfraktion umfasst alle für die Bestrahlung eines Zielvolumens erforderlichen Einstellungen, Bestrahlungsfelder und Strahleneintrittsfelder. Die Festlegung der Ausdehnung bzw. der Anzahl der Zielvolumina und Einstellungen muss indikationsgerecht erfolgen.					
		3. Eine mehrfache Berechnung der Leistungen nach den Nummern 5800, 5810, 5831 bis 5833, 5840 und 5841 bei der Behandlung desselben Krankheitsfalls ist nur zulässig, wenn wesentliche Änderungen der Behandlung durch Umstellung der Technik (z.B. Umstellung von Stehfeld auf Pendeltechnik, Änderung der Energie und Strahlenart) oder wegen fortschreitender Metastasierung, wegen eines Tumorrezidivs oder wegen zusätzlicher Komplikationen notwendig werden. Die Änderungen sind in der Rechnung zu begründen.					
		4. Bei Berechnung einer Leistung für Bestrahlungsplanung sind in der Rechnung anzugeben: Diagnose, das/die Zielvolumen/ina, die vorgesehene Bestrahlungsart und -dosis sowie die geplante Anzahl von Bestrahlungsfraktionen.					

O IV.1 Strahlenbehandlung dermatologischer Erkrankungen

Nummern 5800–5806

BG-T Tarif-Nr.	DKG-NT Tarif-Nr.	Leistung	Punkte (nur DKG-NT I)	Besondere Kosten	Allgemeine Kosten	Sach-kosten	Vollkosten (nur DKG-NT I)
1a	1b	2	3	4	5	6	7
5800	5800	Erstellung eines Bestrahlungsplans für die Strahlenbehandlung nach den Nummern 5802 bis 5806, je Bestrahlungsserie............. *Der Bestrahlungsplan nach Nummer 5800 umfasst Angaben zur Indikation und die Beschreibung des zu bestrahlenden Volumens, der vorgesehenen Dosis, der Fraktionierung und der Strahlenschutzmaßnahmen und gegebenenfalls die Fotodokumentation.* Orthovoltstrahlenbehandlung (10 bis 100 kV Röntgenstrahlen)	250		11,50 €	11,50 €	21,47 €
5802	5802	Bestrahlung von bis zu zwei Bestrahlungsfeldern bzw. Zielvolumina, je Fraktion..........	200		9,20 €	9,20 €	17,18 €
5803	5803	Zuschlag zu der Leistung nach Nummer 5802 bei Bestrahlung von mehr als zwei Bestrahlungsfeldern bzw. Zielvolumina, je Fraktion..... *Der Zuschlag nach Nummer 5803 ist nur mit dem einfachen Gebührensatz berechnungsfähig.* *Die Leistungen nach den Nummern 5802 und 5803 sind für die Bestrahlung flächenhafter Dermatosen jeweils nur einmal berechnungsfähig.*	100		4,60 €	4,60 €	8,59 €
5805	5805	Strahlenbehandlung mit schnellen Elektronen, je Fraktion.............................	1.000		46,00 €	46,00 €	85,90 €
5806	5806	Strahlenbehandlung der gesamten Haut mit schnellen Elektronen, je Fraktion...........	2.000		92,00 €	92,00 €	171,79 €

O IV.2 Orthovolt- oder Hochvoltstrahlenbehandlung

Nummern 5810–5813

BG-T Tarif-Nr.	DKG-NT Tarif-Nr.	Leistung	Punkte (nur DKG-NT I)	Besondere Kosten	Allgemeine Kosten	Sach-kosten	Vollkosten (nur DKG-NT I)
1a	1b	2	3	4	5	6	7
5810	5810	Erstellung eines Bestrahlungsplans für die Strahlenbehandlung nach den Nummern 5812 und 5813, je Bestrahlungsserie .... *Der Bestrahlungsplan nach Nummer 5810 umfasst Angaben zur Indikation und die Beschreibung des zu bestrahlenden Volumens, der vorgesehenen Dosis, der Fraktionierung und der Strahlenschutzmaßnahmen und gegebenenfalls die Fotodokumentation.*	200		9,20 €	9,20 €	17,18 €
5812	5812	Orthovolt- (100 bis 400 kV Röntgenstrahlen) oder Hochvoltstrahlenbehandlung bei gutartiger Erkrankung, je Fraktion............... *Bei Bestrahlung mit einem Telecaesiumgerät wegen einer bösartigen Erkrankung ist die Leistung nach Nummer 5812 je Fraktion zweimal berechnungsfähig.*	190		8,70 €	8,70 €	16,32 €
5813	5813	Hochvoltstrahlenbehandlung von gutartigen Hypophysentumoren oder der endokrinen Orbitopathie, je Fraktion	900		41,40 €	41,40 €	77,31 €

O IV.3 Hochvoltstrahlenbehandlung bösartiger Erkrankungen (mindestens 1 MeV)

Nummern 5831–5833

BG-T Tarif-Nr.	DKG-NT Tarif-Nr.	Leistung	Punkte (nur DKG-NT I)	Besondere Kosten	Allgemeine Kosten	Sach-kosten	Vollkosten (nur DKG-NT I)
1a	1b	2	3	4	5	6	7
		Allgemeine Bestimmungen					
		Die Leistungen nach den Nummern 5834 bis 5837 sind grundsätzlich nur bei einer Mindestdosis von 1,5 Gy im Zielvolumen berechnungsfähig. Muss diese im Einzelfall unterschritten werden, ist für die Berechnung dieser Leistungen eine besondere Begründung erforderlich.					
		Bei Bestrahlungen von Systemerkrankungen oder metastasierten Tumoren gilt als ein Zielvolumen derjenige Bereich, der in einem Großfeld (z. B. Mantelfeld, umgekehrtes Y-Feld) bestrahlt werden kann.					
		Die Kosten für die Anwendung individuell geformter Ausblendungen (mit Ausnahme der Kosten für wieder verwendbares Material) und/oder Kompensatoren oder für die Anwendung individuell gefertigter Lagerungs- und Fixationshilfen sind gesondert berechnungsfähig.					
5831	5831	Erstellung eines Bestrahlungsplans für die Strahlenbehandlung nach den Nummern 5834 bis 5837, je Bestrahlungsserie............	1.500		69,00 €	69,00 €	128,85 €
		Der Bestrahlungsplan nach Nummer 5831 umfasst Angaben zur Indikation und die Beschreibung des Zielvolumens, der Dosisplanung, der Berechnung der Dosis im Zielvolumen, der Ersteinstellung einschließlich Dokumentation (Feldkontrollaufnahme).					
5832	5832	Zuschlag zu der Leistung nach Nummer 5831 bei Anwendung eines Simulators und Anfertigung einer Körperquerschnittszeichnung oder Benutzung eines Körperquerschnitts anhand vorliegender Untersuchungen (z. B. Computertomogramm), je Bestrahlungsserie..........	500		23,00 €	23,00 €	42,95 €
		Der Zuschlag nach Nummer 5832 ist nur mit dem einfachen Gebührensatz berechnungsfähig.					
5833	5833	Zuschlag zu der Leistung nach Nummer 5831 bei individueller Berechnung der Dosisverteilung mit Hilfe eines Prozessrechners, je Bestrahlungsserie............................	2.000		92,00 €	92,00 €	171,79 €
		Der Zuschlag nach Nummer 5833 ist nur mit dem einfachen Gebührensatz berechnungsfähig.					

O IV.3 Hochvoltstrahlenbehandlung bösartiger Erkrankungen (mindestens 1 MeV) Nummern 5834–5837

BG-T Tarif-Nr.	DKG-NT Tarif-Nr.	Leistung	Punkte (nur DKG-NT I)	Besondere Kosten	Allgemeine Kosten	Sach-kosten	Vollkosten (nur DKG-NT I)
1a	1b	2	3	4	5	6	7
5834	5834	Bestrahlung mittels Telekobaltgerät mit bis zu zwei Strahleneintrittsfeldern - gegebenenfalls unter Anwendung von vorgefertigten, wieder verwendbaren Ausblendungen, je Fraktion	720		33,10 €	33,10 €	61,85 €
5835	5835	Zuschlag zu der Leistung nach Nummer 5734 bei Bestrahlung mit Großfeld oder von mehr als zwei Strahleneintrittsfeldern, je Fraktion	120		5,50 €	5,50 €	10,31 €
5836	5836	Bestrahlung mittels Beschleuniger mit bis zu zwei Strahleneintrittsfeldern - gegebenenfalls unter Anwendung von vorgefertigten, wieder verwendbaren Ausblendungen -, je Fraktion ...	1.000		46,00 €	46,00 €	85,90 €
5837	5837	Zuschlag zu der Leistung nach Nummer 5836 bei Bestrahlung mit Großfeld oder von mehr als zwei Strahleneintrittsfeldern, je Fraktion	120		5,50 €	5,50 €	10,31 €

O IV.4 Brachytherapie mit umschlossenen Radionukliden   Nummern 5840–5846

BG-T Tarif-Nr.	DKG-NT Tarif-Nr.	Leistung	Punkte (nur DKG-NT I)	Besondere Kosten	Allgemeine Kosten	Sach-kosten	Vollkosten (nur DKG-NT I)
1a	1b	2	3	4	5	6	7
		Allgemeine Bestimmungen					
		Der Arzt darf nur die für den Patienten verbrauchte Menge an radioaktiven Stoffen berechnen.					
		Bei der Berechnung von Leistungen nach Abschnitt O IV.4 sind die Behandlungsdaten der jeweils eingebrachten Stoffe, sowie die Art der ausgeführten Maßnahmen in der Rechnung anzugeben, sofern nicht durch die Leistungsbeschreibung eine eindeutige Definition gegeben ist.					
5840	5840	Erstellung eines Bestrahlungsplans für die Brachytherapie nach den Nummern 5844 und/oder 5846, je Bestrahlungsserie	1.500		69,00 €	69,00 €	128,85 €
		Der Bestrahlungsplan nach Nummer 5840 umfasst Angaben zur Indikation, die Berechnung der Dosis im Zielvolumen, die Lokalisation und die Einstellung der Applikatoren und die Dokumentation (Feldkontrollaufnahmen).					
5841	5841	Zuschlag zu der Leistung nach Nummer 5840 bei individueller Berechnung der Dosisverteilung mit Hilfe eines Prozessrechners, je Bestrahlungsserie	2.000		92,00 €	92,00 €	171,79 €
		Der Zuschlag nach Nummer 5841 ist nur mit dem einfachen Gebührensatz berechnungsfähig.					
5842	5842	Brachytherapie an der Körperoberfläche - einschließlich Bestrahlungsplanung, gegebenenfalls einschließlich Fotodokumentation -, je Fraktion	300		13,80 €	13,80 €	25,77 €
5844	5844	Intrakavitäre Brachytherapie, je Fraktion	1.000		46,00 €	46,00 €	85,90 €
5846	5846	Interstitielle Brachytherapie, je Fraktion	2.100		96,60 €	96,60 €	180,38 €

O IV.5 Besonders aufwendige Bestrahlungstechniken

Nummern 5851–5855

BG-T Tarif-Nr.	DKG-NT Tarif-Nr.	Leistung	Punkte (nur DKG-NT I)	Besondere Kosten	Allgemeine Kosten	Sach-kosten	Vollkosten (nur DKG-NT I)
1a	1b	2	3	4	5	6	7
5851	5851	Ganzkörperstrahlenbehandlung vor Knochenmarktransplantationen - einschließlich Bestrahlungsplanung -	6.900		317,50 €	317,50 €	592,69 €
		Die Leistung nach Nummer 5851 ist unabhängig von der Anzahl der Fraktionen insgesamt nur einmal berechnungsfähig.					
5852	5852	Oberflächen-Hyperthermie, je Fraktion	1.000		46,00 €	46,00 €	85,90 €
5853	5853	Halbtiefen-Hyperthermie, je Fraktion	2.000		92,00 €	92,00 €	171,79 €
5854	5854	Tiefen-Hyperthermie, je Fraktion	2.490		114,60 €	114,60 €	213,88 €
		Die Leistungen nach den Nummern 5852 bis 5854 sind nur in Verbindung mit einer Strahlenbehandlung oder einer regionären intravenösen oder intraarteriellen Chemotherapie und nur mit dem einfachen Gebührensatz berechnungsfähig.					
5855	5855	Intraoperative Strahlenbehandlung mit Elektronen	6.900		317,50 €	317,50 €	592,69 €

Teil P

Sektionsleistungen

Dieser Teil ist nur nachrichtlich aufgeführt.
Werden Sektionsleistungen als Institutsleistungen des Krankenhauses erbracht, findet der Teil S III (Nummern 9900 ff.) Anwendung.

P Sektionsleistungen

BG-T Tarif-Nr.	DKG-NT Tarif-Nr.	Leistung	Punkte (nur DKG-NT I)	Besondere Kosten	Allgemeine Kosten	Sach-kosten	Vollkosten (nur DKG-NT I)
1a	1b	2	3	4	5	6	7
6000	6000	Vollständige innere Leichenschau - einschließlich Leichenschaubericht und pathologisch-anatomischer Diagnose -	1.710				
6001	6001	Vollständige innere Leichenschau, die zusätzliche besonders zeitaufwendige oder umfangreiche ärztliche Verrichtungen erforderlich macht (z. B. ausgedehnte Untersuchung des Knochensystems oder des peripheren Gefäßsystems mit Präparierung und/oder Untersuchung von Organen bei fortschreitender Zersetzung mit bereits wesentlichen Fäulniserscheinungen) - einschließlich Leichenschaubericht und pathologisch-anatomischer Diagnose -	2.300				
6002	6002	Vollständige innere Leichenschau einer exhumierten Leiche am Ort der Exhumierung - einschließlich Leichenschaubericht und pathologisch-anatomischer Diagnose -	3.200				
6003	6003	Innere Leichenschau, die sich auf Teile einer Leiche und/oder auf einzelne Körperhöhlen beschränkt - einschließlich Leichenschaubericht und pathologisch-anatomischer Diagnose - ...	739				
6010	6010	Makroskopische neuropathologische Untersuchung des Zentralnervensystems (Gehirn, Rückenmark) einer Leiche, einschließlich Organschaubericht und pathologisch-anatomischer Diagnose -	400				
6015	6015	Mikroskopische Untersuchung von Organen (Haut, Muskel, Leber, Niere, Herz, Milz, Lunge) nach innerer Leichenschau - einschließlich Beurteilung des Befundes -, je untersuchtes Organ	242				
6016	6016	Mikroskopische Untersuchung eines Knochens nach innerer Leichenschau - einschließlich Beurteilung des Befundes - je Knochen	300				
6017	6017	Mikroskopische Untersuchung von vier oder mehr Knochen nach innerer Leichenschau - einschließlich Beurteilung des Befundes -	1.045				
6018	6018	Mikroskopische Untersuchung von Nerven oder Rückenmark oder Gehirn nach innerer Leichenschau - einschließlich des Befundes -	300				

Teil R

Analoge Bewertungen

R Analoge Bewertungen

Nummern 70036–70704

BG-T Tarif-Nr.	DKG-NT Tarif-Nr.	Leistung	Punkte (nur DKG-NT I)	Besondere Kosten	Allgemeine Kosten	Sach-kosten	Vollkosten (nur DKG-NT I)
1a	1b	2	3	4	5	6	7
	70036	Strukturierte Schulung einer Einzelperson mit einer Mindestdauer von 20 Minuten bei Asthma bronchiale, Hypertonie - einschließlich Evaluation zur Qualitätssicherung zum Erlernen und Umsetzen des Behandlungsmanagements, einschließlich Auswertung standardisierter Fragebögen, je Sitzung; analog Nr. 33.	300		3,60 €	3,60 €	25,77 €
	70072	Vorläufiger Entlassungsbericht aus dem Krankenhaus; analog Nr. 70.	40		1,70 €	1,70 €	3,44 €
	70353	Einbringung des Kontrastmittels mittels intraarterieller Hochdruckinjektion zur selektiven Arteriographie (z. B. Nierenarterie), einschließlich Röntgenkontrolle und gegebenenfalls einschließlich fortlaufender EKG-Kontrolle, je Arterie; analog Nr. 351.	500		6,40 €	6,40 €	42,95 €
	70409	A-Bild-Sonographie; analog Nr. 410	200		6,50 €	6,50 €	17,18 €
	70482	Relaxometrie während und/oder nach einer Allgemeinanästhesie bei Vorliegen von die Wirkungsdauer von Muskelrelaxantien verändernden Vorerkrankungen (z. B. ACE-Hemmer-Mangel) oder gravierenden pathophysiologischen Zuständen (z. B. Unterkühlung); analog Nr. 832.	158		5,90 €	5,90 €	13,57 €
	70496	Drei-in-eins-Block, Knie- oder Fußblock; analog Nr. 476.	380	6,62 €	3,80 €	10,42 €	39,26 €
	70618	H2-Atemtest (z. B. Laktosetoleranztest), einschließlich Verabreichung der Testsubstanz, Probeentnahmen und Messungen der H2-Konzentration, einschließlich Kosten; analog Nr. 617	341		15,80 €	15,80 €	29,29 €
	70619	Durchführung des 13C-Harnstoff-Atemtest, einschließlich Verabreichung der Testsubstanz und Probeentnahmen; analog Nr. 615.	227		10,50 €	10,50 €	19,50 €
	70658	Hochverstärktes Oberflächen-EKG aus drei orthogonalen Ableitungen mit Signalermittlung zur Analyse ventrikulärer Spätpotentiale im Frequenz- und Zeitbereich (Spätpotential-EKG); analog Nr. 652.	445		20,60 €	20,60 €	38,22 €
	70704	Analtonometrie; analog Nr. 1791	148		6,00 €	6,00 €	12,71 €

R Analoge Bewertungen

BG-T Tarif-Nr.	DKG-NT Tarif-Nr.	Leistung	Punkte (nur DKG-NT I)	Besondere Kosten	Allgemeine Kosten	Sach-kosten	Vollkosten (nur DKG-NT I)
1a	1b	2	3	4	5	6	7
	70795	Kipptisch-Untersuchung mit kontinuierlicher EKG- und Blutdruckregistrierung; analog Nr. 648....................	605		28,00 €	28,00 €	51,97 €
	70796	Ergometrische Funktionsprüfung mittels Fahrrad- oder Laufbandergometer (physikalisch definierte und reproduzierbare Belastungsstufen), einschließlich Dokumentation; analog Nr. 650 ..	152		7,00 €	7,00 €	13,06 €
	70888	Psychiatrische Behandlung zur Reintegration eines Erwachsenen mit psychopathologisch definiertem Krankheitsbild als Gruppenbehandlung (in Gruppen von 3 bis 8 Teilnehmern) durch syndrombezogene verbale Intervention als therapeutische Konsequenz aus den dokumentierten Ergebnissen der selbsterbrachten Leistung nach Nr. 801, Dauer mindestens 50 Minuten, je Teilnehmer und Sitzung; analog Nr. 887	200		2,40 €	2,40 €	17,18 €
	71006	Gezielte weiterführende differenzialdiagnostische sonographische Abklärung bei aufgrund einer Untersuchung nach Nr. 415 erhobenem Verdacht auf Schädigung eines Fetus durch Fehlbildung oder Erkrankung oder ausgewiesener besonderer Risikosituation (Genetik, Anamnese, exogene Noxe) unter Verwendung eines Ultraschalluntersuchungsgerätes, das mindestens über 64 Kanäle im Sende- und Empfangsbereich, eine variable Tiefenfokussierung, mindestens 64 Graustufen und eine aktive Vergrößerungsmöglichkeit für Detaildarstellungen verfügt, gegebenenfalls mehrfach, zur gezielten Ausschlussdiagnostik bis zu dreimal im gesamten Schwangerschaftsverlauf, im Positivfall einer fetalen Fehlbildung oder Erkrankung auch häufiger, Anlage 1 c zu Abschnitt B. Nr. 4 der Mutterschaftsrichtlinien in der jeweils geltenden Fassung gilt entsprechend; analog Nr. 5373 je Sitzung....................	1.900		87,40 €	87,40 €	163,20 €

R Analoge Bewertungen

Nummern 71007–71157

BG-T Tarif-Nr.	DKG-NT Tarif-Nr.	Leistung	Punkte (nur DKG-NT I)	Besondere Kosten	Allgemeine Kosten	Sach-kosten	Vollkosten (nur DKG-NT I)
1a	1b	2	3	4	5	6	7
	71007	Farbcodierte Doppler-echokardiographische Untersuchung eines Fetus einschließlich Bilddokumentation, einschließlich eindimensionaler Doppler-echokardiographischer Untersuchung, gegebenenfalls einschließlich Untersuchung mit cw-Doppler und Frequenzspektrumanalyse, gegebenenfalls einschließlich zweidimensionaler echokardiographischer Untersuchung mittels Time-Motion-Verfahren (M-Mode), gegebenenfalls zusätzlich zur Leistung nach Nr. 71006, Anlage 1 d zu Abschnitt B. Nr. 4 der Mutterschaftsrichtlinien in der jeweils geltenden Fassung gilt entsprechend; analog Nrn. 424	700		28,90 €	28,90 €	60,13 €
		plus Nr. 404	250		11,50 €	11,50 €	21,47 €
		plus Nr. 406	200		9,20 €	9,20 €	17,18 €
	71008	Weiterführende differenzialdiagnostische sonographische Abklärung des fetomaternalen Gefäßsystems mittels Duplexverfahren, gegebenenfalls farbcodiert und/oder direktionale Doppler-sonographische Untersuchung im fetomaternalen Gefäßsystem, einschließlich Frequenzspektrumanalyse, gegebenenfalls zusätzlich zu den Untersuchungen nach den Nrn. 415 oder 71006, Anlage 1 d zu Abschnitt B. Nr. 4 der Mutterschaftsrichtlinien in der jeweils geltenden Fassung gilt entsprechend; analog Nr. 649 .	650		29,90 €	29,90 €	55,83 €
		Bei Mehrlingen sind die Leistungen nach den Nrn. 71006, 71007 und 71008 entsprechend der Zahl der Mehrlinge mehrfach berechnungsfähig. *Voraussetzung für das Erbringen der Leistungen nach den Nrn. 71006, 71007 und 71008 ist der Nachweis der Fachkunde Sonographie des Fetus in der Frauenheilkunde oder der fakultativen Weiterbildung Spezielle Geburtshilfe und Perinatalmedizin oder einer gleichwertigen Qualifikation.*					
	71157	Chorionzottenbiopsie, transvaginal oder transabdominal unter Ultraschallsicht; analog Nr. 1158.	739	7,78 €	20,30 €	28,08 €	71,26 €

R Analoge Bewertungen

BG-T Tarif-Nr. 1a	DKG-NT Tarif-Nr. 1b	Leistung 2	Punkte (nur DKG-NT I) 3	Besondere Kosten 4	Allgemeine Kosten 5	Sachkosten 6	Vollkosten (nur DKG-NT I) 7
	71387	Netzhaut-Glaskörper-chirurgischer Eingriff bei anliegender oder abgelöster Netzhaut ohne netzhautablösende Membranen, einschließlich Pars-plana-Vitrektomie, Retinopexie, ggf. einschließlich Glaskörper-Tamponade, ggf. einschließlich Membran-Peeling; analog Nr. 2551 *Neben der Nr. 71387 sind keine zusätzlichen Eingriffe an Netzhaut oder Glaskörper berechnungsfähig.*	7.500	45,30 €	198,40 €	243,70 €	689,53 €
	713871	Netzhaut-Glaskörper-chirurgischer Eingriff bei anliegender und/oder abgelöster Netzhaut mit netzhautablösenden Membranen und/oder therapierefraktärem Glaukom und/oder submakulärer Chirurgie, einschließlich Pars-plana-Vitrektomie, Buckelchirurgie, Retinopexie, Glaskörper-Tamponade, Membran-Peeling, ggf. einschließlich Rekonstruktion eines Iris-Diaphragmas, ggf. einschließlich Retinotomie, ggf. einschließlich Daunomycin-Spülung, ggf. einschließlich Zell-Transplantation, ggf. einschließlich Versiegelung eines Netzhautlochs mit Thrombozytenkonzentraten, ggf. einschließlich weiterer mikrochirurgischer Eingriffe an Netzhaut oder Glaskörper (z.B. Pigmentgewinnung und -implantation); analog Nr. 2551	7.500	45,30 €	198,40 €	243,70 €	689,53 €
		plus analog Nr. 2531	7.500	22,60 €	116,70 €	139,30 €	666,83 €
		Neben der Nr. 713871 sind keine zusätzlichen Gebührenpositionen für weitere Eingriffe an Netzhaut oder Glaskörper berechnungsfähig. Ergänzende Abrechnungsempfehlung zu den Nrn. 71387 und 713871: Die Ausschlussbestimmungen bei den Nrn. 71387 und 713871, wonach keine zusätzlichen Gebührenpositionen für weitere Eingriffe an Netzhaut oder Glaskörper berechnungsfähig sind, gelten nicht für Netzhaut-Glaskörper-chirurgische Eingriffe bei Ruptur des Augapfels mit oder ohne Gewebeverlust oder bei Resektion uvealer Tumoren und/oder Durchführung einer Macula-Rotation. Neben Leistungen nach den Nrn. 71387 oder 713871 können in diesen Ausnahmefällen - je nach Indikation - die genannten Maßnahmen als zusätzliche Leistungen berechnet werden, wie z.B. die Nr. 713872 für die Macula-Rotation.					
	713872	Macula-Rotation; analog Nr. 1375	3.500	7,78 €	12,00 €	19,78 €	308,42 €

R Analoge Bewertungen

BG-T Tarif-Nr.	DKG-NT Tarif-Nr.	Leistung	Punkte (nur DKG-NT I)	Besondere Kosten	Allgemeine Kosten	Sach-kosten	Vollkosten (nur DKG-NT I)
1a	1b	2	3	4	5	6	7
	71716	Spaltung einer Harnröhrenstriktur unter Sicht (z. B. nach Sachse); analog Nr. 1802.........	739	7,78 €	17,10 €	24,88 €	71,26 €
	71833a	Wechsel eines suprapubischen Harnblasenfistelkatheters, einschl. Spülung, Katheterfixation und Verband; analog Nr. 1833............	237		9,40 €	9,40 €	20,36 €
	73732	Troponin-T-Schnelltest; analog Nr. 3741......	200		6,10 €	6,10 €	13,80 €
	73733	Trockenchemische Bestimmung von Theophyllin; analog Nr. 3736	120		3,70 €	3,70 €	8,28 €
	73734	Qualitativer immunologischer Nachweis von Albumin im Stuhl; analog Nr. 3736...........	120		3,70 €	3,70 €	8,28 €
	73757	Eiweißuntersuchung aus eiweißarmen Flüssigkeiten (z. B. Liquor-, Gelenk- oder Pleurapunktat); analog Nr. 3760....	70		2,20 €	2,20 €	4,83 €
	74463	Qualitative Bestimmung von Antikörpern mittels Ligandenassay - gegebenenfalls einschließlich Doppelbestimmung und aktueller Bezugskurve; analog Nr. 4462.....	230		7,10 €	7,10 €	15,88 €
	77001	Untersuchung der alters- oder erkrankungsbedingten Visusäquivalenz, z. B. bei Amblyopie, Medientrübung oder fehlender Mitarbeit; analog Nr. 1225.........	121		4,10 €	4,10 €	10,39 €
	77002	Qualitative Aniseikonieprüfung mittels einfacher Trennerverfahren; analog Nr. 1200......... *Die Untersuchung nach Nr. 77002 kann nur bei besonderer Begründung, und dann auch zusätzlich zur Kernleistung nach Nr. 1200, berechnet werden.*	59		2,60 €	2,60 €	5,07 €
	77003	Quantitative Aniseikoniemessung, gegebenenfalls einschließlich qualitativer Aniseikonieprüfung; analog Nr. 1226.............	182		3,60 €	3,60 €	15,63 €
	77006	Bestimmung elektronisch vergrößernder Sehhilfen, je Sitzung; analog Nr. 1227...........	248		6,60 €	6,60 €	21,30 €
	77007	Quantitative Untersuchung der Hornhautsensibilität; analog Nr. 825..............	83		1,30 €	1,30 €	7,13 €

R Analoge Bewertungen

BG-T Tarif-Nr. 1a	DKG-NT Tarif-Nr. 1b	Leistung 2	Punkte (nur DKG-NT I) 3	Besondere Kosten 4	Allgemeine Kosten 5	Sach-kosten 6	Vollkosten (nur DKG-NT I) 7
		Nr. 77007 ist nicht berechnungsfähig neben Nr. 6.					
	77008	Konfokale Scanning-Mikroskopie der vorderen Augenabschnitte, einschließlich quantitativer Beurteilung des Hornhautendothels und Messung von Hornhautdicke und Streulicht, ggf. einschließlich Bilddokumentation je Auge; analog Nr. 1249	484		22,30 €	22,30 €	41,57 €
	77009	Quantitative topographische Untersuchung der Hornhautbrechkraft mittels computergestützter Videokeratoskopie, ggf. an beiden Augen; analog Nr. 415	300		9,80 €	9,80 €	25,77 €
	77010	Laserscanning-Ophthalmoskopie; analog Nr. 1249	484		22,30 €	22,30 €	41,57 €
	77011	Biomorphometrische Untersuchung des hinteren Augenpols, ggf. beidseits; analog Nr. 423 . .	500		20,70 €	20,70 €	42,95 €
	77012	Frequenz-Verdopplungs-Perimetrie oder Rauschfeld-Perimetrie; analog Nr. 1229	182		3,60 €	3,60 €	15,63 €
	77013	Überschwellige und/oder schwellenbestimmende quantitativ abgestufte, rechnergestützte statische Rasterperimetrie, einschließlich Dokumentation; analog Nr. 1227	248		6,60 €	6,60 €	21,30 €
	77014	Ultraschall-Biomikroskopie der vorderen Augenabschnitte, einmal je Sitzung; analog Nr. 413 . . .	280		9,10 €	9,10 €	24,05 €
	77015	Optische und sonographische Messung der Vorderkammertiefe und/oder der Hornhautdicke des Auges; analog Nr. 410	200		6,50 €	6,50 €	17,18 €
		für die Untersuchung des anderen Auges in der gleichen Sitzung; analog Nr. 420	80		2,60 €	2,60 €	6,87 €
	77016	Berechnung einer intraokularen Linse, je Auge; analog Nr. 1212	132		6,70 €	6,70 €	11,34 €
	77017	Zweidimensionale Laserdoppler-Untersuchung der Netzhautgefäße mit Farbkodierung, ggf. beidseits; analog Nr. 424	700		28,90 €	28,90 €	60,13 €
		plus Nr. 406	200		9,20 €	9,20 €	17,18 €

R Analoge Bewertungen

Nummern 77018–77026

BG-T Tarif-Nr.	DKG-NT Tarif-Nr.	Leistung	Punkte (nur DKG-NT I)	Besondere Kosten	Allgemeine Kosten	Sachkosten	Vollkosten (nur DKG-NT I)
1a	1b	2	3	4	5	6	7
	77018	Einlegen eines Plastikröhrchens in die ableitenden Tränenwege bis in die Nasenhöhle, ggf. einschließlich Nahtfixation, je Auge; analog Nr. 1298	132		1,70 €	1,70 €	11,34 €
	77019	Prismenadaptionstest vor Augenmuskeloperationen, je Sitzung; analog Nr. 1215	121		4,90 €	4,90 €	10,39 €
	77020	Präoperative kontrollierte Bulbushypotonie mittels Okulopression; analog Nr. 1257	242		7,60 €	7,60 €	20,79 €
	77021	Operative Reposition einer intraokularen Linse; analog Nr. 1353	832	7,78 €	20,30 €	28,08 €	79,25 €
	77022	Chirurgische Maßnahmen zur Wiederherstellung der Pupillenfunktion und/oder Einsetzen eines Irisblendenrings; analog Nr. 1326	1.110	7,46 €	22,50 €	29,96 €	102,81 €
	77023	Messung der Zyklotropie mittels haploskopischer Verfahren und/oder Laserscanning-Ophthalmoskopie; analog Nr. 1217	242		6,90 €	6,90 €	20,79 €
	77024	Differenzierende Analyse der Augenstellung beider Augen mittels Messung von Horizontal-, Vertikal- und Zyklo-Deviation an Tangentenskalen in 9 Blickrichtungen, einschließlich Kopfneige-Test; analog Nr. 1217	242		6,90 €	6,90 €	20,79 €
	77025	Korrektur dynamischer Schielwinkelveränderungen mittels retroäquatorialer Myopexie (sog. Fadenoperation nach Cüppers) an einem geraden Augenmuskel; analog Nr. 1376	1.480	7,78 €	27,80 €	35,58 €	134,91 €
	77026	Chirurgische Maßnahmen bei Erkrankungen des Aufhängeapparates der Linse; analog Nr. 1326 . . . . *Eine Berechnung der Nr. 77026 neben einer Katarakt-Operation, z. B. nach den Nrn. 1349 bis 1351, Nr. 1362, Nr. 1374 oder Nr. 1375, ist in gleicher Sitzung nur bei präoperativer Indikationsstellung zu diesem Zweiteingriff auf Grund des Vorliegens einer besonderen Erkrankung (z. B. subluxierte Linse bei Marfan-Syndrom oder Pseudoexfoliationssyndrom) zulässig.*	1.110	7,46 €	22,50 €	29,96 €	102,81 €

R Analoge Bewertungen   Nummern 77027–77029

BG-T Tarif-Nr.	DKG-NT Tarif-Nr.	Leistung	Punkte (nur DKG-NT I)	Besondere Kosten	Allgemeine Kosten	Sach-kosten	Vollkosten (nur DKG-NT I)
1a	1b	2	3	4	5	6	7
	77027	Operation einer Netzhautablösung mit eindellenden Maßnahmen, einschließlich Kryopexie der Netzhaut und/oder Endolaser-Applikation; analog Nr. 1368	3.030	5,47 €	39,50 €	44,97 €	265,74 €
	77028	Untersuchung und Beurteilung einer okulär bedingten Kopfzwangshaltung, beispielsweise mit Prismenadaptionstest oder Disparometer; analog Nr. 1217	242		6,90 €	6,90 €	20,79 €
	77029	Isolierte Kryotherapie zur Behandlung oder Verhinderung einer Netzhautablösung, als alleinige Leistung; analog Nr. 1366	1.110	5,47 €	18,00 €	23,47 €	100,82 €

Teil S

Krankenhaus-Sachleistungen, Obduktionen

S I Bäder, Massagen, Krankengymnastik und andere Heilbehandlungen — Nummern 9101–9204

BG-T Tarif-Nr.	DKG-NT Tarif-Nr.	Leistungsbeschreibung	Preis
		Beachte: 1. Ein Zeitintervall entspricht einer Behandlungszeit von 10 Minuten. 2. Die jeweilige Anzahl abrechnungsfähiger Zeitintervalle ergibt sich aus dem vertraglich vereinbarten ärztlichen Verordnungsblatt und ist zusätzlich hinter den jeweiligen Leistungsbeschreibungen ausgewiesen. 3. Der sogenannte Ostabschlag beträgt derzeit 10 %.	
		Gruppe 1: Krankengymnastik	
9101	9101	Krankengymnastische Behandlung auch auf neurophysiologischer Grundlage Regel-Behandlungszeit: 2 Zeitintervalle	7,27 €**)
9102	9102	Krankengymnastische Behandlung auf neurophysiologischer Grundlage bei erworbenen traumatischen, zentralen und peripheren Bewegungsstörungen beim Kind Regel-Behandlungszeit: 4 Zeitintervalle	6,34 €**)
9103	9103	Krankengymnastische Behandlung auf neurophysiologischer Grundlage bei erworbenen traumatischen, zentralen und peripheren Bewegungsstörungen beim Erwachsenen Regel-Behandlungszeit: 3 Zeitintervalle	6,61 €**)
9104	9104	Krankengymnastische Behandlung in Gruppen ab 3 Teilnehmern, je Teilnehmer Regel-Behandlungszeit: 2 Zeitintervalle	2,00 €**)
9105*)	9105*)	Krankengymnastik im Bewegungsbad Regel-Behandlungszeit: 2 Zeitintervalle	8,00 €**)
9106*)	9106*)	Krankengymnastik im Bewegungsbad in Gruppen, je Teilnehmer Regel-Behandlungszeit: 2 Zeitintervalle	4,01 €**)
9107	9107	Manuelle Therapie Regel-Behandlungszeit: 2 Zeitintervalle	8,11 €**)
		Gruppe 2: Thermotherapie (Wärme- und Kältetherapie)	
9201	9201	Wärmeanwendung bei einem oder mehreren Körperabschnitten (alle Wärmestrahler) Regel-Behandlungszeit: 1 Zeitintervall	4,78 €**)
9202	9202	Heiße Rolle bei einem oder mehreren Körperabschnitten Regel-Behandlungszeit: 2 Zeitintervalle	4,04 €**)
9203*)	9203*)	Warmpackung oder Teilbäder eines oder mehrer Körperabschnitte mit Paraffinen bzw. Paraffin-Peloid-Gemischen Regel-Behandlungszeit: 2 Zeitintervalle	5,72 €**)
9204*)	9204*)	Warmpackung mit natürlichen Peloiden (Moor, Fango, Schlick, Pelose), Teilpackung, ein Körperabschnitt (Arm, Bein, Schulter, Nacken) auch Fangokneten Regel-Behandlungszeit: 2 Zeitintervalle	7,67 €**)

S I Bäder, Massagen, Krankengymnastik und andere Heilbehandlungen   Nummern 9205–9412

BG-T Tarif-Nr.	DKG-NT Tarif-Nr.	Leistungsbeschreibung	Preis
9205*)	9205*)	Warmpackung mit natürlichen Peloiden (Moor, Fango, Schlick, Pelose), Doppelpackung, zwei Körperabschnitte (beide Arme, ein Bein, beide Beine oder ganzer Rücken) Regel-Behandlungszeit: 2 Zeitintervalle	9,72 €**)
9206	9206	Kälteanwendung bei einem Körperabschnitt oder mehreren Körperabschnitten (Kompresse, Eisbeutel, Peloide, Eisteilbad) Regel-Behandlungszeit: 1 Zeitintervall	7,81 €**)
9207	9207	Apparative Kälteanwendung bei einem oder mehreren Körperteilen (Kaltgas, Kaltluft)	6,23 €
		Gruppe 3: Elektrotherapie	
9301	9301	Elektrobehandlung einzelner oder mehrerer Körperabschnitte mit Reizströmen Regel-Behandlungszeit: 2 Zeitintervalle	3,24 €**)
9302	9302	Elektrogymnastik einzelner oder mehrerer Körperabschnitte bei Lähmungen Regel-Behandlungszeit: 2 Zeitintervalle	3,24 €**)
9303	9303	Behandlung eines oder mehrerer Körperabschnitte mit Ultraschall Regel-Behandlungszeit: 1 Zeitintervall	5,64 €**)
9304	9304	Behandlung eines oder mehrerer Körperabschnitte mit Iontophorese (ohne Medikamente) Regel-Behandlungszeit: 1 Zeitintervall	4,91 €**)
		Gruppe 4: Massage, manuelle Lymphdrainage, medizinische Bädertherapie und Chirogymnastik	
9401	9401	Klassische Massage einzelner oder mehrerer Körperabschnitte sowie auch Spezialmassagen (Bindegewebs-, Reflexzonen-, Segment-, Periost-, Bürsten- und Colonmassage)	9,37 €
9402	9402	Manuelle Lymphdrainage eines Körperabschnittes, Teilbehandlung Regel-Behandlungszeit: 3 Zeitintervalle	4,47 €**)
9403	9403	Manuelle Lymphdrainage zweier oder mehrerer Körperabschnitte, Ganzbehandlung Regel-Behandlungszeit: 4 Zeitintervalle	4,54 €**)
9403a	9403a	Kompressionsbandagierung einschl. der Kosten für Polstermaterial und Trikofix	6,36 €
9405*)	9405*)	Hand-, Fußbad mit Zusatz	4,17 €
9407*)	9407*)	Kohlensäurebad	13,83 €
9409*)	9409*)	Hydroelektrisches Vollbad (z. B. Stangerbad)	14,09 €
9410	9410	Zwei- und Vierzellenbad	7,04 €
9412*)	9412*)	Unterwasserdruckstrahlmassage	16,13 €

BG-T Tarif-Nr.	DKG-NT Tarif-Nr.	Leistungsbeschreibung	Preis
9413	9413	Chirogymnastik (funktionelle Wirbelsäulengymnastik)	9,93 €
9414	9414	Extensionsbehandlung	4,42 €
		Gruppe 5: Inhalationstherapie	
9501	9501	Einzelinhalation Regel-Behandlungszeit: 1 Zeitintervall	4,78 €**)
9502	9502	Rauminhalation, je Teilnehmer Regel-Behandlungszeit: 1 Zeitintervall	2,41 €**)
		Gruppe 6: Zusätzliche Leistungen	
9601	9601	Zusätzlich ärztlich verordnete Ruhe, d. h. außerhalb der mit einem *) versehenen Leistungen (einschließlich Wäsche)	2,93 €***)
9602	9602	Ärztlich verordneter Hausbesuch, je Besuch	8,12 €
9603	9603	Wegegebühr bei ärztlich verordnetem Hausbesuch je km	0,36 €
		Ergotherapie	
9650	9650	Ergotherapeutische Einzelbehandlung mit Beratung des Patienten und ggf. der Betreuungsperson, Behandlungsdauer mind. 45 Minuten *Erfolgt eine ergotherapeutische Einzelbehandlung zur Beseitigung sensomotorischer Entwicklungsstörungen oder Ausfallerscheinungen am zentralen Nervensystem im Sinne der Nr. 9102 oder 9103, wird diese Leistung nach Nr. 9102 bzw. 9103 abgerechnet.*	20,04 €
9651	9651	Ergotherapie, Behandlung in Gruppen und Beratung des Patienten und ggf. der Begleitperson, Behandlungsdauer mind. 45 Minuten, pro Teilnehmer	7,02 €
		Sprachheilbehandlung	
9670[1]	9670[1]	Logopädische Untersuchung mit Beratung des Patienten und ggf. der Eltern	22,99 €
9671a[1]	9671a[1]	Logopädische Einzelbehandlung mit Beratung des Patienten und ggf. der Eltern Dauer mindestens 30 Minuten	24,01 €
9671b[1]	9671b[1]	Dauer mindestens 45 Minuten	34,47 €
9671c[1]	9671c[1]	Dauer mindestens 60 Minuten	45,66 €
9672	9672	Logopädische Gruppenbehandlung (max. 3 Personen) mit Beratung der Patienten und ggf. der Eltern, Behandlungsdauer mindestens 45 Minuten, je Teilnehmer	15,12 €

S I Bäder, Massagen, Krankengymnastik und andere Heilbehandlungen

BG-T Tarif- Nr.	DKG-NT Tarif- Nr.	Leistungsbeschreibung	Preis
		Fußnoten: *) Die erforderliche Nachruhe ist Bestandteil des Vergütungssatzes. **) Preis pro Zeitintervall (Näheres vgl. unter "Beachte", abgedruckt vor Nr. 9101) ***) Keine Berechnung nach Zeitintervallen 1) Kann in einem Behandlungsfall nur einmal berechnet werden.	

S II Arzneimittel, Sera, Blutersatzmittel, Blutkonserven, Blutspenden, Blutplasmen, therapeutische Hilfsmittel   Nummern 9700–9725

BG-T Tarif-Nr.	DKG-NT Tarif-Nr.	Leistungsbeschreibung	Preis
9700	9700	Arzneirezepturen in Krankenanstalten ohne Anstaltsapotheke	*Einkaufspreise zuzügl. 10 v.H.*
9701	9701	Arzneirezepturen in Krankenanstalten mit Anstaltsapotheke	*Preise nach AMPreisV* [1]
9703	9703	Arzneispezialitäten, Sera, Blutersatzmittel u.ä.	*Apothekenverkaufspreise mit Umsatzsteuer der kleinsten Klinikpackung*
9704	9704	Blutkonserven von fremden Blutbanken	*Einkaufspreis zuzügl. 10 v.H.*
		Human-Blutkonserven eigener Herstellung mit Stabilisator(en) [2]	
9705	9705	Vollblut-Konserve bis 99 ml	42,94 €
9706	9706	Vollblut-Konserve 100 bis 299 ml	63,37 €
9707	9707	Vollblut-Konserve 300 bis 399 ml	83,09 €
9708	9708	Vollblut-Konserve 400 bis 499 ml	95,93 €
9709	9709	Vollblut-Konserve 500 bis 599 ml	108,89 €
9710	9710	Vollblut-Konserve 600 ml	121,78 €
		Frischplasma (GFP) - gefroren	
9715	9715	GFP - 1 ml	0,21 €
		Erythrozyten-Sediment-Konserven eigener Herstellung mit Stabilisator(en) [2]	
9720	9720	aus Vollblut-Konserve bis 99 ml	35,79 €
9721	9721	aus Vollblut-Konserve 100 bis 299 ml	52,30 €
9722	9722	aus Vollblut-Konserve 300 bis 399 ml	65,14 €
9723	9723	aus Vollblut-Konserve 400 bis 499 ml	75,94 €
9724	9724	aus Vollblut-Konserve 500 bis 599 ml	87,39 €
9725	9725	aus Vollblut-Konserve 600 ml	98,13 €

BG-T Tarif-Nr.	DKG-NT Tarif-Nr.	Leistungsbeschreibung	Preis
		Gewasch. Human-Erythrozyten-Konzentrat eigener Herstellung mit Stabilisator	
9730	9730	aus Vollblut-Konserve bis 99 ml	65,14 €
9731	9731	aus Vollblut-Konserve 100 bis 299 ml	83,09 €
9732	9732	aus Vollblut-Konserve 300 bis 399 ml	95,23 €
9733	9733	aus Vollblut-Konserve 400 bis 499 ml	106,78 €
9734	9734	aus Vollblut-Konserve 500 bis 599 ml	118,18 €
9735	9735	aus Vollblut-Konserve 600 ml	128,93 €
		Frischblut-Konserven 3) eigener Herstellung mit Stabilisator	
9740	9740	Konserve bis 499 ml	109,58 €
9741	9741	Konserve 500 bis 599 ml	120,97 €
9742	9742	Konserve 600 ml	135,37 €
		Gefiltertes Human-Erythrozyten-Konzentrat (leuko-thrombozytenarm) Erythrozyten-Sediment-Konserven mittels Filtration	
9745	9745	aus Vollblut-Konserve bis 99 ml	64,43 €
9746	9746	aus Vollblut-Konserve 100 bis 299 ml	93,13 €
9747	9747	aus Vollblut-Konserve 300 bis 399 ml	118,88 €
9748	9748	aus Vollblut-Konserve 400 bis 499 ml	137,58 €
9749	9749	aus Vollblut-Konserve 500 bis 599 ml	159,02 €
		Human-Erythrozyten-Konzentrat (leuko-thrombozytenarm) mittels mechanischen Trennverfahrens hergestellt	
9750	9750	aus Vollblut 500 ml	102,43 €
		Thrombozytenreiches Human-Plasma (Konserven) eigener Herstellung mit Stabilisator PRP + TK	
9755	9755	aus Vollblut-Konserve bis 499 ml	80,93 €
9756	9756	aus Vollblut-Konserve 500 bis 599 ml	90,93 €
9757	9757	aus Vollblut-Konserve 600 ml	99,58 €

BG-T Tarif-Nr.	DKG-NT Tarif-Nr.	Leistungsbeschreibung	Preis
		Human-Thrombozyten-Konzentrat gefiltert (leukozytenarm) TK	
9760	9760	aus Vollblut 500 ml	111,48 €
9761	9761	Human-Thrombozytenapherese-Konzentrat mittels einer Zellseparationszentrifuge gewonnen, Mindestgehalt Thrombozyten 3×10^{11}	670,97 €
		Zuschläge für Blutkonserven mit besonderen Merkmalbestimmungen *Werden Blutkonserven benötigt, die Blutgruppenmerkmale besonderer Systeme aufzuweisen haben, oder werden vom Besteller Konserven mit Blutgruppenmerkmalen besonderer Systeme verlangt, so werden die dazu erforderlichen Laboruntersuchungen nach dem Abschnitt Laboratoriumsdiagnostik berechnet, wobei jede Untersuchungsart einmal berechnet wird. Für die Merkmalbestimmungen im HLA-System und die Lymphozyten-Mischkultur gelten die Tarifnummern 9765 bis 9769*	
9765	9765	HLA-Typisierung, alle Antigene	666,57 €
9766	9766	HLA-Typisierung, Einzelantigene, je	149,45 €
9767	9767	Kreuzprobe im HLA-System	210,62 €
9768	9768	Antikörper-Suchtest im HLA-System	131,34 €
9769	9769	Lymphozyten-Mischkultur MLC	1.017,60 €
9770	9770	Anti-CMV (bei Berücksichtigung des Merkmals Zuschlag für vorausgegangene routinemäßige Austestung)	31,22 €
9771	9771	Blutdirektübertragung vom Spender zum Empfänger (ohne ärztliche Leistung)	*Blutspenderentschädigung nach landesüblicher Regelung, Fahrkostenersatz, Verdienstausfallentschädigung und Kosten der Blutspendermahlzeit*
9772	9772	Transportkostenersatz bei Beschaffung und Transport von Spezialblutkonserven in Einzelfällen [4]	*Selbstkosten der Blutspendezentrale*
9773	9773	Zusätzliche Präparate für Spezialblutkonserven	*Selbstkosten der Blutspendezentrale*

BG-T Tarif-Nr.	DKG-NT Tarif-Nr.	Leistungsbeschreibung	Preis
9774	9774	Zusätzliche Materialien für Spezialblutkonserven	*Selbstkosten der Blutspendezentrale*
		Knochenmark und Knochenmark-Konserven eigener Herstellung mit Stabilisator	
9780	9780	bis 19 ml	74,49 €
9781	9781	20 bis 29 ml	84,43 €
9782	9782	30 bis 39 ml	95,23 €
9783	9783	40 bis 49 ml	103,83 €
9784	9784	50 bis 74 ml	125,33 €
9785	9785	75 bis 99 ml	146,07 €
9786	9786	100 und mehr ml	167,57 €
		In dem Preis der Nrn. 9780 bis 9786 sind die Spenderentschädigung und die Blutgruppenuntersuchung beim Spender enthalten. Nicht enthalten sind in dem Preis die Applikation beim Empfänger, die Blutgruppenuntersuchung beim Empfänger und die Kosten des Transports von Knochenmarkkonserven	
		Sonstiges	
9790	9790	Knochennägel, Knochenschrauben, Stahlsehnendrähte, Gefäßprothesen u.ä.	*Selbstkosten*
9791	9791	Gummi-Elastikbinden	*Selbstkosten*
9792	9792	Fotografische Aufnahmen, schwarz-weiß	1,45 €
9793	9793	Fotografische Aufnahmen, bunt	2,47 €
9794	9794	Übersendung angeforderter herkömmlicher Röntgenfilmaufnahmen [5] einschließlich Verpackung (zuzüglich Porto), je Sendung	5,47 €
		Röntgenfilmkopien	
9795a	9795a	Format 18x24	5,00 €
9795b	9795b	größere Formate	7,20 €
9795c	9795c	Ausdruck auf Spezialpapier von digital gefertigten Aufnahmen für Dritte, die die Grundleistung nicht bezahlt haben, einschließlich Verpackung und Versand	3,09 €
9796	9796	Fotokopien	0,17 €
9797	9797	Wochenbettpackungen	*Selbstkosten*

S II Arzneimittel, Sera, Blutersatzmittel, Blutkonserven, Blutspenden, Blutplasmen, therapeutische Hilfsmittel

BG-T Tarif-Nr.	DKG-NT Tarif-Nr.	Leistungsbeschreibung	Preis
		Fußnoten: 1) Arzneimittel-Preis-Verordnung (Nachfolgeregelung der DAT) 2) Primärstabilisator ggf. und/oder additive Lösung 3) Frischblutkonserven sind Konserven, die innerhalb von 72 Stunden nach der Blutentnahme verwendet werden. 4) Beschaffung z. B. von tiefgefrorenen, nach Auftauen gewaschenen Erythrozyten-Sediment-Konserven von auswärtigen Blutspendediensten. 5) Wenn statt der angeforderten herkömmlichen Röntgenfilmaufnahmen Röntgenfilmkopien übersandt werden, sind neben dem Pauschalbetrag nach 9794 die Kosten für Röntgenfilmkopien nach 9795a oder 9795b berechenbar.	

S III Sonstige Leistungen, Obduktionen — Nummern 9800–9910

BG-T Tarif-Nr.	DKG-NT Tarif-Nr.	Leistungsbeschreibung	Preis
9800	9800	Pauschalgebühr bei Hämodialyse zum ärztlichen Honorar zusätzlich	328,90 €
9900	9900	Leichenöffnung (Eröffnung der 3 Körperhöhler) [1]	238,56 €
9901	9901	Leichenöffnung, zeitraubend und schwierig (bei Eröffnung des Rückenmarkkanals und/oder ausgedehnter Untersuchung des Knochen-, Gefäß- oder Nervensystems oder von Organen, bei fortgeschrittener Zersetzung mit bereits wesentlichen Fäulniserscheinungen) [1]	309,28 €
9902	9902	Leichenöffnung einer beerdigten Leiche oder Wasserleiche [1]	393,39 €
9902a	9902a	Makroskopie, neuropathologische Untersuchung des Zentralnervensystems (Gehirn, Rückenmark) zusätzlich zu den Tarif-Nrn. 9900, 9901, 9902	40,68 €
9903	9903	Obduktionsraumbenutzung einschl. Gestellung eines Sektionsgehilfen	71,27 €
9904	9904	Obduktionsraumbenutzung	18,70 €
9905	9905	Leichenhallenbenutzung [2]	7,95 €
9906	9906	Kühlzellenbenutzung [2]	11,55 €
9907	9907	Dampfdesinfektion, Einzelbenutzung	7,95 €
9910	9910	Leichenschau und Ausstellung der Totenbescheinigung [3]	*nach ortsüblichen Sätzen*

Fußnoten:

[1] Einschl. Obduktionsraumbenutzung, Gestellung des Sektionsgehilfen und einschl. Sektionsprotokoll
[2] Leichenhallen- und Kühlzellenbenutzung, je angefangener Tag, für Leichen von Personen, die nicht im Krankenhaus verstorben sind.
[3] Keine Leistung zu Lasten der gesetzlichen UV

Anhang

Abkommen zwischen der Deutschen Krankenhausgesellschaft und den Unfallversicherungsträgern

Abkommen

zwischen

1. dem Hauptvorstand der gewerblichen Berufsgenossenschaft e. V., Bonn,
2. dem Bundesvorstand der Landwirtschaftlichen Berufsgenossenschaften e. V., Kassel,
3. der Bundesarbeitsgemeinschaft der gemeindlichen Unfallversicherungsträger e. V., München

und

der Deutschen Krankenhausgesellschaft, Düsseldorf,
vom 17. Dezember 1959 in der Fassung vom 29. April 1965

§ 1

Für die Abrechnung zwischen Krankenhäusern und Berufsgenossenschaften von
a) Leistungen bei ambulanter berufsgenossenschaftlicher Heilbehandlung[1]) und
b) Nebenleistungen bei Begutachtung
wird der diesem Abkommen als Anlage beigefügte Tarif vereinbart.

§ 2

Die Parteien verpflichten sich, den Tarif ihren Mitgliedern zur Anwendung zu empfehlen.

§ 3

Der Tarif ist für Leistungen des Teiles C, Nrn. 3000-3037[2]), nicht anzuwenden, soweit hierüber abweichende Vereinbarungen bestehen oder künftig getroffen werden.

§ 4

Es sind zu berechnen die Sätze:

a) der Spalte 4 „Besondere Kosten"
   bei Leistungen, für die dem Krankenhaus die Vergütung für die besonders berechenbaren Kosten im Sinne des § 5 der Gebührenverordnung für Ärzte vom 18. März 1965[3]) zusteht,

b) der Spalte 5 „Allgemeine Kosten"
   bei Leistungen, für die dem Krankenhaus die Vergütung für die allgemeinen Kosten im Sinne des § 5[4]) der Gebührenordnung für Ärzte zusteht,

c) der Spalte 6 „Sachkosten"
   bei Leistungen, für die dem Krankenhaus die Vergütung für die „Besonderen Unkosten" (a) und für die „Allgemeinen Unkosten" (b) zusteht,

d) der Spalte 7 „Vollkosten"
   bei Leistungen, für die dem Krankenhaus die Vergütung für die ärztliche Leistung, für die „Besonderen Unkosten"[1]) und für die „Allgemeinen Unkosten" zusteht.

---

[1]) *Gilt auch für „Allgemeine Heilbehandlung" nach Ltnr. 5, Ziff. 2 und Ltnr. 71 Abs. 2 Abkommen Ärzte/Unfallversicherungsträger*
[2]) *jetzt Nrn. 9400 bis 9436*
[3]) *jetzt § 10 GOÄ 1983*
[4]) *jetzt § 4 GOÄ 1983*

Anhang

§ 5

gestrichen

§ 6

(1) Es wird ein ständiger Ausschuß, bestehend aus je 5 Vertretern der beiden Vertragsparteien, gebildet, dem die Änderung und Ergänzung des Tarifs obliegt.
(2) Streitigkeiten über die Auslegung des Abkommens sind dem in Absatz 1 genannten Ausschuß vorzulegen, der eine gütliche Einigung anstreben soll.
(3) Der ständige Ausschuß gibt sich eine Geschäftsordnung.

§ 7

Ändern sich die Grundlagen dieses Abkommens, insbesondere die Gebührenordnung für Ärzte, so sind die Vertragsparteien verpflichtet, unverzüglich Verhandlungen über die Änderungen dieses Abkommens aufzunehmen.

§ 8

(1) Dieses Abkommen[2]) gilt für das Bundesgebiet und für das Land Berlin. Es tritt am 1. April 1960 in Kraft.
(2) Das Abkommen kann mit halbjähriger Frist zum Schluß eines jeden Kalendervierteljahres, erstmalig zum 31. Dezember 1961, gekündigt werden.[3])

Bonn/Kassel/München/Düsseldorf, den 17. Dezember 1959 und 29. April 1965

---
[2]) *Die vorstehend abgedruckte Fassung gilt ab 1. Juli 1965.*
[3]) *Protokollnotiz vom 6. 11. 1986.*

Sachregister

Mit Ausnahme des Teils M (Laboratoriumsuntersuchungen). Die Zahlen nennen, sofern nicht anders angegeben, die Nrn. des Gebührenverzeichnisses des DKG-NT Band I sowie die Nummern des Gebührenverzeichnisses des BG-T.

A

Abdomenübersicht 5190 f.
Abdruck durch Gips 3310 ff.
Abduktionsschienenverband 214
Abort, operative Beendigung 1052
Abrasio, Gebärmutterhöhle 1104
– Hornhaut 1339
Abstrichmaterial, Entnahme 297 f.
Abszeßeröffnung, Douglasraum 1136
– intraabdominal 3137
– paranephiritisch 1826
– peritonsillär 1505, 1507
– retropharyngeal 1506
– subkutan 2428
– subphrenisch 3136
– tiefliegend 2430
– Zunge 1511
Abszeßpunktion 303
Achalasie, Dehnungsbehandlung 780
Achillessehnenruptur 2073
Adaption, Untersuchung 1233
Adenom der Schilddrüse, Enukleation 2755
Adenotomie 1493
Aderhauttumor, Koagulation 1369
Aderlaß 285
Adhäsiolyse, laparoskopisch 701
Adnex-Operation 1145 f.
Adnex-Tumor, Punktion 317
Afterschließmuskel, blutige Erweiterung 3237
– Dehnung 3236
Afterverschluß, oberflächlich 3215
– tiefreichend 3216
Agnosie, Untersuchung 830
Agraphie, Untersuchung 830
AIDS: siehe unter HIV (Sachverzeichnis Labor)
Akkommodationsbreite, Messung 1203
Akneknoten, Sticheln oder Öffnen 758
Akupunktur 269, 269 a
Akustikusneurinom, Operation 2551
Akustisch evozierte Potentiale 828, 1408
Alkali-Neutralisationszeit, Bestimmung 759
Alkali-Resistenzbestimmung 760
Allergeninjektion, subkutan 263
Allergiediagnostik 385 ff.
Alveolarfortsatz, Reposition 2686 f.
Ambulante Operationen und Anästhesien, Zuschläge 440 ff.

Amnioskopie 1010
Amniozentese 1011
Amputation, Gliedmaßen 2170 ff.
– Penis 1747 f.
Amthauer-Test 856
Anästhesie 450 ff.
– ambulant 446 f.
Analatresie, Operation 3217
Analfissur, Operation 3219
Analfistel, Operation 3220 ff.
Analspekulum-Untersuchung 705
Analtonometrie 1791, 70704
Anamnese, biographisch 807
– Fremdanamnese 835
– homöopathisch 30, 31
– neurosenpsychologisch 860
Angiographie 5300 ff.
– computergestützt 5335
– Kontrastmitteleinbringung 346 ff.
Angiokardiographie 5315 ff.
– Kontrastmitteleinbringung 355
Angioplastie, perkutan transluminal 5345 ff.
Angioplastiemethoden, andere 5355 f.
Aniseikonieprüfung
– qualitativ 77002
– quantitativ 77003
Anomaloskop-Untersuchung 1229
Antroskopie 1466
Anus prater, Anlegen 3207, 3210
– Verschluß 3208, 3209
– Unterweisung des Patienten 3211
Aortenaneurysma, Operation 2827
Aortenkatheter, beim Neugeborenen 283
Appendektomie 3200
Appendix-Kontrastdarstellung 5161 f.
Applanationstonometrie 1256
Apraxie, Untersuchung 830
Arbeitsunfähigkeitsbescheinigung 70
Arterie, Embolisation 5357 f.
– Entnahme zum Gefäßersatz 2807
– perkutane transluminale Dilatation 5345 ff.
– rekonstruktive Operation 2820 ff.
– Unterbindung oder Naht 2801 ff.
– Verletzung im Extremitätenbereich 2809
Arteriendruckmessung, am freigelegten Gefäß 2804
– blutig 648
– Digitalarterien 638
– Dopler-sonographisch 643
Arterienpulsschreibung 638
Arterienpunktion 251
Arteriographie 5300 ff.
Arteriovenöser Shunt, Anlage 2895 f.
– Beseitigung 2897
Arthrodese 2130 ff.
Arthrographie 5050 ff.

– Kontrastmitteleinbringung 373
Arthroplastik 2134 ff.
Arthroskopie, diagnostisch 2196, 3300
Arthroskopische Operationen 2189 ff.
Arzneirezepturen 9700 f.
Arzneispezialitäten 9703
Arztbericht, Übermittlung elektronisch 192 (BG-T)
Assistenten-Hinzuziehung 62
Aszitespunktion 307
Atemgrenzwert, Bestimmung 608
Atemgymnastik 505
Atemstoßtest 608
Atemtest 70618 f.
Atemwegwiderstand, Bestimmung 603, 604
Atherektomie 5355 f.
Attest 70
Audioelektroenzephalographie 828, 1408
Audiometrie 1403 ff.
Aufbauplastik der Mamma 2415 f.
Aufwachphase, ambulante Operationen 448 f.
Augapfel, Entfernung 1370 f.
– Entnahme bei einem Toten 104
Auge, Analyse des Bewegungsablaufs 1218
– Fremdkörperentfernung 1275 ff.
– Fremdkörperlokalisation 1250
– künstliches 1271
– Sonographie 410
Augenhintergrund, binokulare Untersuchung 1242
– Fluoreszenzuntersuchung 1248 f.
Augenhöhle, Ausräumung 1373
– Fremdkörperentfernung 1283 ff.
– operative Ausräumung 1373
– Punktion 304
– Rekonstruktion 1290 f.
– Tumorentfernung 1283 ff.
Augenhöhlenphlegmone, Operation 1292
Augeninnendruck, Messung 1255 ff.
– operative Regulierung 1358 ff.
Augenlid, Plastik 1310 ff.
– Rekonstruktion 2443
Augenmuskel, Operation 1330 ff.
Augenvorderkammer, Eröffnung 1356
– Glaskörperentfernung 1384
Ausscheidungsurographie 5200 ff.
Auswurffraktion des Herzens, nuklearmedizinische Bestimmmung 5420 f., 5473
Autogenes Training 846 f.

B

Bad, hydroelektrisch 9409
Badeverfahren 531 ff.
Ballonsondentamponade 703
Band, plastischer Ersatz 2104 ff.
– primäre Naht oder Reinsertion 2105 f.

Sachregister

– primäre Naht oder Reinsertion am Kniegelenk 2104
Bandruptur, Akromioklavikulargelenk 2224
– Daumengrundgelenk 2105
– Kniegelenk 2104
– Sprunggelenk 2106
Bandscheibe, Chemonukleolyse 2279
Bandscheibenvorfall, Operation 2282 f.
Bartholin-Zysten, Marsupialisation 1141
Basaliom, chemo-chirurgische Behandlung 757
– Strahlenbehandlung 5800 ff.
Bauchhöhle, endoskopische Untersuchung 700 f.
– Eröffnung 3135
– Punktion 307
Beatmung 427 f.
Beckenbodenplastik 1126
Beckenendlage, Geburtsleitung 1022, 1025
Beckenfraktur, Reposition 2329
Beckenkamm, Punktion 311
Beckenosteotomie 2148, 2165
Beckenübersicht 5040 f.
Beck'sche Bohrung 2346
Befundbericht 75
Befundübermittlung 2
Begleitung, Patient zur stationären Behandlung 55
– psychisch Kranker 833
Begutachtung, 80, 85
Beinlappenplastik 2395
Beinvenen, Thrombus-Expression 763
Beistand (Assistenz) 61
– bei Nacht 60 b + c
Behandlungsplan, bei Chemotherapie und Nachsorge 78
Belastungs-EKG 652
Beratung 1
– eingehend 3
– Erörterung 34
– humangenetisch 21
– in Gruppen 20
– Schwangerschaftskonflikt 22
Bescheinigung 70
Besprechung mit dem Psychotherapeuten 865
Bestrahlungsplanung 5800, 5810, 5831 ff., 5840 f.
Besuch 50
– auf Pflegestation 48
– bei weiterem Kranken 51
– durch Praxispersonal 52
– einschl. Beratung + Untersuchung 50 a-c
Beugesehne, Naht 2073
Beurteilung von Fremdaufnahmen 5255 ff.
Bewegungstherapie 9101 ff.
Bewegungsübungen 510, 9101 ff.
Bezugsperson, eingehende Unterweisung bei psychisch krankem Kind 817
– Unterweisung 4

Biliodigestive Anastomose 3188
Billroth-Operation 3145
Bilobektomie 2998
Bindegewebsmassage 523
Bindehaut, Ätzung 1313
– Fremdkörperentfernung 1275 f.
– Injektion 1320
– Wundnaht 1325
Bindehautsack, plastische Wiederherstellung 1319
Binet-Simon-Test 856
Binokularer Sehakt, Prüfung 1216 f.
Binokularmikroskopie des Trommelfells 1415
Biographische Anamnese, kinderpsychiatrisch 807
– neurosenpsychologisch 860
Biomorphometrische Untersuchung hinterer Augenabschnitt 77011
Biopsie, endoskopisch, im Magen-Darm-Trakt 695 f.
Bird-Respirator zur Inhalationstherapie 501
Blasendruckmessung 1794
Blasenmole, Ausräumung 1060
Blasensteinzertrümmerung 1800
Blinkreflex, Messung 829
Blutadergeschwulst, operative Entfernung 2885 f.
Blutaustauschtransfusion 287
Blutdirektübertragung 9771
Blutdruck, blutige Messung 648
– gesteuerte Senkung 480
– Langzeit 654
Blutdruckmessung 2
Blutegelbehandlung 747
Blutentnahme, bei einem Toten 102
– beim Feten 1012 ff.
– beim Kind (kapillar) 250 a
– durch Arterienpunktion 251
– durch Venenpunktion 250
– transfemoral aus der Nierenvene 262
– zum Zweck der Alkoholbestimmung 251 a
Blutersatzmittel 9703
Blutgasanalyse beim Feten 1013 f.
Blutgefäß, Druckmessungen 2804
– Flußmessungen 2805
– Unterbindung 2801
Blutkonserven 9705-9710
Blutleere bzw. -sperre 2029
Blutstillung, Mund-Kieferbereich 2654
– nach Tonsillektomie 1501
– Nase 1435
– postpartal 1042
– uterin 1082
– vaginal 1081
Bluttamponade der Harnblase, Ausräumung 1797
Bobath-Therapie 725 f.
Bodyplethysmographie 610, 612

Bohrlochtrepanation 2515
Brachytherapie mit umschlossenen Radionukliden 5840 ff.
Break-up-time, Messung 1209
Bronchialanästhesie 489
Bronchialer Prvokationstest 397 f.
Bronchographie 5285
– Kontrastmitteleinbringung 368
Bronchoskopie 677 f.
Bronchotomie 3000
Bruchoperation 3280 ff.
Brustbein, Reposition 2326
Brustdrüse, Absetzen 2411 ff.
– Aufbauplastik 2415 ff.
– Reduktionsplastik 2414
Brusthöhle, Eröffnung 2990
Brustkorbdeformität, Operation 2960
Brustwandseite, operative Stabilisierung 2334
Brustwandteilresektion 2956 f.
Brustwarze, Operation 2417 f.
Bühler-Hetzer-Test 856
Bülau-Drainage 2970
Bürstenmassage 9121
Bürstenmassagebad 9055
Bulboskopie 684, 691
Bypassoperation, arteriell 2839 ff.
– Koronararterien 3088 f.
– venös 2888 ff.

C

CAPD: siehe unter Peritonealdialyse
Cauda equina, Operation 2571 ff.
Cerclage 1129
– Entfernung 1131
Chassaignac-Syndrom, Einrenkung 2226
Check-up-Untersuchung 29
Chemo-chirurgische Behandlung 756 f.
Chemonukleolyse einer Bandscheibe 2279
Chirotherapeutischer Eingriff 3305 f.
Choanenverschluß, Operation 1458
Choledochoskopie, intraoperativ 3121
Choledochusrevision 3187
Cholesteatom-Operation 1601
Cholezystektomie 3186
Chorionzottenbiopsie 71157
Chromatin-Bestimmung 4870 f.
Chromo-Zystoskopie 1789
Chromosomenanalyse 4872 f.
Chronaxie, Bestimmung 829, 840
Chronisch Kranker, ambulante Betreuung 15
– Gruppenberatung 20
Cineangiographie 5324 ff.
Clearance, nuklearmedizinische Bestimmung 5444

Sachregister

Colon: siehe unter Kolon
Compliance, Bestimmung 611
Computertomographie 5369 ff.
– als SPECT 5486 f.
Condylomata acuminata, chemo-chirurgische Behandlung 756
Cornea: siehe unter Hornhaut
Corneoskleralfäden, Entfernung 1279
Crossektomie 2883
Crutchfield-Zange, Anlegen 2183

D

Dachziegelverband 201
Dämmerungssehen, Untersuchung 1235
Dammriß, Versorgung 1044 f.
– alt 1120 f.
Dampfdesinfektion 9907
Darm, hoher Einlauf 533
– Operationen 3165 ff.
Darmbad, subaqual 533
Darmbeinknochen, Resektion 2266
Darmmobilisation, operativ 3172
Darmperforation, Naht 3144
Darmwandperforation, operative Versorgung 3144
Dauerkatheter, Einlegen 1732
Dauertropfinfusion 274 ff.
Daumen, Amputation 2170
– plastischer Ersatz 2054
Daumengrundgelenk, Bandnaht 2105
Defäkographie 5167
Defibrillation: siehe unter Elektro-Defibrillation
Dekortikation der Lunge 2975
Denervierung von Gelenken 2120 f.
Denver-Skala 715
Dermafett-Transplantat 2385
Dermatoskopie 750
Desensibilisierung 263
Dezimeterwellen 9075
Diabetiker-Schulung 33
Diätplan 76
Diaphanoskopie, Kieferhöhle 1414
Diaphragma-Hernie, Operation 3280
Diasklerale Durchleuchtung 1243
Dickdarm: siehe unter Kolon
Dienstunfähigkeitsbescheinigung 70
Diffusionskapazität, Bestimmung 615 f.
Digitalarterien, Pulsschreibung oder Druckmessung 638
Digitale Radiographie, Zuschlag 5298
Digitaluntersuchung, Mastdarm 11
– Prostata 11
Dilatation von Arterien, perkutan transluminal 5345 ff.

Diskographie 5260 ff.
– Kontrastmitteleinbringung 372
Distraktor-Behandlung 2273 f.
Doppelbildung, Operation 2043 ff.
Doppler-Echokardiographie 424
– farbcodiert 406, 424
– farbcodiert eines Feten 71007
Doppler-Sonographie, Duplex-Verfahren: siehe unter Duplex-Sonographie
– Extremitätenarterien, bidirektional 644
– Extremitätenarterien, unidirektional 643
– Extremitätenvenen, bidirektional 644
– Extremitätenvenen, unidirektional 643
– Frequenzspektrumanalyse 404
– hirnversorgende Gefäße 645
– Penisgefäße 1754
– Skrotalfächer 1754
– transkraniell 649
Douglas-Abszeß, Eröffnung 1136
Douglaspunktion 316
Drahtaufhängung, oro-fazial 2696
Drahtextension 218
Drahtfixation, perkutan 2347, 2349
Drahtligatur 2697
– im Kieferbereich 2697
Drahtstiftung 2060, 2062
– Entfernung 2061, 2063
Drahtumschlingung des Unterkiefers 2696
Drainage, transhepatisch 5361
Drainagespülung 2093
Drei-in-eins Block 496, 70496
Dreiviertelpackung 9203 ff.
DSA 5300 ff., 5335
Ductus Botalli, Operation 2824
Dünndarm, Kontrastmitteleinbringung 374
Dünndarm-Anastomose 3167
Dünndarm-Saugbiopsie 697
Duodenalsaft, Aushebung 672
Duodenoskopie 684, 685
Duplex-Sonographie 401, 406, 424, 71008
Dupuytren'sche Kontraktur, Operation 2087 ff.
Durchleuchtungen 5295
Dysgnathie, operative Kieferverlagerung 2640, 2642

E

Echoenzephalographie 669
Echokardiographie, eindimensional (TM) 422
– zweidimensional (B-Mode) 423
Eden-Hybinette-Operation 2220
EEG 827 f.
Eigenblutinjektion 284
Eigenblutkonserve, Blutentnahme 288 f.
– Reinfusion 286, 286 a

Eileiter, Durchblasung 1112
– Durchgängigkeitsprüfung 1113
Eileiterschwangerschaft: siehe unter Extrauterinschwangerschaft
Eingehende Untersuchung 800 f.
Eingeklemmter Bruch, Zurückbringen 3282
Einrenkung von Luxationen 2200 ff.
Einrichtung von Knochen 2320 ff.
Einschwemmkatheter-Untersuchung 630, 632
Einzelinhalation 9501
Eipol-Lösung 1096
Eisanwendung 9206
Eisbad 9206
Eizellkultur bei IVF 4873
Ejektionsfraktion, nuklearmedizinische Bestimmung 5420 f.
EKG 650 ff., 70658
EKG-Monitoring 650
Ektropium, plastische Korrektur 1304
Elektro-Defibrillation des Herzens 430
Elektroenzephalographie 827
– Langzeit-EEG 827 a
Elektroglottographie 1557
Elektrogymnastik 9079
Elektrokardiographie, Belastungs-EKG 652
– intrakavitär 656
– Langzeit-EKG 659
– Ösophagusableitung 655
– telemetrisch 653
– vektorkardiograpisch 657
Elektrokardioskopie im Notfall 431
Elektrokrampftherapie 837
Elektrolytgehalt im Schweiß, Bestimmung 752
Elektromyographie, Augenmuskeln 560
– Nadelelektroden 838 f.
– Oberflächenelektroden 838 f.
Elektronenmikroskopie 4815
Elektroneurographie, motorisch 832
– motorisch mit EMG 839
– sensibel mit Nadelelektroden 840
– sensibel mit Oberflächenelektroden 829
Elektronische Sehhilfe, Bestimmung 77006
Elektronystagmographie 1413
Elektrostimulation bei Lähmungen 555
Elektrostimulation des Herzens 430
– permanenter Schrittmacher 3095
– temporärer Schrittmacher 631
Elektrostimulator, Implantation bei Skoliose oder Pseudarthrose 2291
Elektrotherapie 548 ff, 9301 ff.
Embolektomie, intrakraniell 2530
– kardial 3075
Embolisation, Arterie 5357 f.
– transpemil 1759
– Vene 5359 f.
Embryotomie 1031

Sachregister

Emmissions-Computer-Tomographie 5486 ff.
Emmet-Plastik, Nagel 2035
Enddarm, Ätzung 768
– Infrarotkoagulation 699
– Kryochirurgie 698
Endernagelung 2351
Endobronchiale Behandlung 1532
Endodrainage, Anlage 3205
Endoprothese, ersatzlose Entfernung 2167
– Hüftgelenk 2149 ff.
– Kniegelenk 2153 f.
– Wechsel 2150, 2154
Endoptische Wahrnehmung, Prüfung 1243
Endoskopie, Amnioskopie 1010
– Antroskopie 1466
– Bronchoskopie 677 f.
– Bulboskopie 684
– Choledochoskopie 3121
– Duodenoskopie 685
– Gastroskopie 682 f.
– Hysteroskopie 1110 f.
– Koloskopie 687 f.
– Kolposkopie 1070
– Kuldoskopie 1158
– Laparoskopie 700 f., 1155 f.
– Laryngoskopie 1530, 1533
– Lasereinsatz 706
– Mediastinoskopie 679
– Nasenendoskopie 1418
– Nephroskopie 700
– Ösophagoskopie 680 f.
– Pelviskopie 1155 f.
– Proktoskopie 705
– Pyeloskopie, transkutan 1852
– Rektoskopie, starr 690
– Sigmoidoskopie 689
– Stroboskopie 1416
– Thorakoskopie 677
– Ureterorenoskopie 1827
– Urethroskopie 1712 f.
– Vaginoskopie bei Virgo 1062
– Zystoskopie 1785 ff.
Entbindung 1021 ff.
Enterostomie 3206
Entlassungsbericht, vorläufiger 70072
Entlastungsinzision 2427
Entropium, plastische Korrektur 1304
Entwicklungs-Tests 856
Entwicklungsdiagnostik 715 ff.
Entwicklungstherapie, funktionell 719
– sensomotorisch 725 f.
Entzündungsherd, szintigraphische Suche 5465 f.
Enzephalozele, Operation 2538 f.
Epidermisstücke, Transplantation 2380
Epiduralanästhesie 471 ff.
Epidurales Hämatom, Operation 2502

Epikanthus, plastische Korrektur 1302
Epikondylitis, Operation 2072, 2295
Epikutan-Test 380 ff.
Epilation, Elektrokoagulation 742
– Wimpernhaare 1323
Epilepsiebehandlung, neuropsychiatrisch 816
Episiotomie, Anlegen und Wundversorgung 1044
Epispadie 1746
ERCP, endoskopisch-retrograd 5170
– Kontrastmitteleinbringung 370, 692
Ergometrische Funktionsprüfung 796
Ergotherapie 9650 ff.
Erörterung, bei lebensbedrohender Krankheit 34
– konsiliarisch 60
Erythemschwellenwertbestimmung 761
Erythrozyten-Lebenszeit, nuklearmedizinische Bestimmung 5462 f.
ESWL 1860
Eustachische Röhre, Insufflation 1589
– Katheterismus 1590
Evozierte Hirnpotentiale, Messung 828
Exartikulation 2158 ff.
Exenteration des kleinen Beckens 1168
Exfoliativzytologie 4850 ff.
Exophthalmometrie 1244
Exostosen-Abmeißelung 2295
Extensionsbehandlung 9414
– Crutchfield-Zange 2183
– Extensionstisch 516
– Glissonschlinge 515
– Haloapparat 2184
– kombiniert 514
Externa, großflächiges Auftragen 209
Extrakorporale Befruchtung: siehe unter In-vitro-Fertilisation
Extrakorporale Stoßwellenlithotripsie 1860
Extrakorporale Zirkulation 3050
Extrauterinschwangerschaft, Operation 1048
Exzision 2401 ff.

F

Fadenoperation nach Cüppers 1332, 77025
Fäden, Entfernung 2007
Farbsinnprüfung
– mit Anomaloskop 1229
– orientierend 1228
Farnkrauttest 4850
Faszie, Naht 2073
– plastische Auschneidung 2064
Fazialisdekompression 1625 f.
Fazialislähmung, Wiederherstellungsoperation 2451
Fehlgeburt, instrumentelle Einleitung 1050
– operative Beendigung 1052

Feinfokustechnik 5115
Fernoralhemie, Operation 3285 f.
Fensterungsoperation 1620
Fernrohrbrille, Bestimmung 1215
Fersenbeinbruch, Osteosynthese 2345
Fetalblutanalyse (FBA) 1014
Fettgewebe, operative Entfernung 2454
Fettschürze, Exstirpation 2452
Fibromatose, operative Entfernung 2670 f.
Finger, Amputation 2170
– Operationen 2030 ff.
– Replantation 2053
– Röntgenuntersuchung 5010 ff.
– Tumorexstirpation 2040
Fingergelenk, Bandplastik 2105
– Drahtstiftung 2062
– Exartikulation 2158
– operative Eröffnung 2155
– Punktion 300
– Reposition 2205 f., 2210
Fingernagel, Ausrottung 2034
– Extraktion 2033
– Spangenanlage 2036
Fingerverlängerung, Operation 2050
Fistel, perianal 3220 f.
– Röntgenuntersuchung 5260
– Sondierung oder Katheterisierung 321
– Spaltung 2008
Fixateur extern, Anbringen 2273 f.
Flügelfell, Operation 1321, 1322
Fluoreszenzangiographie am Augenhintergrund 1249
Flußvolumenkurve 605 a
Formulargutachen 146-155
Fotokopien 9796
Fragebogentest 857
Fraktur, Reposition 2320 ff.
Freie Gutachen 160-191
Fremdanamnese 4
– Erhebung über psychisch Kranken 835
Fremdkörperentfernung, Augenhöhle 1283 ff.
– Augeninneres 1280
– Bindehaut 1275 f.
– Bronchien 3000
– Gehörgang 1569 f.
– Gelenk 2118 f.
– Harnröhre männlich 1703 f.
– Harnröhre weiblich 1711
– Hornhaut 1275 ff.
– Kehlkopf 1528
– Kiefer 2651
– Knochen 2010
– Magen 3156
– Mastdarm 3238
– Mundhöhle oder Rachen 1508
– Nase 1427 f.

Sachregister

- oberflächlich 2009
- Paukenhöhe 1569 f.
- Scheide eines Kindes 1080
- Speiseröhre 681
- tiefsitzend 2010
Frenulum, Durchtrennung 1742
- plastische Operation 1741
Frequenzspektrumanalyse 404
Frischblutkonserven 9740 ff.
Frischplasma (gefroren) 9715
Fruchtwasserentnahme 1111
Früherkennungsuntersuchung, Check-up 29
- Kinder 26
- Krebs bei Frauen 27
- Krebs bei Männern 28
Fundoplicatio 3280
Fundusfotografie 1253
Funktionelle Entwicklung, Untersuchung 716 ff.
Funktionelle Wirbelsäulengymnastik 9135
Funktionsdiagnostik, vegetativ 831
Funktionsprüfung, ergometrisch 70796
Funktionsszintigraphie 5473
Funktionstest 857
Furunkel, Exzision 2428
Fuß, Exartikulation 2159
Fußbad 9405
Fußblock 496, 70496
Fußmißbildung, Operation 2067
- Redressement 3301 f.
Fußplattenresektion 1623

G

Galaktographie 5260
- Kontrastmitteleinbringung 370
Gallenblase, Exstirpation 3186
Gallengang, Drainageplazierung 692 a
Gallenwege, Operation 3187
Ganglion, Exstirpation 2404
- Fingergelenk
- Hand- oder Fußgelenk 2051
- Punktion 303
- Schädelbasis 2600
Ganglion Gasseri, Verödung etc. 2597 f.
Ganzkörperplethysmographie 610, 612
Gasanalyse 615
Gashaltige Bäder 9407 ff.
Gastroenterostomie 3158
Gastrokamera 676
Gastroschisis, Operation 3287
Gastroskopie 682 f.
- Lasereinsatz 706
- mit Varizensklerosierung 691
Gastrotomie 3150
Gaumen, Verschluß 2625, 2627

Gaumenmandeln, konservative Behandlung 1498
- Resektion 1499 f.
Gebärmutter, Abrasio 1104
- Antefixation 1147
- Aufrichtung 1049
- Exstirpation 1138 f.
- Lageverbesserung durch Ringeinlage 1038
- Myomenukleation 1137
- operative Reposition 1095
- Tamponade 1082
Gebärmutterhals: siehe unter Zervix
Gebärmutterhöhle, Gewinnung von Zellmaterial 1105
Gebrauchsakkommodation, Messung 1203
Geburt, Leitung 1022
Gefäßersatz, Entnahme 2807 f.
Gefäßprothesen 9790
Gehgipsverband 231
Gehirn, Teilresektion 2535 f.
Gehörgang, Ätzung 1578
- Fremdkörperentfernung 1569
- Furunkelspaltung 1567
- Kauterisation 1580
- Operationen 1568
- plastische Herstellung 1596
- Polypentfernung 1586
- Rekonstruktion 1621 f.
- Zeruminalpfropfentfernung 1565
Gelenk, Arthroplastik 2134 ff.
- Bandnaht oder Bandplastik 2104 ff.
- Chirotherapie 3306
- Drainage 2032
- endoprothetischer Ersatz 2140 ff.
- endoskopische Untersuchung 3300
- Exartikulation 2158 ff.
- Fixierung mittels Drahtstiftung 2060, 2062
- Fremdkörperentfernung 2119
- Handgelenk
- gehaltene Aufnahme 5022
- in zwei Ebenen 5020
- Injektion 255
- Kapselnaht 2100 ff.
- mobilisierende Behandlung 3305
- Mobilisierung in Narkose 2181 f.
- Punktion 300 ff.
- Reposition 2200 ff.
- Resektion 2122 ff.
- Synovektomie 2110 ff.
- Versteifung 2130 ff.
Geruchs- oder Geschmacksprüfung 825
Geschwulst, Exzision 2403 ff.
Gesichtsnarbe, operative Korrektur 2441
Gesichtsspalte, plastisch-chirurgische Behandlung 2622
Gesundheitsuntersuchung 29
GFP 9715

GIFT: siehe unter Gametentransfer
Gips, Abdruck oder Modellherstellung 3310 ff.
Gipsbett 240
Gipsfixation, zu einem Verband 208
Gipsschienenverband 228 f., 237 f.
Gipstutor 230
Gipsverband, Abnahme 246
- Änderung 247
- zirkulär 230 ff.
Glaskörperchirurgie 1368
Glaskörperstrangdurchtrennung 1383
Glaukom, Operation 1361 f., 1382
Gleichgewichtsprüfung 826, 1412
Glissonschlinge 515, 9128
Gonioskopie 1241
Goniotrepanation 1382
Grauer Star, Operation 1348 ff., 1374 f.
Grenzstrang, Blockade 497 f.
- Resektion 2601 ff.
Großhirntumor, Exstirpation 2527
Grundumsatzbestimmung 665 f.
Gummi-Elastikbinde 9791
Gutachten 85
Gutachtliche Äußerung, schriftlich 80, 85

H

Haare, Epilation 742, 1323
Habituelle Patellaluxation
- Operation nach Goldthwait 2235
- Operation nach Krogius 2235
Habituelle Schulterluxation, Operation nach Eden-Hybinette 2220
- Rotationsosteotomie 2252
Hämangiom, Exstirpation 2585 f.
Hämapherese, therapeutisch 792
Hämatokolpos, operative Eröffnung 1061
Hämatom, operative Ausräumung 2397
- intrakraniell 2502 ff.
- Punktion 303
Hämatometra, Operation 1099
Hämatothorax, Ausräumung 2976
- Drainage 2970
Hämodialyse, ärztliche Betreuung 790 ff.
- Pauschalgebühr 9800
- Shuntanlage 2895 f.
Hämofiltration, ärztliche Betreuung 790 ff.
Hämorrhoiden, Infrarotkoagulation 699
- Ligatur 766
- Operation nach Miligan-Morgan 3241
- Sklerosierung 764
Hallux-valgus-Operation 2295 ff.
Halo-Extension, Anlegen 2184
Halsfistel, Exstirpation 2752, 2754
Halskrawattenverband 204

Sachregister

Halswirbelbruch, konservative Behandlung 2183, 2323
Halszyste, Exstirpation 2752, 2754
Haltevorrichtung im Kieferbereich 2700 f.
Hammer-Amboß-Extraktion 1588
Hammerzehe, Stellungskorrektur 2080 f.
Handbad 9405
Handgelenk: siehe unter Gelenk
Handmißbildung, Operation 2067
Handwurzelknochen, Ersatz durch Implantat 2268
– Resektion 2263
Harnblase, Anästhesie 488
– Ausräumung einer Bluttamponade 1797
– Divertikeloperation 1804
– endoskopische Untersuchung 1785 ff.
– Exstirpation 1808
– Katheterisierung 1728, 1730
– manometrische Untersuchung 1793 f.
– operative Bildung 1807
– operative Eröffnung 1801
– Punktion 318
– Spülung 1729, 1731, 1733
– transurethraler Eingriff 1802
– tonographische Untersuchung 1791
– Tumorentfernung 1805 f.
– Verweilkathetereinlage 1732
Harnblasenfistel, Katheterwechsel 71833a
– operative Anlage 1796
– perkutane Anlage 1795
Harnblasenhals-Resektion 1782
Harnblasensteine, endoskopische Entfernung 1800
– operative Entfernung 1817
Harnröhrenstriktur, Spaltung unter Sicht 71716
Harnblasenverletzung, operative Versorgung 1723
Harninkontinenz, Implantation eines künstlichen Schließmuskels 1781
– Operation nach Marshall-Marchetti 1780
Harnleiter, Bougierung 1814
– endoskopische Untersuchung 1827
– Freilegung 1829
– plastische Operation 1825
– Segmentresektion 1819
– Sondierung 321
– Verpflanzung 1823 f.
Harnleiterostium, Schlitzung 1816
Harnleiterstein, operative Entfernung 1817
– Schlingenextraktion 1815
– transkutane Pyeloskopie 1853
– Ureterorenoskopie 1827
Harnröhre, Anästhesie 488
– Dehnung 1701 f., 1710
– endoskopische Untersuchung 1712 f.
– Fremdkörperentfernung 1703 f., 1711
– Kalibrierung 1708 f.
– Schlitzung unter Sicht 1802

– Spülung 1700
Harnröhrendivertikel, Operation 1724
Harnröhrenfistel, Anlage 1720
– Verschluß 1721 f.
Harnröhrenmündung, Tumorentfernung 1714
Harnröhrenstriktur, plastische Operation 1724
– Spaltung nach Otis 1715
Harnröhrenverletzung, operative Versorgung 1723
Haus-Baum-Mensch-Test 857
Hausbesuch, Krankengymnast 9602
– Masseur 9602
– Medizinischer Bademeister 9602
– Physiotherapeut 9602
Haut, Allergietestung 385 ff.
– chemochirurgische Behandlung 756 f.
– Fädenentfernung 2007
– Fräsen 743
– Fremdkörperentfernung 2009
– hochtouriges Schleifen 755
– Kauterisation 746
– Kryotherapie 740
– Photochemotherapie (PUVA) 565
– Phototherapie 566 f.
– Skarifikation 748
– Stanzen 744
– thermographische Untersuchung 623 f.
– UV-Bestrahlung 560 ff.
– Verschorfung 741
Haut-Expander, Auffüllung 265 a
– Implantation 2396
Hautdefekt, plastische Deckung 2380 ff.
Hautfunktionsproben 759 f.
Hautkrankheit, externe Behandlung 209
HAWIE 856
Heilpackungen 9203 ff.
Heimdialyse 790 f.
Heiße Rolle 9202
Heißluftbehandlung 535 f.
Heißpackung 530
Hellbrügge-Tafeln 716 ff.
Hemikolektomie 3169
Hemilaminektomie 3169
Hemilaminektomie 2555
Hernie, Operation 3280 ff.
– Reposition bei Einklemmung 3282
Herz, Bypass-Operation 3088 f.
– Devertikelentfernung 3076
– Fremdkörperentfernung 3075
– Klappenoperation 3085 ff.
– Kontrastuntersuchung
– Tumorentfernung 3076
Herz-Lungen-Maschine 3050
Herzbeutel, operative Maßnahmen 3065 f.
– Punktion 310
Herzfehler, Operation 3068 ff.
Herzfunktionsdiagnostik, szintigraphisch 5420 f.

Herzkammerscheidewanddefekt, Operation 3077 f.
Herzkatheterismus 626 f.
Herzmassage, extrathorakal 429
– intrathorakal 2991
Herzmuskel, Biopsie 3067
Herzmuskelverletzung, operative Versorgung 3071
Herzrhythmusstörungen, operative Korrektur 3091
Herzschrittmacher, Aggregatwechsel 3096
– Elektrodenwechsel 3097
– Entnahme bei einem Toten 707
– Implantation 3095
– Impulsanalyse 661
– temporär 631
Herzwandaneurysma, operative Entfernung 3076
Herzzeitvolumen, Messung 647
Heterophorie-Prüfung 1216
High-Resolution-Technik 5376
Hirnpotentiale, Messung 828
Hirnstammreflexe, Messung 829
Hirntumor, Exstirpation 2526 ff., 2550 ff.
Hirnverletzung, operative Versorgung 2500 ff.
Hirschsprung'sche Erkrankung, Operation 3234
His-Bündel-EKG 656
Histochemische Verfahren 4815
Histologische Untersuchung 4800 ff.
Hochdruckinjektion zur Kontrastmitteleinbringung, peripher 346 f.
– zentral 355 ff.
Hochfrequenzdiathermie 548 f.
Hochfrequenzelektroschlinge 692, 695 f.
Hochvolttherapie 5810 ff.
Hoden, Entfernung 1765 f.
– operative Freilegung 1767
– Punktion 315
Hodenprothese, Einlegen 1763
– Entfernen 1764
Hodentorsion, Operation 1767
Hörgerätegebrauchsschulung 518
Hörgerätekontrolle, sprachaudiometrisch 1405
Hörprüfung 1400 ff.
Hohlhandphlegmone, operative Eröffnung 2066
Homöopathische Anamnese 30, 31
Hormonpreßlinge, Implantation 291
Hornhaut, Abschabung 1339
– chemische Ätzung 1338
– Dickenmessung 77015
– Entnahme bei einem Toten 105
– Fremdkörperentfernung 1275 ff.
– plastische Operation 1345
– Tätowierung 1341
– Testung Sensibilität 71007
– Thermo- oder Kryotherapie 1340
– Transplantation 1346
Hornhautkrümmungsradien, Messung 1204
Hornhautwunde, Naht 1325 f.

Sachregister

Hruby-Linse 1240
Hüftgelenk, Endoprothesenwechsel 2152
– endoprothetischer Totalersatz 2251 ff.
Hüftgelenksluxation beim Kind, manuelle Reposition in Narkose 2233 f.
– operative Reposition 2239
Hüftkopf, Endoprothese 2149
– Schalenplastik nach Wagner 2149
Hüftpfanne, Endoprothese 2149
– Pfannendachplastik 2148
Hufeisenniere, operative Trennung 1835
Human-Erythrozyten-Konzentrat 9730 ff.
Human-Erythrozyten-Suspension 9720 ff.
Humangenetische Beratung 21
Humangenetisches Gutachten 80, 85
Human-Plasma-Konserve 9755 ff.
Human-Thrombozytapharese-Konzentrat 9750
Human-Thrombozyten-Konzentrat 9760
Hydroelektrisches Bad 545, 9409
Hydrotherapie 531 ff.
Hydrozele, Operation 1761
– Punktion 318
Hygrom, Operation 2051
– Punktion 303
Hymen, Abtragung 1061
Hyperthermie 5852 ff.
Hyperventilationsprüfung 601
Hypnose 845
Hypoglykämiebehandlung, unterschwellig 836
Hypophysentumor, Exstirpation 2528
Hyposensibilisierung 263
Hypospadie, Operation 1746
Hypothermie in Narkose 481
Hypoxietest 646
Hysterektomie 1138 f.
Hystero-Salpingographie 5250
– Kontrastmitteleinbringung 321
Hysteroskopie 1110 f.
H2-Atemtest 618

I

Ileostomie 3206
– bei Kolektomie 3170
Ileus-Operation (Darmmobilisation) 3172
Impedanzmessung 1407
Impfung 375 ff.
Implantation, alloplastisches Material 2442
– Hormonpreßlinge 291
– Knochen 2254
Impressionsfraktur des Schädels 2500 f.
Impressionstonometrie 1255
Impulsanalyse von Herzschrittmachern 661
Indikatorverdünnungsmethode 647
Infiltration gewebehärtender Mittel 274

Infiltrationsanästhesie 490 f.
Infiltrationsbehandlung 264, 267 f., 290
Infrarot-Thermographie 624
Infrarotbehandlung 538
Infrarotkoagulation, Enddarm 699
Infusion 270 ff.
– beim Kleinkind 273
– Dauertropfinfusion 274
– Knochenmark 279
– Eigenblut 286, 286 a
– Zytostatika 275 f.
Infusionsurographie 5200 f.
Inhalationstherapie 500 f., 9501 ff.
Injektion 252 ff.
Inkontinenzoperation 1780
Insemination, homolog 1114
Insulinkur 836
Intelligenz-Test 856
Intensivmedizinische Überwachung und Behandlung 435
– Laboratoriumsuntersuchungen 437
Interferenzmikroskopie 4815
Interferenzstrom 9076
Interventionelle Radiologie 5345
Intrakutan-Test 390 f.
– nach Mendel-Mantoux 384
Intramuskuläre Injektion 252
Intraokularlinse, Extraktion 1353
– Berechnung 77016
– Implantation 1352
– Reposition 77021
Intrauterin-Pessar, Einlegen oder Wechseln 1091
– Entfernung 1092
Intravenöse Allgemeinanästhesie 451 ff.
Intravenöse Injektion 253
Intravenöse Regionalanästhesie 475
Intubation, endotracheal 1529
Intubationsnarkose 462 f.
Invagination, operative Beseitigung 3171
In-vitro-Fertilisation
– Eizellkultur 4873
– laparoskopische Eizellgewinnung 701
Iontophorese 552, 9078
Iridektomie 1358
Irrigator-Methode, Unterweisung 3211
Isokinetische Muskelfunktionsdiagnostik 842
Isokinetische Muskelfunktionstherapie 558

J

Jalousieplastik 2954
Jejunoskopie 685
Jochbeinfraktur, operative Reposition 2693
Jugendarbeitsschutzgesetz, Untersuchung 32
Jugularvenenpulskurve 638

K

Kältebehandlung 530, 9206
Kaiserschnitt-Entbindung 1032
Kalibrierung der Harnröhre 1708 f.
Kalkinfarkt der Bindehaut, Entfernung 1282
Kaltgastherapie 9207
Kaltlufttherapie 9207
Kaltpackung 9206
Kampimetrie 1225
Kapazitation von Sperma: siehe unter Insemination
Kapillarblutentnahme beim Kind 250 a
Karbunkel, Operation 2431
Kardiaresektion 3146
Kardiasprengung 780
Kardiotokographie, extern 1002
– intern 1003
Kardioversion: siehe unter Elektro-Defibrillation
Karotispulskurve 638
Karpaltunnelsyndrom, Operation 2070
Kataphoretisches Bad 554
Katarakt-Operation 1348 ff.
– extrakapsulär 1374 f.
Katheter, arteriell 260
– Medikamenteneinbringung 261
– peridural 259
– zentralvenös 260
Katheterisierung, Harnblase 1728, 1730
– Nabelvene 273
– obere Hohlvene
Kaudalanästhesie 469
Kauterisation, Gehörgang oder Paukenhöhle 1580
– Haut 746
– Kehlkopf 1527
– Naseninneres 1429 f.
– Portio 1083
– Tränenwege 1293
Kavakatheter, Anlage 260
Kavernenabszeß, Eröffnung 3002
Kehlkopf, Ätzung 1526
– Anästhesie 484
– Dehnung 1529
– endobronchiale Behandlung 1532
– Exstirpation 1543 ff.
– Fremdkörperentfernung 1528
– Kauterisation 1527
– Laryngoskopie 1530
– Medikamenteneinbringung 1525
– Polypentfernung 1535
– Polypentfernung, laserchirurgisch 706
– Probeexzision 1534
– Schwebe-Stützlaryngoskopie 1533
– Stenoseoperation 1547
– Stimmbandteilresektion 1540
– Trümmerverletzung 1551
– Tumorentfernung 1535

Sachregister

Keilbeinhöhlenoperation 1469f.
Keratoplastik 1322
Keratoprothesis 1347
Kerngeschlecht-Bestimmung 4870f.
Kernspintomographie 5700ff.
Kiefer, Fremdkörperentfernung 2651
– Panoramaaufnahme 5002f.
– partielle Resektion 2710f.
Kieferfraktur, allmähliche Reposition 2687
– Fixation 2688ff.
Kieferhöhle, Absaugung 1480
– Ausräumung 1485
– Ausspülung 1479
– endoskopische Untersuchung 1466
– Eröffnung 1467f., 1485
– Kontrastmitteleinbringung 370
– Punktion 1465
– Radikaloperation 1486
Kieferhöhlenfistel, Verschluß 1628
Kieferzyste, Operation 2655f.
Kinderaudiometrie 1406
Kinderfrüherkennungsuntersuchung 26
Kindliche Entwicklung, Untersuchung 715ff.
Kinesiologische Entwicklung, Untersuchung 714
Kirschnerdraht, Entfernung 2009, 2061, 2063
– Extension 218
– Gelenkfixation 2060, 2062
– Radiusfraktur 2349
Klammernentfernung 2007
Klebeverband 201
Kleinhirntumoren, Exstirpation 2550f.
Klinische Untersuchung 5, 6, 7, 8, 11, 800, 801, 825f., 830, 1412
Klumpfuß, Operation 2067
– Stellungskorrektur 3301f.
Knieblock 496, 70496
Kniegelenk, Arthrodese 2133
– Arthroplastik 2136
– Bandnaht 2104
– Bandplastik 2104
– endoprothetischer Ersatz 2144, 2153f.
– endoskopische Untersuchung 3300
– Exartikulation 2160
– Gelenkkörperentfernung 2119
– Injektion 255
– Meniskusoperation 2117
– Punktion 301
– Röntgenuntersuchung 5030f., 5050
– Synovektomie 2112
Kniescheibe, habituelle Luxation: siehe unter habituelle Patellaluxation
– operative Reposition 2230
– Osteosynthese 2336, 2344
– Reposition 2221f.
Knochen, Aufmeißelung 2256ff.
– Dichtemessung: siehe unter Osteodensitometrie

– Entnahme 2253
– histologische Untersuchung 4802
– Implantation 2254
– Osteotomie 2260, 2273ff.
– Reposition 2320ff.
– Resektion 2263ff.
– Stanzbiopsie 312
– Verpflanzung 2255
Knochenbolzung 2660
Knochenmark 9780ff.
– Infusion 279
– Konserven 9780
– Punktion 311
Knochennägel 9790
Knochenschrauben 9790
Knochenstanze 312
Knorpel, Transplantation 2384
Körperkanalverschluß, Öffnung 2400
Körperkerntemperatur, gesteuerte Senkung 481
Kohlensäurebad 9407
Kolon, Doppelkontrastuntersuchung 5166
– endoskopische Untersuchung 685ff.
– Exstirpation 3170
– hoher Einlauf 533
– Kontrastuntersuchung 5165
– Polypentfernung 695f.
– Massage 523
– Teilresektion 3169
Koloskopie, partiell 688
– vollständig 687
Kolostomie 3206
Kolporrhaphie 1125ff.
Kolposkopie 1070
Kolpozöllotomie 1136
Kombinationsnarkose, mit endotrachealer Intubation 462f.
– mit Maske 460f.
Kompressen 9203ff.
Kompressionsbandagierung 9403a
Kompressionstherapie, intermittierend apparativ 525f.
Kompressionsverband 204
Kondylome, chemochirurgische Behandlung 756
Konisation der Portio 1086
Konjunktivaler Provokationstest 393f.
Konsiliarische Erörterung 60
– bei Nacht 60 b
Konstruktionsplan für orthopädische Hilfsmittel 3321
Kontaktlinse, Erstanpassung 1210f.
– Prüfung 1212f.
Kontrastmitteleinbringung 340ff., 70353
– zur selektiven Arteriographie 353
Kontrastuntersuchungen 5050ff., 5150ff.
Konvulsionstherapie, Elektrokrampftherapie 837
– Insulinkur 836

Koordinationsprüfung 826
Korneoskleralfäden, Entfernung 1279
Koronarangiographie 5324ff.
– Kontrastmitteleinbringung 360f.
Krampfadern, Operation 2880ff., 2890f.
– Verödung 764
Kraniopharyngeom, Exstirpation 2528
Kranioplastik 2278
Krankengeschichte, Übersendung 193 (BG-T)
Krankengymnastik 9101ff.
– Ganzbehandlung 506
– Gruppenbehandlung 509
– im Bewegungsbad 508
– Teilbehandlung 507
Krankheitsbericht 75
Krebsfrüherkennungsuntersuchung, Frauen 27
– Männer 28
Kreislauffunktionsprüfung 600, 70795
Kreislaufzeiten, Messung 631
Kropfgeschwulst, Operation 2755
Krossektomie 2883
Kryo-Zyklothermie-Operation 1359
Kryochirurgie, Enddarmbereich 698
– Prostata 1777
– Vaginalbereich 1085
Kryotherapie, Haut 740
– Hornhaut 1340
Kryptorchismus, Operation 1768f.
Kühlzellenbenutzung 9906
Künstliche Befruchtung: siehe unter In-vitro-Fertilisation
Kuldoskopie 1158
Kunstglied, Anpassen 3320
– Gebrauchsschulung 518
– Konstruktionsplan 3321
Kurzwellenbehandlung 548f., 9301
Kutane Testung 383

L

Laboratoriumsuntersuchungen bei Intensivbehandlung 437
Lagerbildung im Kieferbereich 2730, 2732
Lagereaktionen, Prüfung 714
Laminektomie 2556f.
Langzeit-Blutdruck-Messung 654
Langzeit-EEG 827 a
Langzeit-EKG 659
Langzeit-pH-metrie des Ösophagus 693
Laparoskopie 700f.
Laparotomie 3135
Laryngoskopie 1530
Larynx: siehe unter Kehlkopf
Laser-Anwendung, ambulante Operation 441
Laser-Koagulationen, endoskopisch 706

Sachregister

- Netzhaut 1365
Laserscanning-Ophthalmoskopie 77010
Lasertrabekuloplastik 1360
Lavage, bronchoalveolär 678
LDL-Apherese 792
Leber, laparoskopische Probeexzision 700 f.
- Operation 3185
- Punktion 315
- Transplantation 3184
Lederhaut, Fremdkörperentfernung 1276
- Wundnaht 1326
Leiche, Augapfel-Entnahme 104
- Entnahme von Körperflüssigkeit 102
- Herzschrittmacher-Entnahme 107
- Hornhautentnahme 105
- Sektion 6000 ff.
Leichenhallenbenutzung 9905
Leichenöffnung 9900 ff.
Leichenschau 9910
Leichenschauschein 100
Leistenbruch, Operation 3285 f.
- Reposition bei Einklemmung 3282
Leistenhoden, Operation 1768 f.
Leitungsanästhesie 493 ff.
Licht-Reflexions-Rheographie 634
Lid, plastische Operation 1310 ff.
- Tumorentfernung 1282
Lidsenkung, Operation 1305 f.
Lidspalte, plastische Korrektur 1302
- vorübergehende Spaltung 1303
Limited-Care-Dialyse 791
Linearbeschleuniger, Hochvolttherapie 5836 f.
Linksherzkatheterismus 627, 629
Linksventrikulographie 5327 f.
Linse, Diszission 1348
- Implantation 1352
- Operation bei Erkrankung des Aufhängeapparates 77026
Linsenkernverflüssigung (Phakoemulsifikation) 1374 f.
Lippen-Kieferspalte, Operation 2621
Lippenspalte, Operation 2620
Liquorableitung, extrakorporal 2542
- intrakorporal 2540
Liquorfistel, Operation 2553
Liquorpunktion, durch die Fontanelle 305 a
- subokzipital oder lumbal 305
Lobektomie 2995
Logopädische Behandlung 9670 ff.
Lokalanästhesie, Bronchialgebiet 489
- großer Bezirk 491
- Harnröhre/Harnblase 488
- Kehlkopf 484
- kleiner Bezirk 490
- Trommelfell 485
Lumbalanästhesie 470 ff.

Lumbalpunktion 305
Lunge, Abszeßeröffnung 3002
- Lappenresektion 2995 ff.
- operativer Eingriff 2994
- operative Gewebeentnahme 2992
- Punktion 306
- Resektion 2995
- Segmentresektion 2996
Lungendehnbarkeit (Compliance), Bestimmung 611
Lungenperfusion, szintigraphische Untersuchung 5415
Lungenventilation, szintigraphische Untersuchung 5416
Lupenbrille, Bestimmung 1215
Luxation, Einrenkung 2200 ff.
Lymphdrainage, manuell 523
Lymphknoten, Exzision 2404
Lymphknotenausräumung, Axilla 2408, 2413
- inguinal 1762
- pelvin 1783
- retroperitoneal 1809
- suprahyoidal 2715
- zervikal (Neck-Dissection) 2716, 2760
Lymphödem, apparative Kompressionstherapie 525
- Entleerung mittels Gummischlauch 762
- Operation 2453
Lymphographie 5338
- Kontrastmitteleinbringung 365
Lysebehandlung 5351 f.

M

Macula-Rotation 713872
Magen, Ausspülung 433
- Resektion 3147
- Teilresektion 3145
Magenballon, Implantation 3156
Magenfistel, Anlegen 3138
Magenperforation, operative Versorgung 3144
Magensaft, Aushebung 671
Magenspülung 433
Magenverweilsonde, Einführen 670
Magnetresonanztomographie (MRT) 5700 ff.
Magnetkörper, Implantation ins Augenlid 2444
Mamille, Operation 2417 ff.
Mamma, Amputation 2411 ff.
- Aufbauplastik 2415 f.
- Punktion 314
- Reduktionsplastik 2414
- thermographische Untersuchung 623
Mammaprothese, Implantation oder Austausch 2420
Mammatumor, diagnostische Exstirpation 2410

Mammographie 5265 ff.
Manometrie an den Gallenwegen, intraoperativ 3122
Manualextraktion bei Entbindung 1025
Manualmedizinischer Eingriff 3306
Manuelle Lymphdrainage 9402 f.
Manuelle Therapie 9107
Marisquen, operative Entfernung 765
Marshall-Marchetti-Operation 1780
Marsupialisation, vaginal 1141
Massage 520 ff., 9401 ff.
Mastdarm, digitale Ausräumung 770
- digitale Untersuchung 11
- endoskopische Untersuchung 690
- Fremdkörperentfernung 3238
Mastdarmfistel, Operation 3220 ff.
Mastdarmriß, Operation 3219
Mastdarmschließmuskel, Dehnung 3236
- Sphinkterotomie 3237
Mastdarmtumor, peranale Entfernung 3224, 3226
Mastdarmvorfall, Operation 3231 f.
- Reposition 3230
Mastektomie 2411 ff.
Maximalakkomodation, Messung 1203
MDP 5155 ff.
Meatomie 1737
Meatusstriktur, plastische Versorgung 1738
Meckel'sches Divertikel, Exstirpation 3173
Medianus-Kompressionssyndrom, Operation 2070
Mediastinaltumor, Entfernung 3011
Mediastinoskopie 679
Mediastinum, Drainage 3012
Medikamentenpumpe, Erstanlegen und Anleitung 784
Medikamentenreservoir, Auffüllung 265
- Implantation 2421
Medizinische Bäder mit Zusätzen 9405 ff.
Megacolon congenitum, Operation 3234
Mehrstärkenbrillen, Prüfung 1207
Mekonium-Ileus, Operation 3011
Mendel-Mantoux-Test 384
Meningozele, Operation 2571
Meniskus, Entfernung 2117
- Reposition 2226
Mikro-Herzkatheterismus 630, 632
Mikrowellenbehandlung 548 f.
Milz, Exstirpation 3199
- Punktion 315
- Revision 3192
Milzszintigraphie 5456
Mineralgehalt von Knochen, computertomographische Bestimmung 5380
- Photonenabsorptionstechnik (DPA) 5475
Missed abortion, Ausräumung 1060

Sachregister

Mittelgesicht, operative Rekonstruktion 2630
– Osteotomie nach disloziert verheilter Fraktur 2705
Mittellinienbruch, Operation 3283 f.
Mittelohr, Tumorentfernung 1601 f.
Modellherstellung durch Gips 3310 ff.
Moro-Test 383
MRT-Untersuchung 5700 ff.
Mukoviszidose, Schweißtest 752
Mund-Kieferbereich, operative Blutstillung 2660
Mundbodeneingriff, Osteotomie 2720
Mundbodenphlegmone, operative Behandlung 1509
Mundbodenplastik 2675 f.
Muschel-Operation 1430
Muskel, Durchtrennung 2072
– Naht 2073
– Probeexzision 2402
– Verlängerung 2064
– Verpflanzung 2074
Muskelfunktionsdiagnostik, isokinetisch 842
Muskelfunktionstherapie, isokinetisch 558
Muttermund: siehe unter Portio
Mutterschaftsvorsorge, Erstuntersuchung 23
Myektomie 3234
Myelographie 5280
– Kontrastmitteleinbringung 340
Myelomeningozele, Operation 2571
Myographie: siehe unter Elektromyographie
Myokard-Revaskularisation 3088 f.
Myokardbiopsie, operativ 3067
Myokardszintigraphie 5423 f.
Myokardverletzung, operative Versorgung 3071
Myom-Enukleation, abdominal 1162
– vaginal 1137
Myringoplastik 1611

N

Nabelbruch, Operation 3283 f.
Nachblutung, postpartal 1042
– intraabdominal 2802
– nach Tonsillektomie 1501
– vaginal 1140
Nachgeburt, Entfernung durch inneren Eingriff 1041
Nachstar, Diszision 1348
Nachtastung, postpartal 1042
Nachtschale, Rumpf 240
Naevus flammeus, Operation 2440
Nagel, Ausrottung 2034
– Extraktion 2033
– Schleifen oder Fräsen 743
– Trepanation 303
Nagelspange, Anlegen 2036

Nagelung eines großen Röhrenknochens 2349 ff.
Nagelwall, plastische Operation 2035
Nagelwurzel, Exzision 2034
Narbe, Exzision bei Funktionsbehinderung 2392 a
– operative Korrektur 2441
Narbe oder Naevus, hochtouriges Schleifen 755
Narkose 450 f.
Nasaler Provokationstest 395 f.
Nase, Ätzung 1436
– Entfernung 1452 f.
– Fremdkörperentfernung 1427 f.
– Kauterisation 1429
– Rekonstruktion 1449 f.
– Repositon 2320
– Tamponade 1425 f.
Nasenbluten, Stillung 1435
Nasenflügel, operative Korrektur 1457
Nasenhaupthöhlen, Applikation von Substanzen 1436
– endoskopische Untersuchung 1418
Nasenmuschel, Abtragung 1438
– Operation 1430
Nasennebenhöhlen, Absaugung 1480
– Radikaloperation 1488
– Röntgendiagnostik 5098
– Sonographie 410
Nasenpolypen, Entfernung 1440 f.
Nasenscheidewand, Abszeßeröffnung 1459
– plastische Korrektur 1447 f.
– submuköse Resektion 1445 f.
– Verschluß einer Perforation 1455
Nasensteg, operative Verschmälerung 1456
Nebenhoden, Entfernung 1771 f.
Nebenniere, operative Entfernung 1858 f.
Neck-Dissection 2760
Nekrosenabtragung 2006
– Hand- oder Fußbereich 2065
Nekrotomie an Knochen 2256 ff.
Nephrektomie 1841 ff.
Nephropexie 1831
Nerv, Dekompression im Wirbelsäulenbereich 2565 f.
– Durchtrennung oder Exhairese 2580
– elektroneurographische Untersuchung 829, 832, 839 f.
– End-zu-End-Naht 2586
– Entnahme zur Transplantation 2582
– Leitungsanästhesie 493 ff.
– Leitungsanästhesie im Bereich der Schädelbasis 2599
– mikrochirurgische Naht 2588 f.
– Neurolyse 2583 f.
– Pfropfung 2595
– Sekundärnaht 2587
Nervenleitgeschwindigkeit, Messung 832, 839
Nervenplexus, Anästhesie 476 f.

– Naht 2590 f.
Nervenstimulation, bei Lähmungen 555
Netzhaut, Licht- bzw. Laser-Koagulation 1365
Netzhautablösung, Operation 1366 ff.
– mit eindellenden Maßnahmen 77027
– isolierte Kryotherapie 77029
Netzhautgefäße Laser-Dopplerunteruntersuchung 77017
Netzhaut-Glaskörper-Chirurgie 71387 ff.
Netzhautveränderungen, Lokalisierung 1251
Neugeborenes, Erstuntersuchung 25
Neuraltherapie 266 f.
Neurologische Untersuchung 800, 825 f.
Neurolyse 2583 f.
Neurom, operative Entfernung 2404
Neuropsychiatrische Behandlung bei Epilepsie 816
Niederfrequenzbehandlung bei Lähmungen 555
Niere, Ausgußsteinentfernung 1839
– Dekapsulation 1831
– Entfernung (Nephrektomie) 1841 ff.
– Explantation beim Lebenden 1847
– Explantation beim Toten 1848 ff.
– Implantation 1845
– operative Freilegung 1830
– Punktion 315
– Transplantation 1850
Nierenbecken, endoskopische Stein- oder Tumorentfernung 1827, 1853
– Kontrastmitteleinbringung 1790
– Kontrastuntersuchung 5200 f., 5220
– Spülung bei Fistelkatheter 1733
– transkutane Pyeloskopie 1852
– Ureterorenoskopie 1827
Nierenbecken-Druckmessung 1799
Nierenbeckenplastik 1840
Nierenbeckenstein, operative Entfernung 1838
Nierenfistel, Bougierung 1852
– Katheterwechsel 1833
– operative Anlage 1832
– perkutane Anlage 1851
Nierenpolresektion 1836 f.
Nierenszintigraphie 5440 ff.
Nierenvenen, transfemorale Blutentnahme 262
Nuklearmedizinische Untersuchungen 5400 ff.
Nukletomie, perkutan 2281
Nystagmusprüfung 1412

O

Obduktionsraumbenutzung 9903 f.
Oberarm
– Gehaltenen Aufnahme 5032
– in zwei Ebenen 5030
Oberarmknochen, Reposition 2327
Oberflächenanästhesie 483 ff.

Sachregister

Oberschenkel, Amputation 2174
Oberschenkelknochen, Reposition 2330
Oberst-Anästhesie 493
Ösophago-tracheale Fistel, Operation 3128
Ösophagoskopie 680 f.
Ösophagus, Bougierung 781
– Eröffnung 3125
– Langzeit-pH-Metrie 693
– manometrische Untersuchung 694
– Operationen 3125 ff.
– Röntgenuntersuchung 5150 ff.
Ösophagusableitung, elektrokardiographisch 655
Ösophagusatresie, Operation 3127
Ösophagusprothese, Einsetzen 3151
Ösophagussphinkter, Dehnungsbehandlung 780
Ösophagusvarizen, Sklerosierung 691
– Tamponade 703
Ohrenschmalzpfropf, Entfernung 1565
Ohrmuschel, Anlegeplastik 1635
– operative Korrektur 1636 ff.
Ohrtrompete, Katheterismus 1590
Okklusiv-Pessar, Anlegen oder Wechseln 1090
Olekranon, Verschraubung 2340
Omphalozele, Operation 3287
Operationsmikroskop, Zuschlag 440
Ophthalmodynamometrie 1262 f.
Opiatanalgesie, peridural 470
Orbicularis-Oculi-Reflex 829
Orbitabodenfraktur, operative Reposition 2693
Orchiektomie 1765 f.
Organpunktion 315
Orthopädische Medizin 9136
Orthopädisches Hilfsmittel, Anpassung 3320
– Gebrauchsschulung 518
– Konstruktionsplan 3321
Orthopädisches Turnen 509
Orthopantomogramm 5004
Orthoptische Behandlung 1269 f.
Orthovolttherapie 5802 ff.
Os lunatum, operativer Ersatz 2268
Os naviculare, Pseudarthrose 2269
Osteodensitometrie, computertomographisch 5380
– digitale Röntgentechnik 5380
– Photonenabsorption (DPA) 5475
Osteosynthese 2339 ff.
Osteosynthesematerial, Entfernung 2353 f., 2694
Osteotomie 2250 ff.
– zur Entfernung eines retinierten Zahnes 2650
Oszillographische Untersuchung (Gesenius-Keller) 621
Otoakustische Emissionen 1409
Otoskleroseoperation 1623
Ovarektomie 1145 f.
Oxymetrie, blutig oder transkutan 602
Ozaena, osteoplastische Operation 1492

P

Pacemaker siehe unter Herzschrittmacher
Palmaraponeurose, Entfernung 2087 ff.
Panaritium, Eröffnung 2030 f.
– Resektion 3195 ff.
Pankreas, Punktion 315
Pankreasgang, Drainageplazierung 692 a
Pankreatikographie, 5170
– endoskopisch-retrograde Kontrastmitteleinbringung 370, 692
Panoramaaufnahme, Kiefer 5002 f.
Papilla Vateri, endoskopische Sondierung 692
Papillotomie, endoskopisch 692
– transduodenal 3190
Paraffinwarmpackung 9203
Paranephritischer Abszeß, Eröffnung 1826
Parapackwarmpackung 9093 f.
Paraphimose, operative Beseitigung 1740
– unblutige Beseitigung 1739
Paratenonitis, Operation 2076
Parathyreoidektomie 2756
Paravertebralanästhesie 476 f.
Paravertebrale Infiltration 267 f.
Parazentese 1575
Parazervikal-Block 491
Parenteraler Katheter, Einbringung von Arzneimitteln 261
Paronychie, Eröffnung 2030
Parotis, Exstirpation 1522
– Schlitzung des Ausführungsganges 1510
Patellafraktur, Osteosynthese 2344
Patellaluxation, habituell: siehe unter habituelle Patellaluxation
Patellektomie 2344
Paukenhöhle, Anästhesie 485
– Ätzung 1579
– binokularmikroskopische Untersuchung 1415
– Drainage 1576 f.
– Eröffnung 1612
– Fremdkörperentfernung 1569 f.
– Kauterisation 1580
– Polypentfernung 1586
– Medikamenteneinbringung 1579
Pelotte, Anlegen 2701
Pelviskopie 1155 f.
Penis, Amputation 1747, f.
Penisprothese, Implantation 1752
– Entfernung 1753
Perforansvenen, Exstirpation oder Ligatur 2890
Pertusionsszintigraphie 5415
Perianalfistel, Operation 3220 ff.
Perianalthrombose, Spaltung 763
Periduralanästhesie, einzeitig 470 ff.
– kontinuierlich 473 ff.
– Periduralkatheter, Legen 259

Perikapsuläre Infiltration 267
Perikard, Operation 3065 f.
– Punktion 310
Perimetrie 1225 ff.
– Frequenz-Verdopplungsperimetrie, Rauschfeld-Perimetrie 77012
– Rasterperimetrie 77013
Perineurale Infiltration 267
Periostmassage 523
Peritoneal-Lavage 3120
Peritonealdialyse, Betreuung bei CAPD 793
– Katheterentfernung 2010
– Katheterimplantation 3135
– Überwachung 785 f.
Peritonitis, operative Revision 3139
Peritonsillarabszeß, Eröffnung 1505, 1507
Perkutane transluminale Dilatation 5345 ff.
Pessar, Anlegen oder Wechseln 1090
PET 5488 f.
Pfannendachplastik 2148
Phakoemulsifikation 1374 f.
Phimose, Ringligatur 1741
Phlebodynamometrie 633
Phlebographie 5325 f.
Phlegmone, Eröffnung 2432
– Hohlhand 2066
– Mundboden 1509
Phonokardiographie 660
Photo-Patch-Test 569
Phototherapie, als Photochemotherapie 565
– bei Neugeborenen 566
– selektiv 567
Pilonidalzyste oder -fistel, Exstirpation 2293
Plasmapherese, ärztliche Betreuung 792
Plattenthermographie 623
Pleoptische Behandlung 1268, 1270
Pleura, Operation 2973 ff.
– Probeexzision 308, 2972
– Punktion 307
Pleuradrainage, Anlegen 2970
– Spülung 2971
Plexusanästhesie 476 f.
Pneumonektomie 2995
PNF 725 f., 9137
Polarisationsmikroskopie 4815
Politzer-Luftdusche 1589
Polypentfernung, endoskopisch im Gastrointestinaltrakt 695 f.
– Gebärmutter 1102 ff.
– Gehörgang oder Paukenhöhle 1586
– Kehlkopf 1535
– Nase 1440 f.
Polysomnographie 659
Port, Implantation 2801
– Spülung 265
Portaler Hochdruck, Operation 2900 ff.

Sachregister

Portio, Kauterisation 1083
– Konisation 1086
– medikamentöse Behandlung 1075
– Probeexzision 1103, 2402
– Thermokoagulation 1084
Positronenemissionstomographie (PET) 5488 f.
Präkanzerose, chemochirurgische Behandlung 757
Präventive Untersuchungen, Frauen 27
– Jugendliche 32
– Kinder 26
– Männer 28
Priapismus, Operation 1749 f.
Prick-Test 385 ff.
Prismenadaptionstest 77019
Prismenbrillen, Prüfung 1207
Probeexzision, Kehlkopf 1534
– oberflächliches Körpergewebe 2401
– tiefliegendes Körpergewebe 2402
– Zunge 1513, 2402
Profilperimetrie 1227
Profundaplastik 2840
Projektionsperimetrie 1226
Proktokolektomie 3183
Proktoskopie 705
Prostata, Digitaluntersuchung 11
– Elektroresektion 1777
– Infiltrationsbehandlung 264
– Massage 1775
– physikalische Behandlung 1775
– Punktion 319
– Resektion 1777 ff.
Prostataabszeß, Eröffnung 1776
Prostataadenom, Elektroresektion 1777
Prothesengebrauchsschulung 518
Provokationstest, allergologisch 393 ff.
Pseudarthrose, Operation 2355 f.
Psychiatrische Behandlung 804 ff., 886 f., 70888
– im Notfall 812
Psychiatrische Untersuchung 801, 885
Psychisch Kranker, Fremdanamnese 835
– Transportbegleitung 833
Psychische Dekompensation, Sofortmaßnahme 812
Psychotherapie 849
– analytisch 863 f.
– Anamnese 860
– Einleitung 808
– tiefenpsychologisch fundiert 861 f.
PTA 5345 f.
PTCA 5348 f.
Ptosis, Operation 1305 f.
Pudendus-Block 494
Punktion 300 ff.
Pupillenfunktion, Wiederherstellung und/oder Irisblendenring 77022
Pupillographie 1259

PUVA, Therapie 565
Pyeloskopie, transkutan 1852
Pyloromyotomie 3152
Pyloroplastik 3153
Pyometra, Operation 1099

Q

Quaddelbehandlung 266
Quadrizepssehnenruptur 2073
Quecksilberhochdrucklampe 563 f.
Quengelverband 245

R

Rachen, Fremdkörperentfernung 1508
Rachenmandel, Entfernung 1493
Radiojodbehandlung 5600
Radiojodtest 5402 f.
Radionuklid-Diagnostik, in-vivo 5400 ff.
Radionuklidtherapie, Brachytherapie 5840 ff.
– offen 5600 ff.
Radiusfraktur, Reposition 2328
Radiusköpfchen-Subluxation, Reposition 2226
Rasterperimetrie 1227
Rauminhalation 9502
Raven-Test 857
Reanimation 429
– Neugeborenes 1040
Rechtsherzkatheterismus 626
Rectostomia posterior 3226
Redon-Drainagen 2015
– Entfernen 2007
Redressement, Fußmißbildung 3301 f.
– Wirbelsäulenverkrümmung 2280
Reduktionsplastik der Mamma 2414
Refluxzystographie 5235
Refraktionsbestimmung 1200 ff.
Regionalanästhesie 469 ff.
Reib-Test 388 f.
Reiseentschädigung 86-91
Reizleitungssystem, Operation 3091
Reizstrombehandlung 551, 9301
Reiztherapie, intrakutan 266
Retroskopie 690
Rektum
– digitale Ausräumung 770
– digitale Untersuchung 11
– Fremdkörperentfernung 3228
– Operationen 3215 ff.
Rektumatresie, Operation 3217
Rektumexstirpation, abdomino-perineal 3235
– perineal 3233
Rektumprolaps, Reposition 3230

– Operation 3231 f.
Rektumtumor, Exstirpation 3224, 3226
Relaxationsbehandlung nach Jacobson 846 f.
Relaxometrie, Allgemeinanästhesie 70482
Replantation, Arm oder Bein 2056
– Finger 2053
– Hand 2055
Reposition, eingeklemmte Hernie 3282
– Fraktur 2320 ff.
– Luxation 2200 ff.
Residualvolumen, Bestimmung 607
Resistance, Bestimmung 603 f.
Retina: siehe unter Netzhaut
Retrobulbäre Infiltration 267
Retrobulbärer Tumor, Exstirpation 2552
Retrograde Urographie 5220
Retropharyngealabszeß, Eröffnung 1506
Retrotonsillarabszeß, Eröffnung 1505
Reverdin-Plastik 2380
Rheobase, Bestimmung 829, 840
Rheographie 620
Rhinomanometrie, Flußmessung 395 f., 1417
Rhinophym, Operation 2450
Ring, Einlegen oder Wechseln 1087
Rippenresektion 2950 ff.
Röhrenknochen, Frakturreposition 2327 ff.
– Osteosynthese 2340 ff.
Röntgenaufnahmen, Übersendung 195 (BG-T), 9794
Röntgendiagnostik 5000 ff.
Röntgenfilmkopien 9795a+b
Rorschach-Test 855
Rostring, Ausfräsen 1277
Rucksackverband 204
Rückenmark, Dauerstimulation 2570
– Operationen 2571 ff.
Rundstiellappen 2392 ff.

S

Salpingektomie 1145 f.
Salpingographie 5250
– Kontrastmitteleinbringung 370
Salpingolyse 1145 f.
Salpingotomie 1145 f.
Samenleiter, operative Wiederherstellung 1758
– Unterbindung 1755 f.
Sauerstoffatmung 500 f.
Sauerstoffbad 9407
Sauerstoffpartialdruck, transkutane Messung 614
Sauerstoffsättigung, blutige oder unblutige Bestimmung 602
Sauerstoffzelt 9104
Saugapparate-Anwendung 747
Saugbiopsie des Dünndarms 697

Sachregister

Saugdrainagen, Anlegen 2015
– Entfernen 2007
Saug-Spül-Drainage, Einbringen 2032
Scanning-Mikroskopie, vorderer Augenabschnitt 77008
Sceno-Test 857
Schädel, Computertomographie 5370
– Röntgenuntersuchung 5090 ff.
– Trepanation 2515 ff.
Schädelhirnverletzung, Operation 2500 ff.
Schanz'scher Halskrawattenverband 204
Scheide, Fremdkörperentfernung beim Kind 1080
– Vaginoskopie bei einer Virgo 1062
– Tamponade 1081
Scheidenplastik 1125 ff.
Scheidenriß, Versorgung 1044
Scheidenseptum, Abtragung 1098
Schellong-Test 600
Schenkelhalsfraktur, Endoprothese 2149, 2151
– Osteosynthese 2351
Schenkelhernie, Operation 3285 f.
Schichtaufnahmen 5290
Schieloperation 1330 ff.
– retroaquatoriale Myopexie 77025
Schieluntersuchung, differenzierende an Tangentenskalen 77024
– Kopfzwanghaltung 77028
Schiene, Änderung 2702
– am Ober- oder Unterkiefer 2698 f.
Schienenverband 210 ff.
– bei Kieferfraktur 2695
Schilddrüse, Operation 2755, 2757
– Punktion 319
– Sonographie 417
– Szintigraphie 5400 ff.
Schirmer-Test 1209
Schlafapnoe-Diagnostik 659
Schleifen der Haut 743
– hochtourig 755
Schleimbeutel, Exstirpation 2405
– Punktion 303
Schleimhauttransplantation 2386
Schlingenbiopsie, endoskopisch 695 f.
Schlingenextraktion von Harnleitersteinen 1815
Schlotterkamm, operative Entfernung 2670 f.
Schlüsselbeinfraktur, Osteosynthese 2325
– Reposition 205, 2324
Schmerztherapie 266 ff., 469 ff.
Schnellschnitt-Untersuchung 4816
Schnittentbindung 1032
Schnürfurche an einem Finger, Operation 2041
Schreibgebühren 95 f.
Schrittmacher siehe unter Herzschrittmacher
Schröpfkopfbehandlung 747
Schulung, bei Asthma bronchiale 70036
– bei Hypertonie 70036

Schulterblattfraktur, Reposition 2326
Schultergelenk, habituelle Luxation: siehe unter habituelle Schulterluxation
– Luxation 2217
Schulung eines Diabetikers 33
Schutzimpfungen 375 ff.
Schwangerschaft, Erstuntersuchung 23
– Konfliktberatung 22
– weitere Untersuchung 24
– sonographische Untersuchung 415
Schwangerschaftsabbruch 1055 f.
– Beratung 22
– Indikationsfeststellung 22
Schwebelaryngoskopie 1533
Schweißtest 752
Scratch-Test 388 f.
Sectio caesarea 1032
Segmentosteotomie im Kieferbereich 2710 f.
Segmentresektion 2996 f.
Sehne, Durchschneidung 2072
– freie Transplantation 2083
– Lösung von Verwachsungen 2076
– Naht 2073
– plastische Ausschneidung 2064
– Verpflanzung 2074
Sehnenbett, operative Herstellung 2082
Sehnenscheide, Operation 2091 f.
Sehnenscheidenpanaritium, Eröffnung 2031
– Spülung 2090
Sehnenscheidenstenose, Operation 2084
Sehschärfe, Bestimmung 1200 ff.
Seitenstränge, Applikation von Substanzen 1436
Sekundenkapazität, Bestimmung 608 f.
Sequenzszintigraphie 5481
Sequestrotomie 2651
Serienangiographie 5300 ff.
Shuntanlage zur Hämodialyse 2895 f.
Shuntoperation an herznahen Gefäßen 3069
Siebbeinzellen, Ausräumung 1485, 1487
Sigmoidoskopie, partiell 690
– vollständig 689
Silastik- oder Silikon-Plombe, Entfernung 1377
Simultan-Impfung 378
Single-Photonen-Emissions-Computertomographie (SPECT) 5486 f.
Skalenoskopie 679
Skarifikation 748
Skarifikationstest 388 f.
Skelett, Röntgendiagnostik 5000 ff.
– Szintigraphie 5425 f.
Skin-Expander, Auffüllung 265 a
– Implantation 2396
Sklera: siehe unter Lederhaut
Sklerosierungsbehandlung, Hämorrhoiden 764
– Ösophagusvarizen 691
– Varizen 764

Sklerotomie 1357
Sonographie 401 ff.
– A-Bild 70409
– B-Bild (Real-Time) 410 ff.
– Brustdrüse 418
– Duplexverfahren 401, 424
– fetale Entwicklung 415
– Herz 422 ff.
– perkutan transluminal 408
– Schilddrüse 417
– transösophageal 402
– transkavitär 403
– weiterführend bei Verdacht auf Schädigung eines Fetus 71006 ff.
Spalthauttransplantation 2382
Spaltlampenfotographie 1252
Spaltlampenmikroskopie 1240
SPECT 5486 f.
Speicheldrüse, Exstirpation 1520 ff.
Speichelfistel, Operation 1518
Speichelsteine, operative Entfernung 1519
Speiseröhre: siehe unter Ösophagus
Spermatozele, Operation 1761
Spezialblutkonserven 9772 ff.
Sphinkterdehnung 3236
Sphinkterinsuffizienz, Muskelplastik 3239
Sphinkterotomie 3237
Spickdrähte, Entfernung 2061, 2063, 2353 f.
Spinalanästhesie 470 ff.
Spinalkanal, operative Eröffnung 2555 ff.
Spiroergometrie 606
Spirographie 605, 608
– Flußvolumenkurve 605 a
Splanchnikusdurchtrennung 2604
Spondylodese 2286 f.
Sprachaudiometrie 1404 f.
Sprache, Untersuchung 1555
Sprachheilbehandlung 9670 ff.
Sprachstörungen, Behandlung 726
Sprachübungsbehandlung 1559
Spreizspekulum-Untersuchung 705
Sprunggelenk, Bandnaht 2106
– Bandplastik 2106
Spüldrainage, Einbringen 2032
Spülung bei liegender Drainage 2093
Stahlsehnendrähte 9790
Stammhirntumor, Exstirpation 2551
Stanger-Bad 554, 9409
Stanzen der Haut 744
Stapedius-Lautheitstest 1407
Staroperation 1350 f., 1374 f.
Steißbeinfistel, Operation 2293
Steißbeinresektion 2294
Stellatum-Blockade 497
Stereotaktische Operationen 2560 ff
Sterilisation, bei der Frau 1156

Sachregister

– beim Mann 1756
Sternalpunktion 311
Sternoklavikulargelenk 2226
Sternotomie 3010
Stimmband, Resektion 1540
– stroboskopische Untersuchung 1416
Stimme, Untersuchung 1556
Stimmtherapie bei Kehlkopflosen 1558
Stimmübungsbehandlung 1560
Stirnhöhle, Anbohrung von außen 1472
– Ausspülung 1479
– operative Eröffnung 1471, 1485
– Radikaloperation 1487
– Sondierung 1478
Stoßwellenlithotripsie, extrakorporal 1860
Strabismus-Prüfung 1216
Strahlendiagnostik 5000 ff.
Strahlentherapie 5800 ff.
Strecksehne, Naht 2073
Streckverband 217 f.
Stroboskopie der Stimmbänder 1416
Strumaresektion 2755
Stützapparat, Änderung 2702
Stützvorrichtung im Kieferbereich 2700 f.
Subaquales Darmbad 533
Submandibularis-Ausführungsgang, Schlitzung 1510
Subokzipitalpunktion 305
Subphrenischer Abszeß, operative Eröffnung 3136
Subtraktionsszintigraphie 5483
Sympathektomie 2920 f.
Sympathikusblockade 497 f.
Syndaktylie, Operation 2043 f.
Syndesmosenverletzung, Operation 2106
Synechielösung 1430
Synovektomie 2110 ff.
Szintigraphie 5400 ff.

T

Tape-Verband 206, 207
Tarsaltunnelsyndrom, Operation 2070
TAT 855
Teilbad, 531
Telekobaltbestrahlung 5831 ff.
Telethermographie 624
Tendosynovektomie 2091
Tendosynovitis, Operation 2076, 2092
TEP, Implantation 2151
Testverfahren, orientierend 857
– projektiv 855
– standardisiert 856
Tetanus-Impfung 375, 378
Thermodilutionsverfahren 647
Thermographie 623 f.

Thermokoagulation, Portio und Zervix 1084
Thermotherapie 535 ff.
– Hornhaut 1340
Thorakoplastik 2953 ff.
Thorakoskopie 677
Thorakotomie 2990
Thorax, Operationen 2953 ff.
– Röntgendiagnostik 5135 ff.
Thrombektomie, Herz 3075
– venöses System 2887
Thrombennachweis, szintigraphisch 5465 f.
Thrombozyten-Lebenszeit, nuklearmedizinische Bestimmung 5462
Thrombus-Expression, oberflächliche Beinvenen 763
– perianal 763
Thyreoidektomie 2755, 2757
TK 9760
Todesfeststellung 100
Tokographie 1001
Tomographie 5290
– computergesteuert 5369 ff.
Tonometrie 1255 ff.
– fortlaufend 1257
Tonschwellenaudiogramm, Kopie und Versand 194 (BG-T)
Tonschwellenaudiometrie 1403
Tonsillektomie 1499 f.
– nach Blutung 1501
Totenschein, Ausstellung 100
Toter, Augapfelentnahme 104
– Entnahme von Körperflüssigkeit 102
– Herzschrittmacher-Entnahme 107
– Hornhautentnahme 105
Trabekulotomie 1382
Tracheotomie 2751
Tränendrüse, Exstirpation oder Verödung 1301
Tränenpünktchen, Operation 1297
Tränensack, Exstirpation 1299
Tränensackoperation 1300
– vom Naseninnern aus 1497
Tränensackphlegmone, Operation 1292
Tränensekretionsmenge 1209
Tränenwege, Dehnung usw. 1293
– Sondierung bei Kindern 1294
– Sprengung von Strikturen 1298
– Versorgung nach Trauma 77018
Trainingsdialyse 790
Transfemorale venöse Blutentnahme 258
Transfusion 280 ff.
Transhepatische Drainage 5361
Transplantation, Haut 2380 ff.
– Hornhaut 1346
– Leber 3184
– Nerv 2591
– Niere 1845

Transportbegleitung 55, 833
Trepanation, Nagel 303
– Schädel 2515 ff.
Trichiasis, plastische Korrektur 1304
Trichogramm 4860
Trichterbrust, plastische Operation 2960
Trockenpackung 9201 ff.
Trommelfell, Anästhesie 485
– binokularmikroskopische Untersuchung 1415
– Entfernung von Granulationen 1585
– Parazentese 1575
– Vibrationsmassage 1591
Trommelfellprothese, Einsetzen oder Auswechseln 1577
Tubendurchgängigkeitsprüfung 1112 f.
Tubensterilität, Refertilisierungsoperation 1148 f.
Tuberkulin-Test 384
Tuberplastik 2675
Tumor, Exzision 2403 ff.
Tumorszintigraphie 5430 f.
Turnen, als krankengymnastische Gruppenbehandlung 509
Tympanoplastik 1610, 1613 f.

U

Übende Verfahren 846 f.
Überdruckbeatmung, intermittierend 501
Überwärmungsbad, 532
Überweisung 2
Übungsbehandlung, krankengymnastisch 510
– sensomotorisch 725 f.
Ulcus pepticum, Resektion 3148
Ultraschall-Behandlung 539, 9303
Ultraschall-Biometrie vorderer Augenabschnitt 77014
Ultraschall-Untersuchung: siehe unter Sonographie und Doppler-Sonographie
Ultraschallvernebelung zur Inhalationstherapie 500
Umstellungsosteotomie 2252, 2276
Unterarmknochen, Reposition 2328
Unterkiefer, Drahtumschlingung 2696
– Halbseitenresektion 2712
– Osteotomie nach disloziert verheilter Fraktur 2706
– partielle Resektion 2710 f.
Unterkieferfraktur, operative Reposition 2690
Unterkieferluxation, Reposition 2680 ff.
Untersuchung, Ganzkörperstatus 8
– neurologisch 800
– Organsystem 6, 7
– psychiatrisch 801
– symptombezogen 5
Unterwasserdruckstrahlmassage 5271, 9412
Urachusfistel, Operation 3288

Sachregister

Ureter, Bougierung 1814
– Segmentresektion 1819
Ureterektomie 1818
Ureterolyse 1829 f.
Ureterorenoskopie 1827 f.
Ureterverweilschiene, Anlegen 1812
– ersatzlose Entfernung 1802
Urethra, Anästhesie 488
– Dehnung 1701 f., 1710
– Fremdkörperentfernung 1703 f., 1711
– Spülung 1700
Urethradruckprofilmessung 1798
Urethrographie 5230
Urethroskopie 1712 f.
Uroflowmetrie 1792
Urographie 5200 ff.
Uterus, Abrasio 1104
– Antefixation 1147
– endoskopische Untersuchung 1110 f.
– Exstirpation 1138 f.
– Exstirpation nach Ruptur 1036
– Myomenukleation 1137, 1162
– Nachblutung 1140
UV-Bestrahlung, als Photo-Chemotherapie 565
– bei einem Neugeborenen 566
– selektiv 567
– ungefiltert 560 ff.

V

Vaginalatresie, plastische Operation 1123 ff.
Vaginale Behandlung 1075
Vaginalzysten, Exstirpation 1141
Vaginoskopie 1062
– beim Kind 1063
Vagotomie 3154 f.
Vakuumextraktion 1026
Valvuloplastik 3084
Varikozele, Embolisationsbehandlung 5359
– Operation 1759 f.
– Sklerosierung 764, 5329
Variknoten, Inzision 2880
Varizen, Crossektomie 2883
– Exstirpation 2881 f.
– Perforansligatur 2890
– Seitenastexstirpation 2890
Varizensklerosierung, an den Beinen 764
– im oberen Gastrointestinaltrakt 691
Vasomotorik, plethysmographische Prüfung 639
Vasoresektion 1756
Vektorkardiographie 657
Velopharyngoplastik 2626
Vene cava inferior, Unterbrechung 2898 f.
Venae sectio 2800
Vene, Entnahme zum Gefäßersatz 2808

– Freilegung bzw. Unterbindung 1639, 2801 ff.
– rekonstruktive Operation 2891
– Verletzung im Extremitätenbereich 2809
Venen-Verschlußplethysmographie 641 f.
Venendruckmessung, am freigelegten Gefäß 2804
– peripher (Phlebodynamometrie) 640
– zentral 648
Venenembolisation, transpenil oder transskrotal 1759
Venenkatheter, zentral 260
Venenpulsschreibung 638
Venenpunktion 250
Venographie 5329 ff.
Ventrikulographie, szintigraphisch 5420 f.
Ventrikulozisternostomie 2541
Verband 200 ff.
– Gipsfixation 208
Verhaltenstherapie 870 f.
– biographische Anamnese 860
Verschiebeplastik 2381 f.
Verschlußplethysmographie 641 f.
Verweilen 56
– bei Nacht 57
Verweilkatheter, Einlegen 1732
– Spülung 1733
Vesikulographie 5260
– Kontrastmitteleinbringung 370
Vestibulum, Verschluß von perforierenden Defekten 2625
Vestibulumplastik 2675 ff.
Videokeratoskopie 77009
Vierzellenbad 553, 9410
Visite, im Krankenhaus 45, 46, 47
– Zuschlag für ärztlichen Bereitschaftsdienst Abschn. B V
Visus, Untersuchung 1200 ff.
Visusäquivalenz, Untersuchung 77001
Vitalkapazität, Bestimmung 608
Vitrektomie 1384
Vordruck 110-145
Vojta-Diagnostik 714
Vojta-Therapie 725 f.
Vollbad 532, 9409
Vollhauttransplantation 2383
Vollnarkose 453, 460 ff.
Volumenpulsschreibung, photoelektrisch 635
Volvulus, Operation 3171
Vordruck 110 ff.
Vorhaut, Ringligatur 1741
Vorhautverklebung, Lösung 1739
Vorhofseptumdefekt, operative Anlage 3070
– operativer Verschluß 3072 f.
Vorsorgeuntersuchung 23 ff.
Vulvektomie 1159

W

Wärmeanwendung 9201
Wärmebehandlung 9201 ff.
Warmpackung 528 f., 9203 ff.
Wartegg-Zeichentest 857
Warzen, Entfernung 745
Warzenfortsatz, Eröffnung 1597 f.
Wasserbruch, Operation 1761
– Punktion 318
Wechsel-Vollbad 9054, 9406, 9409
Wegegebühr, ärztl. verordneter Hausbesuch 9603
Wegegeld 71-84
Weichteiltechnik 3305
Wendung, geburtshilflich 1028 f.
Wickel 530
Wiederbelebung 429
Wiederholungsrezept 2
Wimpernfehlstellung, plastische Korrektur 1304
Wimpernhaare, Epilation 1323
Wirbelbogenresektion 2282 f.
Wirbelfraktur, Aufrichtung im Durchhang 2322
– operative Aufrichtung 2332 f.
Wirbelgelenk, Chemonukleolyse 2279
– Kontrastmitteleinbringung 372
Wirbelgelenkluxation, Reposition 2203
Wirbelsäule, Chirotherapie 3306
– mobilisierende Behandlung 3305
– operative Versteifung 2285
– Röntgenuntersuchung 5100 ff.
Wirbelsäulenverkrümmung, Operation 2286 ff.
– Redressement 2280
Wochenbettpackungen 9797
Wunde, Behandlung 2006
– Fädenentfernung 2007
– Verband 200
– Versorgung 2000 ff.
Wundreinigungsbad 2016
Wurmfortsatz, Exstirpation 3200

X

Xeroradiographietechnik 5115

Z

Zahn, Entfernung bei extremer Verlagerung 2650
– Reposition 2685
– Röntgenuntersuchung 5000
Zentralvenenkatheter, Legen 260
Zentrumsdialyse, ärztliche Betreuung 792
Zeruminalpfropf, Entfernung 1565
Zervix, Abrasio 1102
– Dehnung bei Geburt 1020

Sachregister

– plastische Operation 1129
– Probeexzision 1103, 2402
– Thermokoagulation 1084
Zervixinsuffizienz, Cerclage-Behandlung 1129
Zervixriß, Naht 1043
Zirkulärer Verband 204
Zökalfistel 3206
Zunge, Entfernung 1512, 1514
– Keilexzision 1513
– Probeexzision 2402
Zungenabszeß, Eröffnung 1511

zusätzliche Ruhe 9601
Zuschläge, zu ambulanten Operationen Abschn. C VIII
– zu Beratungen und Untersuchungen Abschn. B II
zu Besuchen, Visiten etc. Abschn. B V
ZVD, Messung 648
Zweizellenbad 9410
Zwerchfell, thorakaler Eingriff 2985
Zwerchfellhernie, Operation 3280
Zwerchfellrelaxation, Operation 3281

Zyklodialyse 1358
Zyklodiathermie-Operation 1359
Zyklotropie 77023
Zyklusphasenbestimmung, zytologisch 4850
Zystoskopie 1785 ff.
Zystotonometrie 1791
Zytogenetische Untersuchung 4870 ff.
Zytologische Untersuchung 4850 ff.
– Entnahme von Abstrichmaterial 297, 1105
Zytostatika-Infusion 275 f.

Sachregister (Labor)

Sachregister (Labor) zu Teil M (Laboratoriumsuntersuchungen). Für die speziellen Laboratoriumsuntersuchungen (Abschnitte M III und M IV) sind die Stichworte auf Oberbegriffe und ausgesuchte Laboratoriumsuntersuchungen begrenzt.
Die Zahlen nennen, sofern nicht anders angegeben, die Nrn. des Gebührenverzeichnisses des DKG-NT Band I und des BG-T.

A

AB0-Merkmale 3980 ff.
Agglutination Kap. M Allg. Best. Nr. 9
Albumin, immunologisch 73734
– photometrisch 3570
Alkalische Phosphatase 3587
Allergspezifisches Immunglobulin 3890 ff.
Alpha-Amylase 3512, 3588
Alpha-Fetoprotein 3743
ALT 3515, 3594
Aminosäuren 3735 ff.
Amylase 3512, 3588
Amylase-Clearance 3610
Analoge Abrechnung Kap. M Allg. Best. Nr. 8
Anti-Streptolysin 3523, 4231, 4247, 4293 f.
Antibiogramm 4610 ff.
Antibiotika-Konzentration 4203
Anti CMV 9770
Antikörper, gegen Bakterienantigene 4220 ff.
– gegen körpereigene Antigene, qualitative Immunfluoreszenz 3805 ff.
– gegen körpereigene Antigene, quantitative Immunfluoreszenz 3832 ff.
– gegen körperfremde Antigene 3890 ff.
– gegen Parasitenantigene 4430 ff.
– gegen Pilzantigene 4415 ff.
– gegen Virusantigene 4300 ff.
– antinukleär und zytoplasmatisch (Subformen) 3857 ff.
– qualitative Bestimmung mittels Ligandenassay 74463
– qualitativer Nachweis mittels Agglutination 3884 f.
– quantitative Bestimmung mittels Immundiffusion 3886
Antikörpersuchtest 3987 ff.
– im HLA-System 9768
Antinukleäre Antikörper, Subformen 3857 ff.
Antithrombin III 3930 f.
Arzneimittelkonzentrationen 4150 ff.
ASL 3523, 4231, 4247, 4293 f.
AST 3516, 3595

B

Bakterielle Toxine, Untersuchung 4542 f.
Bakterien, Empfindlichkeitstestung 4610 ff.
– Gewebekultur 4530 ff.
– Identifizierung 4545 ff.
– Keimzahlbestimmung 4605 f.
– lichtmikroskopische Untersuchung 4506 ff.
– Metabolitprofil 4567 ff.
– Nativuntersuchungen 4500 ff.
– Untersuchung durch Phagentypisierung 4578 ff.
Bakterienantigene, Antikörper 4220 ff.
– Nachweis durch Präzipitation 4596 ff.
– Nachweis mittels Ligandenassay 4561 ff.
– qualitative Untersuchung des Nativmaterials 4520 ff.
– qualitativer Nachweis von Antikörpern 4220 ff., 4251 ff.
– quantitative Bestimmung 4235 ff., 4263 ff.
Bakterientoxine, Nachweis durch Präzipitation 4596 ff.
– Nachweis mittels Ligandenassay 4590 ff.
Beta-hämolysierende Streptokokken Gruppe B, qualitativer Nachweis 4520
Bilirubin, direkt 3582
– gesamt 3581
– im Fruchtwasser, spektralphotometrisch 3775
Blut im Stuhl 3500, 3650
Blutausstrich, Differenzierung 3680 f.
– mikroskopische Differenzierung 3502
Blutbild 3550
Blutentnahmen Kap. M Allg. Best. Nr. 4
Blutgasanalyse 3710
Blutgruppenmerkmale 3980 ff.
Blutkörperchensenkungsgeschwindigkeit 3501, 3711
Blutungszeit 3932
Blutzuckertagesprofil 3611
BSG 3501, 3711

C

C-reaktives Protein 3524, 3741
Calcium 3555
Chlorid 3556
Cholesterin 3562
Cholinesterase 3589
CK 3590
CK-MB 3591
– Ligandenassay 3788
Coombstest, direkt 3997 f.
– indirekt 3987 ff.
CRP 3524, 3741
Cyclosporin 4185

D

Digoxin 4162
Doppelbestimmung Kap. M Allg. Best. Nr. 9
Drogen-Bestimmung 4150 ff.

E

Eisen 3620
Eiweißuntersuchung 73757
Elektrolyte 3710 ff.
Elektrophoreseverfahren 3735 ff.
Enzyme 3774 ff.
Enzymimmunoassay Kap. M Allg. Best. Nr. 9
Erythrozyten, Einzelbestimmung 3504
Ethanol 4211

F

Ferritin 3742
Fibrinogen 3933 ff.
Fibrinolysesystem 3930 ff.
Freies Thyroxin 4023
Funktionsteste 4090 ff.

G

Gamma-GT 3513, 3592
Gerinnungssystem 3930 ff.
Gesamt-Protein 3573
GLDH 3593
Glukose 3514, 3560
Glukose-Toleranztest, intravenös 3612
– oral 3613
Glutamatdehydrogenase 3593
Glykierte Hämoglobine 3561
Glykierte Proteine 3721
GOT 3515, 3594
GPT 3516, 3595
Gramfärbung 3510, 4511, 4553
Guthrie-Test 3758

H

Hämatokrit 3503
Hämoglobin 3517
Hämoglobin-Untersuchungen 3689 ff.
Harnsäure 3518, 3583
Harnstoff 3584
HbA, 3561
HBDH 3596
HBs-Antigen, Antikörperbestimmung 4381

Sachregister (Labor)

HDL-Cholesterin 3563
Heparin 3945
HIV, Antikörperbestimmung 4322f., 4349f., 4395, 4409
HLA-System 3980ff., 9765ff.
Höchstwerte Kap, M Allg. Best. Nr. 6
Hormonbestimmung, Chromatographie 4071 ff.
– Ligandenassay 4020 ff.
Hormonrezeptoren 4086 ff.
Humanes Choriongonadotropin 4024
– im Urin 4081 ff.
Hungerversuch 4104 f.

I

IgE 3572
Immundiffusion Kap. M Allg. Best. Nr. 9
Immunelektrophorese 3748
Immunfluoreszenz Kap. M Allg. Best. Nr. 9
Immunglobulin E, Ligandenassay 3572
Immunglobuline, allergenspezifisch 3890 ff.
– Ligandenassay 3571
Indexermittlung Kap. M Allg. Best. Nr. 5
Intensivbehandlung Kap. M Allg. Best. Nr. 11
Isoenzyme 3784 ff.

K

Kalium 3519, 3557
Keimzahlbestimmung 4605 f.
Kohlehydratstoffwechsel 3721 ff.
Komplementsystem 3930 ff.
Kreatinin 3520, 3585
Kreatinin-Clearance 3615
Kreatinkinase 3590
Kreatinkinase MB 3591
Kreuzprobe 4000 ff.
– im HLA-System 9767

L

Laborgemeinschaft Kap. M Allg. Best. Nrn. 1, 3
Laktatdehydrogenase (LDH) 3597
LDL-Cholesterin 3564
Lecitin/Sphingomyelin-Quotient 3782
Leukozyten, Einzelbestimmung 3505
Leukozyten-Differenzierung, zusätzlich zum Blutbild 3551
Ligandenassay Kap. M Allg. Best. Nr. 9
Lipase 3521, 3598
Lipidstoffwechsel 3721 ff.
Liquor-Untersuchungen 3669 ff.
Lithium 4214

Luteinisierendes Hormon 4026
Lymphozytenmischkultur 4013f., 9769

M

Magnesium 3621
Metabolite 3774 ff.
Methadon 4168
Methylenblaufärbung 4506
Mikroskopische Untersuchung, nach einfacher Färbung 3509
– nach differenzierender Färbung 3510
– Nativpräparat 3508
MLC 9769
Molekularbiologische Identifizierung von Bakterien etc. 4780 ff.
Mononukleose-Test 3525
Mykobakterien, Anzüchtung 4540

N

Nativmaterial, bakteriologische Untersuchungen 4500 ff.
Nativpräparat, mikroskopische Untersuchung 3508
Natrium 3558
Nukleinsäuren 3920 ff.
– Amplifikation (PCR), 3922f., 4783f.
– Isolierung 3920, 4780f.

O

Opiate 4172
Östradiol 4039
Östriol 4027
Östrogenrezeptoren 4086

P

Parasiten, Identifizierung 4765 ff.
– Nachweis durch lichtmikroskopische Untersuchung 4740 ff.
– xenodiagnostische Untersuchungen 4770 f.
Parasitenantigene, qualitativer Nachweis von Antikörpern 4430 ff., 4440 ff.
– quantitative Bestimmung von Antikörpern 4435 ff., 4448 ff.
Partielle Thromboplastinzeit, Einfachbestimmung 3605, 3946
PCR 4783f.
pH-Wert 3714
Phänotypisierung von Zellen 3696 ff.
Phenobarbital 4173

Phosphat, anorganisch 3580
Pilzantigene, Nachweis mittels Agglutination 4705 ff.
– qualitativer Nachweis 4415 f., 4421 ff.
– quantitative Bestimmung 4418 f., 4425 f.
Pilze, Empfindlichkeitstestung 4727 f.
– Identifizierung 4720 ff.
– Nachweis durch Anzüchtung 4715 ff.
– Untersuchungen im Nativmaterial 4705 ff.
Plasmathrombinzeit, Doppelbestimmung 3606
Polymerase-Kettenreaktion 4783 f.
Porphyrine 4120 ff.
Portokosten Kap. M Allg. Best. Nr. 1
Progesteron 4040
Progesteron-Rezeptoren 4087
Prostataspezifische saure Phosphatase 3794
Protein (Gesamtbestimmung) 3573
– Serumelektrophorese 3574
Proteine 3735 ff.
Prothrombinzeit 3607
PTT, Einfachbestimmung 3605, 3946
PTZ, Doppelbestimmung 3606
Punkteanalyse 73757

Q

Quickwert 3530, 3607

R

Radioaktives Material Kap. M Allg. Best. Nr. 1
Radioimmunoassay Kap. M Allg. Best. Nr. 9
RAST 3890 ff.
Reninbestimmung, seitengetrennt 4115
Reptilasezeit 3955
Retikulozytenzahl 3552
Rheumafaktor 3526

S

Saure Phosphatase, photometrisch 3599
Schilddrüsenhormone, Ligandenassay 4022 ff.
Schwangerschaftstest 3528, 4081 f.
Schwermetalle, Untersuchung mittels Atomabsorption 4190 ff.
Sekret-Untersuchungen 3660 ff.
Selbständige Leistung Kap. M Allg. Best. Nr. 7
Sexualhormone, Ligandenassay 4020 ff.
Spermien-Untersuchungen 3663 ff.
Spurenelemente 4130 ff.
Steinanalyse 3672 f.
Stuhluntersuchung auf Blut 3500, 3650
Substrate 3774 ff.

Sachregister (Labor)

T

Teststreifen-Untersuchung 3511
– Trockenchemische Bestimmung, Theophyllin 3733
Theophyllin 4179, 73733
Thromboplastinzeit 3530, 3607
– partiell (Einfachbestimmung) 3605
Thrombozyten, Einzelbestimmung 3506
Thyroxin 4031
Toxische Substanzen, Bestimmung 4150 ff.
Transferrin, Immundiffusion o. ä. 3575
Treponema pallidum 4232, 4248, 4259 f., 4270 f., 4283
TRH-Test 4117
Troponin-T-Schnelltest, qualitativ 73732
Triglyceride 3565
Tumormarker 3900 ff.
Tumornekrosefaktor 3767
Tumorstammzellenassay 3700

U

Urin-Streifentest 3511, 3652
Urinsediment 3531
– phasenkontrastmikroskopische Untersuchung 3532
Urinuntersuchungen 3651 ff.

V

Versandkosten Kap. M Allg. Best. Nr. 1
Viren, Antigennachweis mittels Ligandenassay 4675 ff.
– Identifizierung 4665 ff.
– Nachweis durch Anzüchtung 4655
– Nachweis von Antigenen mittels Ligandenassay 4640 ff.
– Untersuchungen im Nativmaterial 4630 ff.
Virusantigene. qualitativer Nachweis von Antikörpern 4300 ff., 4310 ff.
– quantitative Bestimmung von Antikörpern 4305 ff., 4337 ff.
– Viskosität 3712
– Vitamine 4138 ff.

W

Wasserhaushalt 3710 ff.

Y

Yersinien 4233, 4249

Z

Zellfunktionsuntersuchungen 3680 ff.